国家统计局新疆调查总队　编
Compiled by Survey Office of the National Bureau of Statistics in Xinjiang

2015 新疆调查年鉴

XINJIANG SURVEY YEARBOOK

中国统计出版社
China Statistics Press

新疆调查年鉴

XINJIANG SURVEY YEARBOOK

2015

图书在版编目（CIP）数据

新疆调查年鉴 . 2015 / 国家统计局新疆调查总队编
. -- 北京 : 中国统计出版社， 2015.9
ISBN 978-7-5037-7485-0
Ⅰ . ①新… Ⅱ . ①国… Ⅲ . ①统计资料－新疆－2015－年鉴 Ⅳ . ① C832.45-54

中国版本图书馆 CIP 数据核字（2015）第 164107 号

《新疆调查年鉴 -2015》

作　　者 / 国家统计局新疆调查总队
责任编辑 / 佘竞雄　李　冲
封面设计 / 新疆华美隆文化传播有限公司
出版发行 / 中国统计出版社
通信地址 / 北京市西城区月坛南街 57 号　邮政编码 /100826
办公地址 / 北京市丰台区西三环南路甲 6 号　邮政编码 /100073
电　　话 / 邮购（010）63376909　书店（010）68783171
网　　址 / http://www.zgtjcbs.com
印　　刷 / 乌鲁木齐大金马印务有限责任公司
经　　销 / 新华书店
开　　本 / 890mm × 1240mm　1/16
字　　数 / 1400 千字
印　　张 / 26.25　彩插 / 2.5
版　　别 / 2015 年 8 月第 1 版
版　　次 / 2015 年 8 月第 1 次印刷
定　　价 / 428.00 元

如有印装差错，由本社发行部调换。

《新疆调查年鉴-2015》编辑委员会

新疆城镇居民人均可支配收入与全国比较

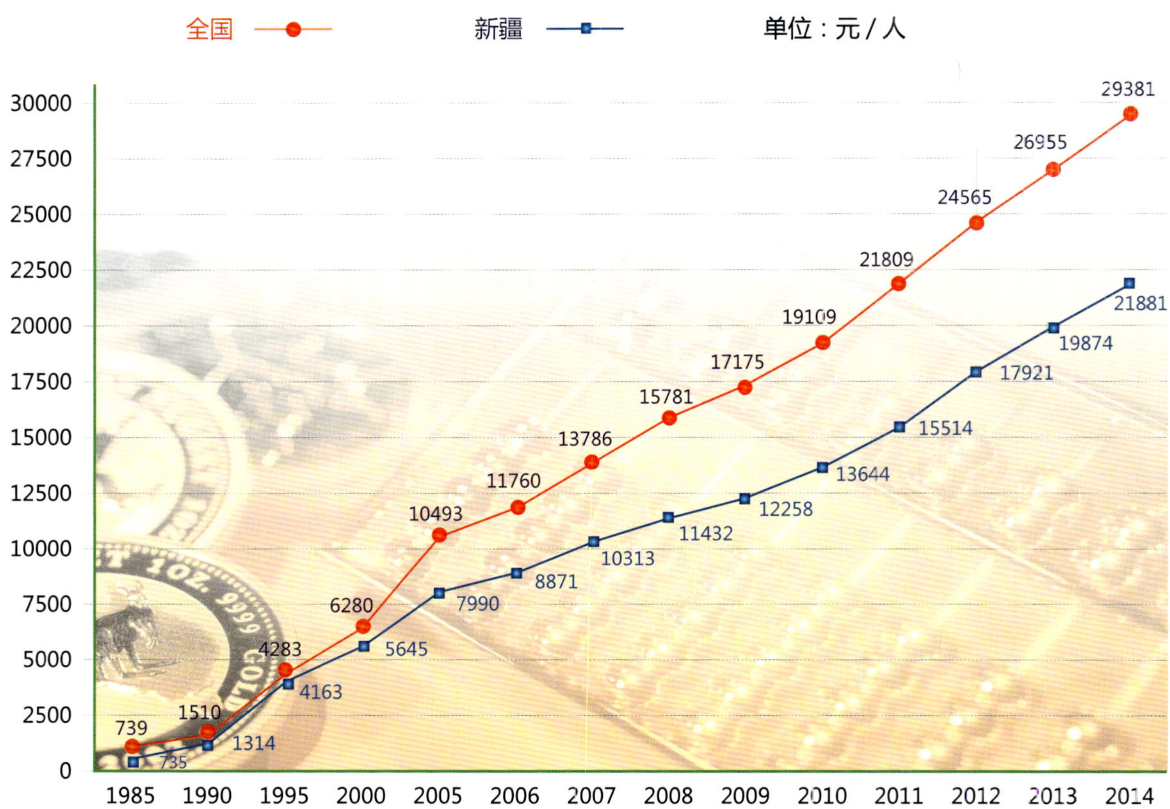

新疆农村居民人均可支配收入与全国比较

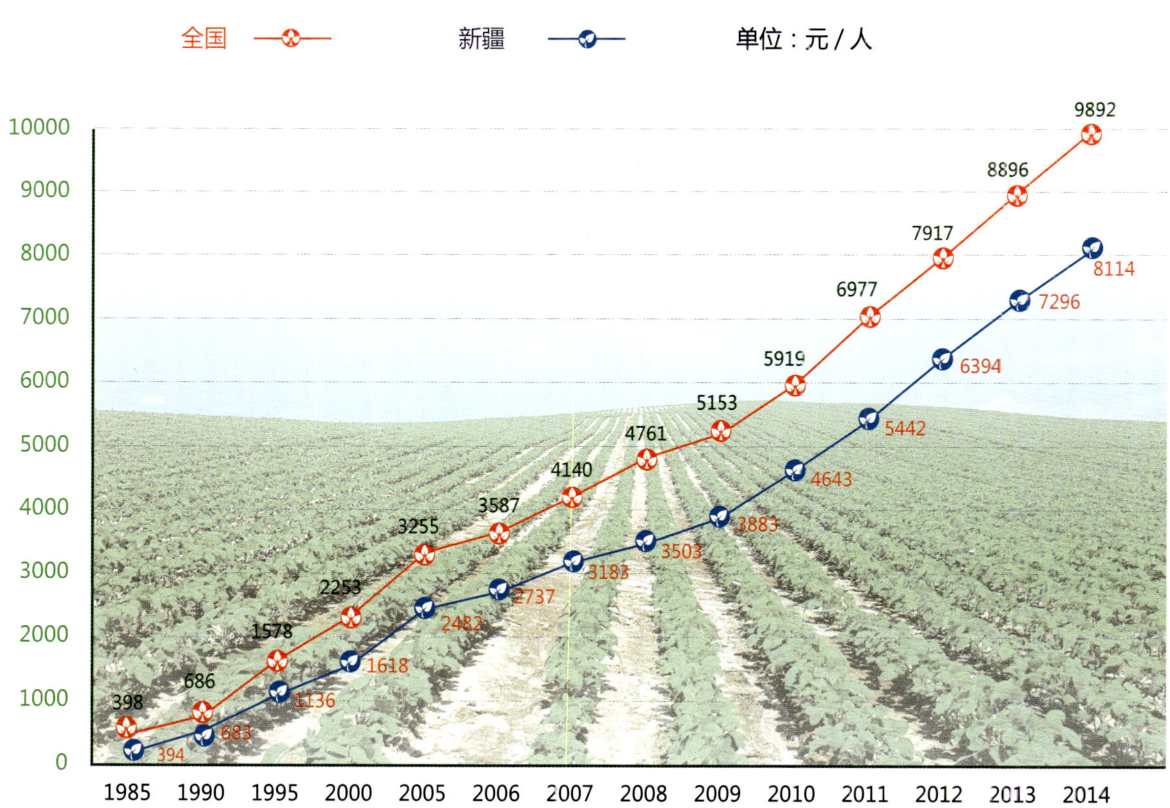

新疆粮食总产量

单位：万吨

新疆肉类总产量

单位：万吨

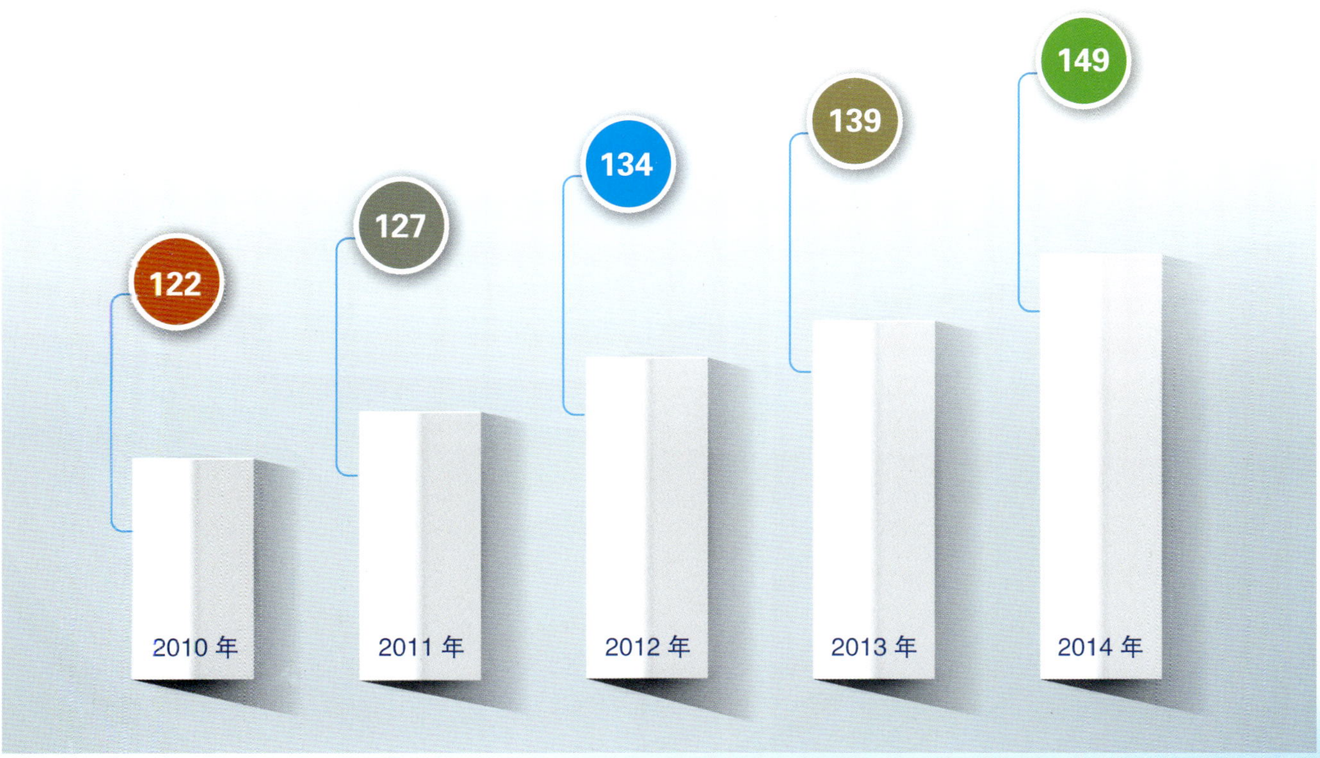

2014 年新疆居民人均现金消费支出

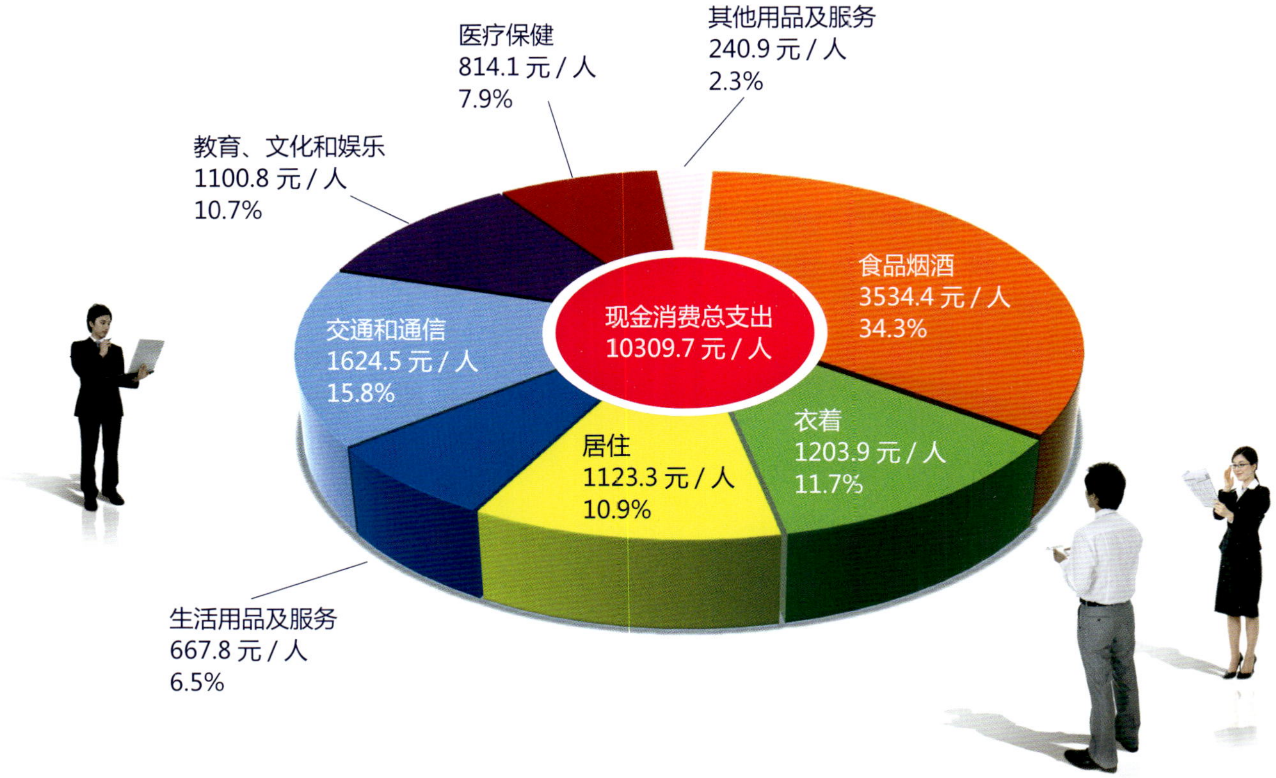

2014 年新疆居民居住生活条件

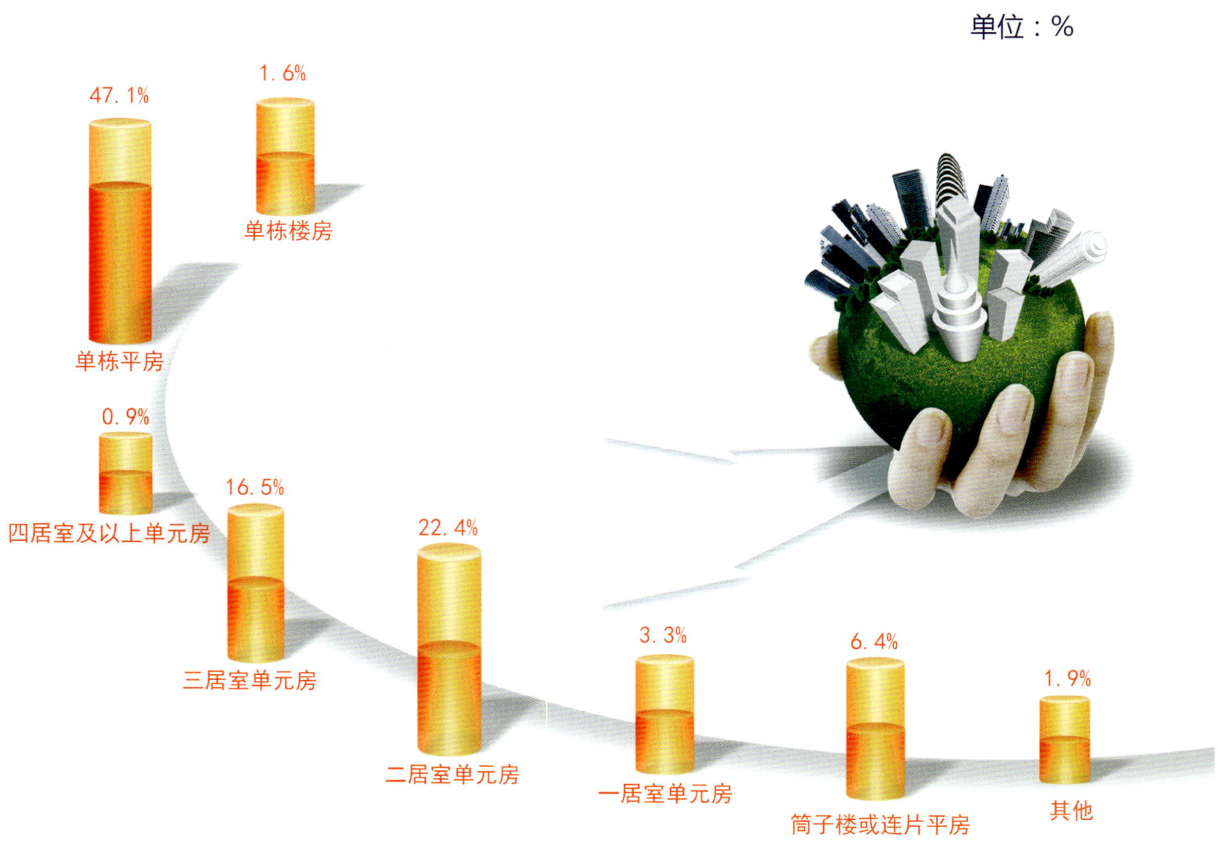

2014 年新疆居民常住从业人员就业类型构成（%）

2014 年新疆居民受教育程度构成（%）

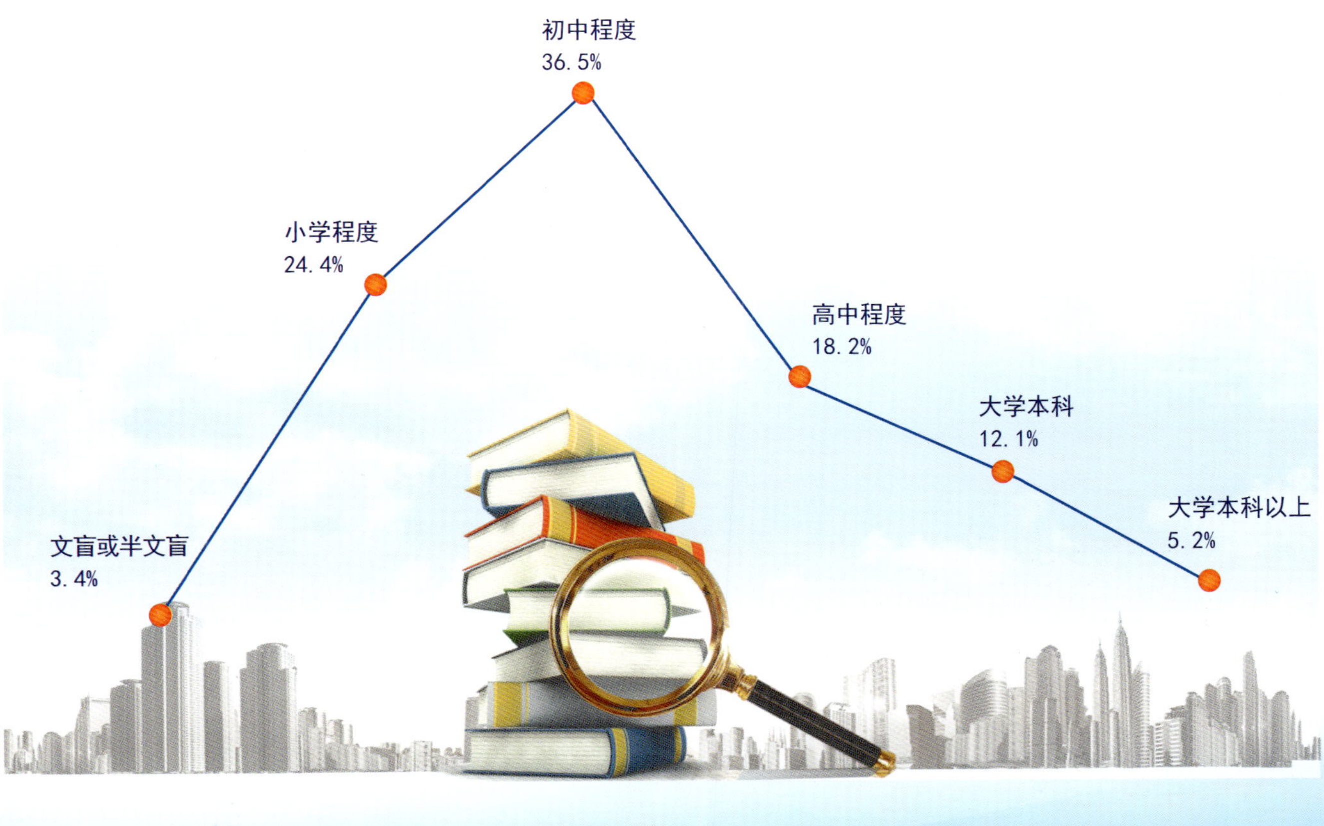

新疆工业生产者出厂价格指数（上年价格 =100）

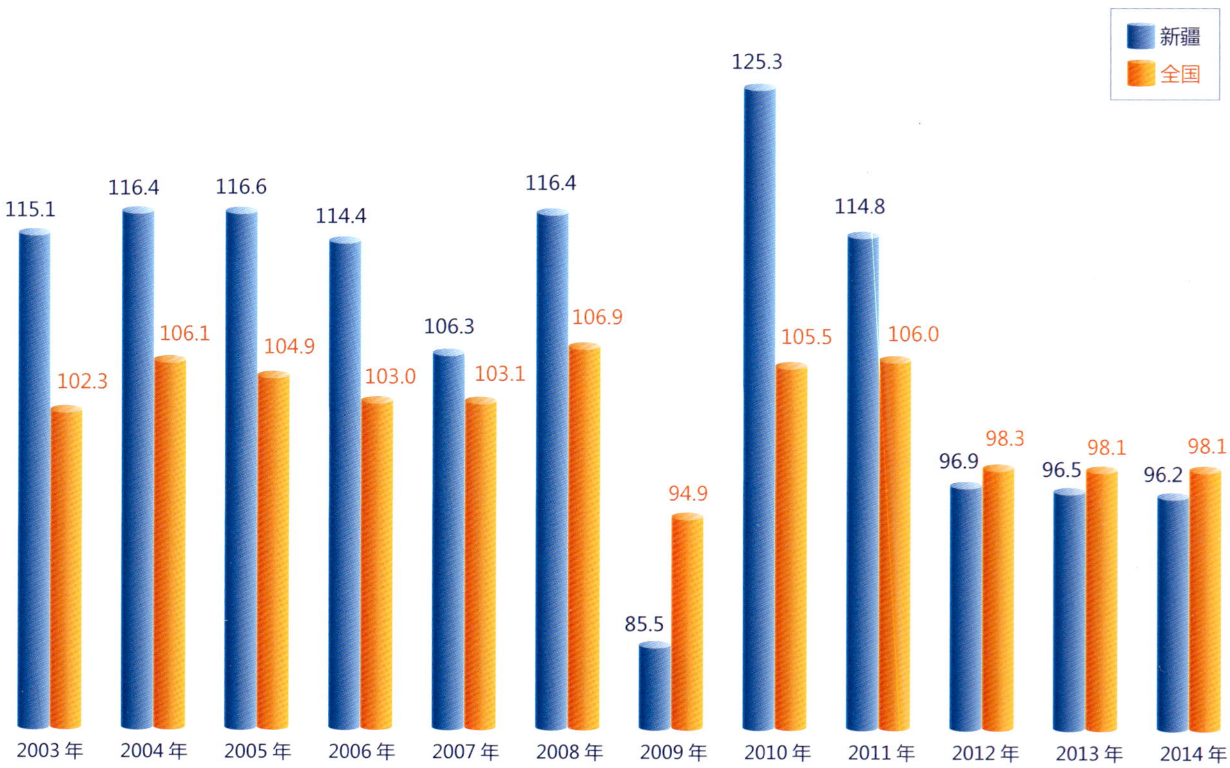

新疆扶贫开发重点县农民人均纯收入及构成（2014 年）

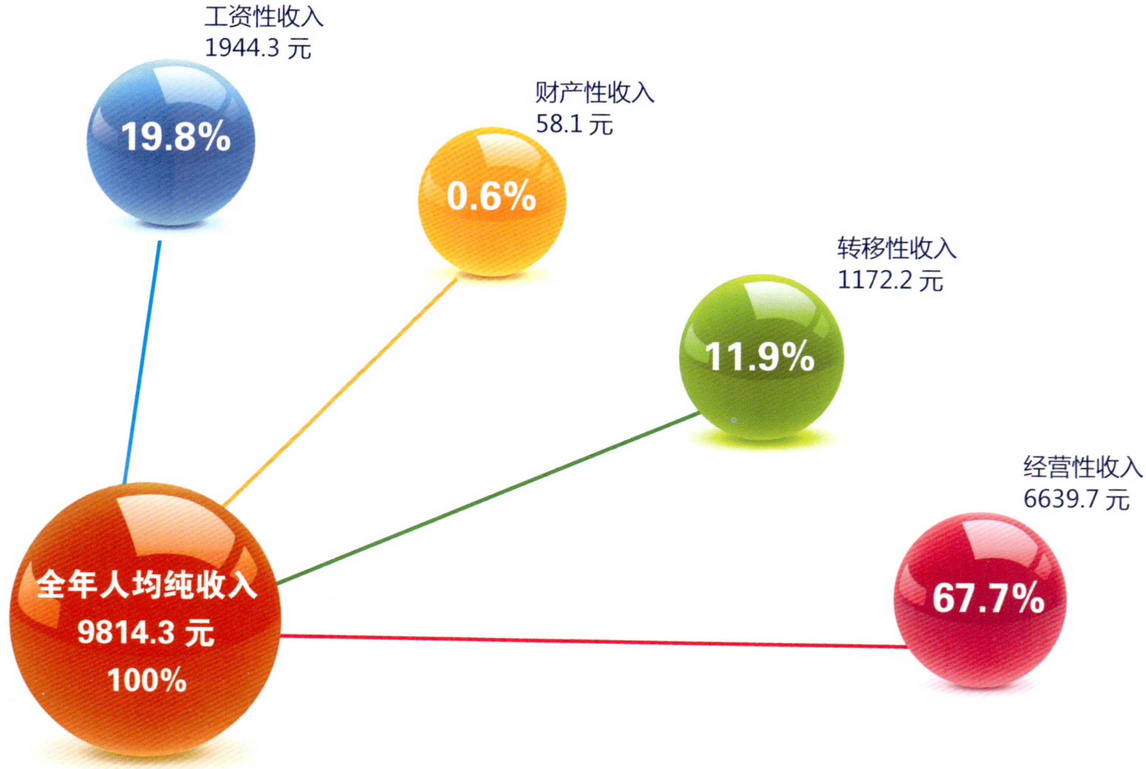

新疆居民消费价格总指数（上年价格 =100）

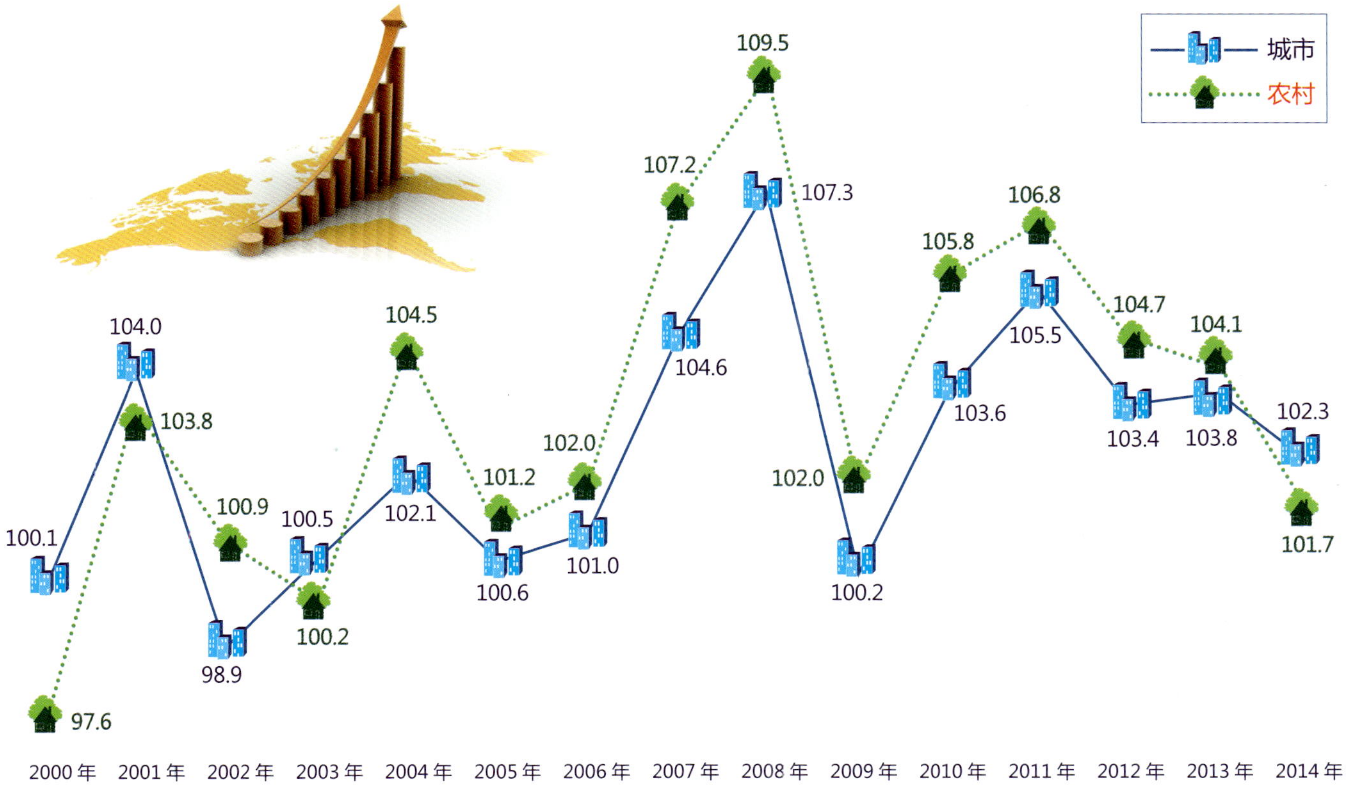

新疆主要农产品中间消耗

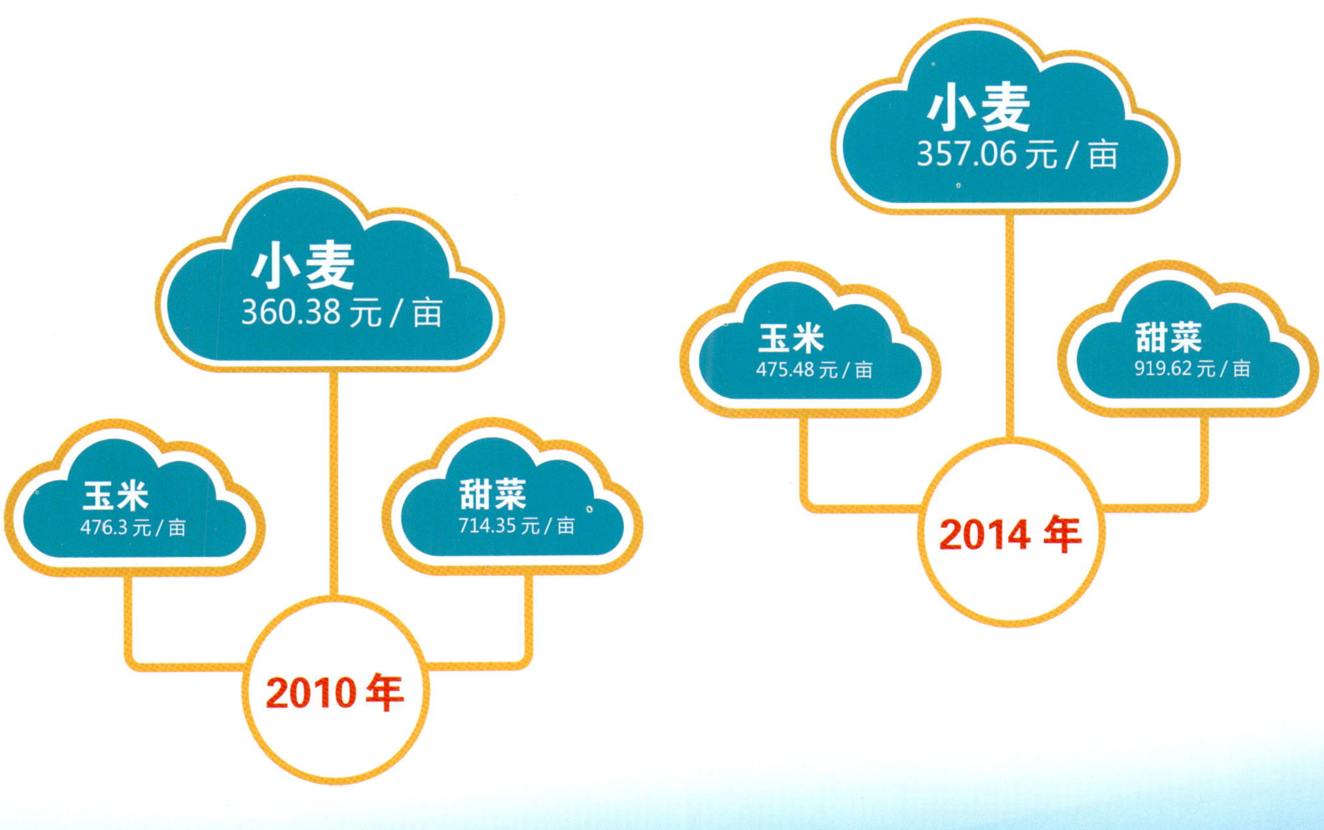

新疆维吾尔自治区林业厅

2015 年林业援疆工作座谈会在乌鲁木齐召开，张春贤、努尔白克力、赵树丛、张建龙出席会议

2014 年新疆特色林果产品（广州）交易会在广州召开

2014 年自治区林业工作会议召开

来景刚书记考察调研阿尔泰山两河源自然保护区建设

林业厅厅长艾则孜·克尤木视察林科院标本馆

厅机关举办道德讲堂

全年完成造林 250 万亩，义务植树 1.1 亿株。根据森林资源二类补充调查结果，新增 1 亿亩天然林地。天山北坡谷地森林植被保护与恢复工程和塔里木盆地周边防沙治沙工程全面启动，下达年度建设资金 2 亿元。完成沙化土地治理 773 万亩。沙化土地封禁保护面积达 298 万亩。鄯善县等 9 个县的沙漠公园成为全国首批挂牌的国家级沙漠公园。赛里木湖国家湿地公园成为我区首家正式挂牌的国家湿地公园。全区特色林果种植面积突破 2200 万亩，总产量 650 万吨，产值 450 多亿元。全区农民年人均林果业收入达到 1400 元，林果业人均增收 180 元，占农民增收的三分之一以上。全区从事特色林果业的农民达到 530 万人，林果业加工贮藏保鲜企业 380 家，实现农民就地就业 7.5 万人。组建农民林业专业合作社 800 家。2014 新疆特色林果产品（广州）交易会成功召开，签约金额 22 亿元。全区现有苗圃 1.36 万处，育苗面积 52 万亩，产苗量 19.5 亿株。成功举办第三届新疆苗木花卉博览会，签约金额 17.5 亿元。林下种植、养殖、森林景观利用等林下经济产值 6.5 亿元。全区沙产业深加工、沙物质建材和沙区特色旅游总产值 41.7 亿元。2014 年国家下达我区国有林区棚户区改造和国有林场危旧房改造任务 4903 户，开工 2365 户。国有林场（站）1582 户危旧房改造任务全部完工。2014 年 5 月 9 日，自治区人民政府、国家林业局在乌鲁木齐市成功召开了 2014 年林业援疆工作座谈会和全国林业对口援疆工作座谈会。“访惠聚”活动成效显著，编制实施了《林业厅“访惠聚”活动三年规划》，2014 年落实资金 4690 万元。

乌苏市 加快发展物流经济

2014 年 9 月 3 日市领导
参观亚博会乌苏展位

乌苏市北园春农产品批发市场生意红火

2014 年 11 月 19 日，与华能新疆能源开发有限公司签署能源领域战略合作协议

乌苏市地处天山北坡经济带腹心，是南北疆的交汇点，中亚铁路、312 国道、连霍高速、省道 115 线从境内穿过，400 公里左右范围辐射霍尔果斯、巴克图、阿拉山口、吉木乃国家 4 大陆路通商口岸，从新疆出口中亚、西亚、欧洲的货物，80% 从乌苏穿城而过。作为伊犁、塔城、阿勒泰、博州、克拉玛依市五地州、市的首发聚集地，既是首府前支，又是口岸后支，区位、交通优势突出。

近年来，乌苏市委、市人民政府着眼全疆乃至全国大局，科学谋划，集思广益，确定“保稳定、促发展、为民生”工作主脉，做出加快发展物流经济的战略部署，明确其发展的 4 个定位，即打造覆盖“金三角”的区域物流，辐射南北疆的中心物流，连接内地的远程投放物流，面向中亚、西亚的外贸物流。2012 年 9 月，启动规划面积 13.67 平方公里的物流园区建设，投资 4 亿多元，基础设施基本完成，初步构建公路、铁路、航空立体化交通网。商服物流项目入驻条件成熟，至目前，新疆最大的外贸公司三宝公司、福升华国际物流、中亚金谷物流等 32 家大型商贸物流企业集团相继落户、投资发展。

习近平总书记共建“丝绸之路经济带”战略提出后，乌苏市积极抢抓这一重大机遇，及时研究出台《乌苏市参与“丝绸之路经济带”建设的实施意见》，提出把乌苏建设成为“丝绸之路经济带”桥头堡黄金枢纽的目标定位。全市上下齐心协力，拧成一股劲，正在为把物流业打造成市域经济发展的新引擎而不懈努力。

2014年7月29日，市委副书记、市长马依山·扎合帕尔一行慰问驻市官兵

2014 年 1 月 14 日召开中共乌苏市委四届四次全委（扩大）会议

适应新常态 迎接新挑战 取得新胜利

新疆生产建设兵团第八师石河子市

2015年，八师石河子市将更加注重维稳戍边能力的强化，以社会稳定和长治久安为着眼点和着力点，更好地发挥“稳定器、大熔炉、示范区”作用；更加注重法治建设和风险防控，进一步提高依法执政、依法行政能力；更加注重结构调整、创新驱动和产业升级优化，着力提高经济发展的质量和效益；更加注重推动“三化”建设向更高更新的层次拓展，增强永当兵团排头兵、领头羊的信心；更加注重招商引资软硬环境建设，强化招商主体责任，培育新的经济增长点；更加注重保障改善民生，不断满足人民物质和文化需求；更加注重以兵团精神为核心的人文环境建设，促进人的素质全面提升；更加注重环境保护和生态建设，当好人民信任的生态卫士；更加注重发挥师市合一体制优势，统筹推进石河子市和团场城镇化建设，全力打造“五张名片”；更加注重发挥党委“总揽全局、协调各方”的作用，调动各方面的积极性，激发全社会的创造活力。

——坚持依法执政、依法行政、依法治理共同推进，用法治思维和法治方式深化改革、推动发展、化解矛盾、维护稳定，着力构建办事依法、遇事找法、解决问题用法、化解矛盾靠法的法治环境，为师市各项事业发展提供有力的法治保障。

——顺应新常态、把握新机遇、调整新结构、培育新亮点，做好结构调整“加减乘除”四则运算（“加”就是增加新的增长点，“减”就是减能耗、减排放，“乘”就是通过创新实现倍速增长，“除”就是以资源能源消耗为分母，把产业和产品向下游延伸，做大单位产出和综合效益的分子），加快转变农业发展方式，强力推动工业转型升级，大力发展现代服务业，促进经济健康平稳较快增长。

——坚持规划先行，进一步完善规划体系，推动城市总体规划、土地利用总体规划、国民经济社会发展规划等多规合一，优化空间布局，集约高效用地，提升城镇承载能力，更好地发挥集聚人口和产业、加强民族团结、示范现代生活的载体和平台作用。

机采棉

新型工业

纺织业

中粮屯河科林番茄酱生产线

军垦第一犁

广场文化

蟠桃

国家沙漠公园——石河子一五〇团驼铃梦坡

——主动适应新常态，最重要的工作就是加快推进改革开放、大力实施创新驱动，突破发展瓶颈，释放内在潜能，激发新活力，形成新动力。

——牢固树立“民生优先、群众第一”的理念，把抓好“十件实事”作为增进人民福祉的有效途径，统筹推进民生保障和社会事业发展，确保民生支出占公共财政预算支出的比重达到85%以上。

——严格落实党要管党、从严治党的要求，聚精会神抓党建，一心一意谋发展，全力以赴保稳定，以改革创新精神全面加强和改进党的建设。

城镇化

天业化工园区

中心开展读书月活动

到帮扶社区慰问老干部

乌鲁木齐住房公积金管理中心

乌鲁木齐住房公积金管理中心成立于 1996 年，为市人民政府直属的正县级自收自支事业单位。主要负责乌鲁木齐辖区（新疆生产建设兵团除外）所属单位及其在职职工住房公积金的归集、使用和管理。

中心内设政工科、办公室、纪检监察室、综合科、计划财务科、归集管理科、个贷管理科、项目贷款科、信息技术科、审计监督科 10 个科室。下设自治区机关事业单位分中心、铁路局分中心两个分支机构和天山区管理部、沙依巴克区管理部、高新技术开发区（新市区）管理部、水磨沟区管理部、米东区管理部、经济技术开发区（头屯河区）管理部、铁路局分中心哈密管理部和库尔勒管理部 8 个派出机构。中心实有在职人员 135 人，其中大专以上学历 128 人，研究生 7 名，党员 60 人，是由汉、维、回、蒙、满 5 个民族组成的一个团结和睦、积极进取的工作团队。

2014 年，中心在市委、市政府的正确领导下，在住房公积金管理委员会的正确决策下，在认真做好“访民情、惠民生、聚民心”活动的同时紧紧围绕住房公积金管理与服务两大主题，狠抓党的基层组织建设，强化住房公积金管理和风险防范工作，不断规范和完善各项管理制度，着力改进住房公积金提取、使用、监管机制，确保了住房公积金管理工作有序进行。到 2014 年底，累计归集住房公积金 470.47 亿元，住房公积金归集余额 220.20 亿元；累计提取住房公积金 250.27 亿元；累计向 13.10 万户职工家庭发放住房公积金个人购房贷款 236.54 亿元；累计发放项目贷款 17.60 亿元。通过不懈的努力，2011 年自治区机关事业单位分中心被命名为“自治区级政风行风示范窗口”，2012 年中心被评为“自治区级文明单位”，2014 年分中心和市区 6 个管理部被命名为“服务行业文明示范窗口”,中心连续 12 年被评为“自治区级爱国卫生先进单位”，连续 15 年被评为“市级平安单位”，并获得“市级民族团结进步创建示范单位”称号。

中心领导班子

在烈士陵园缅怀革命志士

天山区管理部办事大厅

价值观歌咏比赛

新疆维吾尔自治区辐射环境监督站

处理群众信访投诉

现场执法检查

现场监测

新疆维吾尔自治区辐射环境监督站成立于 1994 年，是隶属于自治区环保厅的正县级事业单位，主要承担全区核与辐射安全监测、核与辐射安全执法监察、放射性废物收贮、应急监测及信访投诉处理等各项工作。

在 2010 年 3 月国家环保部对我站国控网监测 2007 年度、2008 年度绩效考评中，我站分别被评定为“良”、“优”。2011 年 6 月，通过了国家环保部对我站辐射环境监测能力的考核评估，在第四次全国核与辐射安全管理工作大会上环保部授予我站“辐射环境监测能力达标单位”并颁发了牌匾和证书。2013 年 3 月，通过自治区质量技术监督审核评价中心对我站实验室资质认定评审。

辐射站党支部带领全站干部职工团结协作、奋力拼搏，认真履行工作职责，取得了优异的成绩。2004 年我站被评为乌鲁木齐市市级平安单位和精神文明先进单位；2010 年被评为自治区第一次全国污染源普查先进集体。站党支部自 2001 年起连续十四年被自治区环保厅评为先进党支部。

近年来，我站在国家环保部、自治区环保厅党组的正确领导下，以中央新疆工作座谈会精神为指导，坚持“环保优先、生态立区”的发展理念，按照“资源开发可持续、生态环境可持续”的发展要求，深入学习党的十八大、十八届三中、四中全会、自治区党委八届六、七、八次全委（扩大）会议、全国环境保护工作会议及自治区环境保护工作电视电话会议精神，遵照国家环保部、自治区环保厅的工作部署，认真贯彻落实中央和自治区的各项决策部署，紧紧围绕社会稳定和长治久安的总要求，主动适应生态文明建设和环境保护的新常态，深入思考和研究自治区核与辐射安全监管工作的新思路、新方法，积极推进核与辐射执法监察、环境监测、放废管理，有效支撑自治区核与辐射安全监管工作，确保核与辐射环境安全。

乌鲁木齐市农牧局（乌鲁木齐市兽医局）

新品种示范

市领导调研农业生产

乌鲁木齐市农牧局（乌鲁木齐市兽医局），是乌鲁木齐市人民政府主管全市农业、畜牧业、渔业、兽医、乡镇企业、农业产业化、农业机械、农经统计等农业农村经济工作的政府综合职能部门。

2014来，市农牧局（市兽医局）在市委市政府的正确领导下，紧紧围绕党的群众路线教育实践活动，始终坚持以农牧民增收为己任，积极应对各种风险挑战，求真务实，转变作风，大力发展现代都市农业，不断优化升级全市农业产业结构，保持了全市农业农村经济平稳健康发展的态势。农业农村经济总收入达到了106.9亿元，同比增长9%，首次突破百亿元大关；实现农牧民人均纯收入14215元，同比增加2150元，同比增长17.8%。全年完成农作物正复播75.02万亩，其中定植蔬菜28.3万亩（含薯类），新建温室1500亩，大棚4500亩，配套完善了10个设施农业基地的基础设施。新（改）建养殖小区60个，培育养殖大户400户，新增肉羊（牛）生产能力30万只。完成奶牛、肉牛、肉羊改良6.8万只。年内出栏类牲畜162.7万头（只），较上年增加13.78%；肉产量达到6.89万吨，同期增长6.5%，奶产量达6.4万吨，水产品产量达6796吨。

在开展业务工作的同时，市农牧局（市兽医局）也不断加强自身建设，年内，在局党组的正确领导下，高标准、严要求，扎实开展以"为民务实清廉"为主题的党的群众路线教育实践活动，聚焦政治上不够坚强和"四风"突出问题，狠抓整改落实和建章立制，班子的凝聚力、创造力和战斗力显著提升，干部的精神面貌焕然一新，做到了清正廉洁、勤政务实、厉行节约。局领导班子和下属的市畜牧水产草原站、市农业技术推广中心、市农产品质量安全检测中心、市动物卫生监督所、市疾病控制与诊断中心领导班子再次高票获得了全市"人民群众满意好班子"称号。

乌鲁木齐市农牧局到社区慰问维稳干部

草原防火宣传

向市民宣传农产品质量安全检测技术

新品种示范基地

蔬菜集中育苗基地

新疆维吾尔自治区
奶业办公室

政治理论学习

党风廉政建设会议

表彰大会

新疆维吾尔自治区奶业办公室成立于1994年，位于乌鲁木齐市南湖西路北一巷25号，属于自治区畜牧厅管理，县处级事业单位，根据我办职能的调整办公室，先后加挂4块牌子，一是自治区学生饮用奶计划协调办公室，二是自治区乳品质量监测中心（科技），三是自治区奶业协会，四是自治区奶牛生产性能测定中心。我办下设乳品质量监测中心，行政科，业务科，政工科，学生饮用奶管理科和财务科6个科室。全办编制19名，其中具有高级职称人员5人，党员11名。由汉族、维吾尔族、哈萨克族、回族等4个名族组成。

依据法律和相关规定，我办主要承担着自治区奶业行业管理、指导、协调、监督和服务工作；开展奶业生产和市场调查研究，为自治区党委政府和主管部门提供制定奶业发展政策的依据；负责奶畜养殖、原料奶收购、运输等环节的质量安全监管；协调“学生饮用奶计划”推广工作，会同有关部门实施监督管理和监测；承担奶牛生产性能测定工作；组织开展奶业新技术推广、技术咨询、科普宣传，产品展示和行业宣传，开展国（区）内外奶业界科技交流与经济技术合作。

我办贯彻落实党的十八大和十八届三中，四中全会的精神，紧紧把握“改造提升传统畜牧业，开阔创新现代畜牧业”两个方向，围绕“促进奶业发展，确保乳品安全”一个核心，以奶牛标准化规模养殖建设为基础，以奶牛保险和奉献避机制为保障，以企农利益联结机制为纽带，以政策和项目支持为动力，提高服务水平、强化安全监管，稳定数量、主攻单产、提高质量，加快新疆奶业全面协调可持续发展。

生鲜乳质量安全监督检查

我是中国人宣誓活动

公民道德建设月讲座

新疆维吾尔自治区
体育中心

2014 年“中国移动杯”自治区青少年足球联赛（总决赛）暨校园足球活动开幕式

安全大检查工作现场

新疆体育中心领导干部年度述职述德述廉大会

新疆体育中心的经营项目主要有体育馆、羽毛球、网球、健身广场、停车场；体育广告公司、体育场地等，并对外出租写字间，为企事业单位举行运动会提供优质场地，为各类运动会提供组织策划、裁判配置及技术服务，与各办展单位积极合作举办各类商贸活动，举办各类演唱会等。新疆体育中心将成为乌鲁木齐市的亮丽景点，体育比赛的好场所，全民健身的好去处，素质教育的好基地。目前中心正积极寻找合作伙伴，开发体育中心。新疆体育中心将充分利用新疆周边国家多，距独联体哈萨克斯坦、吉尔吉斯斯坦、俄罗斯等国家近的地域优势，邀请他们的足球、篮球、拳击、马术、摔跤等体育项目来新疆共同举办国际体育赛事。现在国内有的演出公司已争相在新疆体育馆举办首场演出。

体育馆是新疆体育中心三大体育建筑之一，在建筑设计上以体现民族特色，力求简洁大方、反映体育建筑性格为设计原则。钢结构的金属屋面跨度为 120 米，造型象一朵盛开的雪莲，13 朵花瓣象征新疆各民族大团结。体育馆共分四层，地下一层，地上三层。由于中心场馆毗邻开发区，它将成为乌鲁木齐市政治、经济、文化、体育活动中心，是各企业发布广告的最佳黄金地带。体育作为广告媒体，有着其它媒体所无法替代的优势。此馆也是乌鲁木齐市唯一能举办大型文艺演出、体育竞赛、大型庆典等多功能活动场所。馆内可制作广告，除给客户收到满意的社会效益和经济效益外，同时还可以为客户扩大知名度、树立健康和充满活力的形象。

主体育场同是中心三大体育建筑之一，体育场共分六层，设计新颖，构造巧妙，与体育馆、综合训练馆共同诠释现代体育建筑的风采和新疆浓郁的地方特色。主体育场建筑面积 75000 平方米，体育场的罩棚部分面积为 33450 平方米，覆盖全部观众座席，符合国际最新罩棚设施标准，展现最有魅力的体育建筑空间。罩棚采用先进的环形钢桁架体系。在罩棚的钢桁架中还设计了一条 1.5 米宽的环形马道，它集场地照明、摄影、音响于一体，并通过四条通道与下部空间连通。场内采用了先进的比赛灯具，超大型彩色电视屏幕和计时计分屏以及计时计分、文字、数字、图象显示系统等专

新疆体育中心党团活动日

“三八妇女节”徒步活动

参观八路军办事处

业设备，并与视频制作相联。场内设有中央空调、自动喷淋消防系统和自动报警装置，电脑管理等系统。还配有各种球类、健身房为您提供又追的休闲服务。崭新的设施，一流的设计，体育场将为你带来无限的商机，这里必将成为您迈向成功的新起点。

综合训练馆位于体育中心的东南部，与北侧的主体育场毗邻，亦是中心三大体育建筑之一，建筑面积为29286.86平方米，钢桁架结构。设计主要考虑以训练和热身比赛为主，实用性较强。综合训练馆与体育馆、体育场的组合使新疆体育中心整体建筑造型形成民族特色的螺旋渐开线的图案。场馆周围还安有造型不同的路灯，当夜晚来临之时，柔和的灯光把中心各个场馆，衬托的金碧辉煌，显得更加雄伟壮丽。

随着我国改革开放和西部大开发战略的深入实施，新疆的体育事业迎来了新的春天。新疆是个好地方，新疆是个好客之乡，我们热情地欢迎国内外的嘉宾和朋友到新疆走一走，看一看，到新疆来作客。我们新疆体育界的各族同仁热情欢迎你们来参加体育馆和体育设施的建设；欢迎你们组织各种体育项目来新疆参赛，我们衷心希望与社会各界朋友携手合作，共同发展体育产业，在西部大开发中，共铸辉煌。

中国足球协会甲级联赛新疆赛区比赛现场

全民健身日

体育中心鸟瞰图

中国足球协会甲级联赛新疆赛区

蓬勃发展的“双语”学前教育

文化笔会

艾则孜·木沙专员在和田市调研农村教育工作

大美和田

“世界玉都·丝路名城”

和田市南倚昆仑，北临瀚海，是古丝绸之路上的南疆重镇，也是和田地区的政治、经济、文化、交通和金融中心。总面积 585.11 平方公里，建成区面积 25 平方公里，辖 6 乡 2 镇，4 个街道办事处和 1 个工业园区，总人口 38.02 万人，是一个由维吾尔族、汉族、回族、哈萨克族等 13 个民族共同组成的多民族聚居城市，素以“玉石之都”、“地毯之乡”著称于世。近年来，和田市委、市人民政府以科学发展观为指导，抢抓发展机遇，创新发展思路，破解发展难题，全市呈现出社会政治持续稳定，城乡经济不断发展，城市面貌日新月异的大好局面。2014 年全市生产总值达到 55 亿元，比上年增长 13.9%；全社会固定资产投资达到 62.9 亿元，比上年增长 22.1%；公共财政收入达到 5.51 亿元，比上年增长 18.2%，农牧民人均纯收入达到 5873 元，人均增收 735 元，比上年增长 14.3%。

当前和今后一个时期，将是和田市充满机遇、大有希望的一个时期。市委、市政府按照“围绕长治久安抓发展”的工作战略，创新思路、破解难题、先行先试，不断提升三大园区，全力打造四大中心，做大做强六大产业，稳步推进八大市场，全面实施十大工程，尤以团结新村为引领的新农村建设，以环湖新城为标志的老城区改造，将掀起和田市新一轮大开发、大建设、大发展的热潮。

在昔日的佛国圣地与传统伊斯兰文化碰撞传承下来的大美和田，今天展现出了“世界玉都·丝路名城”的靓丽英姿。这里是一片亟待开发的热土，我们竭诚欢迎四方来宾，各界朋友和更多的有志之士前来考察、旅游、投资、兴业，共创和田市辉煌的明天！

政协和田市第八届委员会第四次会议

和田市召开科技科普会议

自治区第十二届环卫工人节暨表彰大会

全国妇联党组书记宋秀岩一行在和田市调研

玉泉湖公园升级改造项目

陈远华书记七一节前夕看望慰问老党员

第十一届玉石文化旅游节

和田市团结新村居民居住区

和田市团结新村安居富民小区一角

和田市团结新村高智能温室大棚

和田市团结新村昆天园区养殖场

金奇台 旱码头

以党的十八大和十八届三中、四中全会精神为指引，全面贯彻落实区、州党委全委（扩大）会议精神，紧紧围绕长治久安抓发展，加快转变经济发展方式，大力实施“生态美县、产业立县、文化兴县、富民强县”发展战略，打造“丝路古城、历史名城；商贸重镇、物流新港；准东高地、旅游胜地；经济强县、美丽奇台”四张城市名片，着力建设“厚德、开放、创新、和谐、美丽”奇台。

李新光 书记

深入学习贯彻党的十八大和十八届三中、四中全会精神、第二次中央新疆工作座谈会和区、州、县党委全委（扩大）会议精神，进一步夯实经济发展和民生改善的基础，加快推进“城乡居民收入倍增计划”和“美丽奇台行动计划”，切实加强政府自身建设，统一思想，坚定信心，敢于担当，为实现“三个率先”，建设“五个奇台”，开创奇台社会稳定和长治久安新局面而努力奋斗。

孟凡刚 县长

奇台县位于新疆维吾尔自治区东北部，天山北麓东段，准噶尔盆地东南缘，距乌鲁木齐市 195 公里。县域总面积 1.93 万平方公里，边境线 131.47 公里境内有国家级口岸—乌拉斯台口岸。全县辖 8 镇 7 乡，总人口 30.05 万人，有汉、哈萨克、维、回等 22 个民族，少数民族人口数占总人口的 21%。拥有全国唯一的塔塔尔族乡。

近年来，奇台紧紧围绕社会稳定和长治久安总目标，主动适应经济发展新常态，科学制定“14445”发展战略，即：围绕社会稳定和长治久安抓发展，争创中国西部百强县（前 30 强）目标。打牢撤县设市、文化支撑、人口支撑、产业支撑四大支撑；实施“生态美县、产业立县、文化兴县、富民强县”四大战略；打响“丝路古城、历史名城；商贸重镇、物流新港；准东高地、旅游胜地；经济强县、美丽奇台”；建设“厚德、开放、创新、和谐、美丽”奇台，重点在“中心城、示范县”上求突破，先后被确定为新疆绿洲中心城市和昌吉州支点城市。

2014 年全县经济社会呈现一、二、三产并驾齐驱、协调发展良好态势。地区生产总值 120 亿元，同比增长 18%，其中：一产 45.2 亿元、同比增长 6.7%，二产 46.8 亿元、同比增长 33%，三产 28 亿元、同比增长 15%。

奇台县城镇化建设

江布拉克景区

奇台县魔鬼城

西域明珠 霍城县

自治区党委宣传部部长李学军在兰干乡文化村就业工场考察

县委书记葛国、县长热夏提·木沙江在水定镇新荣社区就业工场参观

县四套班子领导在惠远革命烈士陵园和检察院廉政建设教育基地参观

霍城县因霍尔果斯河得名，简称“霍城”，位于新疆西部，北依天山与博尔塔拉蒙古自治州温泉县、博乐市毗连；南濒伊犁河与察布查尔县隔水相望；东与伊宁县、伊宁市毗邻；西以霍尔果斯河为界与哈萨克斯坦国接壤。属边境县也是自治区维稳重点县，边境线长183千米，总面积5720平方千米，总人口40.2万人，聚居着维、汉、回、哈等29个民族。全县辖13个乡镇（中心），境内驻有新疆生产建设兵团农四师所属5个团场、69348部队等20多个县团级单位。境内有西北最大的陆路口岸—霍尔果斯口岸和自治区级经济技术开发区—清水河经济技术开发区，是我国西北对外开放的前沿，也是“丝绸之路经济带”的重要节点和链接欧亚大陆的桥头堡。

霍城县境内野生动植物品种繁多，矿产资源丰富。县域地势为东北高西南低，北部山区是天然林区、河流发源地和高山草场，沿山丘陵地区有近百万亩的逆温带，适宜发展林果业和畜牧业；西南地势平坦，土地肥沃，是国家和自治区的粮食、甜菜、细毛羊、秸秆养畜、肉食品和果品生产基地。全县交通便利，紧邻世界第一个跨国自由贸易区——中哈霍尔果斯国际边境经济合作中心，霍城县将成为沟通东西方的重要支点。

霍城县历史悠久，邱处机、祁韵士、洪亮吉、林则徐、徐松、谢彬、袁鹰等历史文化名人都曾驻留霍城，留下传诵久远的妙文佳句。雪山峡谷、草原湖泊、长河大漠、历史文化、民族风情，赋予霍城县浓郁的西部特色。主要旅游景点有赛里木湖、惠远将军府、萨尔布拉克怪榆沟、三道河图开沙漠、大西沟福寿山庙。著名地方产品有红地球葡萄、油桃、蟠桃、红富士苹果等。

薰衣草旅游节开幕式

中国·国际拳击邀请赛在霍城县举行

霍城县新貌

美丽的赛里木湖

城区鸟瞰

美丽的校园环境

克拉玛依市克拉玛依区

克拉玛依区位于克拉玛依市中部，是克拉玛依市党、政、军机关和国家特大型企业新疆油田公司、克拉玛依石化公司机关所在地，也是全市政治、经济、文化和商业中心。辖区面积3833平方公里，总人口25.1万，拥有汉、维吾尔、哈萨克、回、蒙古等36个民族，下辖6个街道办事处、58个社区和1个农牧业乡。

欧亚通用航空博览会

近年来，克拉玛依区紧紧围绕建设现代化生态精品城区的发展目标，以开展党的群众路线教育实践活动为契机，团结带领全区各族干部群众，深化改革创新，聚力长治久安，圆满完成了各项工作任务，城区的自我发展能力和百姓的幸福指数实现了同步提升。

——经济发展稳中提质。2014年克拉玛依区实现地方生产总值114.32亿元，同比增长6.5%。地方财政收入完成19.36亿元，同比增长7.7%。地方财政支出21.62亿元，其中用于民生支出15.59亿元，占公共财政支出的73.4%。实现社会消费品零售总额42.91亿元，同比增长3.4%。城镇居民人均可支配收入30706元，同比增长10.6%；农牧民人均纯收入达18034元，同比增长12.6%。积极打造核心商业区和企业总部经济带，全力推进商贸物流和服务业发展，食品产业园、天百国际购物中心、国际汽车城、国际家居建材城、再生资源循环经济示范园等重点项目有序推进。2014年，共落实招商项目75个，招商引资到位资金53.75亿元。

“克拉玛依人”美术作品展在中国国家画院美术馆隆重开幕

——新兴产业发展势头良好。金融产业取得新进展，华隆科技、博峰新业、金磊建材3家企业在“新三板”市场成功挂牌。金融、投资机构培育力度不断加大，聚合小额贷款公司筹建工作顺利推进。信息产业发展再上新台阶，亿赞普科技、东软集团等30家企业落户云计算产业园区，国家“智慧城市”研究中心西北分中心筹备工作全面启动。文化旅游产业快速发展，汉博文化创意产业园南区改建一期工程全面完成，新疆金丝玉产业园已正式揭牌。

新花鸟鱼市金丝玉展

——城区品质显著提升。康城幼儿园、区档案馆、民兵训练基地及武器库、南新湿地景观提升等重点工程建设进展顺利。城市管理“大联动”机制持续深化，针对防违治违、白色垃圾污染源治理等15项城市管理难题开展专项治理，城市管理水平全面提升。扎实推进“国家生态文明试点示范区”建设工作，进一步加大“煤改

旅游博览会

绚丽多彩的夜景

文体中心广场上的多彩夜景

华为云计算中心

6月8日 世纪公园 克拉玛依区“文化油城 欢乐你我”特色广场文化活动“文化主题之夜”专场晚会

小拐乡百名农牧民同跳《黑走马》

克拉玛依区小拐乡第二届阿肯阿依特斯文化旅游节

金龙镇2014年7月11日特色文化广场演出

气”、危险废弃物防治、餐饮业油烟等专项整治力度，顺利推进重点绿化工程，城区环境品质进一步优化，生态环境建设持续深入。

——民生工作持续改善。劳动就业和社会保障工作扎实开展，2014年稳定就业率达96%以上，“零就业家庭”动态为零。为老服务体系建设不断完善，黑油山老年社区正式投入运营，新疆唯一一家养老护理员培训基地已在黑油山老年社区正式成立；全区共有25个日托中心（站），服务范围覆盖社区总数的93.1%。大力推进全科医师团队签约服务工作，设立中医特色门诊，卫生服务水平进一步提高。扎实开展自治区“教育强区”创建工作，教育教学质量稳步提升。实行“全科社工”服务模式，在胜利路街道、金龙镇街道试点设立“一站式”政务服务中心；严格落实社区准入制度，清理纠正转嫁给社区（村）的事项94项，切实减轻社区负担，社区建设全面推进。

——文化建设成效显著。全面实施市民文明素质提升工程，扎实推动公民道德建设，进一步巩固了文明城市创建成果。民族团结工作持续深化，成立民族团结进步教育办公室，统筹整合各方资源，积极开展各类特色文化活动，在4所学校实行了一年级民汉学生就近入学、统一编班，进一步促进了各民族交往交流交融。文化事业蓬勃发展，积极打造“我们的节日”节庆文化品牌，成功承办第三届自治区轮滑公开赛、第二届自治区青少年羽毛球公开赛等赛事，我区选派的运动员在自治区十三运会轮滑比赛中包揽了全部30枚金牌，第六小学男子足球队在自治区青少年足球联赛中荣获冠军，南湖小学代表队在第八届机器人亚洲锦标赛获得季军，实现历史性突破。

——社会大局持续稳定。坚持把维护社会稳定和长治久安作为一切工作的着眼点和着力点，严厉打击“三股势力”及各类刑事犯罪活动。通过细致划分区、街道、社区三级“网格化”巡逻防控网络，逐步形成了“空中有监控，地面有巡逻，路边有岗亭，社区有联防，邻里有守望”的治安防控体系。组建民族宗教事务执法大队，对辖区商场、医院、公交站点等人员密集场所和街面开展专项治理，“去极端化”工作成效明显。圆满完成了“三节两会”、自治区十三运会、亚欧博览会、新疆国际旅游商品博览会等重要时间节点和重大活动的维稳安保任务，社会政治大局持续稳定。目前克拉玛依区已连续三年保持“自治区优秀平安县市区”的荣誉称号，胜利路街道和昆仑路街道成功争创为“自治区优秀平安街道”。

2014年，克拉玛依区先后荣获“全国社区服务型党组织建设示范城区”等国家级荣誉称号28项，“自治区‘平安家庭’示范县（市）”等自治区级荣誉称号22项，以及市级荣誉63项，赢得了上级有关部门及广大干部群众的高度认可。

面对新疆大建设、大开放、大发展的历史机遇，克拉玛依区将紧紧围绕社会稳定和长治久安这个总目标，主动把握和积极适应经济发展新常态，全面深化改革，推进依法治区，为建设现代化生态精品城区、打造世界知名的现代化石油城市做出新的、更大的贡献！

克拉玛依市

乌尔禾区

2014年乌尔禾区紧紧围绕打造生态旅游新区战略目标和区委“项目推进年”要求，创新思路谋发展，求真务实抓落实，全年实现地区生产总值102.4亿元（现价，下同），比上年增长5.7%。扣除中央石油企业贡献份额，实现地方生产总值2.52亿元，增长2.6%。实现地方固定资产投资5.24亿元，增长39.6%；招商引资到位资金6.19亿元，完成目标任务的238%；农牧民人均纯收入16699元，增长10.3%。

2014年乌尔禾区实施地方经济壮大工程，经济实现平稳较快发展。实行油田生产用地手续办理“绿色通道”，为油田生产创造了良好条件，油气生产保持稳定。成功举办第五届民俗文化旅游节、第三届金丝玉文化节系列活动，全年实现旅游经济收入1.54亿元，增长6.2%，旅游业发展稳中提质。推进种植结构调整，农牧业产业结构逐步优化。制定鼓励投资促进重点产业发展若干政策，加强招商引资项目管理，加大企业落户协调力度，招商引资工作成效显著。

城乡规划体系进一步完善，重点建设项目进展顺利，污水处理厂正式运营，第六净化水厂城区配套供水管网升级改造、10KV供电线路工程基本完成，制约乌尔禾区发展的基础性瓶颈问题即将得到解决。城区绿化建设力度加大，油地兵三方共同推进“大绿化”会战工程，新建绿地1605亩，建成区人均公园绿地面积19.23平方米，绿化覆盖率达到46.6%。蓝天工程取得阶段性成果，新疆油田公司安排专项资金1.14亿元，推进油田开发污染治理，稳步推进餐饮业油烟等污染治理，城区污染源控制收到实效，全年空气质量优良率92.6%。就业再就业工作持续加强，全面落实创业促进就业优惠政策，举办区属地方企业双选会，全年通过各种途径实现就业170人，“零就业家庭”动态为零。投入220万元完善安全基础设施，为未成年人提供了安全的就学环境。医疗卫生服务能力明显增强，建立全市首家“中医治未病中心”，开设了9项特色中医健康养生服务。积极推进协作与融合，按照融合发展“六共六同”的原则，在供水、供电、天然气入户、污水处理、生活垃圾处理等基础设施建设方面实现油地兵资源共享，油地兵融合发展取得新进展。

风云魔鬼城

魔鬼城《日月升华》

金丝玉已经走向产业化发展的道路

恐龙文化苑

魔鬼城《生命之光》

艾里克湖《渔歌唱晚》

石油产业

远眺乌尔禾城区

白碱滩区

中秋文化庙会已成为当地文化品牌

2014 年白碱滩区档案局（馆）获得国家一级档案馆，区委书记（时任区长）熊跃伟（右）领取奖牌

老年人老有所乐

昔日的戈壁荒滩已成为一座花园城市

白碱滩区位于克拉玛依市区东北 30 千米处，是克拉玛依市四个辖区之一。2014 年，面对严峻维稳形势和经济下行压力的不利影响，白碱滩区委、区人民政府千方百计抓稳定保平安、坚定不移推改革求创新、全力以赴促发展惠民生、持之以恒转作风强党建，全区各项事业都取得了新发展。

2014 年，全区实现地区生产总值 145.86 亿元（现价，下同），同比增长 0.35%（按可比价计算）。实现地方生产总值 23.96 亿元，同比增长 2.8%。城镇居民家庭人均可支配收入 27660.89 元，同比增长 9%。

2014 年，白碱滩区围绕“克白组团”发展战略，积极开展产业发展和空间布局规划；确定第十九小学为改革试点学校，推行了薪酬制度改革；积极探索社区卫生服务模式，开展了公共卫生与社区卫生服务实践基地建设；继续加强职业、就业前培训，大力引导自主创业、灵活就业、多渠道就业；探索有效养老模式，制定了居家养老服务管理办法，培育社会组织开展居家养老服务；成功举办了第三届中秋文化庙会、第三届田径运动会、百日广场文化活动等，群众性文化需求得到丰富和满足，白碱滩区文化品牌影响力显著提升。

2015 年，白碱滩区将继续贯彻落实十八届三中、四中全会精神，紧紧围绕“十二五”规划总目标，在宏观上找方向；紧紧围绕经济社会发展中存在的问题，在微观上找措施；从“克白组团”发展战略中找思路，打进攻仗；从推动各领域改革中找动力，占制高点；进一步严格依法行政，建设法治政府；进一步强化过紧日子的思想，转变作风、提升效能，为实现白碱滩区社会稳定和长治久安奠定坚实的基础。

克拉玛依石油主产区，百里油区井架林立

俯瞰城区 俨然被绿色环抱

县委书记王跃斌

县委副书记、县长牙合甫·排都拉

伊吾县

县委书记王跃斌慰问宗教人士

县长牙合甫·排都拉看望群众

伊吾县位于新疆维吾尔自治区东北部，天山北麓东段，县域总面积19519平方千米。县辖4乡3镇、2个牧民搬迁定居开发区，有维吾尔族、汉族、哈萨克族、回族等17个民族，2014年县域总人口23455人，流动人口高峰期可达5万人。已注册的“淖毛湖”牌晚熟哈密瓜和“途阔”牌哈密盐池羊肉享誉区内外。

伊吾县资源丰富。矿产资源初步探明煤储量400亿吨、铁800万吨、石油2.5亿吨、盐149万吨、毛矾石14万吨、膨润土4万吨、黄金2吨。旅游资源十分丰富，文化底蕴深厚。现有国家4A级景区1处（淖毛湖原始胡杨林）和3A级景区2处（苇子峡太阳历广场、伊水园风景区），有被列入“中国四大鸣沙山”的伊吾鸣沙山、乃楞格尔大草原、幻彩湖等优美的自然风光以及拜其尔墓地等重点文物保护单位多处。伊吾县还是一座红色的英雄县城，具有四十天保卫战的光荣历史，烈士陵园是“全国重点烈士纪念建筑物保护单位”和自治区级爱国主义教育基地。

伊吾县是国家丝绸之路经济带核心区增长极的重要支柱，是新疆东联西出“三基地一通道”的综合交通枢纽，铁路、公路、边贸、物流、煤电、煤化工、疆煤东运、风电、光电、农副产品加工等将在自治区实现社会稳定、长治久安和经济腾飞中发挥重要作用。

爱国主义教育基地

乃楞格尔草原

金色胡杨

和静县

钢铁新城 旅游名县 生态之域 平安之所

县委书记 赵文纪

县委副书记、县长 其米格

和静县位于新疆中部，巴州西北部，行政面积近4万平方公里，总人口26万人，由汉、蒙、维、回等29个民族组成，驻有1个自治区级工业园区、新疆生产建设兵团第二师3个团场、4个团级以上部队等40多个直属单位。这里是感动中国十大人物慈善家阿里木·哈里克和全国最美乡村教师阿力太的家乡，境内的巴音布鲁克天鹅湖被评为全国十大最美湿地之一，成功入选世界自然遗产名录。和静县历史悠久、文化灿烂，是民族英雄渥巴锡后裔的聚集地，这里交通便利、资源富集、景色优美，在"一带一路"和大美巴州建设中占有举足轻重的地位，是一个极具魅力和发展潜力的城市。

和静县地理位置重要。和静是新疆的地理中心，是连接南北疆的交通要地，县域内有国道216、217、218线和省道206、301、305、321线，贯穿南北疆的216国道，是穿越天山中段山脉，路程最短、最便捷的通道。周边有库尔勒、乌鲁木齐、那拉提、库车等机场，与乌鲁木齐、昌吉、伊犁等地15个县市相毗邻，是世界上接壤县市最多的县。县域自然资源富集。全县地表水年径流量58亿立方米，素有"天山之肾"、"新疆水塔"之称。发现具有开采价值的矿产29种127处，潜在经济价值6000亿元以上，优势矿产有铁、铜、金、铅锌、菱镁等。旅游资源及其类型十分丰富，国家级天鹅自然保护区、九曲十八弯、巩乃斯国家森林公园、巴伦台黄庙、天山石林等景区（点）构成了垄断性和不可替代性。

近年来，县委、县政府在坚持大企业大集团和优势资源转换战略，在顺应市场经济规律的基础上，提出了"工业强县、农企富民、旅游兴业、生态宜居、和谐共享"的发展战略，确定了建设"钢铁新城、旅游名县、生态之域、平安之所、大美和静"的奋斗目标，始终坚持把选商引资作为加快和静发展的根本措施，作为推

进项目建设、增加投资总量、拉动经济增长的重要突破口，使全县上下到处洋溢着大开放、大开发、大发展的勃勃生机和“选商、亲商、安商”的浓郁氛围，并以其丰富的自然资源、完善的基础设施和良好的发展环境成为投资者的理想热土。目前，大项目带动大发展战略得到扎实推进，农业产业实现了稳步发展，新型工业风头正劲，城镇开发亮点频现，商贸物流强势推进，社会事业全面得以进步。

潮平两岸阔，风正一帆悬。加强合作、互利双赢既是时代发展的潮流，也是商界精英的共识。而今的和静正以其突出的区位优势、丰富的自然资源、鲜明的民族特色、完善的基础设施、健全的社会机构、优惠的投资政策和良好的投资环境展示着广阔的发展前景，充满无限生机与活力的和静热忱欢迎各位投资商抓住机遇融入和静在这片热土上投资兴业。

《东归·印象》实景剧

钢铁新城—新兴铸管 300 吨钢铁项目

天鹅故乡—巴音布鲁克九曲十八弯

高原魔鬼城—奎克乌苏石林

巩乃斯森林公园班禅沟

巴州二中石油分校

沉着应考

为实现油地强强联合办学，2012 年 12 月，塔里木油田公司与巴州人民政府签订协议，将石油一中高中部并入新疆名校——巴州二中，更名为巴州二中石油分校。由此，巴州二中形成“一校两区”布局。

巴州二中石油分校坐落于库尔勒市南市区，毗邻梨香湖。校区占地 159 亩，校舍面积 5.2 万平方米。教学楼、体育馆、风雨操场、师生餐厅、学生宿舍、教工公寓，各种配置完备。办公、通讯、网络、监控、报警，一律自动化。数字化实验室、生物技术实验室、汽车驾驶模拟实验室，硬件设施现代化。

管乐演奏

巴州二中石油分校 189 名在职教职工，本科学历 141 人，研究生学历 13 人。其中，特级教师 1 人，副高职称 75 人，一级职称 37 人。石油分校现有教学班 37 个，在校生 1901 人。

并校以来，巴州二中半个多世纪积累的厚重人文、优良传统在分校得以弘扬。伴之以封闭式、寄宿制、小班化运行，石油分校沿着油地双方“政府办学，油田支持，事业单位，企业化管理”的期望模式发展。

军姿飒爽

目前，“发展学生，成就教师”的巴州二中校训，被师生们化为不懈的追求。承载一个大州和大油田各族人民的热切，巴州二中石油分校正编织着巴州的优质教育梦。

（罗洵撰文）

教学大楼

班会课堂

教研活动

集团公司党委书记、董事长甘军

新疆兵团青松集团成立大会

集团公司党委副书记、总裁杨万川

新疆兵团青松集团

青松集团总部位于 314 国道 1024 公里处，距阿克苏市 15 公里。前身是 1959 年兵团第一代军垦战士在渺无人烟的戈壁荒滩白手起家、土法上马建立的“五小企业”，至今企业已有 50 余年的发展历史。2000 年底由新疆生产建设兵团一师独资的国有企业青松建化工总厂改制为股份有限公司，2003 年 7 月，在上海证券交易所首发上市，股票简称：青松建化，股票代码：600425。2013 年 8 月 26 日组建成立新疆兵团青松集团。目前，青松建化总股本 13.79 亿股。

青松集团主营业务为水泥，目前总产能 2400 万吨。青松集团拥有 19 条新型干法水泥生产线，设有 9 个分公司、14 个控股（全资）子公司、9 个参股子公司，3 个生产运营和工程技术中心，员工 7000 余人，其中少数民族员工 1012 名，占员工总数的 14.3%。2007 年 1 月，青松建化被国家发改委、国土资源部、中国人民银行联合发文公布为国家重点支持 60 家水泥工业结构调整大型企业（集团）之一。2010 年，被上交所公布为 380 指数公司。2011 年、2012 年连续入选“央视财经 50 指数”，“十佳回报公司”样板企业。2014 年 4 月，荣获“中国上市公司（主板）诚信企业 50 强”称号；2014 年 10 月，荣获“全国社会扶贫先进集体称号；2014 年 11 月，荣获国家“民族团结进步模范创建活动示范企业”荣誉称号。

青松集团是以水泥、建材、化工为主体，发电、运输、机械加工等相配套的综合型工业企业，“青松”为新疆著名商标，主营产品青松牌水泥为新疆名牌产品。公司能生产各种规格的通用水泥和 H 级、G 级、C 级超细油井水泥及大坝水泥，道路水泥等特种水泥。其中 H 级油井水泥在全国包括青松建化在内仅 5 家水泥生产企业能够生产，新疆仅青松建化一家，G 级油井水泥于 2004 年 2 月通过美国石油协会 API 认证。

“十二五”期间，青松集团抢抓新疆跨跃式发展和长治久安重大历史机遇，强化企业管理，深化改革创新，大力实施“做强做优水泥、拓展重化工业、涉入资源能源”发展战略，转变发展方式，打造“建材、化工、资源（能源）”三足鼎立的产业布局，努力构建“百亿”“百年”企业。

青松集团职工汇演

水泥生产线

中华联合财产保险股份有限公司
CHINA UNITED PROPERTY INSURANCE COMPANY LIMITED

新疆分公司

中华财险，全称中华联合财产保险股份有限公司，是经中国保监会批准，于2006年12月由中华联合保险控股股份有限公司发起设立的全国性财产保险公司。其前身是1986年7月15日成立的新疆生产建设兵团农牧业生产保险公司，是我国第二家具有独立法人资格的国有独资保险公司。2002年9月20日，经国务院同意，公司更名为中华联合财产保险公司，成为全国唯一一家以“中华”冠名的保险公司。

公司荣获2014年最具社会责任保险公司

公司的业务经营范围涵盖非寿险业务的各个领域。目前，公司经营的险种已达3700多个（含附加险），包括机动车辆保险、企业财产保险、家庭财产保险、工程保险、船舶保险、货物运输保险、责任保险、信用保证保险、农业保险以及短期健康保险和意外伤害保险等，涉及社会生产生活的各个方面。

经中国保监会审批，公司注册资本金达到146.4亿元人民币，偿付能力充足率达到177%，达到偿付能力充足Ⅱ类公司标准。公司2014年保费收入近350亿元，各项经营指标在行业内名列前茅。

新疆是总公司的发源地，新疆分公司于2011年2月24日成立，是在原新疆区各地州机构的组织架构上新设立的省级分公司，新疆分公司所属各级机构共有304家，其中，地州市分公司20家（含新疆分公司营业部），

新疆分公司梁英辉总经理亲临奎屯特大风灾灾区现场了解情况，查勘定损，积极安排灾后理赔事宜

“中华保险杯”2014乒乓球邀请赛

于田 7.3 级地震，中华保险第一时间成立应急领导小组，梁英辉总经理亲赴灾区慰问并为灾后保险理赔工作做好准备。

农业无人机技术查勘现场演示会

“7.8”保险公众宣传日活动

四级机构 284 家。机构网络遍布天山南北、乡镇团场。新疆分公司成立以来，广大干部员工努力发扬“敬业、责任、争先、奉献”的八字精神，同心协力，积极进取，保费规模逐年快速增长，2014 年新疆分公司保费收入突破 40 亿元，位于全系统首位，新疆财险市场位居第二。

公司始终践行“服务至上、创造价值”对客户负责的服务宗旨，勇于承担社会责任。通过诚信服务赢得市场，为社会经济发展大局提供全方位的保险保障服务，2014 年 4 月 23 日，新疆 13 个地州市不同程度遭受大风灾害，气温急剧下降了近 10 摄氏度，是近年来同期最严重的一次自然灾害，累计造成 735.45 万亩作物遭受严重损失。灾害发生后，我公司及时支付农业保险赔款 6.55 亿元，受益农户达 11.72 万户次。2015 年“2.24”巴楚特大交通事故发生后，2 月 26 日第一时间预付赔款 1300 万元，得到了政府部门、监管部门、公司客户等社会各界的广泛认可。

展望未来，新疆分公司在中华控股、中华财险的战略指引下，将紧紧抓住行业发展机遇，继续发挥中华保险在承保理赔、农业保险等方面的特色和优势，形成可持续的发展和盈利能力，切实打造“一个客户、一个中华、多个产品、综合服务”的综合保险金融服务集团，继续为广大客户提供优质高效的保险保障服务。

《新疆调查年鉴 -2015》特邀编委

（排名不分先后）

编 者 说 明

一、《新疆调查年鉴-2015》是国家统计局新疆调查总队编辑出版的大型资料年刊，为喜迎新疆维吾尔自治区成立六十周年，编委会特增录了 1955 年至 2014 年期间部分重要统计调查资料，并着重刊载了 2014 年新疆城乡居民一体化收支资料、物价指数、扶贫开发、退耕还林、专项调查资料，编录全国各省市区的部分调查资料。

二、本书内容分为 6 个篇章，即：1、居民收支；2、价格指数；3、扶贫开发；4、退耕还林；5、其他专项调查；6、各省市区资料。

三、资料中所使用的度量衡单位均采用国际统一标准计量单位。

四、本书总量指标计算所采用的价格均为现行价格。

五、本书中部分数据合计数或相对数由于单位取舍不同而产生的计算误差，均未作机械调整。

六、符号使用说明：

“...”表示数据不足本表最小计量单位数；

“#”表示其中的主要项；

“空格”表示没有、不详或未掌握该项数据。

七、本书在编辑过程中得到有关单位和领导的大力支持，在此深表谢意。由于我们水平有限，加之时间仓促，错误和不足之处不少，敬请各级领导、各界人士和统计战线的同仁不吝批评指正。

目 录

第一篇 居民收支

第 二 篇　价格指数

第 三 篇 扶贫开发

第四篇 退耕还林

第五篇 其他专项调查

第六篇 各省市区资料

特 载

新疆维吾尔自治区2014年国民经济和社会发展统计公报

新疆维吾尔自治区统计局　国家统计局新疆调查总队

2015年2月28日

2014年，在党中央、国务院亲切关怀下，自治区党委、人民政府团结带领全区各族人民，认真贯彻落实党的十八大、十八届三中、四中全会和第二次中央新疆工作座谈会精神，按照自治区党委八届六次、七次、八次全委（扩大）会议部署，牢牢把握社会稳定和长治久安总目标，始终坚持稳中求进、改革创新总基调，在全球经济复杂多变、国内经济进入“新常态”的情况下，以稳增长保就业为重点，不断创新宏观调控思路，集中精力调结构转方式，沉着应对各种风险挑战，经济、文化、社会、生态文明建设等取得了新成就。

一、综　合

初步核算，全年实现地区生产总值（GDP）9264.10亿元，比上年增长10.0%。其中，第一产业增加值1538.60亿元，增长5.9%；第二产业增加值3927.82亿元，增长10.8%；第三产业增加值3797.68亿元，增长10.9%。按常住人口计算，人均地区生产总值40607元，增长8.4%。

居民消费价格比上年上涨2.1%，其中，食品价格上涨3.6%。

表1　2014年居民消费价格变动情况

指　标	涨跌（%）
居民消费价格	2.1
城　市	2.3
农　村	1.7
食　品	3.6
#粮　食	3.3
肉禽及其制品	-0.9
油脂类	-2.7
蛋　类	3.5
水产品	3.3
菜　类	1.6
烟酒及用品	0.6
衣　着	1.9
家庭设备用品及维修服务	1.1
医疗保健和个人用品	1.3
交通和通信	0.4
娱乐教育文化用品及服务	0.4
居　住	1.9

工业生产者出厂价格下降3.8%，其中，轻工业下降1.7%，重工业下降4.1%。工业生产者购进价格下降2.5%。农业生产资料价格下降2.2%。固定资产投资价格上涨0.3%。

二、农 业

全年实现农林牧渔业总产值2744.01亿元，比上年增长6.8%，其中，农业产值1955.11亿元，增长 7.2%；林业产值 49.39 亿元，增长 5.8%；畜牧业产值 651.20 亿元，增长 5.7%；渔业产值 19.60 亿元，增长 5.7%；农林牧渔服务业产值 68.70 亿元，增长 6.5%。

农作物播种面积 8991.74 万亩，增长 15.0%。其中，粮食（含薯类）3383.78 万亩，增长 0.8%；棉花 3632 万亩；油料 330.79 万亩，下降 0.5%；甜菜 94.33 万亩，下降 4.6%；蔬菜 465.24 万亩，增长 4.5%（工业番茄 105.08 万亩，增长 23.7%；工业辣椒 61.29 万亩，下降 8.7%）。特色林果 2312.29 万亩，增长 4.6%，其中，园林水果 2095.72 万亩，增长 4.5%。

2008-2014 年粮食产量及增速

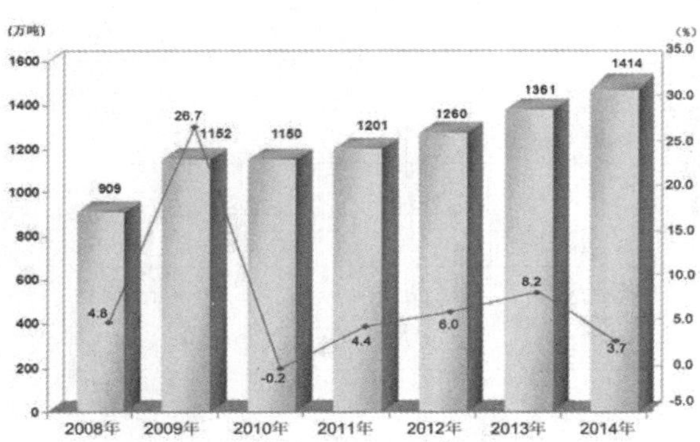

粮食产量(含薯类)1414.47 万吨，增长 2.7%。棉花 451 万吨。油料 59.32 万吨，下降 2.1%。甜菜 471.94 万吨，下降 1.0%。蔬菜 1894.79 万吨，增长 13.5%（工业番茄 764.98 万吨，增长 32.0%；工业辣椒 159.09 万吨，下降 12.0%）。水果（含果用瓜）1528.40 万吨，增长 11.5%，其中，园林水果 920.12 万吨，增长 11.5%。

表 2 2014 年特色林果产量及变动情况

指 标	产量（万吨）	比上年增长（%）
水果（含果用瓜）	1528.40	11.5
园林水果	920.12	11.3
#红枣	257.46	29.1
香梨	104.49	14.4
葡萄	231.61	3.4
坚果	61.51	39.5
核桃	50.14	24.5
巴旦木	5.08	42.0
果用瓜	608.26	11.8
甜瓜	234.95	-1.9

年末牲畜存栏 4763.46 万头（只），比上年增长 5.8%。全年牲畜出栏 4129.04 万头（只），增长 6.9%。肉类总产量 148.72 万吨，增长 6.8%，其中，羊肉产量 53.61 万吨，增长 7.9%；牛肉产量 39.16 万吨，增长 3.6%；猪肉产量 33.86 万吨，增长 8.2%；禽肉产量 12.99 万吨，增长 13.4%。禽蛋产量 30.52 万吨，增长 8.2%。牛奶产量 147.53 万吨，增长 9.3%。羊毛产量 9.80 万吨，增长 1.2%。水产品产量 14.40 万吨，增长 9.9%。

年末农业机械总动力 2338.37 万千瓦，增长 8.0%。拥有大中型拖拉机 44.19 万台，增长 11.3%。小型拖拉机 29.93 万台，下降 6.1%。化肥施用量（折纯）236.98 万吨，增长 16.6%。农村用电量 96.52 亿千瓦时，增长 15.0%。

拥有农业产业化经营组织 11007 家，比上年增加 797 家。自治区级以上农业产业化重点龙头企业 394 家，增加 4 家。农产品加工（流通）企业 12080 个，增加 1105 个。实现农产品加工（流通）业总产值 1584 亿元，增长 13.0%。

三、工业和建筑业

实现工业增加值 3179.60 亿元，增长 10.0%。在规模以上工业中，按轻重工业划分，轻工业增加值 272.49 亿元，增长 8.6%；重工业 2806.48 亿元，增长 10.2%。按石油非石油工业划分，石油工业增加值 1422.76 亿元，增长 7.2%；非石油工业 1656.21 亿元，增长 12.6%。按经济类型划分，公有制经济工业增加值 2327.75 亿元，增长 8.5%；非公有制经济 751.22 亿元，增长 15.4%。按隶属关系划分，中央企业工业增加值 1921.38 亿元，增长 7.4%；地方企业 1157.59 亿元，增长 14.9%。按企业规模划分，大型企业工业增加值 2086.57 亿元，增长 8.7%；中型企业 443.02 亿元，增长 4.9%；小型企业 533.02 亿元，增长 20.5%；微型企业 16.37 亿元，增长 13.5%。

园区工业实现工业增加值 984.38 亿元，增长 11.0%。建成工业园区 82 家，其中，国家级 19 家，自治区级 63 家。

表 3 2014 年工业企业主要产品产量及变动情况

产品名称	单位	产 量	比上年增长（%）
*原 油	万吨	2705.78	1.8
*天然气	亿立方米	296.7	4.9
*原油加工量	万吨	2644.40	5.4
乙 烯	万吨	128.47	-2.6
*发电量	亿千瓦时	1893.23	27.5
成品糖	万吨	44.53	-4.7
卷 烟	亿支	190.00	5.6
罐 头	万吨	83.13	24.0
#番茄酱	万吨	78.42	30.7
纱	万吨	43.99	1.2
布	万米	6540.80	-12.2
机制纸及纸板	万吨	48.81	6.7
化肥(折纯)	万吨	312.27	-16.7
十种有色金属	万吨	445.12	71.9
电解铝	万吨	426.82	73.3
粗 钢	万吨	1270.32	-0.5
钢 材	万吨	1566.95	3.6
生 铁	万吨	1338.72	-6.5
水 泥	万吨	5081.66	-6.1
变压器	万千伏安	7061.90	17.0
化学纤维	万吨	55.44	-2.5
塑料制品	万吨	212.16	13.7
服装	万件	2148.87	-27.9
轻革	万平方米	805.71	35.8

在自治区重点监测的十大产业中，石油工业增加值 1422.76 亿元，增长 7.2%；有色工业 170.96 亿元，增长 32.8%；电力工业 300.54 亿元，增长 36.2%；化学工业 307.47 亿元，增长 7.4%；钢铁工业 53.56 亿元，增长 1.6%；煤炭工业 142.65 亿元，增长 7.0%；纺织工业 41.39 亿元，下降 0.2%；农副

食品加工工业 60.64 亿元，增长 14.1%；装备制造工业 73.89 亿元，增长 7.4%；汽车工业 5.76 亿元，增长 2.6 倍。

规模以上工业产品销售率 96.9%，完成工业品出口交货值 50.16 亿元，下降 8.1%。实现利润总额 661.21 亿元，下降 17.8%。

建筑业增加值 858.19 亿元，增长 14.2%。具有资质等级的总承包和专业承包建筑企业总产值 2306.28 亿元，增长 11.1%。

四、固定资产投资

固定资产投资（不含农户）9744.68 亿元，比上年增长 25.2%。其中，第一产业投资 300.74 亿元，增长 27.8%；第二产业投资 4855.86 亿元，增长 22.0%；第三产业投资 4588.08 亿元，增长 28.6%。在第二产业中，工业投资 4760.42 亿元，增长 22.0%。

在固定资产投资（不含农户）中，国有及国有控股投资 5551.79 亿元，增长 23.2%；民间投资 4066.93 亿元，增长 26.7%；民生投资 2229.21 亿元，增长 15.5%；基础设施投资 3506.15 亿元，增长 41.5%。

房地产开发投资 1014.81 亿元，增长 22.9%，其中，住宅投资 616.30 亿元，增长 10.9%。房屋施工面积 11288.65 万平方米，增长 19.3%；竣工面积 2086.08 万平方米，增长 21.1%。商品房销售面积 1815.88 万平方米，下降 10.0%；销售额 840.47 亿元，下降 2.4%。

五、国内贸易

社会消费品零售总额 2279.65 亿元，比上年增长 11.8%，扣除价格因素，实际增长 9.9%。

2008-2014 年社会消费品零售总额及增速

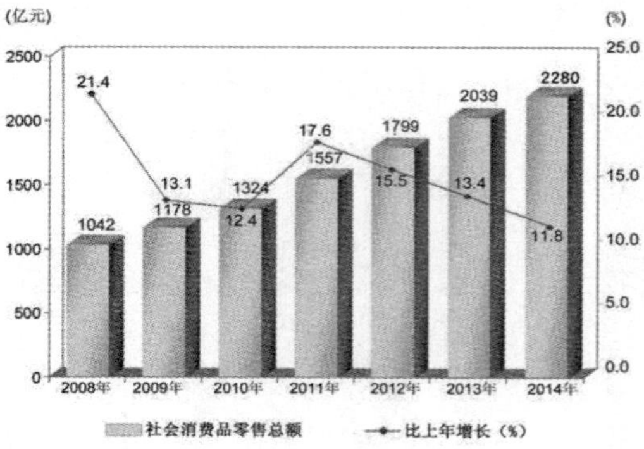

乡村消费品零售额 189.30 亿元，增长 17.7%。

按消费形态划分，餐饮收入 220.86 亿元，增长 10.7%；商品零售收入 2058.79 亿元，增长 11.9%。

按规模划分，限额以上批发零售企业零售额 949.58 亿元，增长 5.8%；限额以下批发零售企业零售额 1091.52 亿元，增长 17.9%。

按商品类别划分，限额以上单位食品类零售额增长 21.2%，服装、鞋帽、针纺织品类增长 10.2%，家用电器和音像制品类增长 6.1%，石油及制品类增长 10.1%，金银珠宝类下降 18.1%，汽车类下降 1.8%。

六、对外经济

货物进出口总额 276.69 亿美元，比上年增长 0.4%。其中，出口 234.82 亿美元，增长 5.5%；进口 41.87 亿美元，下降 20.9%。

拥有 190 个贸易伙伴国家和地区，其中，对俄罗斯进出口总额 21.51 亿美元，增长 3.7 倍；塔吉克斯坦 20.12 亿美元，增长 26.9%；哈萨克斯坦 101.30 亿美元，下降 17.3%；吉尔吉斯斯坦 40.98 亿美元，下降 1.8%；美国 7.67 亿美元，下降 4.9%。

表 4 2014 年货物进出口总额及变动情况

指　标	绝对数（亿美元）	比上年增长（%）
货物进出口总额	276.69	0.4
货物出口额	234.82	5.5
其中：一般贸易	84.96	-0.2
加工贸易	2.99	41.2
边境小额贸易	128.47	20.8
其中：机电产品	56.59	0.1
高新技术产品	4.55	37.8
货物进口额	41.87	-20.9
其中：一般贸易	25.04	1.5 倍
加工贸易	1.52	-49.0
边境小额贸易	13.78	-63.0
其中：机电产品	5.35	20.9
高新技术产品	1.20	5.4
原油	20.03	-31.3

按登记注册类型划分，国有企业进出口 55.22 亿美元，下降 23.2%；集体企业 2.04 亿美元，增长 74.9%；外商投资企业 2.12 亿美元，下降 15.6%；私营企业 217.31 亿美元，增长 8.6%。

新批准设立外商直接投资企业 49 个，增长 16.7%。合同使用外商直接投资项目 49 个，增长 16.7%；外商直接投资合同金额 5.26 亿美元，增长 46.0%；实际利用外商直接投资 4.17 亿美元，下降 13.3%。

七、交通、邮电和旅游

铁路货运量 7529.10 万吨，比上年增长 1.8%；公路货运量 64756 万吨，增长 8.6%；机场货物吞吐量 18.30 万吨，增长 8.4%。

铁路客运量 2355.30 万人，增长 1.6%；公路客运量 34847.00 万人，下降 9.8%；机场旅客吞吐量 2192 万人，增长 10.3%。

年末铁路营业里程 5760.20 公里，增长 17.3%；公路里程 17.55 万公里，增长 3.2%，其中，高速公路 4316 公里，增长 58.2%。

年末民用汽车保有量 277.28 万辆（包括三轮车和低速货车），增长 14.0%，其中，私人汽车 208.62 万辆，增长 18.9%。

电信业务总量 329 亿元，增长 8.6%；邮政业务总量 20.23 亿元，增长 7.7%。年末固定电话用户 535.40 万户，下降 1.7%。固定电话普及率每百人 23.4 部。移动电话用户 2077.70 万户，下降 2.6%，其中，3G 移动电话用户 890.80 万户，增长 25.5%。移动电话普及率每百人 90.8 部。互联网宽带接入用户 305.7 万户，增长 4.3%。

全年接待旅游总人数 4952.69 万人次，下降 4.9%，其中，接待入境旅游 150.17 万人次，下降 4.2%；国内旅游 4802.52 万人次，下降 4.9%。实现旅游总收入 650.07 亿元，下降 3.4%，其中，旅游外汇收入 4.97 亿美元，下降 15.0%；国内旅游收入 619.53 亿元，下降 2.8%。

八、财政和金融

全口径财政收入 2457.78 亿元，比上年增长 9.4%。地方财政收入 1710.56 亿元，增长 9.9%，其中，公共财政预算收入 1282.65 亿元，增长 13.7%；基金预算收入 426.13 亿元，下降 0.04%；国有资本经营预算收入 1.78 亿元，增长 2.3%。

地方财政支出 3782.97 亿元，增长 7.5%。其中，公共财政预算支出 3322.74 亿元，增长 8.3%。全年民生财政支出 2355.30 亿元，占公共预算财政支出 70.9%。基金预算支出 458.77 亿元，增长 1.9%。国有资本经营预算支出 1.47 亿元，下降 32.5%。

年末金融机构（含外资）人民币各项存款余额 15055.39 亿元，比年初增加 966.56 亿元，比上年增长 6.9%。其中，单位存款余额 8156.28 亿元，增长 6.2%；个人存款余额 6314.84 亿元，增长 5.2%。

年末金融机构（含外资）人民币各项贷款余额 11671.39 亿元，比年初增加 1802.71 亿元，增长 18.6%。其中，短期贷款 3850.61 亿元，增长 14.2%；中长期贷款 6817.44 亿元，增长 19.1%。个人消费贷款 1364.10 亿元，增长 29.5%。

境内上市公司 40 家，比上年新增 1 家，总股本 361.68 亿股，增长 6.8%；股票市价总值 4502.99 亿元，增长 69.9%；全年通过发行、配售股票共筹集资金 113.53 亿元，下降 26.8%。

证券营业部 65 家，比上年新增 3 家，证券交易额 11677.08 亿元，增长 64.2%；期货公司 2 家，期货营业部 9 家，均与上年持平；期货交易额 8984.48 亿元，下降 9.0%。

保险公司各项保费收入 317.41 亿元，比上年增长 16.1%。其中，寿险 141.23 亿元，增长 13.5%；财产险 131.63 亿元，增长 16.3%；健康险 32.32 亿元，增长 28.3%；意外伤害险 12.24 亿元，增长 14.8%。

各类保险赔款及给付支出 121.17 亿元，增长 13.7%。其中，财产险赔款 76.60 亿元，增长 22.9%；寿险赔付 28.36 亿元，下降 8.8%；健康险赔付 13.02 亿元，增长 25.5%；意外伤害险赔付 3.19 亿元，增长 15.3%。

九、教育和科学技术

年末共有普通高等学校 39 所，比上年增加 3 所。全年研究生教育招生 6097 人，增长 1.3%；在校研究生 17246 人，增长 6.1%；毕业研究生 4901 人，增长 6.2%。本专科招生 8.53 万人，增长 2.2%；在校生 29.04 万人，增长 4.3%；毕业生 6.75 万人，下降 3.6%。

中等职业教育学校 176 所，全年招生 8.59 万人，增长 2.4%；在校生 21.95 万人，下降 4.3%；毕业生 7.08 万人，下降 5.5%。

普通高中 363 所，全年招生 17.39 万人，增长 6.3%；在校生 46.30 万人，增长 3.5%；毕业生 14.13 万人，增长 1.1%。

初中 1100 所，全年招生 30.57 万人，下降 2.5%；在校生 91.15 万人，下降 0.8%；毕业生 29.99 万人，下降 3.7%。

小学 3551 所，全年招生 36.86 万人，增长 5.7%；在校生 194.29 万人，增长 2.6%；毕业生 30.91 万人，下降 3.8%。

特殊教育学校 29 所，全年招生 1293 人，下降 12.2%；在校生 5915 人，增长 13.1%；毕业生 797 人，增长 17.2%。

幼儿园 3955 所，全年招生 37.36 万人，增长 0.1%；在园幼儿 75.22 万人，增长 4.6%；毕业幼儿 32.67 万人，增长 4.7%。

小学学龄儿童净入学率 99.81%；小学毕业生升入初中升学率 98.90%；初中阶段适龄少年净入学率 98.37%；初中毕业升入高中阶段升学率 90.74%。

安排自治区级科技计划项目 1487 项，其中，科技支撑计划 103 项，高技术研究发展计划 55 项，科技兴新项目 66 项，科技成果转化专项资金项目 53 项，科技中小企业技术创新基金项目 137 项。共获得省部级以上科技成果 246 项。

年末拥有县以上部门属研究与技术开发机构 122 个。其中，自然科学研究与技术开发机构 98 个，科技信息与文献机构 8 个，社会与人文科学领域研究与技术开发机构 7 个，转制科学研究与技术开发机构 9 个。

重点实验室 54 个，其中，国家重点实验室 1 个。批准成立的工程技术研究中心 117 个，其中，国家级 5 个，组建期内的自治区级工程技术中心 97 个。自治区科技成果转化基地 36 个。

高新技术企业 370 个。高新技术工业园区 12 个，其中，国家级 2 个。生产力促进中心 72 个，其中，国家级示范中心 9 个，国家级创新型企业 5 个，国家级创新型试点企业 7 个。

全年受理专利申请 10210 项。其中，受理发明专利申请 2360 项，占 23.1%；获得专利授权 5238 项，其中，获得发明专利授权 605 项，占 11.6%。签订技术合同 707 项，技术合同成交金额 3.16 亿元，其中，技术交易额 2.98 亿元。

十、文化和体育

年末共有艺术表演团体 108 个，文化馆 116 个，公共图书馆 106 个，博物馆 76 个，国家综合档案馆 110 个，开放档案 72.57 万卷。拥有广播电台 6 座，电视台 8 座，广播电视台 88 座，中、短波广播发射台和转播台 66 座。广播综合人口覆盖率 96.48%。电视综合人口覆盖率 96.94%。有线电视用户 219.92 万户，增长 10.2%，其中，有线数字电视用户 210.21 万户，增长 12.8%。广播电视农村直播卫星用户 301.72 万户。

建成 11 个县级全民健身活动中心，32 个乡镇农民体育健身工程，150 个行政村农牧民体育健身工程。在国际比赛中荣获金牌 5 枚，银牌 3 枚，铜牌 7 枚。在全国比赛中荣获金牌 38 枚，银牌 45 枚，铜牌 59 枚。全年销售体育彩票 28.46 亿元，增长 88.6%；筹集体彩公益金 6.37 亿元，增长 72.2%。

十一、人口与人民生活

年末总人口 2298.47 万人，其中，城镇人口 1058.91 万人，乡村人口 1239.56 万人。城镇化率 46.07%。全年人口出生率 16.44‰，死亡率 4.97‰，自然增长率 11.47‰。

新疆全体居民人均可支配收入 15097 元，比上年增长 10.4%。按常住地分，城镇居民人均可支配收入 23214 元，比上年增长 10.1%。其中，工资性收入 15404 元，增长 9.8%；经营净收入 2491 元，下降 5.8%；财产净收入 1240 元，增长 18.4%；转移净收入 4078 元，增长 21.1%。农村居民人均可支配收入 8724 元，增长 11.2%，其中，工资性收入 1848 元，增长 48.7%；经营净收入 5179 元，下降 0.4%；财产净收入 229 元，增长 11.4%；转移净收入 1468 元，增长 22.5%。

十二、劳动就业和社会保障

预计年末就业人员 1142 万人，增长 4.1%。全年通过各种途径实现城镇就业再就业 47 万人，其中，就业困难人员实现就业 5.86 万人。全年消除“零就业”家庭 912 户，帮助实现就业 1202 人。城镇登记失业率 3.17%。

年末参加职工基本养老保险 338.50 万人，增加 12.46 万人。其中，在职人员 247.84 万人，增加 8.51 万人；离退休人员 90.66 万人，增加 3.95 万人。

参加城镇居民社会养老保险 34.54 万人，增加 1.12 万人。参加新型农村社会养老保险 496.07 万人，减少 0.86 万人。参加城镇基本医疗保险 653.88 万人，增加 3.54 万人，其中，城镇职工 368.84 万人，增加 9.91 万人；城镇居民 285.04 万人，减少 6.37 万人。参加失业保险 225.09 万人，增加 6.57 万人。参加工伤保险 247.54 万人，增加 7.67 万人，其中，参加工伤保险农民工 45.75 万人，增加 2.05 万人。参加生育保险 236.23 万人，增加 6.01 万人。

城市居民中有 79.25 万人得到政府最低生活保障救济。年末各类收养性社会福利单位 627 个，增长 10.8%；拥有床位 5.15 万张，增长 2.0%；收养各类人员 3.31 万人，增长 8.5%。社区服务机构总数 1778 个，增长 12.2%，其中，综合性社区服务中心 268 个，增长 13.1%。全年销售福利彩票 37.02 亿元，增长 9.0%；筹集公益金 10.57 亿元，增长 8.5%；直接接受社会捐赠 90.27 万元。

十三、资源、环境和安全生产

已发现矿种 138 种。查明有资源储量的矿种 97 种，其中，能源矿产 6 种，金属矿产 31 种，非金属矿产 60 种。新发现大中型矿产地 11 处，其中，能源矿产地 6 处，金属矿产地 5 处。新增查明资源储量中，煤炭储量 175.97 亿吨。

在监测的 19 个城市中，有 10 个城市空气质量达到国家Ⅱ级以上标准；城市空气质量好于Ⅱ级的优良天数占 73.4%。首府乌鲁木齐市空气质量好于Ⅱ级的优良天数占 85%，比上年提高 2.0 个百分点。

在监测的 78 条河流 168 个断面中，Ⅰ～Ⅲ类优良水质断面比例为 94.0%，比上年下降 0.8 个百分点；Ⅳ～Ⅴ类轻中度污染水质断面比例为 3.6%，提高 0.1 个百分点；劣Ⅴ类重度污染水质断面比例为 2.4%，提高 0.7 个百分点。

在监测的 31 座湖库中，Ⅰ-Ⅲ类优良水质的湖库比例为 67.8%，下降 1.1 个百分点；劣Ⅴ类重度污染水质的湖库比例为 19.3%，下降 2.5 个百分点。

自治区级以上自然保护区28个，其中，国家级自然保护区11个。保护区总面积1943.09万公顷，占新疆国土总面积的11.7%。

共发生各类生产经营性安全事故6739起，比上年下降2.39%。死亡998人，下降5.04%。亿元GDP安全生产事故死亡率0.23，下降11.54%；工矿商贸十万从业人员生产安全事故死亡率 4.50，下降16.67%；道路交通万车死亡率3.95，下降15.24%；煤矿百万吨死亡率0.29，下降25.64%。

注释：

[1]本公报中数据为初步统计数。

[2]地区生产总值（GDP）、总产值及各产业增加值绝对数按现价计算，增长速度按可比价格计算。

[3]特色林果含园林水果、坚果和果用瓜。

[4]表3中*产品产量为规模以上口径，其他产品为全部工业企业产品产量，原煤产量因统计渠道和口径变化，暂不公开发布2014年数据。

[5]自2013年，基础设施行业范围调整为以下行业：铁路运输业，道路运输业，城市公共交通业，航空运输业，水上运输业，管道运输业，邮政业，电信、广播电视和卫星传输服务业，互联网和相关服务业，水利管理业，环境管理业，市政公共设施管理业。

[6]科技、文化、劳动就业和社会保障数据不含兵团。

资料来源：

本公报中主要经济指标数据来源于自治区统计局；物价和城乡居民收入数据来源于国家统计局新疆调查总队，其他数据来源于相关部门。其中，农业机械动力来源于自治区农机局；利用外资数据来源于自治区商务厅；货物进出口总额来源于乌鲁木齐海关；铁路客货运量及年末营业里程数据来源于乌鲁木齐铁路局；公路客货运量及公路线路年末营业里程数据来源于自治区交通运输厅；机场客、货运吞吐量来源于新疆（机场）集团有限公司；民用汽车数据来源于自治区公安厅；邮政业务总量数据来源于新疆邮政管理局；电信业务数据来源于自治区通信管理局；国际、国内旅游数据来源于自治区旅游局；财政数据来源于自治区财政厅；金融信贷数据来源于中国人民银行乌鲁木齐中心支行；上市公司数据来源于中国证券监督管理委员会新疆监管局；保险业数据来源于中国保监会新疆监管局；教育数据来源于自治区教育厅；艺术表演团体、博物馆、公共图书馆、文化馆数据来源于自治区文化厅；广播、电视、电影数据来源于自治区广播电视总局；档案数据来源于自治区档案局；体育数据来源于自治区体育局；就业与社会保障数据来源于自治区人力资源和社会保障厅；销售福利彩票及筹集公益金数据来源于自治区福利彩票发行中心；矿产资源数据来源于自治区国土资源厅；环境监测及自然保护区数据来源于自治区环境保护厅；安全生产数据来源于自治区安全监督管理局。

2014年新疆城乡居民收入保持较快增长

2014年，自治区党委、政府面对极其复杂的形势，坚持稳中求进，在稳增长、调结构、惠民生等一系列政策措施的推动下，全区经济保持健康平稳发展，城乡居民收入呈现出较快增长的发展态势。据新疆城乡一体化住户调查：2014年新疆全体居民人均可支配收入15097元，同比增加1427元，增长10.4%，扣除价格因素，实际增长8.2%，城镇居民人均可支配收入为23214元，同比增加2122元，增长10.1%，扣除价格因素，实际增长7.6%；农村居民人均可支配收入为8724元，同比增加877元，增长11.2%，扣除价格因素，实际上涨9.3%。

一、2014年城乡居民收入呈现四大特点

特点一：新疆全体居民收入增幅全国第12位，跑赢GDP。新疆全体居民人均可支配收入增长10.4%，比全国高0.3个百分点，增幅居全国第12位，跑赢GDP增幅0.4个百分点；其中城镇居民人均可支配收入增长10.1%，比全国高1.1个百分点，增幅居全国第1位，农村居民人均可支配收入增长11.2%，增幅与全国一致，居全国第15位。

特点之二：新疆农村居民人均可支配收入实际增幅快于城镇居民1.7个百分点，城乡居民收入比由上年2.72:1缩小到2.66:1。

特点三：低收入组城乡居民收入增速快于全区水平。新疆城镇居民低收入组人均可支配收入增长38.9%，农村居民低收入组人均可支配收入增长18.1%，分别比全区城乡居民收入增幅高28.8个和6.9个百分点。

特点四：工资性收入和转移净收入是新疆城乡居民增收的主要支撑点。2014年工资性收入和转移净收入这两项对城镇居民增收贡献率为98.2%、对农村居民增收贡献率为99.8%。

二、城乡居民收入增长原因

（一）城镇居民人均可支配收入增长10.1%

1.工资性收入15404元，增加1374元，增长9.8%，对城镇居民增收贡献率达64.7%。增收的主因：一是各级政府和有关部门积极促进就业，增加就业岗位，城镇从业人数稳中有升；二是在岗职工工资正常增长机制的推动；三是公益性岗位增加明显，特别是与维稳直接相关公益性岗位大幅增加；四是发放了“维稳”补贴，拉动工资性收入增加。

2.经营净收入2491元，减少154元，下降5.8%，其中二产净收入下降23.5%，三产净收入下降3.0%。减收的主要原因：一是受经济下行压力的影响；二是受系列暴恐事件的影响，进疆客流下降；三是受经营性房租、人员工资等成本上升的影

响压缩了经营利润空间。

2014年新疆城镇居民可支配收入变动情况

指标名称	2014年	2013年	增量	增幅(%)
可支配收入	23214	21091	2123	10.1
一、工资性收入	15404	14031	1374	9.8
二、经营净收入	2491	2645	-154	-5.8
三、财产净收入	1240	1048	193	18.4
四、转移净收入	4078	3368	710	21.1

3.财产净收入 1240 元，增加 193 元，增长 18.4%。增收主要是由于出租房价格上涨以及银行业、互联网金融业不断推出理财产品，有效扩充了城镇居民的财产收入来源，加快拉动城镇居民财产净收入增长。

4.转移净收入 4078 元，增加 710 元，增长 21.1%。主要原因：一是自治区今年继续提高了企业退休人员基本养老金和“五七工”收入，特别是对边远地区实施了重点倾斜，带动城镇居民人均养老金或离退休金收入较快增长；二是城乡社保制度不断完善，加大对南疆四地州居民医疗补助力度，简化医疗报销手续，医药报销比例持续提高；三是低保标准的提高和政府以及社会各界加大了救助、捐助等力度。

（二）农村居民人均可支配收入增长 11.2%

1.工资性收入 1848 元，增加 605 元，增长 48.7%，对农村居民增收的贡献率达 69.0%。增收的主要原因：一是农业机械化、科技化的广泛应用，以及土地流转步伐的加快，使更多的农民脱离土地，为农民务工就业创造了空间，据农民工监测：2014 年新疆农村居民本地非农务工人员同比增加64%；二是政府组织多种形式的职业技能培训，扩展农民的择业范围，提高农民的就业能力；三是各级政府把发展南疆四地州的“短平快”项目作为解决本地农民就业，维护社会长治久安的首要任务来抓，加大了“短平快”项目投入力度，项目对农村居民非农就业的辐射带动能力明显增强；四是提高了农村干部报酬以及农村“四老”人员生活补助标准等，带动工资性收入增加。

2014年新疆农村居民可支配收入变动情况表

指　标	2014年	2013年	增量	增幅(%)
可支配收入	8724	7847	877	11.2
一、工资性收入	1848	1243	605	48.7
二、经营净收入	5179	5201	-21	-0.4
三、财产净收入	229	205	23	11.4
四、转移净收入	1468	1198	270	22.5

2.经营净收入 5179 元，减少 21 元，下降 0.4%，其中一产净收入 3905 元，减少 270 元，下降 6.5%；二产净收入 183 元，增长 31.8%；三产净收入 1092 元，增长 23.2%。经营净收入下降全部来自农业收入减少的影响，农业收入减少的主要原因是主要农产品价格下降所致，据农产品生产价格调查，2014 年农户农产品生产价格指数 97.83，在主要农产品中除小麦、玉米、薯类、谷类生产价格有所上涨、油料价格持平之外，其他棉、菜、水果及坚果等较去年同期均呈现不同程度的下降，特别是棉花售价低对农业增收的影响程度十分明显。2014 年新疆

作为棉花目标价格补贴政策的试点省市，农村居民出售籽棉每公斤均价 6.0 元，较去年同期价格每公斤籽棉均价下降了 2.9 元左右，农村居民出售棉花收入人均同比减少了 1105 元，下降了 29.7%；与此同时今年农业受灾程度高于去年也成为农业减收的另一个原因。

3. 财产净收入 229 元，增加 23 元，增长 11.4%。主要是城乡一体化建设进程和土地流转步伐的加快，自治区加大各类惠农强农措施实施力度，农村居民生产的外围环境得到明显改善，农村闲置资产利用率进一步提高，使得农民以转让承包土地经营权、农牧业设备出租和房屋出租收入明显增加。

4. 转移净收入 1468 元，增加 270 元，增长 22.5%。增收的主要原因：一是在去年已实施的各项惠农强农政策之外，新疆开始实施新一轮富民安居工程，补贴标准较去年有明显的提高，从而带动农村居民人均政策性生活补贴收入增加 99 元，增长 49.1%；二是全疆（除新和县之外）所有县市及时向棉农兑付亩均 191 元的棉花面积补贴，带动农村居民惠农性补贴收入快速增加，农村居民人均惠农性补贴收入增加 303 元，增长 96.9%；三是加大对设施农业、养殖业的扶持力度，带动转移性收入增加。

三、制约城乡居民收入增长的主要因素

（一）国有企业、行政事业单位职工工资增长步伐放慢，加之福利性收入减少，使城镇居民收入增幅收窄。

（二）二、三产业经营效益下滑。一是 2014 年以来，受暴恐事件影响，来疆投资、旅游人员减少，给旅游、批零贸易、住宿餐饮等服务行业带来很大的冲击，致使城镇居民经营净收入负增长。二是劳动力、原材料价格攀升也给二、三产业的发展带来压力。

（三）受经济下行压力增大的影响，部分行业经济效益下降；同时农作物受灾程度高于去年，再加之种植成本上升，影响了农民收入持续增收。

（四）主要农产品价格走势不乐观，特别是棉花价格过低，农民持续增收难度大。

（五）农民务工收入增加难度大。据了解，受房地产业发展有所减缓的影响，作为建筑业主要从业人员的进城务工人员活源减少、工资水平有所降低。

（六）城乡居民收入增幅较上年相比均呈现回落，城镇居民人均可支配收入增幅比去年回落 0.8 个百分点，农村居民人均可支配收入增幅回落 2.9 个百分点。

四、推动城乡居民收入增长的对策建议

（一）多种增资政策相结合，推动居民收入增长

工资性收入是居民收入的主要来源，要实现城乡居民收入较快增长，一是加快统筹城乡就业，把就业指导、信息服务和就业扶持等政策扩大到城乡所有需要就业的对象，努力构建城乡统一的劳动力

就业市场，为农民提供平等的就业机会；二是应通过大力发展劳动密集型产业、中小企业以及战略性新兴产业等，推动就业结构调整与产业结构调整的有机结合，创造更多就业机会；三是要建立合理的企业工资形成与增长机制，完善公务员和事业单位职工工资制度；四是继续稳步推进和完善工资协商机制，改善私营和个体企业中劳动者在收入分配中所得偏低的状况；五是要加大财政扶持力度，积极发展县域经济，扶持发展本地企业，改善就业环境，增加农民就业机会，全面提高城乡居民工资性收入。

（二）挖掘第一产业增产潜力，提高农民收入

新疆农村居民的经营净收入主要来自第一产业中农业和畜牧业，应采取切实有效措施，提高农业和畜牧业生产能力，加大对农业基础设施投入的支持，提高农业抗御自然灾害的能力，进一步加大“三农”补贴力度，着力提高农民种粮的积极性，确保粮食稳产增长；其次是加强农业机械的推广及农业技术指导，提高农业生产科技含量，降低农业生产雇工成本，增加农民的农业经营收入；三是提高能源资源利用效率，促进农业节本增效；四是切实加强农资市场调控，采取有效措施降低农业生产资料价格。

（三）大力发展二、三产业，不断拓宽城乡居民增收渠道

采取积极有力的政策措施，促进城乡有意愿、有能力的劳动者积极创业，增强经济活力，使更多居民拥有非农经营收入。一是大力发展民营经济，为小微企业的发展、高校毕业生和返乡农民工创业解决困难、创造条件，给予融资、生产经营、销售、纳税与吸纳就业等方面更多更大的惠利政策，促进经营收入的增长；二是大力发展农产品加工业等劳动密集型产业，提高区域经济发展的就业吸纳能力。

（四）增加城乡居民财产性收入

财产性收入是今后城乡居民增收的一个重要渠道和增长点，提高居民财产性收入的空间巨大。随着居民手中的存款不断增加，土地流转需求增大，空置住房增多，优化利用这些闲置个人资产，更有力的为居民收入增长起到更大的作用，是增加财产性收入的根本途径。

（五）进一步建立和完善社会保障体系

近年来，自治区政府对民生投入力度不断加大，社会保障体系日趋完善，公共事业长足发展。但是，最低生活保障标准仍然较低，因此，要加快推进国民收入分配制度改革，进一步提高最低生活费用补助标准，增加居民转移性收入；第二，应进一步完善社会保障体系，提高保障水平，扩大养老、医疗、失业等社会保险保障覆盖面，继续提高医疗保险费用报销比例和最高支付限额；第三，要加快推进城乡居民基本医疗保险和新型农村合作医疗建设，切实解决城乡居民看病难、看病贵等问题。

稳增长调结构成效显著　物价涨幅回落惠及民生

—2014 年度新疆物价运行分析

2014 年以来，国内经济进入增速换档期、结构调整阵痛期和前期刺激政策消化期，在经济增长面临下行压力的背景下，新疆着力“稳增长、促改革、调结构、惠民生”，新疆物价也呈现明显的涨幅趋缓势头。

2014 年，新疆居民消费价格总水平较上年上涨 2.1%，创下五年以来最低水平，其中：食品价格上涨 3.6%，非食品价格上涨 1.2%，服务项目价格上涨 2.0%，消费品价格上涨 2.2%。11 月份，新疆 CPI 上涨 1.0%，是自 2009 年 11 月份以来最低水平。

一、居民消费价格运行的总体特点

（一） 价格总水平温和上涨，涨幅为五年来最低

2014 年，全区居民消费价格总水平为五年来最低水平，2010-2013 年涨幅分别为 4.3%、5.9%、3.8%和 3.9%。

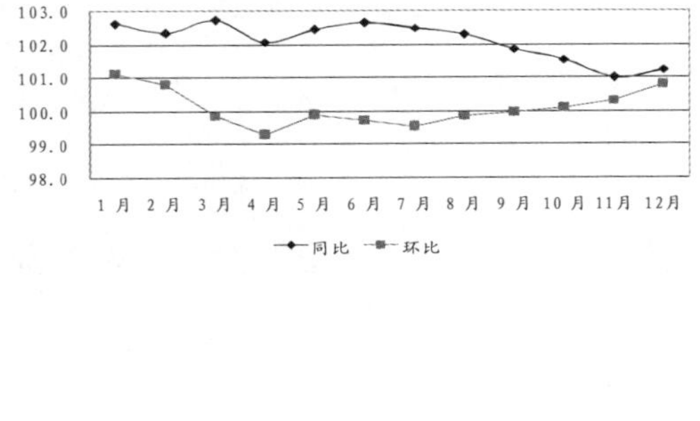

（二）各月价格呈震荡走低的态势

与 2013 年同期相比，新疆 CPI 各月涨幅分别为 2.6%、2.3%、2.7%、 2.1%、2.4%、2.6%、2.5%、2.3%、1.9%、1.5%、1.0%、1.2%，物价总水平呈明显的震荡走低态势（见图 1）。

与上月相比，2014 年新疆 CPI 各月涨幅分别为 1.1%、0.8%、-0.1%、 -0.7%、-0.1%、-0.3%、-0.5%、-0.1%、0.0%、0.1%、0.3%、0.8%，1、2 月份适逢元旦、春节传统佳节，在节日效应拉动下，食品、服务项目价格出现不同程度上涨，推动新疆居民消费价格环比分别上涨 1.1%和 0.8%；3 月份，随着节日因素消除，鲜菜、猪肉、鲜蛋、水产品等主要食品价格明显回落，价格总水平连续六个月环比下降， 10 月份受季节性影响环比价格开始出现微幅上升，但总体仍保持平稳运行的态势。

（三）新涨价因素减少

据测算，2014 年在新疆物价总水平 2.1%的涨幅中，2013 年价格变动带来的翘尾因素影响 CPI 上涨 1.3 个百分点，对总指数的影响率为 61.9%。2014 年的新涨价因素影响总指数上行 0.8 个百分点，对总指数的影响率只有 38.1%，明显低于翘尾影响。

（四）变动走势与全国相同

价格走势与全国基本一致。2014 年以来，新疆 CPI 价格变动趋势与全国基本一致，但涨幅高于全国水平。其中上半年明显高于全国水平，在全国排名居于前列，下半年回落速率加快，10 月份后低于全国水平，在全国排名不断后移（见表 1）。

表 1 **2014 年新疆与全国 CPI 月度走势对比表**

	新疆	全国
1 月	102.6	102.5
2 月	102.3	102.0
3 月	102.7	102.4
4 月	102.1	101.8
5 月	102.4	102.5
6 月	102.6	102.3
7 月	102.5	102.3
8 月	102.3	102.0
9 月	101.9	101.6
10 月	101.5	101.6
11 月	101.0	101.4
12 月	101.2	101.5

(五)农村涨幅九年来首次低于城市

从城乡居民消费价格涨幅来看，2014 年，新疆农村居民消费价格总水平上涨 1.7%，城市上涨 2.3%。这是 2006 年以来农村涨幅首次低于城市，反映出新疆城乡居民市场物价差异的新变化。

二、居民消费价格变化结构特征

（一）八大类商品和服务项目价格全部上涨

2014 年，新疆 CPI 八大分类，全部呈上涨情况。其中，食品价格上涨 3.6%；居住、衣着类价格分别上涨 1.9%；医疗保健和个人用品类上涨 1.3%；家庭设备用品及维修服务上涨 1.1%；烟酒价格上涨 0.6%；交通通讯、娱乐教育文化用品及服务类价格上涨 0.4%。

（二）食品价格涨幅回落是引发市场物价涨幅回落主因

食品价格上涨 3.6%，较上年涨幅回落 4.9 个百分点，拉动 CPI 上行 1.36 个百分点，对总指数上行的影响率为 64.8%，明显低于上年 79%的水平，但其涨幅和影响力仍居八大类商品及服务之首。在 16 个食品分类中，除油脂、食糖、肉禽及其制品略有下降外，其余 13 个食品分类均有不同程度的上涨，但涨幅回落是主基调。

1. 主要食品价格涨幅回落是 CPI 走低的主因。肉禽及其制品、菜和粮食等主要食品价格涨幅回落是导致新疆 CPI 涨幅低迷的第一原因。新疆肉禽及其制品、菜和粮食价格分别下降 0.9%、上涨 1.6% 和 3.3%，涨幅较上年分别回落 15.8、4.2 和 3.0 个百分点。其中，猪羊肉价格分别下降 12.1%、1.3%，牛肉上涨 5.4%，与上年比较，涨幅分别回落了 15.5、21.1 和 33.8 个百分点。这主要是因为：一是今年以来猪肉价格出现了全国性的大幅度下跌，加上全疆储备牛羊肉的投放量持续增加，稳定了新疆肉禽市场的消费价格。二是开春以来，新疆蔬菜市场供应充裕，蔬菜内地调入量增加较多，鲜菜价格出现高位回落情况。

2.干鲜瓜果、液体乳等食品影响力后来居上。在16个食品分类中，液体乳价格上涨15.7%、干鲜瓜果类上涨12.0%，在外用膳餐饮价格上涨6.1%。以上三类食品共同影响全疆CPI上行1.12个百分点，影响程度达53.3%。其余十二个食品分类共同影响CPI上涨0.24个百分点。

（三）商品价格波动受短期供需因素变化影响明显

2014年，受制于国内产能过剩和国际贸易需求不旺，商品价格走势总体疲软。但在市场物价整体稳定表象下，单个商品价格波动却十分剧烈，呈现短期化和无序化特征，比如牛奶、鲜蛋、原油、铁矿石价格，皆在短期内出现大涨大跌现象，对经济平稳运行带来较大影响。

三、影响居民消费价格变化因素分析

（一）经济增速缓慢下行，全球大宗商品价格持续下降

2014年以来，全球经济形势错综复杂，国内经济处于经济增速换档期、结构调整阵痛期和前期刺激政策消化期叠加阶段，经济发展中一些长期积累的矛盾和问题突显，经济下行压力较大，推动物价上行的动力明显减弱，市场物价呈现持续下行格局。

受实体经济放缓的影响，商品市场需求低迷，国际国内大宗商品价格普遍持续下降，导致工业消费品价格缺乏上涨的动力，经济运行面临通缩压力。

（二）主要领域供给充足

一是2014年天气条件良好，有利于新疆和内地蔬菜产地的衔接，鲜菜供应量充足，菜价较为稳定；二是全国范围生猪供应大于需求，猪肉价格维持低位运行；2014年春节过后，牛羊肉市场供需发生变化导致一直居高不下的牛羊肉价格也出现持续下滑。三是工业消费品总体仍表现为产能过剩，特别是手机等电子产品更新换代较快，市场竞争激烈、价格下降明显。因消费需求不旺盛，部分类别商品库存压力较大，价格持续走低。

（三）人工成本费用推动商品成本不断上升

随着社会经济的发展，收入不断增长，生活水平的提升，生活成本持续上涨，城乡居民消费构成中服务项目的内容在不断扩大，比重也在不断提高。近年来，新疆人工费水平持续上涨，已成为推动CPI上涨主要动力，对农产品、工业消费品从生产、流通、销售、服务各环节成本的提高均起到一定的正向推动作用。

四、2015年物价走势的初步判断

从市场层面观察，我国农业连年丰收，市场的粮、油、肉、菜、奶等食品的供应充足。目前工业品生产有很多行业仍存在产能过剩，原材料价格持

续低迷，减少了上涨压力向最终消费品价格的传导。因此，丰富的产品和充足的供应，为稳定今年物价提供了坚实的物质保障。

从政策层面观察，2014 年我国实施积极的财政政策和稳健的货币政策，为稳定物价奠定了宏观基础。积极的财政政策，在增加有效供给、确保民生方面发挥重要作用；而稳健的货币政策收缩了过多的流动性，有效地抑制了价格过快上涨。

2015 年世界经济复苏还不稳定，大宗商品价格低迷态势还难在短期有大的改变，目前输入性通缩苗头已经显露， 今年上半年，物价翘尾影响很低，春节后市场物价可能仍有下行动力，这一时期，可以考虑加快价格改革步伐，预计下半年市场物价会有一个稳步回升过程，但由于人工成本持续上升、政策性价格改革稳步推进、天气变化等不确定因素对生活必需品价格的影响等问题，价格调控工作仍不能放松。

2014 年新疆工业生产者价格运行情况

2014 年，新疆工业生产者出厂价格同比下降 3.8%，工业生产者购进价格同比下降 2.5%。12 月份，工业生产者出厂价格同比下降 10.2%，环比下降 3.2%，降幅均有所扩大；工业生产者购进价格同比下降 8.6%，环比下降 2.8%。

2014 年新疆工业生产者出厂价格震荡下行，持续走低的主要原因是国际原油价格波动，连续大幅度下跌。从影响程度看，成品油、石油和天然气、化学原料和制品分别影响工业生产者出厂价格总水品下降 1.0、0.8、0.5 个百分点，三者合计影响约 2.3 个百分点，占总降幅的 60%。

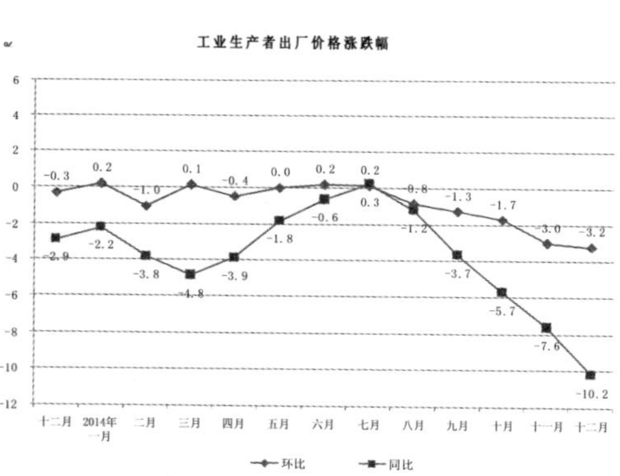

一、工业生产者价格运行特点

（一）生产资料价格持续下降影响显著

工业生产者出厂价格中，生产资料价格同比下降 4.2%，影响全疆工业生产者出厂价格总水品下降约 3.8 个百分点。其中：采掘工业价格下降 4.1%，原材料工业价格下降 4.1%，加工工业价格下降 4.4%。生活资料价格同比上涨 0.3%，其中：食品价格上涨 0.2%，衣着价格上涨 0.1%，一般日用品价格上涨 1.0%，耐用消费品价格上涨 0.2%。

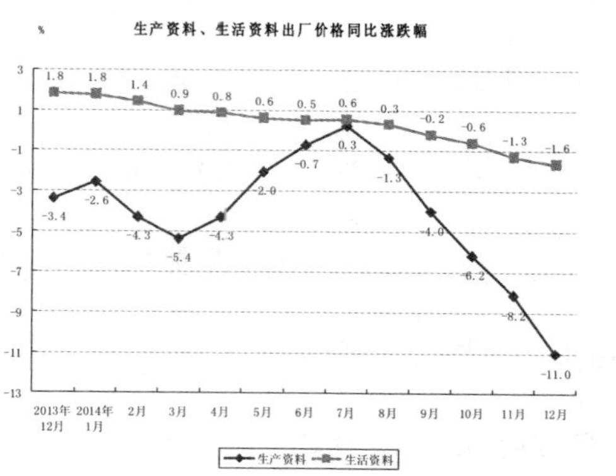

（二）五成以上的工业大类行业价格下降

在 37 个工业行业中，其中，21 个行业价格下降，13 个行业价格上涨。

下降幅度较大的行业有：化学纤维制造业价格下降 9.1%，黑色金属冶炼和压延加工业价格下降 8.3%，煤炭开采和洗选业价格下降 6.4%，化学原料和化学制品制造业价格下降 6.0%，黑色金属矿采选业价格下降 4.5%，石油加工、炼焦和核燃料加工业价格下降 4.4%，金属制品业价格下降 4.3%，石油和天然气开采业价格下降 4.0%。

上涨幅度较大的行业有：食品制造业价格上涨 4.4%，医药制造业价格上涨 2.3%，纺织服装、服饰业价格上涨 1.7%。

（三）工业生产者购进价格普遍下降

工业生产者购进九大类原材料价格普降。其中，黑色金属材料价格同比下降 4.8%， 有色金属材料及电线类价格下降 3.1%，燃料动力价格下降 3%，化工原料价格下降 1.5%，建筑材料价格下降 1.3%。

（四）PPI 降幅高于全国平均水平

1-12 月，新疆 PPI 下降 3.8%，降幅比全国（-1.9%）多降 1.9 个百分点，省份中排 4 位；工业生产者购进价格下降 2.5%，降幅比全国（-2.2%）多降 0.3 个百分点，省份中排 8 位。

二、主要工业产品价格变动情况

（一）能源、资源性产品价格走势持续下行

1. 原油、成品油价格持续下跌

2014 年全球经济增长放缓，需求削弱，而原油供应充足，全球原油供应过剩威胁加大，油价持续保持疲软，国际原油价格呈现低位震荡，且不断下跌走势，受其影响新疆原油出厂价格 1-12 月同比下降 4%，12 月环比下降 9.9%。

2014 年 7—12 月汽、柴油价格呈现“十连跌”。年内，国家发改委下发通知，先后 17 次调整汽、柴油价格（4 升 13 降），受此影响，1—12 月新疆石油加工业出厂价格同比下降 4.4%，12 月环比下降 3.1%，其中汽油价格环比下降 4.5%，柴油价格环比下降 2.3%，煤油价格环比下降 5.1%。

2. 煤炭开采和洗选业价格降幅缩小

煤炭价格除在冬季供暖期间价格有所微涨外，其余月份煤炭进入市场淡季，价格均呈下降走势。从全年情况看，1—12 月份煤炭出厂价格同比下降 6.4%。而 12 月份随着冬季煤炭销售旺季，煤炭价格回暖，环比微降 0.4%。

（二）重工业产品产能过剩，价格持续低位徘徊

1. 钢材、水泥价格低位运行

1—12 月钢材出厂价格同比下降 10.2%，其中，12 月环比下降 1.9%，同比下降 10.1%，钢材价格年内上涨未实现。在需求下滑的影响下，新疆钢铁行业 1—11 月亏损 49.68 亿元，同比增亏 27.62 亿元，陷入了全行业亏损的窘境。受行业主管部门限产保价措施影响，水泥价格大幅下降的局面得以控制，全年水泥出厂价格同比下降 7.2%，其中，12 月环比持平，同比下降 5.9%。总体上看，需求的低迷导致钢铁、水泥全行业产品价格持续走低。

2. 有色金属价格继续回落

受国际有色金属价格波动影响，2014 年有色金属出厂价格同比下降 2.5%。其中 12 月当月粗铜价格环比下降 0.8%，原铝价格下降 0.5%，金冶炼价格下降 0.5 %，镁冶炼价格下降 1 %，从月度环比数据看，降幅不断收窄。

3. 化学工业制品价格持续低迷

首先受以聚丙烯、乙二醇为代表的初级形态塑料制造和合成纤维单体制造价格下跌影响；其次化

学工业制品因下游终端需求不旺，销售一直处于低谷。两方面因素导致化工市场整体价格持续低迷。2014 年，化学原料和化学制品制造业产品出厂价格同比下降 6.0%，化学纤维制造业产品出厂价格同比下降 9.1%。

（三）涉农产品价格呈现下降态势

从 2014 年三季度开始，棉花、玉米等原料价格普遍下降，饲料、棉粕和棉籽油价格持续低迷，导致农副食品加工业价格下降。农副产品加工业同比下降 2.1%。其中 12 月当月大米价格环比下降 0.5%、植物油加工下降 0.7%、冻肉下降 0.9%、其他农副食品加工下降 0.3%。

（四）纺织工业产品价格持续低迷

纺织工业产品受全球经济形势影响，外部需求减少，致使原棉、棉纱价格持续低位运行。2014 年，纺织工业产品出厂价格同比下降 2.1%。

（五）医药制造业价格持续上涨

2014 年，受制药购进原料价格大幅上涨的影响，企业根据市场销售情况对出厂的部分药品进行调价。医药制造业价格产品出厂价格同比上涨 2.3%。12 月环比上涨持平，同比上涨 4.0%。

三、影响价格变动的因素

（一）国际市场价格波动的影响

根据传导机制，PPI 的波动受到原材料类大宗商品价格波动的影响。市场整体价格水平的波动首先出现在生产领域，然后通过产业链向下游产业扩散，最后波及消费品。2014 年，国际油价下跌之势没有得到遏制，世界主要经济国经济回暖之势不明朗。这些因素直接影响新疆以原油及其加工等大宗商品为主的资源大省的价格走势。

（二）产能过剩，需求不足致使价格低位运行

2014 年新疆工业生产者出厂价格同比、环比降幅均持续扩大，主要原因是原油、成品油价格持续下降，煤炭、钢材、水泥、纺织等主要工业品价格仍处于下降趋势中，市场需求持续低迷，表明部分行业产能过剩对工业品价格形成的压力依然存在，工业品市场供需形势仍不乐观。

（三）成本推动作用减弱，原材料价格逐步回落

需求的整体不足，也使得原材料价格在多年的一直走高之后，出现了逐步回落的态势，导致了工业生产者价格在释放成本中持续走低。随着国际、国内原油、铁矿石等主要原材料产品价格持续在低位运行，原材料购进价格的大幅回落必然给产成品价格下降提供了空间。2014 年工业企业原材料、燃料、动力购进价格同比下降 2.5%。原材料价格

的下降减少了企业生产成本,一定程度上影响到工业生产者出厂价格的下降。

四、建议

积极应对价格回落,关注企业经济效益。2014年新疆PPI价格连续12个月低位运行，石油开采和成品油加工业的产品价格一路低迷，受其影响，石油行业的下游产品价格也处于低位运行区间。原材料购进价格下降幅度虽小于工业品出厂价格,但人工费用的上升，造成企业利润空间的收窄。长此以往，诸多实体经济的发展必受影响，应引起高度关注。但近期生活资料价格回升释放出积极信号，12月份生活资料出厂价格出现上涨微势，食品类、衣着类、一般日用品类均为涨势。政府应加大各项政策的积极推动，使得相关行业产品需求回暖，部分生产资料价格回升，遏制工业企业亏损局面。

2014年新疆畜牧业生产平稳发展

2014年，新疆各地认真贯彻自治区加快肉羊肉牛产业发展的意见和相关政策落实力度，以强供给、保生态、促发展、惠民生为出发点和落脚点，不断调整优化畜牧业产业结构，推动全区畜牧业生产和畜产品供给保持平稳增长。

一、新疆畜牧业生产运行特点

2014年，新疆主要畜禽饲养规模持续扩大，畜产品产量稳步增长，保障市场供给水平明显提高。12月末，牛、羊、生猪存栏4571.43万头（只），比上年增加262.35万头（只），增长6.1%；全年牛、羊、生猪出栏4042.48万头（只），增加265.16万头（只），增长7.1%；牛羊肉及猪肉产量126.62万吨，增加7.76万吨，增长6.5%；禽肉产量12.99万吨，增加1.53万吨，增长13.3%，禽蛋产量30.52万吨，增加2.35万吨，增长8.3%；牛奶产量147.53万吨，增加12.54万吨，增长9.3%。

（一）牛羊存量规模扩大，市场供应量显著增加

12月末，新疆牛羊存栏4267.83万头（只），增加233.47万头（只），比上年增长5.8%，其中牛存栏383.85万头，增加12.71万头，增长3.4%；羊存栏 3883.98 万只，增加 220.76 万只，增长6.0%。全年牛羊出栏 3566.99 万头（只），增加229.23万头（只），增长6.9%，其中牛出栏239.39万头，增加9.13万头，增长4.0%；羊出栏3327.6万只，增加220.11万头（只），增长7.1%；牛羊肉产量92.77万吨，增加5.23万吨，增长6.0%，其中牛肉产量39.16万吨，增加1.33万吨，增长3.5%；羊肉53.61万吨，增加3.9万吨，增长7.8%。表明牛羊生产保供成效明显，活牛价格高位企稳，活羊价格逐季回落。2014 年，活牛平均出售价格每公斤27.35元，与上年持平；活羊平均出售价格每公斤28.32元，比上年下降4.5%，牛羊养殖户收益普遍低于上年。

（二）生猪生产陷入低迷，家禽业发展势头较好

12月末，生猪存栏303.6万头，增加28.88万头，增长10.5%；全年生猪出栏475.5万头，增加35.92万头，增长8.2%；猪肉产量33.86万吨，增加2.53万吨，增长8.1%。进入2014年以来，疆内肥猪出栏继续一路走低，由一季度的 13.36元/公斤，降至四季度的12.49元/公斤，尽管三季度肥猪价格有过小幅回升，但也仅是回到成本线附近。2014年，新疆肥猪平均出售价格13.15元/公斤，比上年下降20.3%，生猪生产陷入持续低迷。主要饲料玉米价格居高不下，人工成本和银行贷款

利息的不断上涨，养殖成本不断攀升，散户养殖基本无利可图，规模化养殖也只能利用市场价格高时的盈利来弥补市场价格低时的亏损。散养户退出市场速度加快，规模户及生产单位因投资巨大，艰难坚守。据调查，自繁自育的生猪养殖成本价格在13.5-14.0 元/公斤，而全年生猪出栏平均价格在13.15 元/公斤，养殖户亏损成定局。生猪调查大县奇台县 12 月底肥猪出栏价格下跌至 11.4 元/公斤，市场猪肉价格为 20 元/公斤，猪粮比为 5.5:1，低于 6:1 的警戒线，处于亏损区间。主要是全国性的生猪产能过剩，加之新疆生猪价格高于全国平均水平，疆外生猪流入，供过于求加剧了养殖户的亏损。

家禽养殖业发展势头较好。近两年来，面对高企的牛羊肉价格，自治区开始启动牛羊替代产业—家禽业的发展计划，特别是在南疆地区，政府引导居民逐步转变消费观念，增加蛋禽消费量。鼓励各地发展家禽养殖场，一些地方出现特色家禽养殖。年初内地部分省市再次出现的禽流感疫情对新疆家禽业影响有限，全年家禽生产发展势头较好。12 月末，活家禽存栏 4707.64 万只，增加 838.6 万只，增长 21.7%。全年活家禽出栏 7274.63 万只，增加 871.75 万只，增长 13.6%；禽肉产量 12.99 万吨，增加 1.53 万吨，增长 13.3%，禽蛋产量 30.52 万吨，增加 2.35 万吨，增长 8.3%。南北疆部分县市积极引导养殖户利用沙棘林、退耕林等林地资源，开展牧鸡牧鹅生物治蝗技术推广，养殖土鸡、沙棘鸡、凤凰鸡、珍珠鸡等价值相对较高、消费者认可放心度高的特色家禽。并鼓励和引导农户进行鹅、鸭等家禽的养殖，取得了良好的生态效益和经济效益。

（三）牛羊生产保供措施有力，牛羊肉市场供需矛盾缓解

一是各地加大促进牛羊生产政策落实力度。自 2012 年以来，自治区相继出台了扶持牛羊生产发展的相关政策，目前已初步形成涵盖规模养殖、母畜扩增、饲草料保障、良繁体系、金融保险等产业发展关键环节的支持政策体系，这为牛羊肉增产保供提供了强大支撑。2014 年，自治区加大了对2013 年自治区人民政府出台的关于《加快肉羊肉牛产业发展的意见》和《肉羊肉牛生产发展补奖资金管理办法》政策的落实力度。2014 年，自治区各级财政资金 8 亿多元资金用于支持肉羊肉牛产业发展，增加生产母畜存栏规模，牛羊肉生产保供成效明显。

二是适度推进牛羊规模化标准化。2014 年，自治区投入 4 余亿元资金，加大肉羊标准化规模场（小区）建设，提高了标准化规模养殖比例，肉羊肉牛综合生产能力和牛羊肉市场保障能力稳步提高。2014 年，新疆肉牛肉羊存出栏中，牛羊存栏规模化养殖比例比上年提高了 0.3 个百分点；牛羊出栏规模化养殖比例比上年提高了 0.9 个百分点。

三是引导牲畜出栏和越冬渡春饲草料储备及时。2014 年入夏以来，新疆气候异常干旱，降雨量明显低于往年，大部分牧区出现严重旱情。伊犁州、阿勒泰地区、博州、昌吉州、哈密地区、巴州等地旱情尤为严重，天然草原单位面积产草量较往年下降50%以上，最高降达80%。对此，一方面，有关部门鼓励牛羊养殖户抓住冬季肉食消费旺季，加快出栏非生产畜，同时积极协调屠宰加工企业加大农牧民育肥牛羊的收购力度，缓解饲草料不足的压力。另一方面，各地加大饲草料的储备。据畜牧部门统计，截至 12 月 5 日，全区已储备饲草料7376.05万吨，较往年储备量减少了近20%（主要是饲草），其中储备饲草6441.25万吨，饲料934.8万吨。其中，19 座自治区级和地（州）级防灾应急饲草料储备库共储备饲草料2.77万吨，储备饲草1.38万吨，占设计储备量的72.74%，储备饲料1.39万吨，占设计储备量的109.48%。此外，各地积极引导组织农牧民进行储草备料和秸秆收集加工。充分利用农区丰富的秸秆饲料做好防灾减灾饲草料储备。强化秸秆深加工，大力推广饲草收储、加工、压块机械，提高饲草生产机械化水平。这为牲畜安全越冬渡春和保障市场供应奠定了基础。

二、新疆畜牧业生产存在的主要问题

（一）生产成本持续上升，牛羊养殖户效益普遍下滑

牛羊养殖周期长与生产成本持续增加，活畜牛羊价格稳中回落，养殖户收益下降。受今年旱灾的影响，伊犁、阿勒泰、博州等地天然草场产量较往年大幅下降，养殖户不得不通过购买饲草料以解燃眉之急，导致青贮玉米、麦秸、苜蓿等牲畜饲草料出现供不应求的状况，饲草价格上涨。据博州调查反映，16 公斤左右的一捆麦秸售价为 6 元，上涨了50%；苜蓿价格1.5元/公斤，上涨50%。南疆地区由于青饲料的短缺，麦秸高达2.2元/公斤，比肩小麦价格。

农牧区生产成本不断上涨。牧区过去利用天然草原放牧实现低成本生产的传统方式发展空间受限，棚圈、饲草料、防疫、雇工等不可缺少的养殖投入明显增加。牧区生产的架子畜价格不断上涨，2014年羔羊和犊牛售价平均在800元、6000元左右，虽然比2013年的900元、7000元低，但比2010年上涨近1倍。而农区由于自繁自育体系不健全，本地畜源短缺，导致引进的活畜价格较高。如，吐鲁番市的牛羊育肥已经形成了较大的规模，绝大多数养殖户都会在冬季进行牛羊育肥工作，但是吐鲁番市用于育肥的架子畜主要从阿勒泰、哈密、昌吉、巴州以及内地的甘肃、青海等地购进，本地畜源十分有限，长途贩运动物原本就有附加成本。加上近几年燃油价格的上调也使架子畜的运输费用直线上升，而且运输途中发生疫情或者仔畜意外死亡的事件不断，从而导致引进的活畜价格较高。此外，养殖用工成本不断上涨。牧区放牧费由2009年的每月8元/只上涨到目前的20元/只。农区饲养雇工工资由2009年的每天不到60元上涨到目前的100元以上。

总体养殖成本上升，养殖户收益下降。据调查，在一轮饲养期内，大部分农区肉羊育肥户养殖利润低于50元/只，肉牛养殖户利润在300元/头左右，还有部分养殖户出现亏损情况。半农半牧区

及牧区肉羊养殖户利润较往年下降每只100元，肉牛养殖利润下降每头700元左右。

（二）发展生产资金不足，小额贷款发放工作滞后

养殖户生产资金一般分为自有资金及银行贷款两部分，由于饲草料、生产母畜及架子畜价格的不断上涨，自有资金难以满足生产需要。当前新疆推行的富民安居工程，除财政拨付的28500元之外，还需养殖户自付部分资金建设富民安居房，导致本已不够充裕的再生产资金被分流，养殖户新增、扩增牛羊养殖规模难度加大。

由于融资来源多为银行贷款，渠道单一，且手续复杂，条件较高，规模化养殖受资金不足的制约作用愈加突出。据调查了解，目前养殖户贷款面临的主要问题有：一是贷款期限短，为“春贷秋还”，贷款期限一般是一年期，但牛羊养殖周期较长，为确保还贷，养殖户在行情不好时也要低价出售，影响养殖效益。如2014年9月，棉花、红枣收购价格自开秤就呈现大幅走跌的趋势，而农民为了能及时偿还银行贷款，只能低价出售牛羊来回笼资金。二是贷款额度低，目前养殖户通过“五户联保”的贷款模式一般能贷20-50万元，但对于牛羊规模养殖户来讲，只能解燃眉之急，对于扩大养殖规模还是远远不够；三是贷款门槛高，除“五户联保”外，养殖户必须用房产等不动产作抵押才能贷到款，无形中提高了贷款门槛，制约了养殖户的发展。

畜牧业小额贷款发放工作滞后。“繁育户贴息贷款”工作虽然已推动宣传，但银行入户程序复杂，贷款发放工作滞后，造成标准化规模化养殖小区建设完成后，由于贷款发放不及时养殖小区棚圈空置。

（三）疫病隐患风险依然严峻，市场风险加剧养殖业的波动

2014年初开始，出现小反刍兽疫情，禁止活畜跨省或区域内流通，陆续关闭活畜交易市场，给疆内肉羊养殖户造成极大损失。随着疫情的减退，尽管跨省调运检验检疫手续严格，但动物及动物产品流通领域扩大、交易频繁，外来动物疫病入侵风险增大，加上外部环境的影响，动物疫病的发生机率仍然比较大。年初内地省市再次出现的禽流感疫情传导效应，也使得新疆家禽生产在波动中趋于稳定发展。而猪肉价格的持续低迷，养殖户亏损严重，再一次反映出养殖户应对市场能力的不足。加强疫病的防控和加强对牛羊生产、价格和流通情况的监测预警，对引导农牧民合理安排生产，保护发展生产积极性，有效规避市场风险，增加养殖效益至关重要。

三、促进新疆畜牧业持续稳定发展的几点建议

（一）全力抓好饲草料储备工作

面对部分地区严峻的旱情和饲草料价格上涨的双重压力，各级政府应加大宣传力度，提高农牧民的抗灾自救意识，确保牲畜越冬和渡春饲草料的供给。一是要动员牧户及时做好玉米秸、麦秸、葵花头等草料的储备工作，引导广大农牧民做到寸草必收、应收尽收，尽可能备足饲草料；二是要认真勘察草场，合理安排牲畜提前转场，受灾县市可尝试与周边未受灾地区协调，借用部分草场进行放牧，在农区、河谷、远牧等处分别安排过冬牲畜；三要加大牲畜出栏力度，对饲用价值低、生产性能低、老弱畜尽量出栏销售，减轻饲草料储备和冬季牧场载畜压力；四要加大推广科学饲养技术，大力推广长草短喂、短草槽喂、精料袋喂等科学饲养技术，促使农牧民彻底转变饲养方式，不断提高饲草料利用率。

（二）加大金融信贷扶持力度

金融部门应不断加大对畜牧业的扶持力度，一是要逐步降低贷款门槛，探索建立农村信用担保体系，扩大抵押物范围，尝试允许养殖户利用土地承包经营权进行贷款，解决养殖户贷款“担保难”的问题；二是要针对畜牧业养殖的实际情况，抽选规模大、信誉好的养殖户，逐步发放2-3年的中长期贷款，解决养殖户养殖周期内资金周转困难的问题；三是要对养殖户建立诚信档案，对信誉良好、经营有道的养殖户要逐步扩大贷款额度，缓解规模养殖户扩大再生产资金不足的问题；四是要落实农牧业贷款贴息政策，降低养殖户资金使用成本。加大信贷贴息力度，为肉羊肉牛生产发展贷款提供支持。积极推进肉羊肉牛保险工作，充分发挥保险的经济补偿功能，有效降低疫病和自然灾害对产业发展带来的不利影响。

（三）发挥养殖合作社抵御市场风险的作用

畜禽养殖合作社是连接养殖户与市场的桥梁和纽带，在降低养殖成本、提高规模养殖效益、抵御风险能力、疫情防控和防治等方面有明显的优势，且由于其生产的相对稳定性，对保障市场供给，降低市场价格波动幅度有很大作用。当前部分散养户用自有牛羊参股入社，合作社在向社员垫付部分资金后，将所有牛羊统一进行销售，并将部分销售收益返还社员，使养殖户得到实惠，发展生产积极性提高。但合作社因此而承担了养殖成本上涨及活畜价格下跌等市场风险，造成合作社经营风险有所上升，并出现资金周转困难等问题，加之部分合作社运作不规范、管理不透明，合作社的健康发展面临困难。因此，各级政府应加强对合作社的支持和引导，加大政策倾斜力度，对合作社给予相应的财政和信贷扶持，发挥合作社“风险共担”的规模效应和“大户带小户、先富带后富”的带动作用；积极培育发展养殖协会和养殖专业合作社，充分发挥专业合作组织（协会）的作用，动员广大的养殖户与市场直接对接，降低流通环节成本。鼓励屠宰、加工、养殖一条龙，引导养殖企业与养殖户通过合作社方式，从品种改良到繁育、收购和生产全方位延伸产业链，加速标准化、集约化、规模化养殖，提高竞争优势与抗市场风险能力。

（四）健全和完善动物防疫工作的长效机制

完善基层动物防疫工作经费保障机制，进一步加强基层兽医工作条件建设，积极推进基层动物疫病防控工作的规范化管理，强化培训，持续提高基层兽医人员的防疫与诊疗技术水平，提高服务能力，为畜牧业健康发展保驾护航。

第一篇
居民收支

1-1　新疆各地州城乡居民人均可支配收入（2014 年）

地　　区	城镇居民人均可支配收入		农村居民人均可支配收入	
	绝对数（元）	名义增长（%）	绝对数（元）	名义增长（%）
乌鲁木齐市	26890	11.6	13306	13.5
克拉玛依市	30250	10.6		
哈密地区	22705	11.0	9461	11.0
昌吉回族自治州	24735	11.2	11651	12.3
博尔塔拉蒙古自治州	23293	11.0	14818	11.0
巴音郭楞蒙古自治州	21828	9.7	12326	9.1
阿克苏地区	23639	10.4	13057	10.8
克孜勒苏柯尔克孜自治州	22780	8.6	9095	11.2
喀什地区	19480	10.2	4852	13.7
和田地区	17889	10.6	6419	11.4
伊犁哈萨克自治州	20878	10.2	5692	13.6
塔城地区	21613	9.8	9825	9.0
阿勒泰地区	22210	9.7	12766	10.5

1-2　新疆居民收支与生活状况调查基本情况（2014 年）

指　　标	全　　区	城　　镇	农　　村
基本情况			
户均常住人口（人/户）	3.4	2.8	4.1
户均常住从业人口（人/户）	1.8	1.4	2.4
平均每户家庭从业人口比重（%）	0.5	0.5	0.6
户主文化程度			
未上过学（%）	3.4	2.5	4.5
小学（%）	24.4	11.4	39.3
初中（%）	36.5	27.4	47.0
高中（%）	18.2	28.2	6.8
大学专科（%）	12.1	21.0	1.9
大学本科以上（%）	5.2	9.4	0.5
常住从业人员就业类型			
雇主（%）	1.3	2.4	0.5
公职人员（%）	3.7	9.1	0.3
事业单位人员（%）	6.1	14.4	0.7
国有企业雇员（%）	5.8	14.6	0.0
其他雇员（%）	18.6	39.5	5.1
农业自营（%）	53.1	2.2	86.0
非农自营（%）	11.4	17.8	7.3
常住从业人员从事主要行业			
第一产业（%）	53.5	4.4	85.3
第二产业（%）	8.9	17.2	3.3
第三产业（%）	37.6	77.6	11.4
常住家庭收入与支出			
居民可支配收入（元/人）	15096.6	23214.0	8723.8
居民现金可支配收入（元/人）	14247.6	22119.2	8067.9
现金可支配收入占可支配收入比重（%）	94.4	95.3	92.5
居民消费支出（元/人）	11903.7	17684.5	7365.3
居民现金消费支出（元/人）	10309.7	15673.8	6098.6
现金消费支出占消费支出比重（%）	86.6	88.6	82.8

1-3　新疆居民人均可支配收入和现金可支配收入（2014 年）

指　　标	全　区（元）	构　成（%）	城　镇（元）	构　成（%）	农　村（元）	构　成（%）
可支配收入	**15096.62**	**100.0**	**23214.03**	**100.0**	**8723.83**	**100.0**
工资性收入	7810.06	51.7	15404.32	102.0	1847.98	21.2
工资	6875.83	45.5	14099.18	93.4	1204.94	13.8
实物福利	19.17	0.1	38.56	0.3	3.96	0.0
其他	915.06	6.1	1266.59	8.4	639.08	7.3
经营净收入	3997.22	26.5	2491.38	16.5	5179.42	59.4
第一产业净收入	2224.98	14.7	85.15	0.6	3904.91	44.8
第二产业经营净收入	222.61	1.5	273.23	1.8	182.86	2.1
第三产业经营净收入	1549.63	10.3	2133.00	14.1	1091.65	12.5
财产净收入	673.57	4.5	1240.18	8.2	228.73	2.6
转移净收入	2615.77	17.3	4078.14	27.0	1467.70	16.8
转移性收入	3484.57	23.1	5791.78	38.4	1673.23	19.2
其中：养老金或离退休金	2493.56	16.5	5325.88	35.3	269.97	3.1
转移性支出	868.80	5.8	1713.64	11.4	205.53	2.4
其中：社会保障支出	718.92	4.8	1440.56	9.5	152.37	1.7
现金可支配收入	**14247.63**	**100.0**	**22119.16**	**100.0**	**8067.86**	**100.0**
现金工资性收入	7790.89	54.7	15365.77	107.8	1844.02	12.9
工资	6875.83	48.3	14099.18	99.0	1204.94	8.5
其他工资性收入	915.06	6.4	1266.59	8.9	639.08	4.5
现金经营净收入	3826.59	26.9	2678.28	18.8	4728.09	33.2
第一产业净收入	1899.84	13.3	81.69	0.6	3327.23	23.4
农业	1413.69	9.9	75.80	0.5	2464.05	17.3
林业	41.53	0.3	4.78	0.0	70.37	0.5
牧业	444.59	3.1	1.11	0.0	792.74	5.6
渔业	0.04	0.0			0.06	0.0
第二产业净收入	235.88	1.7	295.08	2.1	189.40	1.3
第三产业净收入	1690.87	11.9	2301.50	16.2	1211.47	8.5
现金财产净收入	205.21	1.4	174.71	1.2	229.16	1.6
现金转移净收入	2424.94	17.0	3900.40	27.4	1266.59	8.9
现金转移性收入	3293.77	23.1	5613.99	39.4	1472.22	10.3
其中：养老金或离退休金	2493.56	17.5	5325.88	37.4	269.97	1.9
现金转移性支出	868.83	6.1	1713.59	12.0	205.63	1.4
其中：社会保障支出	718.92	5.0	1440.56	10.1	152.37	1.1

1-4 新疆居民人均消费支出和现金消费支出（2014 年）

指　　标	全　区（元）	构　成（%）	城　镇（元）	构　成（%）	农　村（元）	构　成（%）
消费支出	**11903.71**	**100.0**	**17684.52**	**100.0**	**7365.32**	**100.0**
食品烟酒	3854.97	32.4	5529.66	31.3	2540.22	34.5
衣着	1205.61	10.1	1912.40	10.8	650.72	8.8
居住	2226.43	18.7	3262.77	18.4	1412.83	19.2
生活用品及服务	669.23	5.6	1087.56	6.1	340.82	4.6
交通和通信	1624.49	13.6	2406.65	13.6	1010.43	13.7
教育、文化和娱乐	1102.23	9.3	1741.04	9.8	600.71	8.2
医疗保健	978.31	8.2	1310.93	7.4	717.18	9.7
其他用品及服务	242.44	2.0	433.52	2.5	92.43	1.3
现金消费支出	**10309.74**	**100.0**	**15673.78**	**100.0**	**6098.56**	**100.0**
食品烟酒	3534.45	34.3	5493.19	35.0	1996.68	32.7
衣着	1203.94	11.7	1912.39	12.2	647.75	10.6
居住	1123.26	10.9	1462.91	9.3	856.61	14.0
生活用品及服务	667.79	6.5	1085.27	6.9	340.04	5.6
交通和通信	1624.49	15.8	2406.65	15.4	1010.43	16.6
教育、文化和娱乐	1100.82	10.7	1739.99	11.1	599.02	9.8
医疗保健	814.13	7.9	1142.37	7.3	556.43	9.1
其他用品及服务	240.87	2.3	431.01	2.7	91.60	1.5

1-5　新疆居民人均消费支出（2014 年）

指　　标	全　区（元）	构　成（%）	城　镇（元）	构　成（%）	农　村（元）	构　成（%）
消费支出	**11903.71**	**100.0**	**17684.52**	**100.0**	**7365.32**	**100.0**
食品烟酒	3854.97	32.4	5529.66	31.3	2540.22	34.5
食品	3056.61	25.7	4097.46	23.2	2239.46	30.4
烟酒	160.21	1.3	264.81	1.5	78.09	1.1
饮料	47.54	0.4	78.53	0.4	23.22	0.3
饮食服务	590.61	5.0	1088.85	6.2	199.45	2.7
衣着	1205.61	10.1	1912.40	10.8	650.72	8.8
衣着	936.76	7.9	1495.11	8.5	498.42	6.8
鞋类	268.85	2.3	417.30	2.4	152.30	2.1
居住	2226.43	18.7	3262.77	18.4	1412.83	19.2
租赁房房租	82.59	0.7	176.78	1.0	8.64	0.1
住房维修及管理	388.55	3.3	421.75	2.4	362.49	4.9
水、电、燃料及其他	708.00	5.9	873.68	4.9	577.94	7.8
自有住房折算租金	1047.29	8.8	1790.56	10.1	463.76	6.3
生活用品及服务	669.23	5.6	1087.56	6.1	340.82	4.6
家具及室内装饰品	119.32	1.0	172.63	1.0	77.47	1.1
家用器具	126.20	1.1	201.28	1.1	67.26	0.9
家用纺织品	79.00	0.7	117.62	0.7	48.68	0.7
家庭日用杂品	214.10	1.8	334.62	1.9	119.47	1.6
个人护理用品	110.04	0.9	222.77	1.3	21.54	0.3
家庭服务	20.58	0.2	38.64	0.2	6.40	0.1
交通和通信	1624.49	13.6	2406.65	13.6	1010.43	13.7
交通	1187.38	10.0	1665.59	9.4	811.95	11.0
通信	437.11	3.7	741.06	4.2	198.48	2.7
教育、文化和娱乐	1102.23	9.3	1741.04	9.8	600.71	8.2
教育	688.92	5.8	948.22	5.4	485.36	6.6
文化和娱乐	413.30	3.5	792.83	4.5	115.35	1.6
医疗保健	978.31	8.2	1310.93	7.4	717.18	9.7
医疗器具及药品	309.08	2.6	538.86	3.0	128.68	1.7
医疗服务	669.23	5.6	772.07	4.4	588.50	8.0
其他用品及服务	242.44	2.0	433.52	2.5	92.43	1.3
其他用品	155.84	1.3	280.07	1.6	58.30	0.8
其他服务	86.60	0.7	153.44	0.9	34.13	0.5

1-6 新疆居民人均现金消费支出（2014 年）

指 标	全 区（元）	构 成（%）	城 镇（元）	构 成（%）	农 村（元）	构 成（%）
现金消费支出	**10309.74**	**100.0**	**15673.78**	**100.0**	**6098.56**	**100.0**
食品烟酒	3534.45	34.3	5493.19	35.0	1996.68	32.7
食品	2742.72	26.6	4075.70	26.0	1696.22	27.8
烟酒	160.21	1.6	264.81	1.7	78.09	1.3
饮料	47.54	0.5	78.53	0.5	23.22	0.4
饮食服务	583.98	5.7	1074.15	6.9	199.15	3.3
衣着	1203.94	11.7	1912.39	12.2	647.75	10.6
衣着	935.09	9.1	1495.09	9.5	495.45	8.1
鞋类	268.85	2.6	417.30	2.7	152.30	2.5
居住	1123.26	10.9	1462.91	9.3	856.61	14.0
租赁房房租	82.59	0.8	176.78	1.1	8.64	0.1
住房维修及管理	388.55	3.8	421.75	2.7	362.49	5.9
水、电、燃料及其他	652.12	6.3	864.38	5.5	485.48	8.0
生活用品及服务	667.79	6.5	1085.27	6.9	340.04	5.6
家具及室内装饰品	118.92	1.2	172.63	1.1	76.75	1.3
家用器具	126.20	1.2	201.28	1.3	67.26	1.1
家用纺织品	79.00	0.8	117.62	0.8	48.68	0.8
家庭日用杂品	213.05	2.1	332.33	2.1	119.41	2.0
个人护理用品	110.04	1.1	222.77	1.4	21.54	0.4
家庭服务	20.58	0.2	38.64	0.2	6.40	0.1
交通和通信	1624.49	15.8	2406.65	15.4	1010.43	16.6
交通	1187.38	11.5	1665.59	10.6	811.95	13.3
通信	437.11	4.2	741.06	4.7	198.48	3.3
教育、文化和娱乐	1100.82	10.7	1739.99	11.1	599.02	9.8
教育	688.55	6.7	948.22	6.0	484.69	7.9
文化和娱乐	412.27	4.0	791.77	5.1	114.34	1.9
医疗保健	814.13	7.9	1142.37	7.3	556.43	9.1
医疗器具及药品	309.08	3.0	538.86	3.4	128.68	2.1
医疗服务	505.05	4.9	603.51	3.9	427.76	7.0
其他用品及服务	240.87	2.3	431.01	2.7	91.60	1.5
其他用品	155.16	1.5	278.54	1.8	58.30	1.0
其他服务	85.71	0.8	152.47	1.0	33.29	0.5

1-7　新疆居民人均主要食品消费量（2014 年）

单位：公斤

指　　标	全　　区	城　　镇	农　　村
粮食	176.49	146.93	199.69
谷物	173.31	140.85	198.79
薯类	0.56	0.88	0.31
豆类	2.62	5.20	0.59
油脂类	13.88	13.30	14.33
#食用植物油	13.81	13.24	14.26
蔬菜及菜制品	102.51	118.45	89.99
#鲜菜	101.12	115.85	89.56
肉禽及其制品	20.72	23.91	18.22
#猪肉	4.34	7.47	1.89
牛肉	4.38	5.11	3.80
羊肉	10.95	9.39	12.19
家禽	5.11	7.10	3.55
水产品	3.05	5.78	0.91
蛋类	6.11	8.23	4.45
奶类	18.58	27.98	11.20
干鲜瓜果类	52.08	65.82	41.30
*鲜瓜果	47.35	58.95	38.25
坚果类	3.61	5.35	2.25
糖果糕点类	4.12	6.51	0.24

1-8 新疆居民平均每百户年末主要耐用消费品拥有量（2014 年）

指　　标	全　　区	城　　镇	农　　村
家用汽车（辆）	16.41	19.72	12.59
摩托车（辆）	49.25	17.78	85.41
助力车（台）	27.83	20.32	36.46
洗衣机（台）	89.40	94.01	84.11
电冰箱（柜）（台）	88.35	94.86	80.86
微波炉（台）	26.59	44.62	5.86
彩色电视机（台）	98.60	100.61	96.30
接入有线电视（台）	53.69	85.03	17.68
空调（台）	9.02	16.06	0.94
热水器（台）	51.19	80.33	17.71
太阳能热水器（台）	14.75	22.18	6.22
消毒碗柜（台）	1.59	2.66	0.37
洗碗机（台）	0.71	1.21	0.13
排油烟机（台）	42.65	73.86	6.79
固定电话（线）	52.75	71.47	31.24
移动电话（部）	190.35	204.72	173.84
接入互联网（部）	58.67	76.41	38.28
计算机（台）	38.21	60.30	12.83
接入互联网（台）	31.11	51.00	8.27
摄像机（台）	3.70	6.76	0.19
照相机　（台）	18.72	33.06	2.24
中高档乐器（架）	3.17	5.48	0.51
健身器材（台）	1.74	3.22	0.03
组合音响（套）	3.32	4.88	1.53

1-9　新疆居民第一产业生产经营收支情况（2014 年）

单位：元/人

指　　标	全　　区
经营收入	8749.30
农业	4748.69
林业	159.91
牧业	1376.56
渔业	0.30
现金经营性收入	7763.03
农业	4223.47
林业	129.88
牧业	1215.53
渔业	0.27
生产经营费用支出	4042.21
农业	2819.69
林业	88.36
牧业	866.79
渔业	0.23
生产经营现金费用支出	3936.45
农业	2809.78
林业	88.36
牧业	770.94
渔业	0.23

1-10　新疆居民劳动力基本情况（2014 年）

指　　标	全　　区	城　　镇	农　　村
常住人口（人/户）	3.40	2.79	4.09
劳动力人数（人/户）	2.18	1.90	2.51
整劳动力人数（人/户）	1.49	1.21	1.82
半劳动力人数（人/户）	0.69	0.70	0.69
劳动力性别（%）			
男性	51.3	50.4	52.0
女性	48.7	49.6	48.0
劳动力文化程度（%）			
未上过学	2.2	1.4	2.8
小学	19.9	9.2	29.2
初中	43.0	27.7	56.2
高中	18.0	28.9	8.6
大学专科	11.8	22.4	2.5
大学本科	5.1	10.1	0.7
研究生		0.3	
劳动力健康状况（%）			
健康	92.7	91.7	93.5
基本健康	6.0	7.2	5.1
不健康，但生活能自理	1.3	1.1	1.4
生活不能自理			

1-11 新疆居民户均居住生活条件基本情况（2014 年）

指　　标	全　　区	城　　镇	农　　村
年末居住空间样式（%）	100.0	100.0	100.0
单栋楼房	1.6	1.7	1.4
单栋平房	47.1	13.0	86.3
四居室及以上单元房	0.9	1.5	0.1
三居室单元房	16.5	30.8	0.1
二居室单元房	22.4	41.8	0.1
一居室单元房	3.3	6.1	0.0
筒子楼或连片平房	6.4	4.8	8.1
其他	1.9	0.2	3.9
住房主要建筑材料（%）	100.0	100.0	100.0
钢筋混凝土	20.2	35.2	3.1
砖混材料	39.2	55.4	20.6
砖瓦砖木	28.7	7.4	53.2
竹草土坯	9.8	0.8	20.1
其他	2.1	1.2	3.0
住宅外道路路面情况（%）	100.0	100.0	100.0
水泥或柏油路面	64.2	88.7	36.1
沙石或石板等硬质路面	21.0	6.8	37.3
其他	14.8	4.5	26.6
住宅有管道供水情况（%）	100.0	100.0	100.0
管道供水入户	87.8	98.5	75.6
管道供水至公共取水点	0.9	0.1	1.8
没有管道设施	11.2	1.4	22.6
住户主要饮用水来源情况（%）	100.0	100.0	100.0
经过净化处理的自来水	85.6	98.6	70.7
受保护的井水和泉水	7.9	0.8	16.1
不受保护的井水和泉水	3.9	0.5	7.8
江河湖泊水	1.9	0.0	4.0
收集雨水	0.0	0.0	0.0
桶装水	0.0	0.0	0.0
其他水源	0.7	0.2	1.4
住户厕所类型（%）	100.0	100.0	100.0
水冲式卫生厕所	49.7	89.5	3.9
水冲式非卫生厕所	1.5	1.2	1.8
卫生旱厕	5.7	0.9	11.3
普通旱厕	39.4	6.3	77.4
无厕所	3.7	2.1	5.6

1-11　续表

指　　标	全　　区	城　　镇	农　　村
住户洗澡设施情况（%）	100.0	100.0	100.0
统一供热水	4.3	7.2	1.0
家庭自装热水器	46.9	73.8	16.1
其他	6.4	2.6	10.9
无洗澡设施	42.3	16.4	72.1
住户主要取暖用能源状况（%）	100.0	100.0	100.0
柴草	4.7	0.1	10.0
煤炭	55.1	25.4	89.2
罐装液化石油气	1.2	2.2	0.1
管道液化石油气	0.4	0.7	0.1
管道煤气	2.1	4.0	0.0
管道天然气	22.1	41.3	0.0
电	0.1	0.0	0.1
燃料用油	0.0	0.0	0.0
沼气	0.0	0.0	0.0
其他	12.3	22.6	0.5
无取暖行为	2.0	3.7	0.0
主要炊用能源状况（%）	100.0	100.0	100.0
柴草	17.2	0.6	36.3
煤炭	31.3	9.3	56.5
罐装液化石油气	9.5	15.6	2.4
管道液化石油气	1.0	1.8	0.1
管道煤气	0.1	0.2	0.0
管道天然气	37.9	70.2	0.9
电	2.5	1.5	3.7
燃料用油	0.0	0.0	0.1
沼气	0.0	0.1	0.0
其他	0.0	0.0	0.0
无炊用行为	0.3	0.6	0.0
期末拥有房屋情况（平方米）			
期末拥有房屋面积	97.88	86.29	111.19
自有现住房面积	91.45	80.10	104.50
出租住房面积	2.09	2.38	1.75
出租商用建筑物面积	0.75	1.14	0.30
偶尔居住房面积	1.08	0.41	1.85
空宅或其他用途房面积	2.50	2.25	2.79

1-12 新疆居民人均可支配收入（2014 年）

指　　标	全　区	低收入户
人均可支配收入	**15096.62**	**3097.17**
工资性收入	7810.06	1003.83
工资	6875.83	518.32
实物福利	19.17	1.16
其他	915.06	484.35
经营净收入	3997.22	1481.27
第一产业经营净收入	2224.98	847.44
农业	1777.47	697.88
林业	68.73	65.24
牧业	378.71	84.33
渔业	0.07	-0.01
第二产业经营净收入	222.61	146.81
第三产业经营净收入	1549.63	487.02
财产净收入	673.57	69.05
转移净收入	2615.77	543.02
转移性收入	3484.57	714.70
养老金或离退休金	2493.56	87.39
转移性支出	868.80	171.68
社会保障支出	718.92	140.58

单位：元

中低收入户	中等收入户	中高收入户	高收入户
8136.12	**14642.01**	**23624.28**	**40241.12**
2608.78	7099.89	14105.26	23000.81
1774.24	6193.58	13160.82	20991.57
1.98	14.44	37.63	66.71
832.56	891.88	906.81	1942.53
4060.66	5176.44	4001.72	7103.63
2897.89	3116.59	1995.37	2792.49
2213.92	2319.56	1741.24	2422.34
77.83	87.92	10.55	105.26
605.77	709.15	243.58	264.89
0.37	-0.05		
198.56	244.13	197.92	390.00
964.21	1815.73	1808.43	3921.14
223.95	528.11	1325.21	2006.04
1242.72	1837.57	4192.09	8130.64
1564.88	2800.00	5782.86	10242.31
461.39	1608.94	4847.22	8949.72
322.15	962.43	1590.77	2111.67
266.30	832.93	1354.86	1648.26

1-13 新疆居民人均现金可支配收入（2014 年）

指　　标	全　　区	低收入户
现金可支配收入	**14247.63**	**2661.82**
现金工资性收入	7790.89	1002.67
工资	6875.83	518.32
其他工资性收入	915.06	484.35
现金经营净收入	3826.59	1129.14
第一产业现金经营净收入	1899.84	419.56
农业	1413.69	167.52
林业	41.53	23.47
牧业	444.59	228.59
渔业	0.04	-0.03
第二产业现金经营净收入	235.88	148.16
采矿业	25.34	33.23
制造业	55.20	34.88
电力、热力、燃气及水生产和供应业	0.03	
建筑业	155.31	80.05
第三产业现金经营净收入	1690.87	561.42
现金财产净收入	205.21	47.91
利息净收入	-25.77	-0.10
红利收入	3.96	
储蓄性保险净收益	2.51	0.47
转让承包土地经营权租金净收入	99.48	16.98
出租房屋财产性收入	101.28	23.35
出租机械、专利、版权等资产的收入	3.42	
其他财产净收入	20.33	7.20
现金转移净收入	2424.94	482.10
现金转移性收入	3293.77	653.78
养老金或离退休金	2493.56	87.39
社会救济和补助	148.47	191.08
政策性生活补贴（只含政策生活补贴）	180.89	29.96
家庭外出从业人员寄回带回收入	40.32	27.41
赡养收入	63.01	18.04
其他经常转移收入	21.68	17.23
现金政策性惠农补贴	345.84	282.67
现金转移性支出	868.83	171.68
个人所得税	13.63	0.31
个人缴纳的社会保障支出	718.92	140.58
外来从业人员寄给家人的支出	6.49	0.09
赡养支出	84.04	15.90
其他转移性支出	45.76	14.80

单位：元

中低收入户	中等收入户	中高收入户	高收入户
7417.66	13709.85	22520.74	38803.09
2606.80	7085.45	14067.63	22934.10
1774.24	6193.58	13160.82	20991.57
832.56	891.88	906.81	1942.53
3614.42	4897.69	4122.29	7542.15
2364.81	2629.58	1953.41	2897.39
1691.34	1792.85	1667.27	2525.09
35.04	59.82	5.18	106.63
638.19	776.96	280.97	265.67
0.23	-0.05		
204.30	260.73	201.33	446.73
33.03	33.46		16.91
55.61	116.90	6.71	44.17
	0.14		
115.66	110.23	194.62	385.65
1045.30	2007.38	1967.54	4198.04
127.66	120.05	357.12	577.21
-14.86	-55.99	-61.01	-6.17
1.05		20.43	1.77
3.21	5.20		4.54
100.21	116.20	91.26	246.06
28.16	24.55	267.66	279.71
0.74	16.45		-0.08
9.15	13.65	38.79	51.39
1068.79	1606.66	3973.70	7749.62
1391.19	2569.09	5564.39	9861.23
461.39	1608.94	4847.22	8949.72
259.56	100.12	49.99	73.14
154.54	331.20	279.04	179.09
59.87	44.43	39.55	27.99
58.81	56.09	73.49	152.70
10.13	29.04	22.09	38.93
386.88	399.27	253.00	439.64
322.40	962.43	1590.69	2111.60
0.03	7.17	17.92	66.53
266.30	832.93	1354.86	1648.26
1.97		27.76	9.38
31.93	72.27	118.68	279.21
22.17	50.06	71.47	108.23

1-14 新疆居民人均总支出（2014 年）

指　标	全　区	低收入户
人均总支出	**21339.34**	**11872.75**
消费支出	11903.71	5011.87
食品烟酒	3854.97	1969.00
食品	3056.61	1788.27
谷物	608.71	506.80
薯类	13.28	3.32
豆类	18.04	3.24
食用油	170.48	139.74
蔬菜和食用菌	404.22	215.79
肉类	948.31	602.84
禽类	105.00	34.93
水产品	66.42	8.29
蛋类	62.82	37.46
奶类	139.12	38.20
干鲜瓜果类	335.60	135.90
糖果糕点类	87.14	27.77
其他食品	97.47	33.98
烟酒	160.21	40.18
烟草	91.70	22.55
酒类	68.51	17.63
饮料	47.54	15.46
饮食服务	590.61	125.09
食堂用餐	47.11	26.31
其他在外饮食	536.82	85.03
食品加工服务费	6.68	13.75
衣着	1205.61	477.84
衣类	936.76	363.29
鞋类	268.85	114.55
居住	2226.43	1004.78
租赁房房租	82.59	8.21
住房维修及管理	388.55	193.88
水电燃料及其他	708.00	445.88
自有住房折算租金	1047.29	356.82
生活用品及服务	669.23	199.71
家具及室内装饰品	119.32	22.13
家用器具	126.20	39.45
家用纺织品	79.00	25.58
家庭日用杂品	214.10	96.59
个人用品	110.04	11.48
家庭服务	20.58	4.48
交通通信	1624.49	568.50
交通	1187.38	440.98
交通工具	500.66	191.78
交通费	277.25	73.83
交通工具用燃料	240.01	113.26
交通工具使用及维修	169.45	62.11
其中：车辆保险支出	29.87	8.25

单位：元

中低收入户	中等收入户	中高收入户	高收入户
14987.52	**22173.81**	**27737.59**	**41286.48**
7614.35	11662.86	17324.67	26142.46
2722.57	3824.34	5503.57	7422.32
2389.60	3175.26	4162.17	5096.84
537.58	585.92	681.98	862.83
6.40	14.89	22.23	30.75
7.44	19.66	33.52	43.03
173.61	176.79	182.49	201.41
297.68	424.13	596.97	681.87
853.56	1042.56	1164.89	1375.97
59.19	111.71	174.60	222.14
19.97	66.34	128.18	180.85
48.36	64.78	90.07	99.74
70.68	143.69	259.98	293.44
204.80	327.18	534.30	709.52
49.73	87.41	140.39	199.02
60.59	110.19	152.55	196.27
83.75	123.95	276.50	430.66
48.70	65.91	161.92	248.88
35.05	58.04	114.59	181.78
27.71	47.09	75.21	109.63
221.51	478.03	989.70	1785.18
35.46	46.94	57.10	95.11
178.17	426.93	931.03	1689.19
7.88	4.16	1.57	0.88
752.59	1137.94	1842.63	2688.55
581.80	877.58	1445.16	2101.60
170.79	260.36	397.47	586.95
1515.07	2126.02	3181.68	4761.82
46.00	119.10	153.30	147.86
279.07	272.63	450.43	1044.87
616.66	745.42	849.11	1144.14
573.34	988.86	1728.85	2424.95
344.34	628.24	1016.41	1757.72
65.13	90.41	201.90	339.22
57.87	115.36	156.48	388.54
44.00	79.73	112.35	199.47
135.27	205.45	311.82	465.94
35.64	108.39	200.15	317.31
6.43	28.90	33.71	47.23
789.72	1599.72	2348.16	4220.43
567.86	1146.80	1641.69	3176.44
175.03	553.95	725.37	1291.33
145.20	224.27	426.94	786.64
156.92	228.81	267.45	609.41
90.72	139.77	221.93	489.06
9.71	7.21	43.10	122.39

1-14 续表

指　　标	全　　区	低收入户
通信	437.11	127.52
通信工具	113.80	21.14
通信服务	323.31	106.39
教育文化娱乐	1102.23	386.35
教育	688.92	330.52
学前教育	52.17	11.31
小学教育	75.05	31.26
初中教育	64.24	37.69
高中教育	135.31	68.86
中专职高教育	13.19	6.61
大专及以上教育	300.80	161.16
成人教育	48.17	13.63
文化娱乐	413.30	55.83
文娱耐用消费品	82.74	15.55
其他文娱用品	84.22	25.10
文化娱乐服务	246.33	15.18
医疗保健	978.31	360.58
医疗器具及药品	309.08	84.07
医疗服务	669.23	276.51
门诊总费用	251.40	130.76
住院总费用	417.83	145.75
其他用品和服务	242.44	45.11
其他用品	155.84	19.26
其他服务	86.60	25.85
生产经营费用支出	4042.21	4259.02
第一产业经营费用支出	3775.08	4066.55
农业	2819.69	2840.90
林业	88.36	65.07
牧业	866.79	1159.76
渔业	0.23	0.83
第二产业经营费用支出	41.67	32.02
第三产业经营费用支出	225.47	160.44
财产性支出	47.27	9.36
生活贷款利息支出	42.89	9.15
其他财产性支出	4.38	0.20
转移性支出	868.83	171.68
个人所得税	13.63	0.31
社会保障支出	718.92	140.58
外来从业人员寄给家人的支出	6.49	0.09
赡养支出	84.04	15.90
其他转移性支出	45.76	14.80

单位：元

中低收入户	中等收入户	中高收入户	高收入户
221.85	452.92	706.47	1043.99
40.46	118.82	186.10	320.20
181.39	334.10	520.37	723.79
646.76	1080.43	1876.07	2324.38
543.10	801.14	1054.35	1010.36
31.27	47.55	127.84	79.19
50.86	99.52	119.57	109.93
59.65	82.16	102.83	49.58
103.19	158.54	233.37	163.38
15.51	10.97	1.92	39.62
250.95	348.61	407.01	450.48
31.67	53.80	61.81	118.18
103.66	279.29	821.72	1314.02
20.87	74.28	135.59	264.05
45.00	80.03	144.77	196.16
37.80	124.98	541.36	853.81
741.61	1083.03	1171.93	2192.44
188.18	295.18	425.43	829.15
553.43	787.86	746.50	1363.29
201.15	297.51	294.61	450.90
352.29	490.34	451.89	912.39
101.69	183.13	384.21	774.81
56.51	122.99	265.03	502.14
45.18	60.14	119.18	272.67
4284.34	4630.91	2944.60	3729.18
4015.43	4251.47	2809.82	3316.43
3000.36	2972.45	2270.20	2941.96
82.37	94.53	26.87	212.06
932.68	1184.45	512.75	162.41
0.01	0.05		
36.01	29.06	7.25	131.50
232.90	350.38	127.53	281.24
22.01	74.91	77.35	85.89
21.41	68.17	74.85	68.10
0.60	6.73	2.50	17.78
322.40	962.43	1590.69	2111.60
0.03	7.17	17.92	66.53
266.30	832.93	1354.86	1648.26
1.97		27.76	9.38
31.93	72.27	118.68	279.21
22.17	50.06	71.47	108.23

1-15　新疆居民人均现金消费支出（2014 年）

指　标	全　区	低收入户
现金消费支出	**10309.74**	**4127.01**
食品烟酒	3534.45	1546.37
食品	2742.72	1366.04
谷物	500.19	309.66
薯类	12.85	3.07
豆类	18.00	3.24
食用油	166.81	137.22
蔬菜和食用菌	382.75	195.53
肉类	819.35	455.01
禽类	89.11	21.69
水产品	66.34	8.27
蛋类	57.41	31.84
奶类	128.24	21.66
干鲜瓜果类	318.30	117.25
糖果糕点类	87.02	27.77
其他食品	96.35	33.84
烟酒	160.21	40.18
烟草	91.70	22.55
酒类	68.51	17.63
饮料	47.54	15.46
饮食服务	583.98	124.69
食堂用餐	41.65	25.92
其他在外饮食	535.65	85.03
食品加工服务费	6.68	13.75
衣着	1203.94	475.98
衣类	935.09	361.43
鞋类	268.85	114.55
居住	1123.26	603.61
租赁房房租	82.59	8.21
住房维修及管理	388.55	193.88
水电燃料及其他	652.12	401.53
生活用品及服务	667.79	198.78
家具及室内装饰品	118.92	21.27
家用器具	126.20	39.45
家用纺织品	79.00	25.58
家庭日用杂品	213.05	96.52
个人用品	110.04	11.48
家庭服务	20.58	4.48
交通通信	1624.49	568.50
交通	1187.38	440.98
交通工具	500.66	191.78
交通费	277.25	73.83
交通工具用燃料	240.01	113.26
交通工具使用及维修	169.45	62.11
其中：车辆保险支出	29.87	8.25
通信	437.11	127.52
通信工具	113.80	21.14
通信服务	323.31	106.39

单位：元

中低收入户	中等收入户	中高收入户	高收入户
6388.99	**10083.28**	**15199.26**	**23186.60**
2292.63	3498.76	5344.24	7290.59
1959.66	2856.92	4017.47	4984.17
397.25	511.94	658.99	824.13
5.87	13.68	22.23	30.72
7.40	19.54	33.52	43.03
169.21	173.67	178.20	196.67
262.73	399.57	584.77	673.42
669.56	887.69	1096.31	1338.12
38.90	93.28	162.08	207.88
19.84	66.34	127.90	180.85
39.68	59.44	86.63	97.66
60.78	125.57	256.75	292.96
178.37	310.13	521.46	704.19
49.73	87.26	139.86	199.01
60.34	108.80	148.77	195.53
83.75	123.95	276.50	430.66
48.70	65.91	161.92	248.88
35.05	58.04	114.59	181.78
27.71	47.09	75.21	109.63
221.51	470.80	975.06	1766.12
35.46	40.50	45.43	79.79
178.17	426.15	928.06	1685.46
7.88	4.16	1.57	0.88
749.93	1136.57	1841.71	2687.52
579.15	876.21	1444.24	2100.57
170.79	260.36	397.47	586.95
873.59	1042.96	1415.51	2311.40
46.00	119.10	153.30	147.86
279.07	272.63	450.43	1044.87
548.52	651.23	811.78	1118.67
343.63	627.53	1014.99	1752.96
64.53	90.27	201.85	339.22
57.87	115.36	156.48	388.54
44.00	79.73	112.35	199.47
135.14	204.88	310.45	461.19
35.64	108.39	200.15	317.31
6.43	28.90	33.71	47.23
789.72	1599.72	2348.16	4220.43
567.86	1146.80	1641.69	3176.44
175.03	553.95	725.37	1291.33
145.20	224.27	426.94	786.64
156.92	228.81	267.45	609.41
90.72	139.77	221.93	489.06
9.71	7.21	43.10	122.39
221.85	452.92	706.47	1043.99
40.46	118.82	186.10	320.20
181.39	334.10	520.37	723.79

1-15 续表

指　标	全　区	低收入户
教育文化娱乐	1100.82	386.35
教育	688.55	330.52
学前教育	52.17	11.31
小学教育	75.05	31.26
初中教育	64.24	37.69
高中教育	135.31	68.86
中专职高教育	13.19	6.61
大专及以上教育	300.80	161.16
成人教育	47.79	13.63
文化娱乐	412.27	55.83
文娱耐用消费品	82.74	15.55
其他文娱用品	84.09	25.10
文化娱乐服务	245.44	15.18
医疗保健	814.13	302.30
医疗器具及药品	309.08	84.07
医疗服务（不含报销医疗费）	505.05	218.23
门诊总费用（不含报销医疗费）	217.58	122.18
住院总费用（不含报销医疗费）	322.94	110.96
其他用品和服务	240.87	45.11
其他用品	155.16	19.26
其他服务	85.71	25.85
生产经营现金费用支出	3936.45	4093.45
第一产业经营现金费用支出	3669.31	3900.99
农业	2809.78	2830.52
林业	88.36	65.07
牧业	770.94	1004.57
渔业	0.23	0.83
第二产业经营现金费用支出	41.67	32.02
第三产业经营现金费用支出	225.47	160.44
现金财产性支出	47.27	9.36
生活贷款利息支出	42.89	9.15
住房贷款利息支出	30.14	0.37
其他财产性支出	4.38	0.20
现金转移性支出	868.83	171.68
个人所得税	13.63	0.31
社会保障支出	718.92	140.58
个人缴纳的养老保险	434.05	66.95
个人缴纳的医疗保险	220.64	67.21
个人缴纳的失业保险	35.54	0.53
其他社会保障支出	28.68	5.89
外来从业人员寄给家人的支出	6.49	0.09
农村外来从业人员寄给家人的支出	6.49	0.09
城镇外来从业人员寄给家人的支出		
赡养支出	84.04	15.90
其他转移性支出	45.76	14.80

单位：元

中低收入户	中等收入户	中高收入户	高收入户
646.76	1080.43	1872.75	2318.21
543.10	801.14	1054.35	1007.59
31.27	47.55	127.84	79.19
50.86	99.52	119.57	109.93
59.65	82.16	102.83	49.58
103.19	158.54	233.37	163.38
15.51	10.97	1.92	39.62
250.95	348.61	407.01	450.48
31.67	53.80	61.81	115.41
103.66	279.29	818.40	1310.62
20.87	74.28	135.59	264.05
45.00	80.03	144.77	195.15
37.80	124.98	538.03	851.43
591.06	915.14	982.08	1835.27
188.17	295.18	425.43	829.15
402.89	619.96	556.65	1006.12
167.11	248.87	251.45	401.21
263.10	413.36	351.79	670.49
101.67	182.17	379.82	770.22
56.51	122.99	263.37	499.26
45.16	59.17	116.45	270.97
4165.10	4525.45	2903.58	3681.76
3896.19	4146.00	2768.79	3269.02
2990.53	2965.33	2263.26	2925.03
82.37	94.53	26.87	212.06
823.28	1086.10	478.66	131.93
0.01	0.05		
36.01	29.06	7.25	131.50
232.90	350.38	127.53	281.24
22.01	74.91	77.35	85.89
21.41	68.17	74.85	68.10
3.67	59.76	51.74	62.54
0.60	6.73	2.50	17.78
322.40	962.43	1590.69	2111.60
0.03	7.17	17.92	66.53
266.30	832.93	1354.86	1648.26
163.86	485.07	861.69	996.39
92.22	223.28	412.60	492.34
2.45	69.48	50.12	91.95
7.77	55.10	30.44	67.58
1.97		27.76	9.38
1.97		27.76	9.38
31.93	72.27	118.68	279.21
22.17	50.06	71.47	108.23

1-16　新疆城镇居民人均总支出（2014 年）

单位：元

指　　标	绝对数	指　　标	绝对数
人均总支出	**23206.24**	家用纺织品	117.62
消费支出	17684.52	家庭日用杂品	334.62
食品烟酒	5529.66	个人用品	222.77
食品	4097.46	家庭服务	38.64
谷物	700.73	交通通信	2406.65
薯类	23.78	交通	1665.59
豆类	36.06	交通工具	677.42
食用油	177.55	交通费	461.97
蔬菜和食用菌	589.93	交通工具用燃料	298.37
肉类	1089.29	交通工具使用及维修	227.83
禽类	161.93	其中：车辆保险支出	43.13
水产品	133.01	通信	741.06
蛋类	89.38	通信工具	209.29
奶类	252.67	通信服务	531.77
干鲜瓜果类	535.90	教育文化娱乐	1741.04
糖果糕点类	147.18	教育	948.22
其他食品	160.05	学前教育	97.13
烟酒	264.81	小学教育	112.07
烟草	153.52	初中教育	77.40
酒类	111.29	高中教育	184.12
饮料	78.53	中专职高教育	14.52
饮食服务	1088.85	大专及以上教育	399.22
食堂用餐	61.18	成人教育	63.76
其他在外饮食	1026.97	文化娱乐	792.83
食品加工服务费	0.69	文娱耐用消费品	147.54
衣着	1912.40	其他文娱用品	147.71
衣类	1495.11	文化娱乐服务	497.58
鞋类	417.30	医疗保健	1310.93
居住	3262.77	医疗器具及药品	538.86
租赁房房租	176.78	医疗服务	772.07
住房维修及管理	421.75	门诊总费用	310.00
水电燃料及其他	873.68	住院总费用	462.07
自有住房折算租金	1790.56	其他用品和服务	433.52
生活用品及服务	1087.56	其他用品	280.07
家具及室内装饰品	172.63	其他服务	153.44
家用器具	201.28		

1-17　新疆城镇居民人均现金消费支出（2014 年）

单位：元

指　　标	绝对数	指　　标	绝对数
现金消费支出	**15673.78**	家庭日用杂品	332.33
食品烟酒	5493.19	个人用品	222.77
食品	4075.70	家庭服务	38.64
谷物	691.07	交通通信	2406.65
薯类	23.78	交通	1665.59
豆类	36.05	交通工具	677.42
食用油	174.94	交通费	461.97
蔬菜和食用菌	588.59	交通工具用燃料	298.37
肉类	1084.64	交通工具使用及维修	227.83
禽类	160.92	其中：车辆保险支出	43.13
水产品	132.90	通信	741.06
蛋类	89.38	通信工具	209.29
奶类	252.67	通信服务	531.77
干鲜瓜果类	535.24	教育文化娱乐	1739.99
糖果糕点类	146.90	教育	948.22
其他食品	158.61	学前教育	97.13
烟酒	264.81	小学教育	112.07
烟草	153.52	初中教育	77.40
酒类	111.29	高中教育	184.12
饮料	78.53	中专职高教育	14.52
饮食服务	1074.15	大专及以上教育	399.22
食堂用餐	49.15	成人教育	63.76
其他在外饮食	1024.31	文化娱乐	791.77
食品加工服务费	0.69	文娱耐用消费品	147.54
衣着	1912.39	其他文娱用品	147.39
衣类	1495.09	文化娱乐服务	496.84
鞋类	417.30	医疗保健	1142.37
居住	1462.91	医疗器具及药品	538.86
租赁房房租	176.78	医疗服务（不含报销医疗费）	603.51
住房维修及管理	421.75	门诊总费用（不含报销医疗费）	279.07
水电燃料及其他	864.38	住院总费用（不含报销医疗费）	374.09
生活用品及服务	1085.27	其他用品和服务	431.01
家具及室内装饰品	172.63	其他用品	278.54
家用器具	201.28	其他服务	152.47
家用纺织品	117.62		

1-18　新疆城镇居民按收入分组可支配收入（2014 年）

项　　目	最低收入户	#困难户	低收入户
可支配收入	6566.46	5036.08	11608.09
工资性收入	3682.44	2537.61	7346.85
工资	2465.76	1755.72	6540.23
其他工资性收入	1215.92	780.55	784.71
经营净收入	1154.80	1028.62	1772.00
财产净收入	473.28	480.07	539.10
转移净收入	1255.94	989.78	1950.14
转移性收入	1898.27	1592.94	2896.24
其中：养老金或离退休金	730.91	361.51	2603.84
转移性支出	642.33	603.17	946.10
其中：社会保障支出	560.57	539.54	807.24

1-19　新疆城镇居民按收入分组现金可支配收入（2014 年）

项　　目	最低收入户	#困难户	低收入户
可支配收入	6086.36	4594.99	11252.16
工资性收入	3681.68	2536.27	7324.94
工资	2465.76	1755.72	6540.23
其他工资性收入	1215.92	780.55	784.71
经营净收入	1179.24	1029.56	1993.06
财产净收入	101.46	133.81	78.69
转移净收入	1123.97	895.35	1855.48
转移性收入	1766.31	1498.51	2801.58
其中：养老金或离退休金	730.91	361.51	2603.84
转移性支出	642.33	603.17	946.10
其中：社会保障支出	560.57	539.54	807.24

单位：元/人

中低收入户	中等收入户	中高收入户	高收入户	最高收入户	#更高收入户
17215.54	23666.14	30933.45	38291.42	52374.96	60587.54
12393.37	16203.35	19497.68	25717.03	34379.76	42733.72
11489.13	15188.39	18175.62	23513.39	31141.38	38139.54
882.13	975.71	1280.47	2121.77	3114.06	4470.21
2626.15	1982.92	2623.13	2945.62	6229.44	9414.31
823.12	1417.62	1876.64	1707.18	2407.03	1776.37
1372.89	4062.25	6936.00	7921.59	9358.72	6663.15
3192.07	5958.66	8929.51	9824.25	12489.72	10275.16
2947.49	5645.93	8692.46	9119.81	11597.27	9619.47
1819.17	1896.41	1993.51	1902.66	3131.00	3612.01
1626.88	1627.46	1678.10	1492.24	2300.82	2485.47

单位：元/人

中低收入户	中等收入户	中高收入户	高收入户	最高收入户	#更高收入户
16432.64	22432.30	29198.34	36963.30	50277.87	58515.71
12371.27	16164.10	19456.08	25635.16	34255.44	42609.74
11489.13	15188.39	18175.62	23513.39	31141.38	38139.54
882.13	975.71	1280.47	2121.77	3114.06	4470.21
2856.65	2149.10	2695.47	3400.18	6553.14	9629.38
-74.93	246.63	287.05	212.57	702.31	-44.57
1279.66	3872.48	6759.73	7715.38	8766.98	6321.15
3098.83	5768.89	8753.08	9618.04	11897.67	9932.49
2947.49	5645.93	8692.46	9119.81	11597.27	9619.47
1819.17	1896.41	1993.35	1902.66	3130.69	3611.34
1626.88	1627.46	1678.10	1492.24	2300.82	2485.47

1-20 新疆农村居民户均食品消费情况（2014 年）

单位：公斤

指　　标	绝对数	指　　标	绝对数
粮食消费量	816.33	其他禽类及制品	0.53
谷物消费量	812.66	水产品	3.71
小麦	606.31	鱼类	3.48
稻谷	152.82	虾、贝、蟹类	0.08
玉米	51.29	藻类	0.03
其他谷物	2.23	其他	0.11
薯类消费量	1.27	蛋类及蛋制品	18.19
红薯	0.17	鲜蛋	17.96
马铃薯	0.93	蛋制品	0.22
其他薯类	0.17	奶和奶制品	45.79
豆类消费量	2.41	鲜奶	41.39
大豆	0.22	酸奶	2.42
其他豆类	2.19	奶粉	0.16
油脂类消费量	58.58	其他奶制品	1.82
植物油	58.28	干鲜瓜果类	168.83
动物油	0.30	鲜瓜果	156.37
蔬菜及菜制品消费量	367.89	瓜果制品	3.27
鲜菜	366.10	坚果类	9.19
干菜及菜制品	0.95	糖果糕点类	9.15
鲜菌	0.73	食糖	2.80
干菌及菌制品	0.12	糖果	3.20
肉类	74.50	糕点	2.43
猪肉	7.73	其他糖果糕点	0.72
牛肉	15.55	饮料	1.07
羊肉	49.81	茶叶	1.07
其他肉类及制品	1.41	烟叶消费量	26.11
禽类	14.52	酒	6.03
鸡	13.25	白酒	2.03
鸭	0.43	啤酒	3.92
鹅	0.31	果酒	0.09

1-21　新疆农村居民人均第一产业生产经营收支情况（2014 年）

单位：元

指　　标	绝对数	指　　标	绝对数
经营收入	12841.50	生产经营费用支出	7035.47
农业	8374.27	农业	5000.22
林业	270.39	林业	146.42
牧业	2429.30	牧业	1522.29
渔业	0.54	渔业	0.42
现金经营性收入	11574.99	生产经营现金费用支出	6846.90
农业	7446.56	农业	4982.52
林业	216.80	林业	146.42
牧业	2144.15	牧业	1351.41
渔业	0.48	渔业	0.42

1-22　新疆农村居民户均能源消费（2014 年）

指　　标	绝对数
天然气（立方米）	6.87
煤气（立方米）	0.10
液化石油气（公斤）	15.91
汽油（升）	89.65
其中：生产用（升）	89.61
柴油（升）	94.65
其中：生产用（升）	94.00
电（度）	1497.54
其中：生产用（升）	683.80
沼气（立方米）	0.93
煤炭（公斤）	2832.44
柴（公担）	0.43
草（公担）	1.23

1-23 新疆农村居民人均可支配收入（按五等份分组）（2014 年）

指标	全区	低收入户
人均可支配收入	**8723.83**	**1504.74**
工资性收入	1847.98	730.78
工资	1204.94	264.41
实物福利	3.96	
其他	639.08	466.38
经营净收入	5179.42	307.30
第一产业经营净收入	3904.91	-90.05
农业	3107.44	33.39
林业	119.59	45.18
牧业	677.75	-168.64
渔业	0.13	0.02
第二产业经营净收入	182.86	99.43
第三产业经营净收入	1091.65	297.92
财产净收入	228.73	51.18
利息净收入	-15.13	-6.45
红利收入	0.61	
储蓄性保险净收益	2.07	
转让承包土地经营权租金净收入	166.64	23.98
出租房屋财产性收入	42.94	28.29
出租机械、专利、版权等资产的收入	5.67	
其他财产净收入	25.93	5.36
转移净收入	1467.70	415.48
转移性收入	1673.23	589.10
养老金或离退休金	269.97	83.57
社会救济和补助	153.86	106.94
政策性生活补贴	301.75	8.97
报销医疗费	160.53	44.97
家庭外出从业人员寄回带回收入	71.98	19.73
赡养收入	36.90	11.65
其他经常转移收入	21.27	16.50
从政府和组织得到的实物产品和服务折价	40.48	1.68
现金政策性惠农补贴	616.49	295.09
转移性支出	205.53	173.62
个人所得税	0.06	
社会保障支出	152.37	135.59
外来从业人员寄给家人的支出	0.04	
赡养支出	27.65	23.06
其他转移性支出	25.41	14.98

单位：元

中低收入户	中等收入户	中高收入户	高收入户
4671.60	**7214.91**	**11051.58**	**23706.38**
1178.69	1710.43	2513.34	3756.40
670.73	1002.89	1760.43	2885.04
2.21	2.41	0.13	18.24
505.75	705.13	752.78	853.12
2823.03	4328.62	6712.96	14613.88
1976.06	3318.71	5278.11	11365.57
1513.41	2486.83	4057.37	9329.53
97.37	114.43	101.59	282.48
365.34	716.71	1119.24	1753.55
-0.05	0.73	-0.09	
199.37	244.73	213.92	166.84
647.60	765.18	1220.93	3081.48
33.22	82.38	229.83	926.81
-3.24	-14.27	-23.82	-34.75
	2.10		1.13
1.03		9.96	
4.92	83.20	207.13	646.09
20.99	5.55	-0.02	189.00
	0.93	0.44	33.29
9.53	4.86	36.13	92.04
636.66	1093.48	1595.45	4409.29
747.43	1252.32	1833.92	4808.90
56.78	173.31	327.33	878.42
167.50	153.76	147.51	209.63
70.96	198.02	260.40	1206.69
74.33	136.03	214.51	410.58
38.86	77.93	102.31	149.10
12.04	23.10	62.26	94.78
14.67	8.27	18.80	56.01
2.48	44.86	52.70	127.67
309.82	437.05	648.10	1676.01
110.78	158.84	238.47	399.60
		0.14	0.20
96.72	121.95	157.89	283.04
0.20			
8.51	22.45	42.30	49.84
5.35	14.43	38.15	66.53

1-24　新疆农村居民人均现金可支配收入（按五等份分组）（2014年）

指　标	全　区	低收入户
现金可支配收入	**8067.86**	**1204.99**
现金工资性收入	1844.02	730.78
工资	1204.94	264.41
其他工资性收入	639.08	466.38
现金经营净收入	4728.09	54.21
第一产业现金经营净收入	3327.23	-416.26
农业	2464.05	-436.16
林业	70.37	4.84
牧业	792.74	15.07
渔业	0.06	-0.01
第二产业现金经营净收入	189.40	99.98
采矿业	45.23	20.54
制造业	55.99	30.65
电力、热力、燃气及水生产和供应业	0.05	
建筑业	88.13	48.79
第三产业现金经营净收入	1211.47	370.48
现金财产净收入	229.16	51.18
利息净收入	-15.13	-6.45
红利收入	0.61	
储蓄性保险净收益	2.07	
转让承包土地经营权租金净收入	166.64	23.98
出租房屋财产性收入	42.94	28.29
出租机械、专利、版权等资产的收入	6.11	
其他财产净收入	25.93	5.36
现金转移净收入	1266.59	368.83
现金转移性收入	1472.22	542.45
养老金或离退休金	269.97	83.57
社会救济和补助	153.86	106.94
政策性生活补贴（只含政策生活补贴）	301.75	8.97
家庭外出从业人员寄回带回收入	71.98	19.73
赡养收入	36.90	11.65
其他经常转移收入	21.27	16.50
现金政策性惠农补贴	616.49	295.09
现金转移性支出	205.63	173.62
个人所得税	0.06	
个人缴纳的社会保障支出	152.37	135.59
外来从业人员寄给家人的支出	0.04	
赡养支出	27.65	23.06
其他转移性支出	25.51	14.98

单位：元

中低收入户	中等收入户	中高收入户	高收入户
4070.86	**6483.71**	**10058.40**	**22946.36**
1176.48	1708.02	2513.22	3738.16
670.73	1002.89	1760.43	2885.04
505.75	705.13	752.78	853.12
2301.31	3780.57	5987.65	14407.86
1371.14	2714.00	4435.13	10802.27
833.03	1919.86	3123.69	8723.58
47.20	59.12	50.27	231.92
490.96	734.55	1261.26	1846.77
-0.05	0.47	-0.09	
201.55	254.30	225.25	178.53
50.69	50.66	43.92	67.76
43.61	96.02	55.64	59.21
			0.31
107.26	107.62	125.69	51.26
728.62	812.26	1327.27	3427.07
33.22	82.53	229.83	929.29
-3.24	-14.27	-23.82	-34.75
	2.10		1.13
1.03		9.96	
4.92	83.20	207.13	646.09
20.99	5.55	-0.02	189.00
	1.08	0.44	35.78
9.53	4.86	36.13	92.04
559.85	912.60	1327.70	3871.05
670.62	1071.44	1566.71	4270.65
56.78	173.31	327.33	878.42
167.50	153.76	147.51	209.63
70.96	198.02	260.40	1206.69
38.86	77.93	102.31	149.10
12.04	23.10	62.26	94.78
14.67	8.27	18.80	56.01
309.82	437.05	648.10	1676.01
110.78	158.84	239.01	399.60
		0.14	0.20
96.72	121.95	157.89	283.04
0.20			
8.51	22.45	42.30	49.84
5.35	14.43	38.69	66.53

1-25　新疆农村居民人均总支出（按五等份分组）（2014 年）

指　　标	全　区	低收入户
人均总支出	**19873.69**	**13004.79**
消费支出	7365.32	4711.19
食品烟酒	2540.22	1927.21
食品	2239.46	1740.98
谷物	536.47	505.58
薯类	5.04	3.07
豆类	3.90	2.70
食用油	164.93	130.40
蔬菜和食用菌	258.42	212.47
肉类	837.62	584.16
禽类	60.31	35.23
水产品	14.14	8.76
蛋类	41.96	36.53
奶类	49.97	31.84
干鲜瓜果类	178.35	129.03
糖果糕点类	40.00	27.01
其他食品	48.34	34.19
烟酒	78.09	48.62
烟草	43.17	27.46
酒类	34.92	21.16
饮料	23.22	14.94
饮食服务	199.45	122.66
食堂用餐	36.07	23.20
其他在外饮食	152.01	83.82
食品加工服务费	11.38	15.65
衣着	650.72	460.13
衣类	498.42	346.28
鞋类	152.30	113.85
居住	1412.83	884.22
租赁房房租	8.64	3.79
住房维修及管理	362.49	124.63
水电燃料及其他	577.94	427.10
自有住房折算租金	463.76	328.70
生活用品及服务	340.82	181.00
家具及室内装饰品	77.47	21.23
家用器具	67.26	27.29
家用纺织品	48.68	26.21
家庭日用杂品	119.47	91.86
个人用品	21.54	11.78
家庭服务	6.40	2.63
交通通信	1010.43	518.59
交通	811.95	393.40
交通工具	361.90	161.03
交通费	132.23	71.47

单位：元

中低收入户	中等收入户	中高收入户	高收入户
10959.82	**14243.82**	**22132.05**	**46139.65**
5031.06	6730.44	8694.26	13574.70
1955.91	2430.30	2955.82	3865.79
1781.83	2158.20	2594.06	3264.64
497.95	525.36	563.78	615.22
2.69	4.24	4.50	12.60
1.56	3.37	4.60	8.60
150.92	166.43	189.08	203.63
204.89	247.37	300.21	362.33
621.67	822.37	1046.59	1271.18
32.44	47.93	69.94	138.10
5.62	9.47	15.27	37.86
36.06	41.71	42.72	57.12
38.17	40.40	64.40	87.26
134.74	169.26	187.02	308.93
26.38	40.18	49.75	65.59
28.75	40.12	56.21	96.21
30.78	65.35	101.12	173.60
18.25	41.57	56.23	86.31
12.54	23.78	44.90	87.29
13.33	20.16	28.22	46.45
129.96	186.59	232.42	381.10
32.92	40.36	48.37	39.29
83.19	135.44	175.60	335.82
13.86	10.79	8.46	5.99
483.23	619.62	761.95	1060.37
371.64	480.07	584.36	811.24
111.59	139.55	177.58	249.13
934.96	1374.63	1490.91	2769.33
6.68	5.42	5.16	26.18
152.67	303.76	322.93	1102.70
432.94	593.03	642.58	896.02
342.67	472.42	520.24	744.42
209.36	252.18	394.22	795.63
23.04	49.96	91.05	249.87
48.29	42.53	68.24	179.54
27.27	32.26	68.61	107.37
94.51	105.68	136.34	190.50
8.91	17.13	23.34	55.92
7.35	4.62	6.63	12.42
650.44	752.35	1157.29	2351.53
533.33	571.46	906.44	1976.52
251.02	202.30	341.68	1019.77
75.48	112.90	178.68	266.59

1-25　续表

指　　标	全　区	低收入户
交通工具用燃料	194.19	101.03
交通工具使用及维修	123.62	59.87
其中：车辆保险支出	19.46	6.96
通信	198.48	125.19
通信工具	38.83	19.56
通信服务	159.65	105.63
教育文化娱乐	600.71	404.68
教育	485.36	343.44
学前教育	16.87	10.34
小学教育	45.98	34.64
初中教育	53.91	34.15
高中教育	96.99	62.07
中专职高教育	12.15	7.91
大专及以上教育	223.54	176.41
成人教育	35.92	17.93
文化娱乐	115.35	61.24
文娱耐用消费品	31.87	22.33
其他文娱用品	34.39	26.93
文化娱乐服务	49.09	11.97
医疗保健	717.18	294.93
医疗器具及药品	128.68	72.40
医疗服务	588.50	222.53
门诊总费用	205.40	107.89
住院总费用	383.10	114.64
其他用品和服务	92.43	40.44
其他用品	58.30	20.69
其他服务	34.13	19.74
生产经营费用支出	7035.47	5440.69
第一产业经营费用支出	6669.34	5292.68
农业	5000.22	3818.09
林业	146.42	36.04
牧业	1522.29	1436.87
渔业	0.42	1.67
第二产业经营费用支出	50.30	31.47
第三产业经营费用支出	315.84	116.54
财产性支出	29.32	12.68
生活贷款利息支出	25.12	12.26
其他财产性支出	4.20	0.42
转移性支出	205.63	173.62
个人所得税	0.06	
社会保障支出	152.37	135.59
外来从业人员寄给家人的支出	0.04	
赡养支出	27.65	23.06
其他转移性支出	25.51	14.98

单位：元

中低收入户	中等收入户	中高收入户	高收入户
137.31	183.35	209.57	399.65
69.52	72.91	176.50	290.51
10.62	3.11	22.91	65.65
117.11	180.89	250.85	375.00
16.02	32.66	53.19	88.42
101.09	148.23	197.65	286.58
350.38	545.26	759.54	1106.05
306.18	465.06	651.31	765.70
4.33	22.63	21.23	30.95
24.89	45.23	78.55	54.46
38.84	66.86	45.18	96.20
71.40	107.94	112.56	149.84
7.98	7.45	17.04	24.12
147.98	183.87	310.48	343.12
10.76	31.07	66.27	67.01
44.21	80.21	108.23	340.36
8.89	20.72	24.73	98.53
21.10	32.77	41.67	56.65
14.22	26.72	41.83	185.18
395.56	685.69	1048.64	1414.52
69.34	144.89	170.31	221.29
326.22	540.80	878.32	1193.22
137.49	194.85	275.66	369.11
188.73	345.95	602.67	824.11
51.22	70.41	125.89	211.49
18.46	41.41	85.49	155.76
32.76	29.00	40.40	55.73
3533.89	4781.28	8003.48	15742.99
3297.73	4617.67	7476.15	14821.64
2160.39	3547.35	5066.10	12254.12
102.68	68.20	151.68	454.28
1034.61	1002.10	2258.27	2113.25
0.05	0.02	0.09	
34.22	54.63	17.73	130.47
201.94	108.98	509.61	790.88
7.00	20.67	38.71	83.27
7.00	19.86	33.27	65.20
	0.81	5.45	18.07
110.78	158.84	239.01	399.60
		0.14	0.20
96.72	121.95	157.89	283.04
0.20			
8.51	22.45	42.30	49.84
5.35	14.43	38.69	66.53

1-26 新疆农村居民人均现金消费支出（按五等份分组）（2014 年）

指　　标	全　区	低收入户
现金消费支出	**6098.56**	**3864.11**
食品烟酒	1996.68	1498.10
食品	1696.22	1311.87
谷物	350.34	293.86
薯类	4.26	2.90
豆类	3.84	2.70
食用油	160.42	126.69
蔬菜和食用菌	221.15	191.47
肉类	611.08	437.83
禽类	32.74	20.87
水产品	14.08	8.73
蛋类	32.31	31.49
奶类	30.54	18.73
干鲜瓜果类	148.00	115.44
糖果糕点类	40.00	27.01
其他食品	47.47	34.15
烟酒	78.09	48.62
烟草	43.17	27.46
酒类	34.92	21.16
饮料	23.22	14.94
饮食服务	199.15	122.66
食堂用餐	35.76	23.20
其他在外饮食	152.01	83.82
食品加工服务费	11.38	15.65
衣着	647.75	457.96
衣类	495.45	344.11
鞋类	152.30	113.85
居住	856.61	514.56
租赁房房租	8.64	3.79
住房维修及管理	362.49	124.63
水电燃料及其他	485.48	386.14
生活用品及服务	340.04	179.82
家具及室内装饰品	76.75	20.15
家用器具	67.26	27.29
家用纺织品	48.68	26.21
家庭日用杂品	119.41	91.76
个人用品	21.54	11.78
家庭服务	6.40	2.63
交通通信	1010.43	518.59
交通	811.95	393.40
交通工具	361.90	161.03
交通费	132.23	71.47
交通工具用燃料	194.19	101.03
交通工具使用及维修	123.62	59.87
其中：车辆保险支出	19.46	6.96
通信	198.48	125.19

单位：元

中低收入户	中等收入户	中高收入户	高收入户
4077.82	**5486.65**	**7228.60**	**11484.86**
1477.43	1901.25	2334.87	3141.57
1304.21	1629.15	1973.10	2541.11
284.83	348.70	381.10	486.20
2.32	3.47	4.06	10.04
1.55	3.36	4.30	8.60
149.62	159.76	182.79	198.39
181.84	209.91	242.32	306.42
452.86	599.20	768.21	907.29
18.67	23.07	40.29	72.08
5.62	9.20	15.27	37.86
28.81	30.72	31.90	40.62
15.98	26.26	37.33	64.63
107.26	135.35	159.98	251.48
26.37	40.18	49.75	65.59
28.47	39.98	55.80	91.92
30.78	65.35	101.12	173.60
18.25	41.57	56.23	86.31
12.54	23.78	44.90	87.29
13.33	20.16	28.22	46.45
129.10	186.59	232.42	380.40
32.06	40.36	48.37	38.59
83.19	135.44	175.60	335.82
13.86	10.79	8.46	5.99
481.48	615.88	759.49	1054.99
369.89	476.33	581.91	805.86
111.59	139.55	177.58	249.13
537.15	800.52	864.64	1835.71
6.68	5.42	5.16	26.18
152.67	303.76	322.93	1102.70
377.81	491.33	536.56	706.82
208.50	251.34	393.74	795.28
22.21	49.23	90.61	249.52
48.29	42.53	68.24	179.54
27.27	32.26	68.61	107.37
94.47	105.56	136.31	190.50
8.91	17.13	23.34	55.92
7.35	4.62	6.63	12.42
650.44	752.35	1157.29	2351.53
533.33	571.46	906.44	1976.52
251.02	202.30	341.68	1019.77
75.48	112.90	178.68	266.59
137.31	183.35	209.57	399.65
69.52	72.91	176.50	290.51
10.62	3.11	22.91	65.65
117.11	180.89	250.85	375.00

1-26 续表

指　标	全　区	低收入户
通信工具	38.83	19.56
通信服务	159.65	105.63
教育文化娱乐	599.02	404.68
教育	484.69	343.44
学前教育	16.87	10.34
小学教育	45.98	34.64
初中教育	53.91	34.15
高中教育	96.99	62.07
中专职高教育	12.15	7.91
大专及以上教育	223.54	176.41
成人教育	35.25	17.93
文化娱乐	114.34	61.24
文娱耐用消费品	31.87	22.33
其他文娱用品	34.39	26.93
文化娱乐服务	48.08	11.97
医疗保健	556.43	249.96
医疗器具及药品	128.68	72.40
医疗服务	427.76	177.56
门诊总费用	169.31	100.89
住院总费用	282.78	93.76
其他用品和服务	91.60	40.43
其他用品	58.30	20.69
其他服务	33.29	19.74
生产经营现金费用支出	6846.90	5258.63
第一产业经营现金费用支出	6480.76	5110.61
农业	4982.52	3803.67
林业	146.42	36.04
牧业	1351.41	1269.23
渔业	0.42	1.67
第二产业经营现金费用支出	50.30	31.47
第三产业经营现金费用支出	315.84	116.54
现金财产性支出	29.32	12.68
生活贷款利息支出	25.12	12.26
住房贷款利息支出	4.00	0.36
其他财产性支出	4.20	0.42
现金转移性支出	205.63	173.62
个人所得税	0.06	
社会保障支出	152.37	135.59
个人缴纳的养老保险	68.33	64.96
个人缴纳的医疗保险	73.15	66.54
个人缴纳的失业保险	0.41	
其他社会保障支出	10.48	4.09
外来从业人员寄给家人的支出	0.04	
农村外来从业人员寄给家人的支出	0.04	
城镇外来从业人员寄给家人的支出		
赡养支出	27.65	23.06
其他转移性支出	25.51	14.98

单位：元

中低收入户	中等收入户	中高收入户	高收入户
16.02	32.66	53.19	88.42
101.09	148.23	197.65	286.58
350.38	545.26	759.54	1095.67
306.18	465.06	651.31	761.54
4.33	22.63	21.23	30.95
24.89	45.23	78.55	54.46
38.84	66.86	45.18	96.20
71.40	107.94	112.56	149.84
7.98	7.45	17.04	24.12
147.98	183.87	310.48	343.12
10.76	31.07	66.27	62.85
44.21	80.21	108.23	334.13
8.89	20.72	24.73	98.53
21.10	32.77	41.67	56.65
14.22	26.72	41.83	178.95
321.22	549.64	833.14	1003.77
69.34	144.87	170.31	221.29
251.89	404.78	662.83	782.48
128.52	168.30	218.30	267.27
136.78	253.33	470.79	571.71
51.22	70.41	125.89	206.34
18.46	41.41	85.49	155.76
32.76	29.00	40.40	50.58
3359.34	4642.36	7781.96	15501.75
3123.18	4478.75	7254.63	14580.40
2152.98	3537.49	5049.70	12206.61
102.68	68.20	151.68	454.28
867.47	873.03	2053.16	1919.51
0.05	0.02	0.09	
34.22	54.63	17.73	130.47
201.94	108.98	509.61	790.88
7.00	20.67	38.71	83.27
7.00	19.86	33.27	65.20
0.42	1.45	9.71	10.68
	0.81	5.45	18.07
110.78	158.84	239.01	399.60
		0.14	0.20
96.72	121.95	157.89	283.04
33.03	48.99	65.13	148.54
57.34	71.00	71.23	108.75
0.12	0.18	0.71	1.35
6.24	1.78	20.82	24.40
0.20			
0.20			
8.51	22.45	42.30	49.84
5.35	14.43	38.69	66.53

1-27 新疆农村居民人均可支配收入（按十五等份分组）（2014 年）

指　　标	全　区	0-400元	400-600元	600-1000元	1000-1200元	1200-1500元
人均可支配收入	**8723.83**	**251.07**	**507.55**	**866.36**	**1099.57**	**1338.60**
工资性收入	1847.98	807.89	469.62	977.22	851.63	847.09
工资	1204.94	103.23	181.26		262.87	259.17
实物福利	3.96					
其他	639.08	704.67	288.36	977.22	588.77	587.93
经营净收入	5179.42	-1473.48	-52.99	-1284.28	165.63	-167.38
第一产业经营净收入	3904.91	-1735.76	-40.99	-1283.23	-16.74	-277.66
农业	3107.44	-535.72	658.43	1236.65	322.61	-20.88
林业	119.59	2.46	-7.32		59.74	78.71
牧业	677.75	-1202.51	-692.10	-2519.88	-399.09	-336.02
渔业	0.13					0.52
第二产业经营净收入	182.86					19.08
第三产业经营净收入	1091.65	262.29	-12.00	-1.05	182.37	91.20
财产净收入	228.73	116.26	-125.80	19.02		3.68
利息净收入	-15.13	0.19	-125.80	19.02		5.20
红利收入	0.61					
储蓄性保险净收益	2.07					
转让承包土地经营权租金净收入	166.64					
出租房屋财产性收入	42.94					
出租机械、专利、版权等资产的收入	5.67					
其他财产净收入	25.93	116.07				-1.51
转移净收入	1467.70	800.39	216.73	1154.40	82.31	655.20
转移性收入	1673.23	925.88	405.89	1289.65	172.35	785.80
养老金或离退休金	269.97	25.36	50.13	56.02		439.35
社会救济和补助	153.86	171.17	98.38	172.57	45.67	107.12
政策性生活补贴	301.75	1.45				
报销医疗费	160.53		73.72			18.83
家庭外出从业人员寄回带回收入	71.98					
赡养收入	36.90		29.49			4.56
其他经常转移收入	21.27	104.76				27.01
从政府和组织得到的实物产品和服务折价	40.48				15.22	2.92
现金政策性惠农补贴	616.49	623.14	154.16	1061.06	111.46	186.02
转移性支出	205.53	125.49	189.16	135.25	90.05	130.60
个人所得税	0.06					
社会保障支出	152.37	75.95	97.58	135.25	55.53	74.27
外来从业人员寄给家人的支出	0.04					
赡养支出	27.65	22.31	91.59		34.51	6.04
其他转移性支出	25.41	27.23				50.29

单位：元

1500-1700元	1700-2000元	2000-2500元	2500-3000元	3000-3500元	3500-4000元	4000-4500元	4500-5000元	5000元以上
1599.17	**1880.36**	**2264.62**	**2750.19**	**3245.60**	**3737.61**	**4239.29**	**4760.13**	**12415.88**
808.84	1224.39	641.12	673.07	719.83	916.55	1213.86	1133.83	2437.49
77.83	268.21	180.50	222.22	381.17	496.23	696.49	690.23	1683.70
						7.56	1.75	5.58
731.02	956.18	460.62	450.85	338.66	420.33	509.81	441.85	748.21
565.43	369.05	1166.56	1631.39	2039.97	2225.62	2571.78	2984.07	7573.29
269.54	108.34	784.85	1130.65	1536.18	1626.76	1846.87	1943.00	5860.44
524.38	414.00	841.35	780.27	1130.40	1304.40	1385.17	1595.75	4629.06
70.28	162.77	-7.28	45.74	70.69	106.08	65.38	136.68	150.96
-325.12	-432.83	-49.21	304.64	329.72	216.49	396.32	210.57	1080.21
	-35.60			5.37	-0.21			0.21
84.39		83.65	186.34	92.37	249.11	98.76	247.87	215.25
211.50	260.71	298.06	314.40	411.41	349.75	626.15	793.20	1497.60
1.00	1.04	11.20	49.34	18.40	24.58	6.44	84.03	336.99
1.00	1.04	5.37	3.90	-1.76	-8.47	-1.20	-6.28	-21.22
								0.97
					2.71			3.09
		4.22	41.23	16.79		1.78	7.64	257.03
					25.99		63.82	50.89
								9.08
		1.61	4.21	3.37	4.35	5.87	18.84	37.14
223.89	285.88	445.74	396.39	467.40	570.86	447.20	558.21	2068.12
333.24	422.30	530.59	524.83	591.15	685.25	565.19	670.10	2307.20
40.55		87.46	45.57	76.19	30.00	100.49	61.05	386.10
164.43	145.44	77.61	135.23	125.96	149.37	116.41	128.90	174.88
		31.11	3.24	6.31	23.01	30.71	95.78	467.34
	98.39	39.25	47.10	34.68	67.31	58.36	76.00	224.27
		11.00	45.13	32.36	50.69	27.01	28.34	99.32
		16.85	11.28	17.60	1.37		27.84	52.44
	20.69	10.68	19.65	12.38	24.30	2.21	4.56	25.73
		1.28	0.15	1.67	1.41	1.72	4.49	63.63
128.26	157.78	255.36	217.49	284.02	337.79	228.28	243.15	813.50
109.35	136.42	84.85	128.44	123.75	114.40	117.99	111.90	239.09
								0.09
84.73	100.99	77.80	105.93	106.27	93.70	97.51	101.62	171.30
							0.85	
	2.83	1.37	21.53	4.11	8.96	9.02	6.00	33.78
24.62	32.60	5.69	0.98	13.37	11.73	11.46	3.42	33.91

1-28　新疆农村居民人均现金可支配收入（按十五等份分组）（2014年）

指　　标	全　区	0-400元	400-600元	600-1000元	1000-1200元	1200-1500元
现金可支配收入	**8067.86**	**-647.40**	**2123.01**	**12.72**	**892.60**	**987.32**
现金工资性收入	1844.02	807.89	469.62	977.22	851.63	847.09
工资	1204.94	103.23	181.26		262.87	259.17
其他工资性收入	639.08	704.67	288.36	977.22	588.77	587.93
现金经营净收入	4728.09	-2371.95	1636.20	-2137.91	-26.12	-496.90
第一产业现金经营净收入	3327.23	-2696.90	1648.20	-2136.86	-242.94	-609.86
农业	2464.05	-1455.02	1500.99	-166.87	-127.07	-632.92
林业	70.37	2.46	-7.32		59.74	14.96
牧业	792.74	-1244.34	154.53	-1969.99	-175.60	8.09
渔业	0.06					
第二产业现金经营净收入	189.40					19.08
采矿业	45.23					19.08
制造业	55.99					
电力、热力、燃气及水生产和供应业	0.05					
建筑业	88.13					
第三产业现金经营净收入	1211.47	324.94	-12.00	-1.05	216.82	93.88
现金财产净收入	229.16	116.26	-125.80	19.02		3.68
利息净收入	-15.13	0.19	-125.80	19.02		5.20
红利收入	0.61					
储蓄性保险净收益	2.07					
转让承包土地经营权租金净收入	166.64					
出租房屋财产性收入	42.94					
出租机械、专利、版权等资产的收入	6.11					
其他财产净收入	25.93	116.07				-1.51
现金转移净收入	1266.59	800.39	143.00	1154.40	67.08	633.45
现金转移性收入	1472.22	925.88	332.16	1289.65	157.13	764.05
养老金或离退休金	269.97	25.36	50.13	56.02		439.35
社会救济和补助	153.86	171.17	98.38	172.57	45.67	107.12
政策性生活补贴（只含政策生活补贴）	301.75	1.45				
家庭外出从业人员寄回带回收入	71.98					
赡养收入	36.90		29.49			4.56
其他经常转移收入	21.27	104.76				27.01
现金政策性惠农补贴	616.49	623.14	154.16	1061.06	111.46	186.02
现金转移性支出	205.63	125.49	189.16	135.25	90.05	130.60
个人所得税	0.06					
社会保障支出	152.37	75.95	97.58	135.25	55.53	74.27
外来从业人员寄给家人的支出	0.04					
赡养支出	27.65	22.31	91.59		34.51	6.04
其他转移性支出	25.51	27.23				50.29

单位：元

1500-1700元	1700-2000元	2000-2500元	2500-3000元	3000-3500元	3500-4000元	4000-4500元	4500-5000元	5000元以　上
1235.90	**1824.17**	**1627.22**	**2243.10**	**2649.23**	**2979.50**	**3574.05**	**4415.02**	**11613.13**
808.84	1224.39	641.12	673.07	719.83	916.55	1206.30	1132.08	2431.91
77.83	268.21	180.50	222.22	381.17	496.23	696.49	690.23	1683.70
731.02	956.18	460.62	450.85	338.66	420.33	509.81	441.85	748.21
202.17	411.25	569.68	1171.54	1479.94	1536.24	1974.18	2721.20	7063.49
-116.44	119.95	168.69	659.65	938.77	924.79	1153.38	1533.42	5196.19
112.38	210.33	245.87	253.53	464.13	515.82	598.18	1063.29	3934.20
-29.54	138.66	-56.92	2.83	30.71	48.21	37.27	76.94	98.42
-199.27	-193.44	-20.25	403.29	438.57	360.97	517.94	393.19	1163.45
	-35.60			5.37	-0.21			0.12
84.39		83.65	187.55	93.24	250.23	99.17	251.49	225.11
-3.38		2.22	30.10	32.13	51.35	20.45	85.58	53.36
			41.06	46.16	91.28	35.81	63.09	66.32
								0.08
87.78		81.43	116.39	14.95	107.59	42.91	102.82	105.35
234.21	291.30	317.33	324.34	447.93	361.22	721.62	936.29	1642.19
1.00	1.04	11.20	49.34	18.40	24.58	6.44	84.03	337.68
1.00	1.04	5.37	3.90	-1.76	-8.47	-1.20	-6.28	-21.22
								0.97
					2.71			3.09
		4.22	41.23	16.79		1.78	7.64	257.03
					25.99		63.82	50.89
								9.78
		1.61	4.21	3.37	4.35	5.87	18.84	37.14
223.89	187.50	405.21	349.14	431.05	502.14	387.12	477.72	1780.06
333.24	323.91	490.07	477.58	554.80	616.53	505.12	589.62	2019.31
40.55		87.46	45.57	76.19	30.00	100.49	61.05	386.10
164.43	145.44	77.61	135.23	125.96	149.37	116.41	128.90	174.88
		31.11	3.24	6.31	23.01	30.71	95.78	467.34
		11.00	45.13	32.36	50.69	27.01	28.34	99.32
		16.85	11.28	17.60	1.37		27.84	52.44
	20.69	10.68	19.65	12.38	24.30	2.21	4.56	25.73
128.26	157.78	255.36	217.49	284.02	337.79	228.28	243.15	813.50
109.35	136.42	84.85	128.44	123.75	114.40	117.99	111.90	239.25
								0.09
84.73	100.99	77.80	105.93	106.27	93.70	97.51	101.62	171.30
							0.85	
	2.83	1.37	21.53	4.11	8.96	9.02	6.00	33.78
24.62	32.60	5.69	0.98	13.37	11.73	11.46	3.42	34.07

1-29 新疆农村居民人均总支出（按十五等份分组）（2014年）

指　　标	全　区	0-400元	400-600元	600-1000元	1000-1200元	1200-1500元
人均总支出	**19873.69**	**22599.80**	**13337.89**	**25682.32**	**5895.21**	**8300.40**
消费支出	7365.32	8534.53	4641.76	6759.05	3202.74	3335.12
食品烟酒	2540.22	3501.26	2111.33	1772.89	1515.95	1481.76
食品	2239.46	3230.75	1957.55	1577.28	1413.70	1354.52
谷物	536.47	683.69	583.30	480.41	491.31	497.44
薯类	5.04	8.04	7.19	0.68	1.14	0.62
豆类	3.90	1.29	5.30	5.23	0.92	1.38
食用油	164.93	200.37	107.27	140.48	105.47	105.18
蔬菜和食用菌	258.42	324.11	267.51	158.39	199.60	163.32
肉类	837.62	1423.85	581.37	399.01	400.70	372.57
禽类	60.31	37.35	104.26	66.68	12.90	19.08
水产品	14.14	18.21	16.09	22.34	3.27	3.40
蛋类	41.96	60.85	34.34	24.95	37.06	34.73
奶类	49.97	121.45	54.63	51.31	5.64	27.52
干鲜瓜果类	178.35	168.79	131.61	148.69	122.24	92.20
糖果糕点类	40.00	84.39	23.19	38.50	18.00	20.53
其他食品	48.34	98.35	41.50	40.61	15.46	16.56
烟酒	78.09	79.22	26.20	36.32	6.63	21.40
烟草	43.17	67.62	18.74	27.99	6.63	12.71
酒类	34.92	11.60	7.46	8.34		8.69
饮料	23.22	25.36	41.39	15.23	3.71	9.24
饮食服务	199.45	165.94	86.19	144.06	91.91	96.60
食堂用餐	36.07	74.34	39.71	100.63	33.41	37.42
其他在外饮食	152.01	79.06	42.21	19.66	47.64	50.28
食品加工服务费	11.38	12.54	4.27	23.77	10.86	8.90
衣着	650.72	595.82	516.28	273.40	318.85	296.35
衣类	498.42	434.95	354.96	206.80	200.40	230.28
鞋类	152.30	160.88	161.33	66.60	118.45	66.08
居住	1412.83	1177.71	824.33	560.10	929.27	652.57
租赁房房租	8.64					
住房维修及管理	362.49	49.78		0.47	224.60	23.67
水电燃料及其他	577.94	665.06	600.13	221.80	393.81	324.63
自有住房折算租金	463.76	462.87	224.20	337.82	310.86	304.27
生活用品及服务	340.82	676.29	270.36	231.36	97.21	113.52
家具及室内装饰品	77.47	70.20	9.73		1.57	3.92
家用器具	67.26	147.67	29.39	57.84		5.29
家用纺织品	48.68	273.94	19.62	41.54	0.58	17.03
家庭日用杂品	119.47	149.45	176.44	123.91	88.82	80.24
个人用品	21.54	35.02	32.86	8.06	6.24	1.76
家庭服务	6.40		2.32			5.29
交通通信	1010.43	671.02	352.17	3484.93	184.32	360.60
交通	811.95	427.85	231.78	3372.42	107.92	295.72
交通工具	361.90	92.31	110.15	2523.44	13.83	138.75
交通费	132.23	166.28	61.32	59.42	16.84	55.52

单位：元

1500-1700元	1700-2000元	2000-2500元	2500-3000元	3000-3500元	3500-4000元	4000-4500元	4500-5000元	5000元以　上
12913.84	**9177.76**	**8580.11**	**8196.09**	**8280.10**	**8631.37**	**9653.43**	**13288.97**	**24537.01**
4766.19	4654.98	3964.35	3895.78	3938.81	4349.93	4943.13	4970.40	8942.10
2071.46	2104.32	1674.45	1806.76	1790.55	1775.16	1921.96	2020.91	2912.19
1826.55	1798.79	1532.91	1662.73	1631.34	1645.08	1785.94	1838.72	2534.85
482.97	537.40	463.91	528.91	478.41	471.08	500.97	518.55	556.19
13.88	2.05	1.40	2.84	2.18	3.33	1.73	2.19	6.35
0.23	1.95	0.81	1.70	0.55	2.02	1.17	1.39	4.89
127.17	135.37	117.54	124.76	131.34	138.53	153.35	145.51	182.14
201.85	281.71	211.35	207.78	190.23	204.58	200.13	207.40	287.90
765.40	512.15	498.27	540.64	597.08	563.44	628.63	635.03	985.29
10.95	46.17	29.96	21.91	23.08	23.62	47.11	33.10	75.19
	7.06	5.02	6.54	2.01	2.57	3.87	6.76	18.33
44.80	32.57	32.37	35.93	33.20	36.05	32.56	35.11	45.62
35.79	27.14	25.31	21.55	18.49	25.79	33.07	48.80	59.78
89.95	148.88	99.93	126.50	110.52	124.21	136.04	141.57	207.04
29.86	39.17	18.56	19.78	18.41	20.77	21.24	36.08	47.89
23.71	27.14	28.47	23.89	25.85	29.08	26.09	27.23	58.25
44.95	75.19	28.48	23.35	34.99	14.64	21.61	28.68	101.79
34.40	40.92	24.46	14.74	20.44	5.99	15.49	12.50	56.23
10.55	34.28	4.02	8.61	14.55	8.66	6.13	16.18	45.57
11.21	20.10	9.18	9.20	11.77	10.66	9.82	16.28	28.78
188.74	210.24	103.87	111.48	112.45	104.78	104.58	137.23	246.77
45.61	42.18	16.94	16.68	15.22	27.95	32.19	38.50	41.57
120.41	157.10	73.47	78.40	81.70	59.07	61.79	84.66	196.02
22.72	10.96	13.46	16.40	15.53	17.76	10.60	14.07	9.17
652.63	599.22	392.37	394.22	391.95	474.27	440.73	474.99	765.00
591.26	479.04	301.20	301.03	292.97	355.63	332.66	362.54	589.15
61.37	120.18	91.16	93.18	98.98	118.64	108.06	112.45	175.86
1173.79	770.06	758.97	665.40	740.10	885.67	864.51	978.07	1725.21
					29.24			10.08
111.97	82.42	85.31	27.61	93.21	152.85	113.06	183.69	500.78
598.98	482.89	357.96	361.38	371.78	383.19	403.47	434.80	673.03
462.83	204.75	315.69	276.41	275.11	320.39	347.98	359.58	541.31
193.05	149.89	174.78	128.51	134.44	154.35	265.33	164.66	432.92
7.19	15.65	29.63	9.75	8.26	16.65	30.02	22.69	111.04
26.13	1.33	22.67	22.70	20.73	12.72	84.77	31.78	87.18
20.20	5.95	22.05	9.10	22.12	24.26	31.03	24.38	61.88
113.47	101.91	89.35	80.20	72.82	87.96	105.31	76.23	136.33
9.73	14.02	10.03	4.18	8.06	8.03	6.87	5.76	28.51
16.31	11.04	1.05	2.57	2.46	4.73	7.33	3.82	7.98
426.87	454.90	286.75	299.95	381.11	430.53	669.43	518.20	1299.00
265.13	280.76	203.98	202.18	291.47	321.75	573.50	411.29	1051.20
	71.19	50.85	53.83	123.15	149.69	298.32	154.13	471.60
101.04	65.39	51.13	59.78	51.68	58.95	68.54	64.76	170.39

1-29　续表

指　　标	全　区	0-400元	400-600元	600-1000元	1000-1200元	1200-1500元
交通工具用燃料	194.19	113.01	38.81	189.85	55.44	83.65
交通工具使用及维修	123.62	56.25	21.49	599.70	21.81	17.80
其中：车辆保险支出	19.46			43.88		
通信	198.48	243.17	120.39	112.51	76.40	64.89
通信工具	38.83	38.89	26.79	2.54		0.76
通信服务	159.65	204.27	93.60	109.97	76.40	64.12
教育文化娱乐	600.71	772.15	134.99	283.57	40.28	228.70
教育	485.36	629.90	71.62	238.61	21.29	193.80
学前教育	16.87		2.59		10.95	0.11
小学教育	45.98	51.78	11.99	49.14	9.97	5.70
初中教育	53.91	167.85	55.60	164.61		33.75
高中教育	96.99	49.90	1.45			36.20
中专职高教育	12.15	276.93				
大专及以上教育	223.54	10.41		24.86	0.36	95.19
成人教育	35.92	73.03				22.85
文化娱乐	115.35	142.25	63.36	44.96	18.99	34.89
文娱耐用消费品	31.87	43.78	11.59			10.76
其他文娱用品	34.39	21.66	14.41	29.73	17.19	19.99
文化娱乐服务	49.09	76.81	37.36	15.23	1.80	4.14
医疗保健	717.18	953.62	401.63	111.76	103.87	164.91
医疗器具及药品	128.68	288.82	68.79	38.36	22.44	32.42
医疗服务	588.50	664.80	332.84	73.40	81.43	132.48
门诊总费用	205.40	418.94	122.10	63.04	35.74	71.60
住院总费用	383.10	245.86	210.74	10.36	45.70	60.88
其他用品和服务	92.43	186.66	30.67	41.03	12.99	36.71
其他用品	58.30	164.40	20.25	18.01		3.62
其他服务	34.13	22.25	10.42	23.03	12.99	33.09
生产经营费用支出	7035.47	9021.42	4555.21	14909.45	2505.18	4166.21
第一产业经营费用支出	6669.34	8885.90	4543.21	14908.40	2504.28	3956.39
农业	5000.22	6830.59	1948.09	11186.28	1487.76	2718.84
林业	146.42	12.73	7.32		103.36	9.76
牧业	1522.29	2042.58	2587.80	3722.12	913.16	1227.79
渔业	0.42					
第二产业经营费用支出	50.30					1.57
第三产业经营费用支出	315.84	135.52	12.00	1.05	0.89	208.25
财产性支出	29.32		125.80			1.51
生活贷款利息支出	25.12		125.80			
其他财产性支出	4.20					1.51
转移性支出	205.63	125.49	189.16	135.25	90.05	130.60
个人所得税	0.06					
社会保障支出	152.37	75.95	97.58	135.25	55.53	74.27
外来从业人员寄给家人的支出	0.04					
赡养支出	27.65	22.31	91.59		34.51	6.04
其他转移性支出	25.51	27.23				50.29

单位：元

1500-1700元	1700-2000元	2000-2500元	2500-3000元	3000-3500元	3500-4000元	4000-4500元	4500-5000元	5000元以上
109.21	98.88	65.54	64.21	87.92	81.44	105.66	136.44	248.39
54.88	45.30	36.45	24.36	28.71	31.67	100.98	55.97	160.82
				0.34		36.78		25.62
161.74	174.14	82.78	97.77	89.64	108.78	95.93	106.90	247.80
28.62	49.91	13.86	12.79	8.18	15.85	7.11	12.73	52.20
133.12	124.23	68.92	84.98	81.46	92.93	88.82	94.17	195.60
78.89	172.38	389.43	300.18	231.48	272.76	282.33	353.90	739.07
52.10	80.19	358.49	270.37	205.90	230.32	231.80	315.12	587.42
	3.22	27.02	0.09	2.86	2.84	1.17	8.85	22.12
9.30	12.30	10.53	19.55	19.03	20.30	34.78	23.10	54.62
29.51	42.41	22.77	29.05	22.91	33.57	58.02	26.64	64.17
9.56	21.68	32.31	61.89	32.50	101.06	26.08	57.64	117.81
3.73		1.14	0.96	0.45	11.10	2.93	0.93	15.32
	0.57	241.35	132.30	126.23	59.41	79.08	193.35	265.37
		23.38	26.52	1.92	2.04	29.73	4.61	48.02
26.79	92.20	30.93	29.80	25.58	42.45	50.53	38.78	151.65
	39.88	3.59	0.28	0.48	12.59	16.68	1.48	40.28
17.86	37.15	19.91	23.63	20.17	23.05	16.27	23.75	40.26
8.93	15.16	7.43	5.89	4.93	6.81	17.58	13.55	71.11
141.64	364.99	262.87	265.47	232.44	324.88	428.65	422.40	946.87
46.87	42.90	45.46	57.23	58.11	67.51	59.46	74.17	163.41
94.77	322.10	217.42	208.24	174.33	257.37	369.19	348.24	783.46
79.08	161.00	68.47	114.94	87.39	81.17	125.48	197.02	257.43
15.68	161.10	148.94	93.31	86.94	176.21	243.70	151.22	526.03
27.87	39.23	24.73	35.29	36.76	32.30	70.20	37.28	121.83
8.83	15.28	8.92	7.25	20.63	12.29	12.81	9.51	82.88
19.04	23.95	15.81	28.04	16.13	20.01	57.38	27.77	38.95
3000.99	3272.21	3095.47	2494.50	2821.34	3043.03	3201.82	4136.82	8431.77
2928.23	3268.40	2932.01	2333.99	2724.74	2946.87	3104.40	3737.93	7947.64
1535.98	1698.45	1971.92	1741.62	2079.58	1897.11	1470.67	2774.77	6104.52
29.54	4.47	116.58	15.90	9.23	161.39	12.03	20.02	205.50
1362.72	1529.88	843.51	576.48	635.93	888.16	1621.70	943.13	1637.59
	35.60				0.21			0.03
3.38		10.34	135.03	15.67	21.24	4.74	106.85	58.41
69.37	3.81	153.13	25.48	80.93	74.92	92.68	292.05	425.72
				4.39	11.07	3.24	9.58	41.00
				3.37	11.07	3.24	9.58	34.44
				1.02				6.57
109.35	136.42	84.85	128.44	123.75	114.40	117.99	111.90	239.25
								0.09
84.73	100.99	77.80	105.93	106.27	93.70	97.51	101.62	171.30
							0.85	
	2.83	1.37	21.53	4.11	8.96	9.02	6.00	33.78
24.62	32.60	5.69	0.98	13.37	11.73	11.46	3.42	34.07

1-30 新疆农村居民人均现金消费支出（按十五等份分组）（2014 年）

指 标	全 区	0-400 元	400-600 元	600-1000 元	1000-1200 元	1200-1500 元
现金消费支出	**6098.6**	**7238.6**	**4060.4**	**5973.0**	**2555.3**	**2494.9**
食品烟酒	1996.68	2675.56	1831.87	1328.23	1183.40	1032.39
食品	1696.22	2405.04	1678.09	1132.62	1081.15	905.15
谷物	350.34	456.96	455.54	218.29	210.17	236.97
薯类	4.26	8.04	7.19	0.68	1.14	0.62
豆类	3.84	1.29	5.30	5.23	0.92	1.38
食用油	160.42	200.37	107.27	133.44	105.47	92.18
蔬菜和食用菌	221.15	294.80	265.62	134.47	199.20	142.23
肉类	611.08	944.01	496.16	381.24	367.17	272.45
禽类	32.74	27.21	76.98	7.82	9.36	5.86
水产品	14.08	18.21	16.09	22.34	3.27	2.88
蛋类	32.31	59.19	31.88	24.33	33.14	24.16
奶类	30.54	49.18	19.76	12.86	3.79	13.99
干鲜瓜果类	148.00	163.04	131.61	112.80	115.92	75.34
糖果糕点类	40.00	84.39	23.19	38.50	18.00	20.53
其他食品	47.47	98.35	41.50	40.61	13.61	16.56
烟酒	78.09	79.22	26.20	36.32	6.63	21.40
烟草	43.17	67.62	18.74	27.99	6.63	12.71
酒类	34.92	11.60	7.46	8.34		8.69
饮料	23.22	25.36	41.39	15.23	3.71	9.24
饮食服务	199.15	165.94	86.19	144.06	91.91	96.60
食堂用餐	35.76	74.34	39.71	100.63	33.41	37.42
其他在外饮食	152.01	79.06	42.21	19.66	47.64	50.28
食品加工服务费	11.38	12.54	4.27	23.77	10.86	8.90
衣着	647.75	593.36	516.28	269.80	316.35	293.26
衣类	495.45	432.48	354.96	203.20	197.90	227.19
鞋类	152.30	160.88	161.33	66.60	118.45	66.08
居住	856.61	714.84	600.13	222.28	618.41	284.55
租赁房房租	8.64					
住房维修及管理	362.49	49.78		0.47	224.60	23.67
水电燃料及其他	485.48	665.06	600.13	221.80	393.81	260.88
生活用品及服务	340.04	671.40	266.43	231.36	95.64	112.57
家具及室内装饰品	76.75	65.31	5.80			2.96
家用器具	67.26	147.67	29.39	57.84		5.29
家用纺织品	48.68	273.94	19.62	41.54	0.58	17.03
家庭日用杂品	119.41	149.45	176.44	123.91	88.82	80.24
个人用品	21.54	35.02	32.86	8.06	6.24	1.76
家庭服务	6.40		2.32			5.29
交通通信	1010.43	671.02	352.17	3484.93	184.32	360.60
交通	811.95	427.85	231.78	3372.42	107.92	295.72
交通工具	361.90	92.31	110.15	2523.44	13.83	138.75
交通费	132.23	166.28	61.32	59.42	16.84	55.52
交通工具用燃料	194.19	113.01	38.81	189.85	55.44	83.65
交通工具使用及维修	123.62	56.25	21.49	599.70	21.81	17.80
其中：车辆保险支出	19.46			43.88		
通信	198.48	243.17	120.39	112.51	76.40	64.89
通信工具	38.83	38.89	26.79	2.54		0.76

单位：元

1500–1700 元	1700–2000 元	2000–2500 元	2500–3000 元	3000–3500 元	3500–4000 元	4000–4500 元	4500–5000 元	5000 元以上
3814.3	**3974.3**	**3140.5**	**3075.1**	**3158.4**	**3481.2**	**3955.8**	**3989.2**	**7447.3**
1684.76	1752.83	1258.84	1354.78	1365.50	1354.10	1390.44	1539.44	2311.46
1439.85	1447.30	1117.30	1210.75	1206.29	1224.02	1258.18	1357.25	1934.31
249.36	321.25	262.50	303.00	254.82	256.20	261.05	308.97	387.37
13.88	2.05	1.40	2.43	1.85	3.33	1.15	1.59	5.27
0.23	1.95	0.81	1.70	0.55	2.02	1.17	1.39	4.79
127.17	135.37	117.46	124.76	126.03	138.53	152.88	143.51	176.51
177.71	275.78	178.46	181.15	172.21	190.00	172.12	184.07	241.28
672.19	437.37	352.66	374.69	458.47	421.98	442.89	483.40	713.80
6.80	16.65	14.69	12.33	14.87	11.57	31.29	11.00	40.35
	7.06	5.02	6.54	2.01	2.57	3.87	6.76	18.24
28.09	25.00	28.09	31.68	28.48	30.13	27.04	27.50	33.52
35.79	13.90	16.71	12.08	11.27	11.38	13.60	18.78	38.59
75.07	144.60	92.48	116.69	91.49	106.46	103.79	107.97	169.76
29.86	39.17	18.56	19.78	18.41	20.77	21.24	36.08	47.89
23.71	27.14	28.47	23.89	25.85	29.08	26.09	26.24	56.95
44.95	75.19	28.48	23.35	34.99	14.64	21.61	28.68	101.79
34.40	40.92	24.46	14.74	20.44	5.99	15.49	12.50	56.23
10.55	34.28	4.02	8.61	14.55	8.66	6.13	16.18	45.57
11.21	20.10	9.18	9.20	11.77	10.66	9.82	16.28	28.78
188.74	210.24	103.87	111.48	112.45	104.78	100.83	137.23	246.59
45.61	42.18	16.94	16.68	15.22	27.95	28.43	38.50	41.39
120.41	157.10	73.47	78.40	81.70	59.07	61.79	84.66	196.02
22.72	10.96	13.46	16.40	15.53	17.76	10.60	14.07	9.17
650.06	597.28	390.10	392.78	389.75	472.25	439.17	473.05	761.44
588.69	477.10	298.94	299.60	290.77	353.61	331.11	360.59	585.58
61.37	120.18	91.16	93.18	98.98	118.64	108.06	112.45	175.86
611.13	541.20	393.64	346.08	422.99	507.41	470.17	557.94	1063.91
					29.24			10.08
111.97	82.42	85.31	27.61	93.21	152.85	113.06	183.69	500.78
499.16	458.78	308.32	318.47	329.78	325.32	357.11	374.25	553.04
193.05	149.89	173.37	127.67	133.06	154.24	263.81	163.02	432.37
7.19	15.65	28.22	9.06	7.03	16.65	28.50	21.17	110.54
26.13	1.33	22.67	22.70	20.73	12.72	84.77	31.78	87.18
20.20	5.95	22.05	9.10	22.12	24.26	31.03	24.38	61.88
113.47	101.91	89.35	80.06	72.66	87.84	105.31	76.11	136.28
9.73	14.02	10.03	4.18	8.06	8.03	6.87	5.76	28.51
16.31	11.04	1.05	2.57	2.46	4.73	7.33	3.82	7.98
426.87	454.90	286.75	299.95	381.11	430.53	669.43	518.20	1299.00
265.13	280.76	203.98	202.18	291.47	321.75	573.50	411.29	1051.20
	71.19	50.85	53.83	123.15	149.69	298.32	154.13	471.60
101.04	65.39	51.13	59.78	51.68	58.95	68.54	64.76	170.39
109.21	98.88	65.54	64.21	87.92	81.44	105.66	136.44	248.39
54.88	45.30	36.45	24.36	28.71	31.67	100.98	55.97	160.82
				0.34		36.78		25.62
161.74	174.14	82.78	97.77	89.64	108.78	95.93	106.90	247.80
28.62	49.91	13.86	12.79	8.18	15.85	7.11	12.73	52.20

1-30 续表 1

指　　标	全　区	0-400元	400-600元	600-1000元
通信服务	159.65	204.27	93.60	109.97
教育文化娱乐	599.02	772.15	134.99	283.57
教育	484.69	629.90	71.62	238.61
学前教育	16.87		2.59	
小学教育	45.98	51.78	11.99	49.14
初中教育	53.91	167.85	55.60	164.61
高中教育	96.99	49.90	1.45	
中专职高教育	12.15	276.93		
大专及以上教育	223.54	10.41		24.86
成人教育	35.25	73.03		
文化娱乐	114.34	142.25	63.36	44.96
文娱耐用消费品	31.87	43.78	11.59	
其他文娱用品	34.39	21.66	14.41	29.73
文化娱乐服务	48.08	76.81	37.36	15.23
医疗保健	556.43	953.62	327.91	111.76
医疗器具及药品	128.68	288.82	68.79	38.36
医疗服务（不含报销医疗费）	427.76	664.80	259.12	73.40
门诊总费用（不含报销医疗费）	169.31	418.94	106.05	63.04
住院总费用（不含报销医疗费）	282.78	245.86	153.07	10.36
其他用品和服务	91.60	186.66	30.67	41.03
其他用品	58.30	164.40	20.25	18.01
其他服务	33.29	22.25	10.42	23.03
生产经营现金费用支出	6846.90	8706.00	4087.13	14396.69
第一产业经营现金费用支出	6480.76	8570.48	4075.13	14395.64
农业	4982.52	6807.17	1928.92	11143.98
林业	146.42	12.73	7.32	
牧业	1351.41	1750.58	2138.88	3251.66
渔业	0.42			
第二产业经营现金费用支出	50.30			
第三产业经营现金费用支出	315.84	135.52	12.00	1.05
现金财产性支出	29.32		125.80	
生活贷款利息支出	25.12		125.80	
住房贷款利息支出	4.00			
其他财产性支出	4.20			
现金转移性支出	205.63	125.49	189.16	135.25
个人所得税	0.06			
社会保障支出	152.37	75.95	97.58	135.25
个人缴纳的养老保险	68.33	23.80	29.33	73.13
个人缴纳的医疗保险	73.15	52.15	68.24	62.12
个人缴纳的失业保险	0.41			
其他社会保障支出	10.48			
外来从业人员寄给家人的支出	0.04			
农村外来从业人员寄给家人的支出	0.04			
城镇外来从业人员寄给家人的支出				
赡养支出	27.65	22.31	91.59	
其他转移性支出	25.51	27.23		

单位：元

1000-1200元	1200-1500元	1500-1700元	1700-2000元	2000-2500元	2500-3000元	3000-3500元
76.40	64.12	133.12	124.23	68.92	84.98	81.46
40.28	228.70	78.89	172.38	389.43	300.18	231.48
21.29	193.80	52.10	80.19	358.49	270.37	205.90
10.95	0.11		3.22	27.02	0.09	2.86
9.97	5.70	9.30	12.30	10.53	19.55	19.03
	33.75	29.51	42.41	22.77	29.05	22.91
	36.20	9.56	21.68	32.31	61.89	32.50
		3.73		1.14	0.96	0.45
0.36	95.19		0.57	241.35	132.30	126.23
	22.85			23.38	26.52	1.92
18.99	34.89	26.79	92.20	30.93	29.80	25.58
	10.76		39.88	3.59	0.28	0.48
17.19	19.99	17.86	37.15	19.91	23.63	20.17
1.80	4.14	8.93	15.16	7.43	5.89	4.93
103.87	146.08	141.64	266.61	223.63	218.37	197.76
22.44	32.42	46.87	42.90	45.46	57.23	58.11
81.43	113.65	94.77	223.71	178.17	161.14	139.65
35.74	71.60	79.08	157.46	68.05	83.66	84.89
45.70	42.05	15.68	66.25	140.47	77.48	67.21
12.99	36.71	27.87	39.23	24.73	35.29	36.76
	3.62	8.83	15.28	8.92	7.25	20.63
12.99	33.09	19.04	23.95	15.81	28.04	16.13
2321.88	3890.02	2925.77	3032.60	2978.47	2351.94	2685.44
2320.99	3680.20	2853.01	3028.80	2815.00	2191.43	2588.85
1449.73	2697.68	1521.75	1673.18	1959.61	1729.07	2070.25
103.36	9.76	29.54	4.47	116.58	15.90	9.23
767.90	972.76	1301.73	1315.55	738.81	446.47	509.37
			35.60			
	1.57	3.38		10.34	135.03	15.67
0.89	208.25	69.37	3.81	153.13	25.48	80.93
	1.51					4.39
						3.37
						1.17
	1.51					1.02
90.05	130.60	109.35	136.42	84.85	128.44	123.75
55.53	74.27	84.73	100.99	77.80	105.93	106.27
6.93	24.30	33.72	46.72	17.71	44.64	37.70
48.60	49.98	51.00	54.26	53.95	55.50	62.13
				6.14	5.79	6.44
34.51	6.04		2.83	1.37	21.53	4.11
	50.29	24.62	32.60	5.69	0.98	13.37

1-30 续表 2

单位：元

指　　标	3500-4000元	4000-4500元	4500-5000元	5000元以上
通信服务	92.93	88.82	94.17	195.60
教育文化娱乐	272.76	282.33	353.90	736.37
教育	230.32	231.80	315.12	586.35
学前教育	2.84	1.17	8.85	22.12
小学教育	20.30	34.78	23.10	54.62
初中教育	33.57	58.02	26.64	64.17
高中教育	101.06	26.08	57.64	117.81
中专职高教育	11.10	2.93	0.93	15.32
大专及以上教育	59.41	79.08	193.35	265.37
成人教育	2.04	29.73	4.61	46.94
文化娱乐	42.45	50.53	38.78	150.03
文娱耐用消费品	12.59	16.68	1.48	40.28
其他文娱用品	23.05	16.27	23.75	40.26
文化娱乐服务	6.81	17.58	13.55	69.50
医疗保健	257.57	370.29	346.41	722.26
医疗器具及药品	67.51	59.46	74.17	163.40
医疗服务（不含报销医疗费）	190.06	310.83	272.24	558.86
门诊总费用（不含报销医疗费）	68.46	117.64	182.92	205.07
住院总费用（不含报销医疗费）	122.55	213.89	89.32	384.66
其他用品和服务	32.30	70.20	37.28	120.50
其他用品	12.29	12.81	9.51	82.88
其他服务	20.01	57.38	27.77	37.61
生产经营现金费用支出	2862.44	3006.20	3933.03	8241.27
第一产业经营现金费用支出	2766.28	2908.78	3534.14	7757.14
农业	1886.80	1466.74	2765.17	6083.20
林业	161.39	12.03	20.02	205.50
牧业	717.87	1430.01	748.94	1468.41
渔业	0.21			0.03
第二产业经营现金费用支出	21.24	4.74	106.85	58.41
第三产业经营现金费用支出	74.92	92.68	292.05	425.72
现金财产性支出	11.07	3.24	9.58	41.00
生活贷款利息支出	11.07	3.24	9.58	34.44
住房贷款利息支出	1.84			6.12
其他财产性支出				6.57
现金转移性支出	114.40	117.99	111.90	239.25
个人所得税				0.09
社会保障支出	93.70	97.51	101.62	171.30
个人缴纳的养老保险	28.55	29.04	45.24	77.25
个人缴纳的医疗保险	53.94	63.42	50.56	79.91
个人缴纳的失业保险		0.30		0.64
其他社会保障支出	11.21	4.75	5.82	13.50
外来从业人员寄给家人的支出			0.85	
农村外来从业人员寄给家人的支出			0.85	
城镇外来从业人员寄给家人的支出				
赡养支出	8.96	9.02	6.00	33.78
其他转移性支出	11.73	11.46	3.42	34.07

第二篇
价格指数

2-1　各种价格总指数（上年价格=100）

年　份	商品零售价格总指数			居民消费价格总指数		
	总指数	城 市	农 村	总指数	城 市	农 村
1978	101.4	101.5	101.4	101.2	101.4	100.3
1980	104.2	106.1	103.0	102.8	104.1	102.0
1981	101.6	102.6	101.2	101.6	102.6	101.3
1982	100.2	100.1	100.6	100.6	100.5	100.9
1983	101.5	102.2	101.0	102.0	102.3	101.4
1984	103.1	102.1	103.7	102.4	102.0	103.0
1985	108.1	110.0	106.9	107.8	109.5	106.4
1986	106.7	107.0	106.6	107.3	107.6	106.8
1987	107.1	108.8	104.3	107.2	108.9	104.5
1988	114.6	118.1	111.0	114.7	117.0	111.6
1989	116.7	115.2	118.7	116.0	114.5	118.3
1990	104.1	103.2	105.3	105.0	104.5	105.9
1991	108.0	108.9	106.8	108.6	109.3	107.9
1992	108.1	108.6	107.1	108.6	109.3	107.6
1993	112.6	113.4	110.1	113.0	113.6	110.8
1994	125.7	126.2	125.3	126.7	127.7	125.6
1995	116.7	115.7	118.3	119.7	118.4	122.5
1996	108.8	108.7	109.0	110.5	110.4	110.6
1997	101.8	101.3	102.5	103.7	103.5	103.9
1998	99.7	99.6	99.9	100.2	99.9	100.8
1999	96.2	96.6	95.8	97.4	97.7	96.8
2000	98.3	98.9	97.4	99.4	100.1	97.6
2001	102.5	102.7	102.3	104.0	104.0	103.8
2002	97.9	97.5	99.3	99.4	98.9	100.9
2003	99.2	99.1	99.5	100.4	100.5	100.2
2004	100.7	99.4	103.2	102.7	102.1	104.5
2005	99.4	99.5	99.3	100.7	100.6	101.2
2006	101.8	100.9	103.5	101.3	101.0	102.0
2007	105.1	104.7	105.9	105.5	104.6	107.2
2008	108.5	108.3	108.8	108.1	107.3	109.5
2009	100.4	99.9	101.6	100.7	100.2	102.0
2010	104.6	103.9	106.4	104.3	103.6	105.8
2011	105.1	104.5	106.6	105.9	105.5	106.8
2012	103.3	103.0	104.0	103.8	103.4	104.7
2013	103.3	103.3	103.1	103.9	103.8	104.1
2014	101.7	102.0	101.0	102.1	102.3	101.7

注:①从 1994 年起职工生活费用价格总指数改为居民消费价格总指数。②从 1994 年起商品零售指数的城镇一栏改为城市。

2-2 各种价格总指数（1952 年价格=100）

年 份	商品零售价格总指数			居民消费价格总指数			
	总指数	城 市	农 村	总指数	总指数（1978=100）	城 市（1978=100）	农 村（1978=100）
1978	92.7	93.5	90.0	94.4			
1980	100.0	103.1	96.0	99.2	105.1	106.6	103.8
1981	101.6	105.8	97.1	100.8	106.7	109.4	105.2
1982	101.8	105.9	97.7	101.4	107.4	109.9	106.1
1983	103.3	108.3	98.7	103.4	109.5	112.4	107.6
1984	106.5	110.5	102.3	105.9	112.2	114.7	110.8
1985	115.2	121.6	109.4	114.1	120.9	125.6	117.9
1986	122.9	130.1	116.6	122.5	129.7	135.1	126.0
1987	131.6	141.5	121.6	131.3	139.1	147.2	131.6
1988	150.8	167.2	135.0	150.6	159.5	172.2	146.9
1989	176.0	192.6	160.2	174.7	185.0	197.1	173.8
1990	183.2	198.7	168.7	183.4	194.3	206.0	184.0
1991	197.9	216.4	180.2	199.2	211.0	225.2	198.6
1992	213.9	235.0	193.0	216.3	229.1	246.1	213.7
1993	240.8	266.5	212.5	244.4	258.9	279.6	236.7
1994	302.7	336.3	266.2	309.7	328.1	357.0	297.3
1995	353.3	389.2	315.0	370.7	392.7	422.7	364.2
1996	384.4	423.0	343.3	409.6	433.9	466.7	402.9
1997	391.3	428.5	351.9	424.8	450.0	483.0	418.6
1998	390.1	426.8	351.5	425.6	450.9	482.5	421.9
1999	375.3	412.3	336.8	414.6	439.2	471.4	408.4
2000	368.9	407.7	328.0	412.1	436.5	471.9	398.6
2001	378.1	418.8	335.6	428.6	454.0	490.8	413.8
2002	370.2	408.3	333.2	426.0	451.3	485.4	417.5
2003	367.2	404.6	331.5	427.7	453.1	487.8	418.3
2004	369.8	402.2	342.1	439.2	465.3	498.1	437.1
2005	367.6	400.2	339.8	442.3	468.6	501.1	442.4
2006	374.2	403.8	351.6	448.1	474.7	506.1	451.2
2007	393.3	422.8	372.4	472.7	500.8	529.3	483.7
2008	426.7	457.8	405.2	511.0	541.3	568.0	529.7
2009	428.4	457.4	411.6	514.6	545.1	569.1	540.3
2010	448.1	475.2	437.9	536.7	568.5	589.6	571.6
2011	471.0	496.6	466.8	568.4	602.0	622.0	610.5
2012	486.4	511.3	485.3	590.1	625.0	643.0	639.1
2013	502.2	528.3	500.5	613.4	649.7	667.7	665.6
2014	510.8	538.9	505.5	626.4	663.4	683.0	677.3

2-3 商品零售价格分类指数（1978 年价格=100）

年 份	总指数	食品类	饮料、烟酒类	服装鞋帽类	纺织品类	中西药品类	燃料类	农业生产资料
1980	107.8	109.7	100.9	100.9	101.2	103.9	100.2	101.7
1981	109.6	112.2	100.8	101.4	101.6	104.0	100.2	102.0
1982	109.8	114.4	100.1	99.9	101.6	104.2	100.5	102.5
1983	111.4	115.9	102.9	99.7	101.3	108.1	102.2	105.4
1984	114.9	118.0	104.9	99.8	99.8	113.3	110.4	117.9
1985	124.2	133.3	106.2	104.3	100.9	116.8	113.2	126.4
1986	132.5	146.6	108.9	107.6	101.2	118.7	122.9	128.8
1987	141.9	160.7	114.0	114.6	103.4	124.9	130.8	131.8
1988	162.7	193.3	127.1	128.0	111.6	141.6	135.1	143.0
1989	189.8	218.6	151.1	150.0	135.1	172.6	141.4	159.3
1990	197.6	221.9	165.2	157.2	134.8	181.2	151.9	172.5
1991	213.4	247.4	173.5	163.5	134.0	187.9	172.3	181.3
1992	230.7	276.3	179.7	170.4	132.3	199.9	191.1	195.8
1993	259.8	323.0	186.5	185.9	135.1	231.3	236.6	215.6
1994	326.5	433.8	218.2	212.5	143.6	281.7	338.3	273.4
1995	381.0	549.2	236.3	252.9	169.3	318.6	390.7	346.1
1996	414.6	611.2	247.2	277.7	185.0	351.1	424.7	399.8
1997	422.0	602.1	251.6	290.7	188.8	373.9	484.6	425.8
1998	420.8	600.3	250.1	292.5	189.5	379.2	492.4	429.2
1999	404.8	555.9	245.3	288.1	183.6	379.2	492.4	416.3
2000	397.9	535.9	237.7	287.6	178.3	389.1	538.2	407.6
2001	407.8	568.6	231.3	287.8	178.8	388.3	587.7	419.8
2002	399.3	545.8	230.6	287.8	174.7	382.1	607.7	418.1
2003	396.1	545.3	228.6	287.0	173.8	358.0	642.3	422.7
2004	398.9	563.3	225.6	284.4	174.4	357.6	696.3	453.6
2005	396.5	580.8	226.7	278.4	174.1	349.0	803.5	491.2
2006	403.6	605.4	228.9	270.8	172.7	340.3	926.2	503.5
2007	424.2	682.8	234.7	271.2	172.4	341.1	997.3	534.9
2008	460.3	811.5	241.6	267.2	172.6	352.8	1124.3	600.6
2009	462.1	825.3	245.2	261.9	174.0	365.5	1090.6	597.6
2010	483.3	912.8	249.4	256.7	180.1	375.0	1174.6	616.1
2011	508.2	1027.0	258.2	255.4	183.3	388.1	1287.7	657.0
2012	524.8	1108.1	273.3	259.1	186.6	403.9	1336.9	697.7
2013	541.9	1198.5	278.9	258.5	191.1	414.1	1364.1	716.1
2014	551.1	1246.3	281.9	262.6	194.9	421.5	1365.1	699.2

注：①农业生产资料不包括在商品零售价格总指数中。

②2003 年（包括 2003 年）以后，中西药品类指中西药品及医疗保健用品类。

2-4 居民消费价格分类指数（上年价格=100）

年 份	居民消费价格总指数	食品类	粮 食	油脂类	肉禽及其制品类	蛋 类	水产品
1978	101.2	101.5	100.0	100.0	100.0		100.0
1980	102.8	106.0	99.9	99.1	121.4		121.8
1981	101.6	102.3	100.1	101.2	102.3		107.9
1982	100.6	102.0	100.1	99.6	100.1		103.4
1983	102.0	101.3	100.1	100.0	101.0		107.9
1984	102.4	101.8	97.5	97.7	104.1		103.9
1985	107.8	113.0	110.1	107.6	125.1		131.3
1986	107.3	110.0	104.2	106.1	121.3		116.4
1987	107.2	109.6	102.1	106.9	117.4		111.3
1988	114.7	120.3	106.6	109.0	134.0		123.0
1989	116.0	113.1	109.5	127.8	117.5		114.8
1990	105.0	101.5	100.4	100.5	95.2		105.3
1991	108.6	111.5	115.8	99.7	107.4		105.5
1992	108.6	111.7	128.0	90.0	106.7		101.7
1993	113.0	116.9	128.2	109.5	122.1		107.2
1994	126.7	135.9	142.1	188.5	139.3	115.5	123.1
1995	119.7	124.9	134.3	112.1	128.2	117.0	114.6
1996	110.5	110.3	116.4	89.0	100.4	113.7	102.0
1997	103.7	99.1	105.4	103.4	97.2	81.5	104.2
1998	100.2	99.4	96.9	101.4	93.4	98.5	99.6
1999	97.4	93.2	94.5	96.4	89.8	86.1	86.6
2000	99.4	95.9	88.5	84.4	96.1	78.6	93.4
2001	104.0	104.3	99.1	93.9	113.6	107.6	100.1
2002	99.4	97.3	97.8	97.0	99.4	92.3	92.8
2003	100.4	102.5	96.7	114.8	98.1	97.8	93.0
2004	102.7	105.8	116.3	106.1	108.8	114.1	115.5
2005	100.7	98.5	101.9	91.8	96.2	100.8	106.0
2006	101.3	102.4	102.0	97.9	98.0	93.1	98.6
2007	105.5	112.6	108.5	134.9	125.7	124.8	109.0
2008	108.1	119.1	111.9	131.6	133.5	105.9	116.1
2009	100.7	102.1	102.9	77.0	100.8	101.7	100.2
2010	104.3	110.7	108.9	107.6	113.0	112.3	107.4
2011	105.9	112.6	108.7	112.6	120.1	112.2	110.7
2012	103.8	107.6	107.3	105.3	105.9	102.1	105.2
2013	103.9	108.5	106.3	103.4	114.9	111.0	107.0
2014	102.1	103.6	103.3	97.3	99.1	103.5	103.3

注：①1994 年以前肉禽及其制品、蛋类用肉禽蛋代替，1994 年以前菜类用鲜菜替代。

②2001 年（包括 2001 年）以后各大类指数均包含该类的服务项目价格指数。

菜　类	烟草类	酒和饮料	衣着类	家庭设备用品及维修服务	医疗保健和个人用品	交通和通信	娱乐教育文化用品及服务	居　住
110.4	99.9	101.9	100.0	99.9	100.1		101.1	
111.2	100.2	103.4	101.1	100.6	102.6		101.2	
100.1	102.7	102.4	99.9	100.5	100.1		100.4	
104.5	110.1	101.0	99.3	98.5	100.2		100.0	
104.7	99.0	103.0	102.8	99.8	103.6		99.7	
108.4	100.1	103.5	102.1	100.1	104.1		98.5	
157.4	101.7	106.2	101.2	104.5	103.1		101.1	
105.9	101.1	105.0	102.5	103.2	101.6		100.8	
118.2	101.5	111.5	104.7	106.5	105.2		101.7	
144.1	109.7	118.6	111.5	111.7	113.4		107.9	
93.1	112.4	119.5	118.9	117.2	121.9		121.1	
108.0	105.9	103.1	109.3	104.8	105.0		99.8	
124.2	104.6	109.3	105.0	104.0	103.7		99.4	
108.4	112.3	108.6	103.6	104.2	106.4		98.7	
109.3	106.8	113.6	103.8	109.1	115.7		102.2	
139.2	108.8	122.4	117.9	115.8	123.4	109.3	114.9	122.1
125.4	103.7	109.4	117.2	109.7	114.3	101.1	106.9	121.2
128.0	102.9	104.9	109.5	107.3	111.6	99.9	109.8	114.6
92.3	101.6	107.5	103.7	101.2	101.6	100.8	106.3	111.6
109.5	98.9	100.7	100.3	98.1	104.0	96.4	97.9	103.6
90.4	99.3	98.2	98.7	99.0	100.7	95.7	99.5	101.7
107.1	96.3	97.8	99.7	98.9	101.1	94.2	97.1	103.9
107.0	98.8	100.8	98.7	99.0	116.1	105.2	101.6	102.6
83.3	99.2	99.0	99.5	98.4	101.4	101.7	99.2	102.9
129.1	99.8	99.4	99.2	98.9	94.8	99.1	99.1	104.2
100.3	100.3	99.3	99.4	98.4	101.8	99.4	98.6	108.3
93.8	99.3	98.9	98.4	99.1	109.3	99.5	98.6	107.3
112.7	100.5	103.1	98.0	99.3	100.0	100.5	99.8	105.7
101.4	102.4	102.3	100.8	100.8	101.3	100.9	100.1	106.2
112.9	103.1	101.8	99.4	102.5	103.5	100.2	100.0	106.4
108.7	101.5	101.7	98.6	101.9	101.9	99.0	99.9	99.9
120.0	102.0	101.7	99.2	101.2	102.0	100.0	101.2	102.7
104.6	103.3	102.6	101.1	102.4	104.3	100.5	101.1	105.4
117.6	105.6	104.4	101.9	101.9	102.9	99.5	100.1	102.8
105.8	101.7	103.9	99.8	101.3	101.4	100.1	101.1	103.4
101.6	100.6	102.3	101.9	101.1	101.3	100.4	100.4	101.9

③2001年(包括2001年)以后烟草类改为烟酒及用品,酒和饮料改为茶及饮料。④2001年(包括2001年)以后医疗保健用品类包括医疗保健和个人用品。⑤1989年至1993年油脂类使用食用植物油价格指数。

2-5 居民消费价格分类指数（1952年价格=100）

年 份	居民消费价格总指数	食品类	粮 食	油脂类	肉禽及其制品类	水产品	菜 类
1978	94.4	97.0	94.3	110.6	94.3	38.5	90.3
1980	99.2	106.4	94.2	109.3	138.1	52.1	100.6
1981	100.8	108.9	94.3	110.6	141.3	56.2	100.7
1982	101.4	111.0	94.4	110.2	141.4	58.1	105.2
1983	103.4	112.5	94.5	110.2	142.9	62.7	110.2
1984	105.9	114.5	92.1	107.6	148.7	65.1	119.4
1985	114.1	129.4	101.5	115.8	186.0	85.5	188.0
1986	122.5	142.3	105.7	122.9	225.7	99.6	199.1
1987	131.3	156.0	107.9	131.4	264.9	110.8	235.3
1988	150.6	187.6	115.1	143.2	355.0	136.3	339.1
1989	174.7	212.2	126.0	183.0	417.1	156.5	315.7
1990	183.4	215.4	126.5	183.9	397.1	164.8	340.9
1991	199.2	240.2	146.5	183.4	426.5	173.8	423.4
1992	216.3	268.3	187.5	165.0	455.1	176.8	459.0
1993	244.4	313.6	240.4	180.7	555.7	189.5	501.7
1994	309.7	426.2	341.6	340.6	774.0	233.3	698.4
1995	370.7	532.4	458.7	381.8	992.3	267.3	875.7
1996	409.6	587.2	533.9	339.8	996.3	272.7	1121.0
1997	424.8	581.9	562.8	351.4	968.4	284.1	1034.6
1998	425.6	578.4	545.3	356.3	904.5	283.0	1132.9
1999	414.6	539.1	515.3	343.5	812.2	245.1	1024.2
2000	412.1	517.0	456.1	289.9	780.5	228.9	1096.9
2001	428.6	539.2	452.0	272.2	886.7	229.1	1173.7
2002	426.0	524.6	442.0	264.0	881.4	212.6	977.7
2003	427.7	537.8	427.4	303.1	864.6	197.8	1262.2
2004	439.2	569.0	497.1	321.6	940.7	228.4	1266.0
2005	442.3	560.5	506.5	295.2	905.0	242.1	1187.5
2006	448.0	573.9	516.7	289.0	886.9	238.7	1338.3
2007	472.7	646.2	560.6	389.9	1114.8	260.2	1357.1
2008	510.7	769.9	627.4	513.3	1487.9	302.1	1531.5
2009	514.3	786.1	645.6	395.2	1499.8	302.7	1664.7
2010	536.4	869.9	702.8	425.4	1694.5	363.1	1788.4
2011	568.0	979.5	763.9	479.0	2035.1	402.0	1870.7
2012	589.7	1054.0	819.4	504.4	2154.2	422.8	2200.1
2013	613.0	1143.1	871.0	521.7	2474.7	452.4	2328.3
2014	625.9	1184.0	900.1	507.5	2452.9	467.2	2366.6

注：油脂类以1960年数据为100，交通和通讯工具、居住类以1993年数据为100。

烟草类	酒和饮料	衣着类	家庭设备用品及维修服务	医疗保健和个人用品	交通和通信	娱乐教育文化用品及服务	居 住
85.3	99.6	79.5	58.2	23.8		59.2	
85.7	106.0	80.2	58.7	24.7		59.9	
88.0	108.6	80.1	59.0	24.8		60.1	
96.9	109.7	79.6	58.1	24.8		60.1	
95.9	113.0	81.8	58.0	25.7		59.9	
96.0	116.9	83.5	58.1	26.8		59.0	
97.6	124.2	84.5	60.7	27.6		59.7	
98.7	130.4	86.7	62.6	28.0		60.2	
100.2	145.4	90.7	66.7	29.5		61.2	
109.9	172.4	101.2	74.5	33.4		66.0	
123.5	206.0	120.3	87.3	40.8		80.0	
130.8	212.4	131.5	91.5	42.8		79.8	
136.8	232.2	138.0	95.2	44.4		79.3	
153.7	252.1	143.0	99.2	47.2		78.3	
164.1	286.4	148.4	108.2	54.6		80.0	
178.6	350.6	175.0	125.3	67.4	109.3	91.9	122.1
185.2	383.5	205.1	137.4	77.1	110.5	98.3	148.0
190.6	402.3	224.6	147.5	86.0	110.4	107.9	169.6
193.6	432.5	232.9	149.2	87.4	111.3	114.7	189.3
191.5	435.5	233.6	146.4	90.9	107.3	112.3	196.1
190.1	427.7	230.6	144.9	91.5	102.7	111.7	199.4
183.1	418.3	229.9	143.3	92.5	96.7	108.5	207.2
180.9	421.6	226.9	141.9	107.4	101.7	110.2	212.6
179.5	417.4	225.8	139.6	108.9	103.5	109.4	218.7
179.1	414.9	223.9	138.1	103.3	102.5	108.4	227.9
179.6	412.0	222.6	135.9	105.1	101.9	106.9	246.8
178.3	407.5	219.0	134.7	114.9	101.4	105.4	264.8
179.2	420.1	214.8	133.7	114.9	101.9	105.2	280.0
183.5	429.8	216.5	134.8	116.3	102.8	105.3	297.3
189.2	437.5	215.2	138.1	120.5	103.0	105.3	316.5
192.0	444.9	212.2	140.7	122.8	102.0	105.2	316.2
195.8	452.6	210.5	142.4	125.2	102.0	106.5	324.7
202.3	464.4	212.8	145.8	130.6	102.5	107.7	342.2
213.6	484.8	216.8	148.6	134.4	101.9	107.8	351.6
217.1	503.5	216.4	150.5	136.3	102.0	109.0	363.6
218.4	515.1	220.5	152.2	138.1	102.4	109.4	370.5

2-6 农业生产资料价格分类指数（上年价格=100）

年 份	农业生产资料价格指数	农用手工工具	饲料类	产品畜（幼禽家畜）	役畜（大牲畜）	半机械化农具
1992	108.0	108.5				104.8
1993	110.1	129.7				117.7
1994	126.8	131.5	131.0	129.0	138.7	126.8
1995	126.6	124.0	161.3	137.1	148.2	109.4
1996	115.5	113.6	125.7	108.9	104.6	118.4
1997	106.5	103.0	100.3	116.2	96.2	102.9
1998	100.8	109.0	104.9	94.0	90.6	101.6
1999	97.1	96.1	99.8	90.8	96.3	98.1
2000	97.9	99.1	93.5	94.4	99.7	97.8
2001	103.0	101.1	106.4	139.5	112.7	100.0
2002	99.6	100.8	104.2	108.4	116.4	98.7
2003	101.1	105.4	100.6	105.9	104.2	98.8
2004	107.3	108.3	116.4	111.1	103.9	102.0
2005	105.3	104.9	101.3	89.4	97.3	100.9
2006	102.5	109.3	96.6	100.1		102.9
2007	106.2	106.9	114.7	163.3		100.8
2008	112.3	102.9	116.7	150.9		100.7
2009	99.5	100.5	110.4	108.4		100.7
2010	103.1	101.0	114.0	127.1		101.7
2011	106.6	100.8	106.7	120.7		102.5
2012	106.2	101.5	107.7	109.6		101.2
2013	102.6	102.4	106.6	112.3		101.0
2014	97.7	102.5	101.6	96.9		100.3

机械化农具	化学肥料	农药及农药械	农机用油	其他农业生产资料	农业生产服务
107.2	110.7	102.8	109.4	106.6	
112.6	105.0	99.7	125.6	107.4	
118.2	113.9	100.4	164.1	107.2	
122.3	130.4	103.9	126.9	116.3	
113.3	119.9	112.6	106.0	127.9	
103.8	109.7	114.6	109.8	106.6	
97.9	100.4	110.0	104.7	104.6	
95.1	97.6	103.9	98.9	95.4	
97.7	92.8	98.5	110.3	98.4	
98.1	98.0	99.3	114.3	100.4	
95.2	100.9	97.4	94.7	98.5	
97.6	102.9	97.6	101.4	98.8	
99.9	109.7	100.7	112.8	102.8	
102.5	110.2	102.8	111.0	105.5	
100.2	104.7	101.3	114.9	100.3	100.6
100.6	99.0	100.6	105.9	102.5	109.1
101.6	111.5	103.9	112.9	108.0	107.0
102.3	93.2	105.4	101.1	96.1	102.0
100.1	95.3	101.7	110.1	100.7	102.0
104.2	102.1	100.1	111.7	118.3	105.8
101.6	107.6	100.7	103.2	108.0	105.4
100.5	98.3	101.0	101.9	103.5	106.8
100.2	88.4	100.4	99.2	104.1	106.2

2-7　城市居民消费价格分类指数（上年价格=100）

年　份	总指数	食品类	烟酒及用　品	衣着类	家庭设备用品及维修服务	医疗保健和个人用品	交通和通　信	娱乐教育文化用品及服务	居　住
1980	104.1	106.5	100.0	100.0	100.4	102.7		101.1	
1981	101.2	101.8	102.0	99.9	100.5	100.1		100.0	
1982	101.0	102.0	111.1	99.2	98.8	100.6		100.1	
1983	100.7	100.9	98.7	101.8	99.1	102.7		98.2	
1984	102.4	102.2	100.0	101.8	100.0	107.7		99.4	
1985	109.5	115.1	101.9	101.3	104.7	103.3		100.7	
1986	106.8	109.0	101.0	103.3	103.0	101.6		100.8	
1987	108.5	111.7	102.1	105.8	105.6	104.6		102.0	
1988	117.0	122.8	111.2	113.9	113.0	114.2		108.9	
1989	114.5	110.8	111.4	119.3	116.1	119.8		123.2	
1990	104.5	101.2	104.4	109.4	103.8	105.3		98.3	
1991	109.3	113.0	102.8	104.5	103.0	103.7		98.4	
1992	109.3	112.5	115.2	103.9	104.3	106.6		99.3	
1993	113.6	118.0	108.9	104.1	109.2	116.0		102.4	
1994	127.7	136.5	119.4	118.6	116.3	126.5	106.2	115.5	122.0
1995	118.4	122.9	104.8	116.9	109.2	113.9	99.6	106.6	114.8
1996	110.4	110.4	104.4	109.3	106.7	109.8	98.6	110.7	118.0
1997	103.5	98.4	103.3	103.4	100.7	99.6	101.3	104.8	117.9
1998	99.9	99.7	100.0	100.0	97.5	101.3	97.2	96.6	103.5
1999	97.7	93.4	98.7	98.9	100.3	101.5	97.1	99.7	104.5
2000	100.1	96.4	96.8	100.1	99.4	100.7	94.1	98.2	104.0
2001	104.0	103.0	99.1	98.3	100.2	120.2	106.3	101.7	102.5
2002	98.9	96.6	99.0	99.5	98.4	100.1	102.7	98.9	101.3
2003	100.5	103.4	99.7	99.1	98.9	93.1	99.1	98.5	104.8
2004	102.1	104.7	100.1	99.1	98.2	101.4	99.2	98.2	108.3
2005	100.6	98.8	99.3	97.6	98.9	108.7	99.0	98.1	108.1
2006	101.0	102.6	100.7	97.5	98.8	99.2	99.5	99.5	105.6
2007	104.6	111.6	103.4	100.2	100.4	100.6	100.2	99.7	105.3
2008	107.3	118.9	104.2	98.7	102.5	103.2	98.8	99.9	104.8
2009	100.2	101.6	102.2	97.5	101.7	101.9	98.6	99.5	98.3
2010	103.6	109.5	102.6	98.2	100.9	102.0	99.7	101.4	101.7
2011	105.5	112.4	103.6	100.8	102.1	103.6	99.9	100.1	104.9
2012	103.4	107.3	104.3	101.8	100.9	102.5	99.0	99.5	102.3
2013	103.8	108.5	101.1	99.5	100.9	101.2	100.0	100.7	103.9
2014	102.3	104.1	101.0	101.7	101.0	101.2	100.6	100.2	101.9

2-8　农村居民消费价格分类指数（上年价格=100）

年　份	总指数	食品类	烟酒及用品	衣着类	家庭设备用品及维修服务	医疗保健和个人用品	交通和通信	娱乐教育文化用品及服务	居住
1980		105.8	100.3	100.1	100.7	102.5		101.2	
1981		102.6	103.0	99.9	100.6	100.1		100.3	
1982		102.0	109.6	99.3	98.4	100.0		100.0	
1983		101.5	99.1	103.3	100.2	104.0		100.0	
1984	102.8	101.5	100.2	102.3	100.2	103.1		97.9	
1985	106.4	111.6	101.5	101.1	104.4	102.9		101.3	
1986	107.6	111.6	101.1	101.8	103.6	101.6		100.8	
1987	105.1	105.3	101.0	103.3	107.6	105.4		101.2	
1988	111.7	115.5	109.7	109.0	110.4	113.0		106.7	
1989	118.3	117.9	113.6	118.4	118.4	122.9		118.3	
1990	105.9	102.0	107.6	109.2	106.1	104.6		102.5	
1991	107.9	109.6	105.5	105.4	104.8	103.7		100.5	
1992	107.6	110.7	109.1	103.1	104.0	106.2		97.5	
1993	110.8	113.0	103.2	102.7	108.5	115.0		101.2	
1994	125.6	135.8	111.5	115.1	114.5	117.0	111.5	113.6	122.2
1995	122.5	129.2	110.5	118.3	110.7	114.8	103.5	107.7	127.3
1996	110.6	110.2	104.6	110.1	108.9	114.3	99.3	106.3	108.8
1997	103.9	100.3	101.2	104.3	101.9	103.3	100.2	109.5	106.8
1998	100.8	99.1	99.4	100.9	98.8	106.7	95.4	100.2	103.2
1999	96.8	92.7	98.8	98.3	96.2	98.8	93.2	99.2	99.1
2000	97.6	94.5	98.2	98.5	97.3	102.1	94.4	94.0	103.5
2001	103.8	107.3	98.4	100.0	99.6	105.1	100.0	101.4	102.6
2002	100.9	99.0	99.7	99.8	98.0	105.4	97.1	100.0	105.5
2003	100.2	99.5	99.9	99.7	98.7	100.5	99.3	101.0	102.7
2004	104.5	109.3	100.9	100.6	98.8	102.8	99.8	99.9	108.1
2005	101.2	97.9	99.5	100.4	99.4	111.1	101.1	100.0	105.6
2006	102.0	102.1	100.2	99.6	100.3	101.3	102.5	100.7	106.0
2007	107.2	114.7	100.7	102.2	101.7	102.4	102.3	101.1	107.9
2008	109.5	119.6	100.9	101.1	102.4	104.1	102.9	100.4	109.7
2009	102.0	103.1	100.1	101.5	102.2	102.0	99.8	101.0	103.1
2010	105.8	113.1	100.8	101.8	101.9	101.9	100.5	100.7	104.7
2011	106.8	112.7	102.9	101.8	102.9	105.7	101.5	103.1	106.2
2012	104.7	108.1	107.8	102.1	103.9	103.8	100.4	101.2	103.7
2013	104.1	108.4	102.6	100.6	102.1	101.7	100.3	101.9	102.5
2014	101.7	102.5	99.9	102.4	101.3	101.4	99.9	100.8	101.8

2-9 分城乡居民消费价格指数（上年价格=100）

指　标	2010			2011		
	全区	城市	农村	全区	城市	农村
居民消费价格总指数	**104.3**	**103.6**	**105.8**	**105.9**	**105.5**	**106.8**
服务项目价格指数	**101.5**	**101.6**	**101.3**	**104.0**	**103.1**	**105.8**
消费品价格指数	**105.1**	**104.2**	**106.9**	**106.7**	**106.5**	**107.2**
食品	**110.7**	**109.5**	**113.1**	**112.6**	**112.4**	**112.7**
粮食	108.9	108.5	109.4	108.7	108.6	108.8
大米	129.6	129.6	129.6	110.7	110.8	110.6
面粉	95.7	96.4	94.9	107.8	106.8	108.7
粮食制品	100.9	100.8	101.7	107.8	108.8	102.7
其它	116.6	116.8	116.6	107.9	103.0	111.8
淀粉及制品	105.7	104.5	107.6	107.7	109.3	105.7
淀粉及制品	105.7	104.5	107.6	107.7	109.3	105.7
干豆类及豆制品	109.6	109.7	109.4	107.4	108.0	106.4
干豆	144.6	146.9	137.5	107.0	105.7	109.5
豆制品	100.0	99.2	102.1	107.5	108.7	105.6
油脂	107.6	104.3	112.9	112.6	110.4	115.5
食用植物油	109.8	106.5	115.5	114.4	109.9	120.6
植物油制品	103.6	100.2	108.7	110.3	111.2	109.1
其它	117.3	120.2	115.6	106.3	110.9	104.8
肉禽及其制品	113.0	111.9	115.0	120.1	121.4	117.9
食用畜肉及副产品	113.8	112.7	115.9	121.7	123.3	118.7
猪肉	105.2	105.0	105.6	148.5	149.0	147.3
牛肉	112.6	111.1	115.0	110.4	112.1	108.2
羊肉	119.4	118.2	122.2	113.2	114.6	110.6
畜肉副产品	110.7	107.4	117.1	122.3	120.3	125.6
其它	110.2	113.0	105.7	116.5	119.6	112.4
禽	113.3	111.5	116.2	117.4	117.1	117.9
鸡	113.2	111.8	115.6	116.7	116.5	116.9
鸭	114.6	108.6	122.0	114.9	115.8	113.7
其它	113.9	109.3	116.9	124.8	124.4	125.1
肉禽加工制品	105.8	106.1	105.4	112.6	113.2	111.4
畜肉制品	105.2	106.8	101.6	112.9	114.2	110.0
禽制品	106.8	104.3	109.7	112.0	111.2	113.1
蛋	112.3	110.7	115.1	112.2	113.8	110.0
鲜蛋	113.0	111.3	115.9	112.3	113.8	110.1
蛋制品	104.2	102.6	106.6	111.2	113.1	109.0
水产品	107.4	108.0	106.4	110.7	110.2	111.3
鱼	107.4	109.0	104.9	110.1	110.2	110.0
淡水鱼	106.9	109.0	104.0	109.3	108.7	110.0
海水鱼	108.8	108.5	109.4	113.5	115.1	110.0
其它水产品	107.3	105.8	110.3	111.9	110.1	114.8
虾蟹类	105.1	105.1	105.2	105.0	106.2	102.3
其它	109.5	106.8	113.8	118.9	115.1	123.5

2012			2013			2014		
全区	城市	农村	全区	城市	农村	全区	城市	农村
103.8	**103.4**	**104.7**	**103.9**	**103.8**	**104.1**	**102.1**	**102.3**	**101.7**
102.9	**102.2**	**104.5**	**102.9**	**102.7**	**103.4**	**102.0**	**101.8**	**102.2**
104.2	**103.9**	**104.8**	**104.3**	**104.3**	**104.4**	**102.2**	**102.5**	**101.6**
107.6	**107.3**	**108.1**	**108.5**	**108.5**	**108.4**	**103.6**	**104.1**	**102.5**
107.3	107.3	107.2	106.3	106.1	106.5	103.3	103.2	103.6
103.5	102.5	104.7	104.4	103.5	105.5	100.5	100.7	100.2
109.2	107.8	110.4	107.2	107.0	107.4	103.3	101.8	104.7
109.9	110.9	104.8	106.8	107.0	105.8	103.8	104.4	100.8
100.6	101.0	100.3	109.9	113.9	107.0	126.1	127.4	125.1
108.0	108.3	107.7	103.8	101.6	106.7	102.0	103.4	100.2
108.0	108.3	107.7	103.8	101.6	106.7	102.0	103.4	100.2
104.5	102.3	108.2	108.9	108.4	109.6	104.3	105.0	103.1
89.7	88.8	91.3	101.3	102.1	100.0	105.1	103.6	107.6
108.5	106.1	112.6	110.6	109.9	111.7	104.1	105.3	102.2
105.3	105.7	104.8	103.4	103.6	103.3	97.3	97.8	96.6
103.9	103.6	104.3	105.1	104.5	105.8	97.8	99.2	96.0
107.6	108.9	105.8	101.0	102.1	99.3	96.5	95.4	98.1
106.1	108.5	105.2	101.8	106.5	100.1	97.1	102.6	95.0
105.9	105.8	106.0	114.9	115.0	114.7	99.1	98.9	99.5
105.8	105.9	105.4	117.4	117.3	117.5	97.5	97.3	97.8
99.3	98.5	101.1	103.4	103.2	104.0	87.9	89.1	85.6
106.5	106.0	107.2	139.2	139.1	139.3	105.4	104.2	107.0
109.4	111.0	106.3	119.8	121.1	117.1	98.7	98.4	99.3
105.7	103.8	108.8	108.1	108.9	106.8	99.7	102.1	95.8
107.7	107.8	107.6	107.8	103.3	114.0	96.5	96.7	96.3
104.4	103.9	105.3	105.1	104.3	106.5	104.6	103.5	106.2
103.3	102.6	104.5	105.3	103.8	107.8	104.5	103.7	105.8
106.4	109.6	102.5	104.4	108.1	99.5	105.6	102.7	109.9
112.9	115.3	110.8	104.3	106.8	102.0	104.7	102.0	107.3
109.3	107.9	111.7	111.0	112.8	108.1	104.9	106.9	101.4
109.9	108.4	113.1	114.3	115.7	111.4	107.2	109.4	102.1
108.4	106.8	110.2	105.4	106.3	104.4	100.7	101.0	100.4
102.1	101.2	103.4	111.0	109.6	113.0	103.5	104.1	102.7
101.6	100.9	102.8	111.8	110.1	114.1	103.5	104.2	102.7
107.8	105.7	110.4	102.9	104.1	101.5	103.3	103.6	102.9
105.2	104.4	106.3	107.0	108.4	105.1	103.3	104.4	101.6
103.9	102.7	105.5	108.1	108.9	107.1	103.3	104.7	101.4
103.0	100.9	105.5	109.7	110.6	108.6	103.6	105.5	101.4
107.3	108.1	105.6	102.3	104.0	98.4	102.1	102.4	101.3
108.2	108.2	108.3	104.5	107.2	100.2	103.2	103.8	102.1
108.6	110.8	103.3	107.6	109.3	103.3	106.1	106.1	105.9
107.9	105.1	111.2	101.7	104.6	98.5	100.5	100.9	100.0

2-9 续表1

指　　标	2010			2011		
	全区	城市	农村	全区	城市	农村
菜	120.0	117.5	124.9	104.6	101.4	110.2
鲜菜	120.0	117.3	125.6	104.4	101.1	110.1
干菜及菜制品	108.1	108.5	107.3	107.6	109.2	104.5
薯类	130.9	133.0	124.6	108.2	102.4	124.8
调味品	105.4	107.1	102.7	104.5	106.2	102.0
食用盐	102.4	101.1	103.8	100.6	103.2	97.2
酱油	104.0	105.2	103.2	103.9	105.7	101.6
食醋	103.9	106.2	100.2	105.4	107.6	102.2
味精	107.9	109.9	103.7	105.5	105.0	106.3
其它	110.4	113.3	102.5	108.5	108.6	108.1
糖	108.1	106.7	109.8	115.0	111.7	118.6
食糖	118.5	114.6	122.8	129.5	125.0	133.5
糖果	102.2	101.7	103.5	109.9	108.2	111.8
巧克力制品	105.5	108.3	101.5	103.7	99.3	108.9
糖制小食品	103.8	103.6	104.0	110.7	111.0	110.2
茶及饮料	101.7	101.4	102.2	102.6	103.9	100.8
茶叶	104.4	102.8	105.9	103.1	105.8	100.9
茶叶	104.4	102.8	105.9	103.1	105.8	100.9
饮料	100.6	101.0	99.8	102.4	103.3	100.8
固体饮料	101.1	102.9	99.7	103.6	104.2	103.2
液体饮料	100.3	100.5	99.9	101.9	103.3	99.3
冷冻饮品	100.9	101.2	99.8	102.7	103.0	101.9
干鲜瓜果	114.1	112.1	118.3	120.1	120.0	120.2
鲜瓜果	112.7	109.8	118.1	120.4	120.2	120.6
干(坚)果	117.6	117.0	119.2	119.5	119.7	119.0
糕点饼干面包	101.9	102.4	100.9	105.9	105.8	106.2
糕点	103.4	104.1	101.3	107.4	108.1	105.4
饼干	101.6	102.2	100.7	103.8	102.7	106.1
面包	99.9	99.7	100.5	106.5	106.2	107.4
液体乳及乳制品	108.7	107.7	111.4	107.0	106.7	107.6
巴氏杀菌奶或消毒奶	109.6	108.2	112.9	106.3	106.5	105.8
酸奶	108.7	110.2	102.8	113.7	111.0	122.5
奶粉	105.4	105.0	107.1	106.0	103.5	112.4
其它	101.6	101.2	104.7	105.7	105.7	105.6
在外用膳食品	105.8	105.4	107.3	110.9	111.3	109.4
主食	103.4	103.0	104.7	115.4	116.2	111.9
炒菜	105.9	105.5	107.2	106.7	107.8	103.1
地方小吃	110.6	109.9	113.0	111.8	111.2	114.4
其它食品	101.8	102.4	100.5	105.6	104.8	107.6
其它食品	101.8	102.4	100.5	105.6	104.8	107.6
烟酒	**102.0**	**102.6**	**100.8**	**103.3**	**103.6**	**102.9**
烟草	98.7	98.9	98.2	100.1	100.3	99.7

2012			2013			2014		
全区	城市	农村	全区	城市	农村	全区	城市	农村
117.6	116.2	119.9	105.8	105.2	106.8	101.6	101.6	101.8
119.1	117.6	121.4	105.6	104.9	106.7	101.6	101.6	101.7
100.1	103.4	93.1	101.5	100.2	104.4	101.7	100.9	103.5
93.7	93.4	94.2	120.7	121.7	118.5	102.0	100.5	105.5
103.6	103.9	103.2	100.8	100.8	100.8	101.9	101.6	102.4
102.0	101.1	103.2	100.6	100.2	101.2	100.1	99.9	100.4
102.6	105.2	99.1	99.6	101.2	97.4	101.6	101.3	102.1
105.1	105.4	104.6	100.9	101.7	99.6	101.6	99.6	104.7
101.3	100.3	102.8	103.0	105.3	99.1	101.0	100.8	101.3
106.0	105.6	107.1	100.9	98.5	107.4	104.8	105.2	103.8
104.3	105.7	102.8	98.7	100.1	97.2	99.3	100.2	98.3
101.2	102.6	100.0	95.8	97.6	94.2	97.7	100.3	95.4
108.7	110.0	107.2	101.2	102.4	99.8	99.7	99.3	100.1
99.0	105.7	91.9	98.8	100.0	97.3	99.6	99.5	99.8
108.0	103.6	114.4	99.7	100.2	98.9	101.2	102.4	99.7
104.4	104.4	104.4	103.9	104.0	103.7	102.3	103.5	100.6
104.5	105.0	104.2	103.9	104.2	103.6	101.6	103.5	99.9
104.5	105.0	104.2	103.9	104.2	103.6	101.6	103.5	99.9
104.3	104.2	104.7	103.8	103.9	103.8	102.6	103.5	101.1
107.2	102.1	110.8	108.6	104.1	111.6	101.0	101.1	100.9
103.2	103.3	103.2	101.0	102.2	98.6	101.0	101.5	100.0
104.9	105.9	102.2	106.3	106.2	106.6	105.8	106.7	103.2
108.1	107.9	108.5	102.9	104.2	100.5	112.0	113.3	109.5
107.8	105.9	110.9	101.9	103.5	99.5	116.2	118.4	112.7
109.0	112.2	101.5	105.2	105.7	103.9	102.2	103.4	99.2
104.4	102.8	108.4	103.8	102.7	106.2	104.5	105.7	101.8
104.2	103.0	107.9	104.4	103.5	107.2	105.5	106.6	102.4
103.6	102.0	106.7	102.3	101.9	103.1	103.4	104.6	101.2
105.9	103.3	112.2	104.8	102.6	109.9	104.3	105.3	101.9
104.8	104.5	105.6	111.1	112.6	107.6	115.7	118.2	109.4
104.1	103.9	104.6	112.4	114.3	108.4	117.8	121.6	109.4
108.8	107.9	111.1	111.7	113.8	105.9	113.7	112.4	117.7
109.5	109.2	110.2	101.0	99.6	104.2	103.2	103.3	102.8
101.2	100.8	103.5	105.7	106.9	99.6	105.3	106.2	100.7
109.0	109.1	108.9	108.8	107.8	112.1	106.1	106.2	106.1
109.8	110.2	107.8	107.2	107.3	106.6	106.1	105.9	107.1
102.6	102.5	103.0	103.7	101.4	111.9	102.3	102.2	102.9
121.8	122.1	120.8	120.8	121.8	116.7	111.8	113.6	103.8
105.8	103.2	111.7	104.2	102.4	108.1	102.0	102.7	100.5
105.8	103.2	111.7	104.2	102.4	108.1	102.0	102.7	100.5
105.6	**104.3**	**107.8**	**101.7**	**101.1**	**102.6**	**100.6**	**101.0**	**99.9**
101.1	100.7	101.9	101.3	101.1	101.7	100.0	100.0	100.0

2-9 续表 2

指 标	2010			2011		
	全区	城市	农村	全区	城市	农村
高档卷烟	98.3	98.6	97.8	100.7	100.4	106.4
中档卷烟	99.9	100.1	99.5	99.9	100.0	99.8
其它	100.3	100.1	100.5	99.0	99.9	98.8
酒	105.3	106.4	103.3	106.9	107.5	106.0
白酒	108.8	110.1	105.2	110.8	111.4	109.4
葡萄酒	101.3	100.4	102.7	101.2	101.1	101.5
啤酒	100.5	99.6	101.4	103.6	101.3	105.5
其它	100.9	99.9	101.5	100.8	101.1	100.6
吸烟饮酒用品	103.8	104.5	101.5			
吸烟用品	103.1	103.2	102.8			
饮酒用品	104.2	105.3	100.2			
衣着	**99.2**	**98.2**	**101.8**	**101.1**	**100.8**	**101.8**
服装	99.3	98.2	102.0	101.1	101.2	100.7
男式服装	97.7	96.4	101.6	101.1	101.4	100.4
大衣	93.2	89.8	101.8	97.4	98.6	94.6
毛线衣	98.7	96.7	103.9	96.5	95.9	97.9
夹克衫	94.6	91.3	100.5	97.3	94.5	101.8
衬衫	98.8	98.7	99.0	100.8	101.6	98.2
T 恤衫	97.6	96.5	100.8	96.5	94.5	101.8
裤子	97.1	95.9	100.9	101.3	101.5	100.9
西服	96.1	95.0	100.0	97.5	97.7	97.0
运动衫裤	102.3	99.1	110.2	102.5	100.7	106.8
内衣	102.8	103.7	98.3	113.8	116.3	102.0
羽绒衣	99.5	97.7	104.1	108.7	108.5	109.4
其它	99.4	97.6	102.8	102.6	104.2	99.6
女式服装	100.5	100.0	101.9	101.7	102.0	100.9
大衣	102.3	101.5	104.5	99.7	99.8	99.2
毛线衣	96.3	95.5	99.3	96.8	96.4	98.2
羽绒衣	99.5	98.4	103.7	105.8	107.9	97.6
套装	100.9	101.3	100.0	100.0	100.4	98.9
衬衫	102.9	102.1	105.1	103.9	103.3	105.6
T 恤衫	99.9	99.6	100.6	102.2	101.8	102.8
裙子	100.6	100.9	99.7	103.7	104.0	102.8
裤子	99.4	99.1	100.4	97.1	95.7	101.7
运动衫裤	99.5	97.6	103.5	101.1	100.1	103.2
内衣	103.7	103.6	104.2	108.6	110.6	99.9
其它	99.0	97.8	102.0	99.5	99.5	99.8
儿童服装	98.9	96.4	102.8	98.8	97.6	100.7
上衣	97.4	95.7	99.9	97.8	96.9	99.1
裤子	101.8	97.0	109.0	99.9	98.7	101.7
裙子	97.4	95.9	99.9	97.9	95.4	102.0
其它	100.4	100.3	100.5	105.4	106.1	104.1

2012			2013			2014		
全区	城市	农村	全区	城市	农村	全区	城市	农村
100.6	100.5	102.6	101.1	101.2	100.0	100.0	100.0	100.0
99.8	100.0	99.7	100.0	99.9	100.0	100.1	100.0	100.1
103.3	105.6	102.8	102.7	102.0	102.8	100.0	100.0	100.0
110.2	108.3	113.3	102.0	101.1	103.4	101.1	101.9	99.9
114.2	111.4	121.1	101.3	100.8	102.4	100.3	101.4	97.7
100.9	99.6	102.9	103.0	102.4	103.9	101.5	102.5	100.1
108.5	106.5	110.1	103.7	101.3	105.5	103.2	103.8	102.8
105.2	100.1	108.0	98.5	99.9	97.8	100.6	99.8	101.0
101.9	**101.8**	**102.1**	**99.8**	**99.5**	**100.6**	**101.9**	**101.7**	**102.4**
101.8	101.8	101.8	99.4	99.1	100.2	102.3	102.0	103.0
102.6	102.9	101.5	98.7	98.5	99.2	102.5	102.3	103.2
103.4	106.3	96.3	96.8	96.7	96.8	106.7	108.6	101.7
100.4	101.5	97.8	97.6	96.9	99.4	101.9	101.8	102.2
101.5	102.0	100.8	100.2	99.3	101.5	104.1	104.2	103.9
102.1	101.6	103.5	98.1	97.9	99.1	102.1	100.9	105.9
102.4	102.1	103.3	100.9	100.8	101.3	104.7	102.7	109.8
102.6	102.9	101.5	100.7	100.7	100.7	101.9	101.1	104.1
102.3	102.8	100.5	96.9	96.8	97.3	101.1	101.1	101.0
99.7	99.2	100.9	96.5	96.0	97.6	101.1	101.6	99.9
108.7	109.0	107.0	101.0	100.9	101.8	102.2	102.0	103.3
100.2	97.0	108.2	96.2	97.1	94.1	100.6	100.6	100.5
101.2	101.3	101.2	98.5	97.1	101.2	100.3	100.1	100.7
101.3	101.2	101.6	99.3	99.2	99.7	102.0	101.8	102.8
100.9	100.3	102.7	100.4	101.0	98.5	102.2	102.9	100.1
103.1	102.6	105.0	100.8	101.2	99.2	99.9	99.4	101.7
101.5	100.1	107.5	96.0	95.6	97.9	100.1	98.9	104.8
100.5	101.0	99.3	100.2	100.1	100.6	104.2	103.8	105.0
100.6	101.8	97.4	100.0	99.0	102.8	103.5	102.0	107.5
99.2	99.6	98.5	96.8	96.5	97.6	101.7	100.8	103.7
101.6	102.7	98.4	98.0	98.1	97.8	102.9	102.7	103.4
98.9	97.1	104.2	100.6	100.1	102.0	103.7	104.1	102.7
100.0	98.9	102.5	98.2	97.4	99.9	100.1	100.5	99.2
104.3	105.0	101.1	99.7	99.8	99.5	101.9	102.0	101.5
100.2	99.8	101.2	100.7	100.3	101.9	100.7	100.2	101.8
101.5	100.7	102.7	101.3	100.1	102.9	102.4	101.9	103.2
100.8	101.6	99.7	101.1	100.9	101.2	101.7	101.2	102.5
102.7	100.1	106.3	102.2	99.5	105.8	103.5	102.9	104.2
100.1	98.5	102.6	99.8	98.8	101.3	102.1	101.7	102.5
106.0	106.1	105.9	103.7	102.8	105.5	102.9	101.8	105.1

2-9 续表 3

指 标	2010			2011		
	全区	城市	农村	全区	城市	农村
衣着材料	102.7	103.2	102.2	106.7	108.1	105.4
棉布	103.8	104.8	102.8	116.5	119.8	113.8
棉花化纤混纺布	102.3	103.2	101.6			
化纤布	101.1	101.2	101.0	103.8	104.8	102.9
毛线	103.7	103.9	103.6	102.7	103.2	102.1
鞋袜帽	98.4	97.2	101.4	100.0	98.8	102.9
鞋	98.0	96.5	101.9	99.6	98.1	103.4
男鞋	99.7	99.3	100.7	99.6	98.4	102.7
女鞋	95.8	94.0	101.4	97.6	96.1	102.1
童鞋	100.1	98.0	103.9	103.7	102.4	106.0
袜子	100.3	100.5	99.9	101.9	102.0	101.7
男袜	100.2	100.3	100.0	101.7	102.3	100.6
女袜	100.4	100.6	99.8	102.0	101.8	102.4
帽子	99.9	100.0	99.8	101.9	102.9	99.3
男帽	99.8	99.9	99.8	102.0	102.8	100.0
女帽	100.0	100.1	99.8	101.8	103.0	98.6
衣着加工服务	102.4	105.1	99.4	107.8	107.9	107.8
缝纫	103.5	105.5	101.6	107.6	107.7	107.6
清洗	101.3	104.7	96.9	113.4	113.8	113.0
家庭设备用品及维修服务	**101.2**	**100.9**	**101.9**	**102.4**	**102.1**	**102.9**
耐用消费品	100.0	99.6	100.6	99.8	98.9	101.4
家具	101.3	101.0	101.9	100.3	99.6	101.3
柜	101.9	101.3	102.5	100.9	100.3	101.4
床	100.1	99.3	101.5	100.9	100.3	101.8
桌	99.5	99.2	100.6	101.2	101.7	100.0
椅	104.7	105.2	103.1	102.0	102.1	101.6
沙发	100.6	100.7	100.6	98.0	96.3	101.6
其它	102.5	100.1	103.4	101.2	102.5	100.7
家庭设备	99.1	98.7	99.8	99.6	98.5	101.4
洗衣机	99.5	98.8	100.6	98.4	96.9	100.3
电风扇	100.2	97.4	100.8	100.1	98.7	100.3
电冰箱(柜)	99.0	99.3	98.4	100.4	99.8	101.8
抽排油烟机	98.5	98.0	99.4	100.5	98.2	104.1
空调器	97.9	97.6	99.3	100.9	100.0	104.6
热水器	99.5	98.9	101.1	98.0	97.1	100.2
微波炉	98.9	98.9	99.0	99.9	98.3	101.9
其他	100.1	100.2	100.0	99.4	99.0	99.9
室内装饰品	100.3	100.5	99.8	102.2	102.3	101.9
纺织装饰品	100.1	100.4	99.5	102.1	102.2	101.7
装饰灯具	99.7	99.6	100.0	102.3	101.8	103.1
其它	101.1	101.6	100.0	102.2	102.9	101.1
床上用品	101.1	101.7	99.8	103.7	105.1	101.2
毛毯	100.0	97.7	101.9			

2012			2013			2014		
全区	城市	农村	全区	城市	农村	全区	城市	农村
106.5	107.2	105.8	101.6	100.9	102.3	101.3	101.3	101.3
111.2	111.0	111.4	102.2	99.9	104.2	100.8	101.0	100.6
106.2	107.1	105.4	101.7	101.2	102.1	101.2	100.9	101.4
104.8	106.7	102.5	100.4	101.8	98.8	100.2	100.7	99.6
101.2	101.2	101.2	100.2	100.1	100.5	100.8	100.7	101.1
100.9	101.3	100.2	100.2	100.1	100.6	101.1	100.8	101.7
102.4	102.3	102.8	99.9	99.6	100.7	100.3	100.0	100.9
99.6	100.8	96.3	100.3	100.6	99.8	101.2	101.3	101.1
101.6	100.7	103.1	100.4	99.7	101.5	101.9	101.1	103.1
102.7	101.2	105.5	100.3	100.2	100.3	99.4	99.4	99.3
100.8	99.8	102.6	98.8	98.9	98.4	98.9	99.5	97.7
104.0	102.1	107.2	101.2	101.1	101.4	99.7	99.4	100.1
100.2	100.1	100.2	99.6	99.3	100.4	101.9	102.8	99.7
100.2	100.1	100.5	99.2	98.7	100.4	101.8	102.7	99.8
100.1	100.2	100.0	99.9	99.7	100.4	102.0	102.8	99.7
109.4	108.1	110.7	106.2	105.3	107.2	105.6	106.8	104.5
108.2	109.7	107.2	106.1	105.6	106.5	101.6	102.7	100.9
113.1	111.5	115.2	106.5	106.5	106.6	109.2	109.8	108.4
101.9	**100.9**	**103.9**	**101.3**	**100.9**	**102.1**	**101.1**	**101.0**	**101.3**
100.4	100.1	101.1	99.6	99.2	100.4	99.5	99.3	99.8
102.0	102.2	101.6	101.5	100.9	102.5	100.4	100.3	100.5
105.2	107.1	103.3	101.9	102.4	101.3	98.3	98.2	98.4
101.7	100.9	102.7	99.8	97.1	103.4	100.5	100.2	100.8
101.6	102.3	99.6	102.3	101.6	104.0	100.7	100.5	101.4
99.9	100.7	97.7	99.5	99.0	101.1	102.0	102.7	100.0
101.6	101.8	101.3	102.4	103.4	100.5	100.2	99.9	100.8
102.0	101.9	102.0	105.2	100.6	106.8	102.5	101.7	102.8
99.5	98.8	100.7	98.5	98.1	99.0	98.9	98.7	99.3
98.9	97.8	100.3	97.7	97.2	98.2	99.1	99.6	98.5
97.0	99.8	96.4	96.7	97.4	96.6	100.8	98.6	101.2
100.1	98.8	102.9	99.2	98.1	101.5	97.4	96.3	99.7
99.7	98.5	101.5	97.3	96.4	98.5	100.1	101.0	98.9
99.3	99.1	100.4	99.2	99.6	97.6	99.1	99.2	98.6
100.0	100.0	100.2	98.4	98.8	97.7	100.2	100.6	99.2
98.4	97.1	99.8	99.0	98.6	99.6	98.2	96.2	100.4
100.2	99.7	100.8	99.5	99.3	99.8	98.7	97.7	99.9
100.4	99.6	101.9	100.2	100.6	99.6	100.8	100.5	101.3
99.5	98.6	101.6	100.0	100.0	100.1	100.3	99.9	101.3
102.4	101.2	104.3	99.5	99.2	100.0	100.5	99.5	101.9
100.2	100.4	99.8	101.4	103.1	98.3	101.9	102.6	100.6
98.7	97.1	101.7	100.8	101.2	100.1	99.9	99.8	99.9

2-9 续表4

指　　标	2010			2011		
	全区	城市	农村	全区	城市	农村
被子	103.0	104.6	99.4	101.4	101.4	101.4
床上套件	99.7	100.1	98.7	100.2	99.6	101.3
其它	101.2	101.9	100.0	110.6	118.5	100.9
家庭日用杂品	100.5	100.5	100.7	102.4	102.6	101.9
茶具	102.6	103.4	101.1	99.2	98.2	101.0
餐具	101.1	100.8	101.9	100.4	99.6	102.2
厨具	100.6	100.3	101.3	101.5	102.4	99.8
家用手工工具	100.4	101.2	100.0	100.7	103.6	99.4
洗涤用品	100.7	100.6	100.8	107.2	109.0	103.0
其它	99.5	99.7	98.6	101.3	100.8	105.3
家庭服务及加工维修服务	110.2	107.4	116.9	114.8	113.2	118.1
家庭服务	110.8	109.3	114.7	120.5	119.0	124.5
加工维修服务费	109.6	105.0	119.0	108.7	106.6	112.6
医疗保健和个人用品	**102.0**	**102.0**	**101.9**	**104.3**	**103.6**	**105.7**
医疗保健	101.7	101.8	101.3	102.7	102.5	103.4
医疗器具及用品	103.2	103.1	103.3	99.5	100.6	97.9
医疗器具及用品	103.2	103.1	103.3	99.5	100.6	97.9
中药材及中成药	107.2	107.7	106.2	111.4	110.5	113.9
中药材	114.3	114.2	114.6	119.8	118.2	125.9
中成药	99.7	99.8	99.5	102.3	101.5	104.4
西药	100.4	100.7	99.8	101.0	101.1	100.5
抗微生物药	100.4	99.2	101.7	99.6	98.0	103.0
消化系统用药	98.2	98.0	98.7	102.6	103.1	101.0
呼吸系统用药	100.5	100.3	100.6	101.3	100.6	102.8
解热镇痛类用药	102.4	104.1	94.8	103.0	103.6	98.5
抗肿瘤用药	101.8	101.4	102.9	100.5	101.1	97.7
激素类用药	102.0	103.3	100.3	99.0	99.5	97.8
循环系统用药	98.7	98.5	99.4	101.3	107.5	97.8
神经系统用药	98.5	101.1	94.6	96.7	97.0	95.9
消毒防腐及创伤外科用药	100.4	100.4	100.4	101.4	100.5	101.7
其它	99.8	98.9	103.9	98.6	98.5	99.9
保健器具及用品	100.4	100.4	100.6	100.5	100.8	99.6
保健器具	99.4	99.3	99.5	100.1	100.2	100.1
滋补保健用品	100.8	100.7	101.3	100.7	101.0	99.3
医疗保健服务	100.1	100.1	100.2	100.3	100.1	100.9
挂号费	100.3	100.0	101.0	101.1	100.0	107.3
注射费	100.4	100.0	101.0	99.3	99.3	99.3
检查费	100.4	100.0	101.6	100.9	100.7	102.2
手术费	100.3	100.4	100.0	100.0	100.0	100.0
床位费	99.6	99.8	99.0	100.0	100.2	99.0
理疗费	99.8	100.0	99.4	100.0	100.0	100.0
化验费	100.4	100.6	100.0	100.6	100.5	100.7
其它	100.2	100.0	100.5	100.1	100.0	100.3
个人用品及服务	102.5	102.3	103.0	106.3	105.6	106.9
化妆美容用品	100.1	100.0	100.2	101.0	101.4	100.7
化妆美容器具	100.7	100.9	100.4	102.5	105.3	99.4

2012			2013			2014		
全区	城市	农村	全区	城市	农村	全区	城市	农村
98.4	96.8	101.8	99.3	99.0	99.8	102.8	103.5	101.4
99.2	98.3	101.2	100.4	100.7	99.8	98.8	98.8	98.9
98.4	95.8	102.0	102.7	104.3	100.5	98.3	97.3	99.7
101.2	99.8	104.7	101.0	100.6	102.0	100.3	100.2	100.7
100.0	100.1	100.0	101.1	100.9	101.4	100.1	100.2	99.9
100.9	101.2	100.1	99.3	99.1	99.8	99.6	99.6	99.8
103.0	101.3	106.1	101.3	100.9	101.9	99.7	100.0	99.2
100.8	103.0	99.8	101.3	101.3	101.3	100.6	100.8	100.5
104.8	104.8	104.9	102.1	102.2	102.0	101.5	100.8	103.2
98.3	95.7	114.8	100.6	99.9	104.6	100.0	100.0	100.1
114.4	111.3	120.7	109.8	108.0	113.1	109.5	109.9	108.9
119.7	114.5	132.1	108.6	107.7	110.4	111.5	114.0	106.5
108.2	107.2	110.0	111.4	108.5	116.2	107.0	104.2	111.6
102.9	**102.5**	**103.8**	**101.4**	**101.2**	**101.7**	**101.3**	**101.2**	**101.4**
102.6	102.4	103.4	101.5	101.5	101.6	101.9	101.9	101.9
102.1	102.7	101.2	99.6	100.8	97.8	100.7	101.2	100.1
102.1	102.7	101.2	99.6	100.8	97.8	100.7	101.2	100.1
107.3	105.6	112.6	102.7	102.9	102.2	102.5	102.6	102.1
110.6	107.7	121.4	103.5	103.7	103.0	103.3	103.3	103.2
103.1	102.7	104.2	101.6	101.7	101.2	101.3	101.4	100.9
101.9	102.5	100.1	101.3	101.0	102.1	103.1	103.4	102.4
99.0	100.3	96.5	99.3	98.6	100.6	101.8	101.5	102.5
100.6	101.9	96.3	104.6	103.6	107.8	103.7	102.7	106.7
104.9	104.1	106.9	104.2	105.9	100.3	102.3	103.0	100.6
104.6	105.1	100.1	99.1	98.6	103.0	106.8	107.4	101.3
99.2	99.6	97.1	97.9	97.4	100.5	99.4	99.3	100.2
101.9	102.4	100.7	101.2	103.4	96.2	98.2	97.4	100.2
99.7	101.9	98.3	102.2	102.2	102.3	102.8	102.8	102.8
101.9	101.5	102.7	105.7	102.3	114.3	102.6	103.0	101.6
108.0	101.6	110.4	98.5	101.8	97.4	100.9	101.5	100.7
100.6	100.6	100.3	100.8	100.9	99.3	104.4	104.5	100.3
102.1	103.0	99.1	106.2	107.4	102.0	101.5	101.4	101.7
101.0	101.1	100.8	101.1	100.1	103.1	101.5	100.0	104.1
102.5	103.5	97.9	108.0	109.4	101.2	101.5	101.8	100.0
100.4	100.1	101.8	99.9	99.9	100.3	100.0	99.8	101.2
100.7	100.0	104.2	99.6	99.2	101.3	99.6	99.5	100.4
100.5	99.9	102.8	100.0	100.0	100.0	100.0	100.0	100.0
100.1	100.0	100.6	100.0	100.0	100.0	100.1	100.1	100.0
100.4	100.4	100.1	100.0	100.0	100.0	100.0	100.0	100.0
100.2	100.0	100.9	99.9	99.9	100.1	100.3	99.4	105.0
100.5	100.0	102.1	100.0	100.0	100.2	100.0	100.0	100.0
101.4	100.4	104.7	100.1	99.9	100.8	100.0	100.0	100.0
100.6	100.0	102.3	100.1	100.0	100.3	100.0	100.0	100.0
103.3	102.7	104.0	101.3	100.8	101.7	100.7	100.1	101.2
102.0	102.4	101.5	102.5	104.2	101.1	100.5	99.9	101.0
101.5	100.5	102.7	101.1	101.5	100.5	100.2	100.1	100.3

2-9 续表 5

指　　标	2010			2011		
	全区	城市	农村	全区	城市	农村
美容化妆品	100.0	100.1	99.9	100.1	100.5	99.6
护肤品	99.6	98.3	100.6	102.4	102.6	102.3
护发美容品	100.9	101.3	100.3	100.5	100.5	100.5
清洁化妆用品	101.2	101.3	101.1	102.4	102.2	102.7
洗发用品	101.6	101.8	101.1	101.8	101.2	102.4
洗浴用品	101.0	101.0	101.0	104.1	103.4	105.8
其它	101.0	100.9	101.2	100.9	101.6	100.0
个人饰品	105.8	104.7	108.3	110.3	110.9	109.5
首饰	114.4	113.8	116.2	120.0	119.4	120.6
皮件	96.0	93.0	102.6	102.3	103.9	100.6
手表	100.6	100.8	100.2	102.6	105.0	100.3
领带	98.9	97.8	103.5	99.4	99.0	100.3
其它	98.8	96.0	102.3	103.3	106.1	101.7
个人服务	103.3	103.5	103.0	114.0	109.2	117.9
美容	100.9	100.3	102.0	104.7	105.1	104.3
理(烫)发	105.6	107.2	104.1	125.0	115.4	129.9
洗浴	104.4	105.5	101.7	107.1	111.6	101.6
其它	100.7	100.5	100.9	104.1	100.5	108.8
交通和通信	**100.0**	**99.7**	**100.5**	**100.5**	**99.9**	**101.5**
交通	101.7	101.1	102.9	103.0	102.3	104.3
交通工具	99.4	98.8	100.1	101.0	100.0	102.0
助动自行车	101.3	98.5	102.1	100.4	100.0	101.2
轿车	98.6	98.7	98.6	98.6	98.8	98.4
自行车	98.8	98.5	98.9	101.3	100.5	102.9
其它	99.9	99.8	100.1	103.1	100.3	104.6
车用燃料及零配件	112.9	113.2	112.5	111.1	112.1	110.3
汽油	115.2	115.6	114.7	114.1	113.6	114.9
柴油	115.9	117.4	114.6	114.0	114.0	114.1
零配件	107.1	101.2	110.9	102.7	104.9	101.7
其它	100.4	101.8	100.1	103.5	102.3	103.9
车辆使用及维修	101.2	101.6	100.8	107.2	107.9	106.7
驾驶证	100.0	99.8	100.2			
保险费	99.8	100.4	99.6	102.1	99.8	102.8
停车费	102.6	100.4	108.2	105.7	106.8	103.3
车辆修理服务	101.8	102.7	100.5	104.4	108.5	100.0
其它	102.5	102.1	102.7	118.2	113.0	120.7
市区公共交通	100.4	100.4	100.7	100.3	100.0	101.2
公共汽车票	100.7	100.6	101.4	100.1	100.0	100.5
出租汽车	100.0	100.0	100.0	100.0	100.0	100.0
其它	100.0	100.0	100.0	104.2	100.0	105.2
城市间交通	100.8	100.4	102.1	103.3	103.0	104.0
飞机票	101.6	101.6	101.2	107.5	106.2	112.1
火车票	100.5	100.3	101.2	103.9	104.6	101.9
长途汽车	100.7	99.8	102.9	101.7	100.5	104.2

2012			2013			2014		
全区	城市	农村	全区	城市	农村	全区	城市	农村
101.8	103.6	99.7	103.8	106.7	100.3	100.2	99.9	100.6
102.2	100.6	103.0	100.9	100.8	101.0	100.5	100.3	100.7
102.1	102.2	102.1	102.6	101.9	103.1	101.3	99.4	102.6
104.1	102.4	106.5	102.5	101.6	103.8	101.1	101.9	100.1
106.2	103.7	108.7	103.8	102.5	105.0	101.3	102.8	99.9
102.8	101.6	105.7	101.7	101.2	103.0	101.1	101.4	100.4
101.0	101.2	100.9	100.4	100.1	100.8	100.5	100.4	100.6
101.7	102.2	101.0	95.8	95.9	95.7	95.7	95.3	96.3
103.6	104.7	102.2	92.1	92.0	92.2	91.7	91.1	92.4
98.7	98.7	98.8	99.3	99.2	99.4	99.1	99.0	99.2
100.0	100.2	99.9	99.7	99.3	100.1	100.0	99.3	100.6
99.6	99.8	99.1	102.0	102.4	100.9	101.1	100.9	101.6
102.8	101.6	103.5	97.4	102.0	94.7	98.8	100.2	97.9
106.5	104.2	108.1	105.1	103.1	106.6	106.2	105.4	106.7
104.4	104.1	104.6	103.3	101.9	104.9	104.5	102.2	107.0
108.3	102.7	110.9	107.3	105.2	108.1	108.2	111.1	107.0
104.8	107.2	101.6	101.9	101.0	103.1	103.6	102.8	104.5
106.4	105.9	107.0	104.2	104.7	103.6	103.1	101.3	105.4
99.5	**99.0**	**100.4**	**100.1**	**100.0**	**100.3**	**100.4**	**100.6**	**99.9**
102.3	101.3	104.0	101.3	100.8	102.0	101.1	101.5	100.4
100.7	98.8	102.7	99.8	100.2	99.4	99.9	100.0	99.8
98.8	98.0	100.2	100.3	99.4	101.6	100.8	100.7	100.8
97.9	97.9	97.8	98.7	98.3	98.9	98.6	98.6	98.6
99.7	99.2	100.8	101.3	101.6	100.6	101.9	100.6	104.5
105.1	99.6	107.9	99.0	99.6	98.7	98.5	99.7	97.9
102.9	103.1	102.8	99.5	99.5	99.6	99.1	100.0	98.3
102.8	102.8	102.8	99.0	98.9	99.3	99.5	99.5	99.5
103.5	103.7	103.4	98.8	98.7	98.9	96.4	96.5	96.4
102.9	103.4	102.6	101.5	103.2	100.7	101.7	107.2	98.7
100.4	100.4	100.4	100.2	100.1	100.2	101.1	102.4	100.7
106.5	105.1	107.5	106.4	101.2	110.0	104.4	105.9	103.4
99.4	100.3	99.2	100.0	100.2	100.0	100.0	100.0	100.0
106.8	107.7	104.5	103.9	100.3	112.8	115.4	122.4	100.0
102.8	104.6	100.6	100.8	99.5	102.4	103.2	101.6	105.1
118.6	107.1	123.5	119.6	107.4	124.2	105.0	106.1	104.7
100.6	100.3	101.4	103.2	104.0	100.4	102.4	102.8	100.9
100.8	100.5	102.4	100.7	100.7	100.8	100.0	100.0	100.0
100.0	100.0	100.0	108.3	110.6	100.0	106.9	108.0	102.8
101.4	100.3	101.7	100.2	101.0	100.0	100.0	100.0	100.0
103.9	102.6	107.2	99.6	97.6	104.4	100.5	100.4	100.7
102.6	102.8	101.7	84.9	80.4	100.2	96.0	95.3	97.9
102.7	103.1	101.3	99.8	99.8	99.6	100.3	100.4	99.9
105.0	101.8	111.7	102.5	100.2	106.9	101.4	101.6	101.1

2-9 续表 6

指　　标	2010			2011		
	全区	城市	农村	全区	城市	农村
其它	103.3	104.7	102.0	103.1	103.5	102.9
通信	98.4	98.5	98.0	98.1	97.8	98.5
通信工具	91.8	90.3	94.1	90.2	88.7	92.3
固定电话机	99.4	98.8	99.5	98.7	97.9	98.9
移动电话机	90.2	89.7	91.3	88.6	88.0	89.7
其它	97.2	97.8	95.6	100.6	99.6	101.9
通信服务	99.8	100.0	99.4	100.0	99.7	100.7
移动通信费	99.5	100.0	97.5	99.2	99.0	100.0
市内电话通话费	100.1	100.0	100.3	100.0	99.9	100.0
长途电话通话费	100.0	100.0	100.0	100.0	100.0	100.0
月租费	100.0	100.0	100.1	100.1	100.0	100.5
上网费	99.8	100.0	99.3	101.2	100.7	102.0
邮政邮寄	100.0	100.0	100.0	100.6	100.0	101.4
其他邮寄	99.6	100.0	99.3	103.5	100.0	105.1
其它	100.1	100.0	100.1	100.0	100.0	100.0
娱乐教育文化用品及服务	**101.2**	**101.4**	**100.7**	**101.1**	**100.1**	**103.1**
文娱用耐用消费品及服务	97.5	96.4	100.1	95.2	93.4	98.8
电视机	96.0	93.6	100.7	92.4	89.3	97.5
激光视盘机	100.4	100.2	100.6	99.6	99.8	99.3
摄像机	98.4	97.9	99.5	99.2	98.6	99.9
照相机	96.2	94.5	100.0	95.4	93.5	99.2
家用音响	99.9	99.9	99.8	101.1	102.5	100.0
便携式音响	99.4	98.7	100.0	100.2	100.5	100.0
电脑	97.2	97.0	98.3	92.6	91.2	99.2
修理服务费	100.4	100.3	100.4	105.4	107.9	100.9
其它	98.6	98.4	99.3	96.5	96.0	99.9
教育	101.9	102.3	101.0	102.8	101.9	104.5
教材及参考书	103.0	104.7	100.7	102.4	102.9	101.6
工具书	100.4	101.0	99.9	100.9	100.8	101.0
教材	104.4	107.1	101.3	103.3	104.4	102.0
参考书	102.8	104.0	100.1	102.2	102.4	102.0
教育软件	100.3	100.8	100.0	100.5	100.6	100.4
教育服务	101.7	101.9	101.0	102.9	101.8	105.2
学前教育	104.9	105.0	104.6	108.7	106.5	109.4
中等教育	100.0	100.0	100.0	100.0	100.1	99.9
高等教育	100.4	100.5	100.0	100.3	100.4	100.0
专业技能培训	100.4	100.4	100.4	101.1	101.5	100.1
其他	103.9	107.3	100.5	116.3	114.1	118.3
文化娱乐	100.9	100.8	101.0	100.6	99.7	102.8
文化娱乐用品	100.4	99.7	102.0	100.1	99.1	102.5
乐器	99.9	99.9	100.0	100.3	100.4	100.1
音响光盘和磁带	99.9	99.9	100.0	99.9	99.9	99.9
电子存储器	95.0	93.4	100.0	94.2	92.9	99.2
录像磁带和视盘	100.6	100.8	100.0			

2012			2013			2014		
全区	城市	农村	全区	城市	农村	全区	城市	农村
106.6	106.9	106.4	110.7	110.4	110.9	102.7	102.9	102.5
96.7	96.9	96.4	98.9	99.1	98.3	99.6	99.7	99.4
81.3	81.4	81.1	92.7	92.6	92.8	95.8	95.0	96.8
89.8	90.4	89.6	99.8	99.8	99.8	100.5	100.0	100.6
79.4	80.4	77.7	91.2	92.1	89.5	94.7	94.5	95.0
92.8	97.4	85.9	97.4	96.8	98.5	98.6	100.0	96.3
100.2	99.8	101.2	100.0	100.1	99.7	100.2	100.3	100.0
99.6	99.5	100.0	100.0	100.0	100.0	100.0	100.0	100.0
99.4	99.4	99.2	99.6	100.0	98.5	100.0	100.0	100.0
99.5	100.0	98.7	99.1	100.0	97.3	100.0	100.0	100.0
100.1	100.0	100.8	100.0	100.0	100.0	100.0	100.0	100.0
101.5	100.6	103.2	101.8	102.0	101.2	102.7	104.2	100.0
100.3	100.2	100.4	100.0	100.1	100.0	100.0	100.0	100.0
107.0	100.0	109.9	101.7	99.8	102.4	100.0	100.0	100.0
102.8	100.0	103.4	100.7	100.0	100.9	100.0	100.0	100.0
100.1	**99.5**	**101.2**	**101.1**	**100.7**	**101.9**	**100.4**	**100.2**	**100.8**
92.9	92.5	93.7	97.2	96.6	98.3	97.9	97.7	98.4
88.9	88.9	89.0	94.6	92.7	97.4	96.1	95.5	96.9
95.3	94.9	95.7	98.2	97.7	98.8	99.8	100.1	99.5
93.6	94.5	92.7	97.1	97.7	96.5	97.7	99.7	95.4
90.7	90.3	91.3	96.5	95.5	98.4	97.2	96.5	98.5
100.3	100.9	99.8	99.0	97.9	99.8	99.4	99.2	99.5
96.3	94.3	97.7	97.5	100.3	95.5	99.1	99.1	99.2
92.7	91.6	97.5	98.2	97.8	99.9	98.2	97.9	99.2
102.1	102.9	100.7	103.3	103.2	103.3	101.6	102.1	100.8
99.7	99.7	100.0	100.3	100.4	99.8	97.9	97.8	98.8
102.3	101.4	104.2	101.4	100.9	102.3	100.8	100.4	101.5
103.5	102.6	104.7	101.2	101.0	101.5	99.9	99.6	100.4
104.5	101.5	106.7	100.3	100.3	100.3	100.1	100.1	100.2
104.5	104.6	104.5	102.0	101.4	102.7	100.2	100.3	100.2
102.5	101.4	104.9	100.9	101.0	100.7	99.4	98.7	100.9
99.8	99.5	100.0	100.0	99.9	100.0	100.4	100.7	100.0
102.2	101.2	104.1	101.4	100.8	102.5	101.0	100.6	101.8
103.0	102.6	103.1	101.6	100.3	101.9	106.2	100.8	107.7
100.1	100.1	100.2	100.0	100.0	100.1	100.0	100.0	100.1
99.9	100.1	99.5	100.1	100.2	100.0	100.4	100.5	100.0
102.4	102.7	101.7	102.7	103.1	101.7	101.1	101.5	100.2
111.0	105.2	116.0	105.2	101.3	108.1	100.7	100.7	100.7
101.2	100.9	101.8	103.7	104.3	102.3	102.6	103.0	101.5
99.0	98.3	100.7	100.0	99.6	100.9	100.1	99.5	101.3
99.3	99.0	100.8	100.2	100.2	100.2	101.2	101.3	100.5
104.1	107.0	99.2	101.0	101.8	99.5	100.7	100.2	101.7
88.3	86.2	95.5	95.4	94.6	98.0	96.1	95.0	99.7

2-9 续表 7

指　标	2010			2011		
	全区	城市	农村	全区	城市	农村
儿童玩具	100.5	100.7	100.0	100.0	100.0	100.0
纸张本册	105.3	102.4	108.3	103.8	101.6	106.2
文具	100.8	99.8	102.9	103.9	101.3	108.9
体育用品	100.2	100.0	100.7	102.0	101.5	103.0
其它	100.4	100.7	100.0	100.3	100.5	100.0
书报杂志	101.0	101.2	100.6	102.2	101.1	104.5
书籍	100.1	100.2	99.9	99.8	101.1	96.6
报纸	101.3	101.1	101.7	106.4	100.8	117.1
杂志	102.3	103.6	100.2	101.0	101.6	99.9
文娱费	101.3	101.6	100.3	100.1	99.4	101.8
电影票	102.8	103.7	100.0	97.8	95.1	105.5
景点门票	103.7	104.0	102.0	100.7	99.5	105.9
有线电视	99.8	99.6	100.2	100.0	100.0	100.0
健身活动	100.4	100.4	100.0	100.6	100.7	99.9
其它	100.6	101.3	100.0	106.6	108.4	101.6
旅游	105.2	107.5	100.2	105.6	105.7	105.4
旅行社收费	104.0	105.2	100.6	107.9	108.6	106.2
宾馆住宿	107.7	110.2	100.9	106.0	105.5	107.2
其它住宿	100.2	101.6	98.9	102.4	102.0	102.6
居住	**102.7**	**101.7**	**104.7**	**105.4**	**104.9**	**106.2**
建房及装修材料	103.5	101.3	108.1	104.8	104.1	106.6
木材	104.4	101.8	109.3	105.6	105.4	106.3
木地板	98.9	97.0	102.1	101.3	99.7	104.4
砖	112.6	105.9	121.0	108.3	107.5	109.4
水泥	103.9	103.9	103.8	107.5	101.9	114.3
涂料	100.7	98.2	104.6	104.1	101.6	108.3
板材	102.9	102.8	103.9	101.7	101.2	104.0
玻璃	105.3	104.3	106.9	110.6	114.0	104.0
粘胶	97.9	96.0	103.6	107.7	109.4	102.3
厨卫设备	102.2	102.2	102.2	102.3	104.0	99.8
其它	98.2	98.0	99.4	101.8	102.2	99.8
住房租金	103.3	102.3	105.1	102.9	102.7	104.1
公房房租	101.1	100.0	104.5	100.1	100.0	100.8
私房房租	104.6	104.0	105.8	103.7	103.0	106.6
其它费用	103.1	101.4	104.8	105.8	107.9	101.4
自有住房	101.6	101.8	101.5	106.6	106.3	107.1
住房估算租金	100.8	100.8	100.8	107.3	107.1	108.0
物业管理费用	101.9	102.2	101.4	101.2	101.2	101.2
维护修理费用	103.0	102.9	103.3	113.9	115.3	113.8
其它	100.9	101.0	101.4	103.3	103.3	103.3
水、电、燃料	102.5	101.9	103.7	103.7	103.9	103.4
水	100.7	101.0	100.3	100.5	100.5	100.4
电	100.0	99.9	100.0	100.0	100.1	100.0
液化石油气	109.9	109.0	112.0	113.2	117.9	108.3
管道燃气	100.0	100.0	100.1	99.9	99.9	99.8
其它燃料	103.3	101.5	105.6	109.2	103.8	113.1

2012			2013			2014		
全区	城市	农村	全区	城市	农村	全区	城市	农村
100.1	100.1	100.2	100.7	100.8	100.4	99.7	99.6	100.0
101.4	100.9	102.0	102.5	101.8	103.2	103.0	101.3	104.8
103.7	103.7	103.9	101.8	101.7	102.1	101.0	100.9	101.2
100.9	100.2	102.3	99.8	98.5	102.1	100.1	99.9	100.5
100.1	99.4	101.0	98.9	98.4	99.4	100.0	99.9	100.1
100.5	99.9	101.8	104.6	106.3	101.3	100.2	100.1	100.6
99.1	99.4	98.4	100.3	100.3	100.0	100.0	99.9	100.2
102.0	100.0	105.4	111.2	117.3	101.9	100.3	100.0	100.8
100.9	100.8	101.2	102.7	102.9	102.4	100.6	100.6	100.7
103.6	103.9	103.0	106.6	107.3	104.7	106.1	107.5	102.3
110.8	111.8	108.4	102.0	100.6	105.6	109.4	113.1	100.2
105.6	105.9	104.3	114.8	116.5	107.8	107.0	107.0	107.0
99.4	98.0	101.6	108.3	110.6	105.0	106.5	108.7	103.1
101.1	101.3	99.9	101.1	101.5	98.6	102.5	103.5	96.6
115.9	120.9	101.2	102.5	103.3	99.8	100.6	100.4	101.3
101.1	101.4	100.6	102.8	101.6	105.1	99.2	98.6	100.3
99.8	100.6	98.1	107.3	109.7	101.5	97.5	95.9	101.3
99.2	100.7	96.0	99.8	97.9	104.1	99.5	99.5	99.4
107.1	105.5	108.3	104.9	100.8	108.2	100.5	100.1	100.7
102.8	**102.3**	**103.7**	**103.4**	**103.9**	**102.5**	**101.9**	**101.9**	**101.8**
97.5	96.7	99.2	99.1	99.1	99.1	100.2	100.1	100.5
99.5	99.7	98.7	97.3	95.9	101.9	101.2	100.6	103.1
99.5	99.6	99.4	99.5	98.8	100.9	99.4	98.7	100.6
96.5	93.5	100.6	97.6	100.6	93.7	99.3	98.2	100.8
89.9	85.0	95.0	96.3	96.4	96.2	97.3	97.1	97.6
98.5	96.3	102.1	99.9	100.4	99.3	99.5	99.1	100.1
99.5	99.5	99.6	101.0	100.6	102.5	100.0	100.0	100.2
91.1	85.3	103.6	104.9	106.5	102.1	106.6	109.9	100.8
102.7	104.1	98.1	94.3	92.3	101.6	95.5	93.7	101.5
101.4	103.1	98.9	101.5	102.9	99.3	103.3	104.8	100.8
96.9	96.4	99.8	101.2	100.4	105.6	100.0	100.0	99.8
102.7	102.8	102.6	103.3	103.6	102.1	103.0	103.1	102.7
100.1	100.0	100.5	100.0	100.0	100.1	100.0	100.0	100.0
103.9	103.9	103.9	105.8	106.4	103.8	105.4	105.6	104.7
103.8	104.9	101.4	101.0	101.5	100.0	100.6	100.8	100.0
104.2	103.6	105.2	104.8	105.5	103.6	102.2	102.1	102.3
104.3	104.1	104.9	105.0	105.9	102.1	103.0	102.6	104.6
103.7	108.0	101.7	102.7	102.6	102.7	100.6	100.2	100.7
111.9	109.3	112.1	108.8	108.5	108.9	101.8	100.4	102.0
100.1	99.4	100.9	102.4	104.4	100.4	100.2	100.2	100.2
102.2	103.0	101.3	101.6	102.6	100.7	100.4	100.9	100.0
102.3	100.0	103.9	100.0	100.1	99.9	101.0	100.6	101.3
100.0	100.0	100.0	100.0	100.0	100.0	100.0	100.0	100.0
107.7	111.5	103.4	105.6	109.6	100.8	102.7	104.3	100.7
99.8	100.0	99.6	100.0	100.0	100.0	100.1	100.1	100.0
102.8	105.0	101.3	103.1	102.8	103.4	97.9	98.0	97.8

2-10 分月居民消费价格指数（2013 年）

指　　标	全年平均	1 月	2 月	3 月	4 月
居民消费价格总指数	**103.9**	**104.6**	**104.5**	**104.1**	**104.3**
非食品价格指数	**101.4**	**102.3**	**101.7**	**101.7**	**101.4**
服务项目价格指数	**102.9**	**103.4**	**102.8**	**103.3**	**103.2**
扣除鲜菜鲜果总指数	**103.9**	**104.6**	**104.6**	**104.8**	**104.4**
消费品价格指数	**104.3**	**105.0**	**105.2**	**104.5**	**104.7**
食品	**108.5**	**108.4**	**109.4**	**108.4**	**109.4**
粮食	106.3	107.6	106.5	107.7	108.1
淀粉及制品	103.8	108.4	106.1	105.6	104.3
干豆类及豆制品	108.9	109.7	111.0	108.4	109.3
油脂	103.4	107.2	107.3	107.5	105.2
肉禽及其制品	114.9	112.0	117.1	119.2	118.2
食用畜肉及副产品	117.4	112.6	119.1	121.6	122.0
禽	105.1	110.9	110.8	111.1	103.0
加工肉畜	111.0	109.1	110.8	113.2	113.7
蛋	111.0	117.2	125.1	121.4	121.6
水产品	107.0	105.4	105.5	105.2	106.3
鱼	108.1	104.8	104.8	104.8	106.6
其他水产品	104.5	106.6	107.0	106.2	105.7
菜	105.8	113.6	111.1	97.3	106.2
调味品	100.8	102.0	101.6	100.7	99.6
糖	98.7	99.4	97.6	98.9	99.0
茶及饮料	103.9	106.8	106.9	106.6	105.3
茶叶	103.9	106.1	106.7	105.8	105.9
饮料	103.8	107.2	107.0	106.9	105.0
干鲜瓜果	102.9	94.2	96.1	99.0	100.4
糕点饼干面包	103.8	104.4	104.4	104.4	104.3
液体乳及乳制品	111.1	107.8	107.0	107.1	107.4
在外用膳食品	108.8	110.5	110.3	109.8	109.4
其他食品	104.2	107.3	105.8	106.0	105.7
烟酒	**101.7**	**104.9**	**103.9**	**103.5**	**102.6**
烟草	101.3	102.6	102.6	102.5	102.3
酒	102.0	107.1	105.2	104.3	102.8
衣着	**99.8**	**102.4**	**100.8**	**99.8**	**99.6**
服装	99.4	101.7	100.5	99.1	98.9
男式服装	98.7	101.3	99.8	98.6	97.8
女式服装	99.3	102.1	100.3	98.9	98.8
儿童服装	101.3	101.2	102.5	100.8	101.6
衣着材料	101.6	102.4	101.6	101.4	101.0
鞋袜帽	100.2	103.7	101.2	100.8	100.8
鞋	100.2	104.3	101.3	100.8	100.8
袜子	100.3	101.6	101.0	101.0	101.1
帽子	99.6	100.2	100.6	100.0	99.9
衣着加工服务费	106.2	110.8	108.6	107.3	106.8

（上年同月价格=100）

5　月	6　月	7　月	8　月	9　月	10　月	11　月	12　月
104.2	**104.1**	**104.1**	**103.9**	**103.6**	**103.5**	**103.4**	**102.9**
101.5	**101.5**	**101.3**	**101.2**	**100.9**	**101.0**	**100.9**	**101.0**
103.5	**103.4**	**102.9**	**102.6**	**102.4**	**102.7**	**102.6**	**102.5**
104.5	**104.1**	**103.8**	**103.6**	**103.4**	**103.3**	**103.2**	**103.0**
104.5	**104.4**	**104.6**	**104.4**	**104.1**	**103.8**	**103.8**	**103.1**
109.1	**108.9**	**109.1**	**108.7**	**108.4**	**107.9**	**107.7**	**106.2**
108.3	108.1	107.1	106.5	105.3	103.7	103.6	103.7
105.0	103.8	103.8	102.8	101.9	101.8	101.7	101.4
110.6	109.7	109.0	108.9	109.5	108.4	106.9	105.5
104.7	103.7	102.9	101.4	101.1	101.2	100.2	99.5
116.9	115.7	114.6	114.0	113.9	113.8	113.3	110.8
120.8	118.7	117.1	116.3	116.1	116.0	115.7	113.3
100.4	102.4	103.5	103.8	105.5	106.2	104.4	100.6
113.8	113.0	112.6	111.4	110.3	108.5	108.4	107.9
122.9	107.0	108.1	105.5	104.6	105.7	102.9	99.1
108.8	105.3	105.4	106.4	108.3	109.5	109.2	108.6
110.1	105.1	106.8	108.6	111.0	111.8	111.6	111.1
105.9	105.8	102.2	101.4	102.3	104.3	104.1	103.0
98.8	103.6	109.0	106.3	110.2	108.4	108.1	99.5
99.7	100.3	100.4	100.7	101.3	100.7	101.1	101.6
98.7	98.0	98.1	97.6	98.7	99.7	99.6	99.2
104.9	104.8	104.2	102.8	101.8	101.4	101.0	100.4
105.4	104.0	102.8	102.8	102.4	102.1	101.8	101.4
104.7	105.2	104.8	102.9	101.5	101.1	100.6	99.9
106.0	107.2	108.6	108.3	104.1	103.0	104.4	106.8
104.3	104.4	103.7	103.6	102.7	102.4	102.7	104.0
107.4	108.5	109.6	111.7	115.3	117.0	116.9	116.6
109.6	109.1	108.5	109.1	107.9	106.9	107.2	107.3
106.5	104.9	104.7	105.1	102.7	101.2	100.5	101.2
102.3	**101.4**	**100.8**	**100.5**	**100.2**	**100.2**	**100.1**	**100.2**
101.8	101.4	101.0	100.5	100.5	100.5	100.0	100.0
102.7	101.4	100.7	100.4	99.9	99.9	100.2	100.3
99.3	**99.3**	**100.0**	**99.7**	**99.0**	**99.0**	**99.2**	**99.5**
98.7	98.8	99.4	99.1	98.8	98.7	99.3	99.6
98.1	97.7	98.1	97.7	98.5	98.0	99.0	99.6
98.4	98.8	99.7	99.2	98.8	98.6	99.0	99.2
101.3	101.4	101.6	101.9	99.8	100.8	101.2	101.2
101.2	101.2	102.2	102.3	102.0	101.3	101.7	101.5
99.9	99.9	100.7	100.5	98.7	99.0	98.6	98.6
99.8	99.9	101.0	100.6	98.4	98.9	98.4	98.5
100.9	100.2	99.9	100.0	99.6	99.5	99.2	99.3
99.7	99.3	99.8	100.1	99.0	98.7	98.8	98.8
106.8	107.0	105.9	105.8	105.3	104.6	103.1	103.5

2-10 续表

指标	全年平均	1月	2月	3月	4月
家庭设备用品及维修服务	**101.3**	**101.8**	**101.3**	**101.7**	**101.1**
耐用消费品	99.6	100.2	100.1	100.1	98.9
家具	101.5	103.1	103.0	103.1	101.2
家庭设备	98.5	98.5	98.3	98.2	97.6
室内装饰品	100.2	100.6	100.5	100.3	100.6
床上用品	100.8	99.4	99.6	101.5	101.5
家庭日用杂品	101.0	101.4	100.8	101.1	101.2
家庭服务及加工维修服务	109.8	111.8	109.9	111.2	109.1
医疗保健和个人用品	**101.4**	**102.3**	**101.8**	**101.7**	**101.3**
医疗保健	101.5	101.3	101.0	100.7	100.6
医疗器具及用品	99.6	100.9	99.7	99.4	98.9
中药材及中成药	102.7	102.2	100.4	99.8	99.3
西药	101.3	100.8	101.0	100.9	100.8
保健器具及用品	106.2	106.4	106.7	106.1	106.0
医疗保健服务	99.9	100.1	100.1	100.0	100.0
个人用品及服务	101.3	103.4	102.6	102.7	102.0
化妆美容用品	102.5	104.4	103.6	103.4	102.9
清洁化妆用品	102.5	104.7	104.8	104.4	103.4
个人饰品	95.8	100.6	98.9	98.5	97.4
个人服务	105.1	104.4	103.8	105.4	105.1
交通和通信	**100.1**	**100.5**	**100.4**	**99.9**	**99.4**
交通	101.3	102.0	101.5	100.9	100.0
交通工具	99.8	100.6	100.4	100.2	100.1
车用燃料及零配件	99.5	103.3	101.6	100.3	95.2
车辆使用及维修费	106.4	108.9	109.7	109.1	108.2
市区公共交通费	103.2	100.8	100.8	100.6	100.6
城市间交通费	99.6	101.7	100.9	99.7	99.4
通信	98.9	99.0	99.1	98.9	98.7
通信工具	92.7	92.3	92.7	92.2	92.2
通信服务	100.0	100.3	100.4	100.1	99.9
娱乐教育文化用品及服务	**101.1**	**102.0**	**101.5**	**101.7**	**101.8**
文娱用耐用消费品及服务	97.2	97.2	97.1	97.7	97.4
教育	101.4	102.1	101.5	101.6	101.8
教材及参考书	101.2	102.0	101.5	101.6	101.5
教育服务	101.4	102.1	101.5	101.6	101.8
文化娱乐	103.7	103.3	103.3	103.3	103.5
文化娱乐用品	100.0	99.7	99.8	99.8	100.2
书报杂志	104.6	104.0	104.7	104.9	104.9
文娱费	106.6	106.2	105.7	105.7	105.6
旅游	102.8	107.7	106.1	106.9	106.8
居住	**103.4**	**103.5**	**102.8**	**103.9**	**103.7**
建房及装修材料	99.1	99.7	99.5	99.9	99.7
住房租金	103.3	103.1	102.0	103.3	102.7
自有住房	104.8	105.0	104.3	105.6	105.6
水、电、燃料	101.6	100.8	100.5	100.8	100.2

（上年同月价格=100）

5 月	6 月	7 月	8 月	9 月	10 月	11 月	12 月
100.9	**101.1**	**101.4**	**101.2**	**101.1**	**101.4**	**101.3**	**101.4**
98.4	99.4	99.8	99.6	99.7	99.7	99.8	99.8
99.9	101.8	101.8	101.1	101.0	101.2	100.5	100.5
97.5	98.0	98.5	98.7	98.8	98.8	99.3	99.4
100.0	99.9	100.1	100.3	100.0	100.1	100.3	100.1
101.0	99.6	101.4	101.6	101.0	100.8	100.7	101.1
101.2	100.9	100.9	101.0	101.0	101.1	100.8	100.9
110.3	110.1	109.8	108.5	107.9	110.0	109.7	109.3
101.7	**101.6**	**101.2**	**101.3**	**101.3**	**100.9**	**100.9**	**100.9**
101.5	101.7	101.6	101.8	102.1	101.9	101.9	102.1
97.8	98.0	98.6	99.9	101.0	101.0	100.1	100.4
101.7	102.7	103.2	104.0	104.5	104.5	105.0	105.1
101.7	101.6	101.3	101.4	101.8	101.4	101.1	101.7
106.1	106.9	106.3	106.2	106.1	106.1	106.2	106.0
100.0	99.9	99.9	99.9	99.9	99.8	99.8	99.8
101.9	101.5	100.7	100.8	100.3	99.8	99.9	99.6
103.1	103.3	102.4	102.3	101.5	101.6	101.2	100.7
102.7	102.4	101.6	101.8	101.5	101.2	101.0	101.0
97.2	96.0	94.9	94.9	94.2	92.6	92.6	91.9
105.4	105.5	105.1	105.0	105.1	104.9	106.0	106.2
99.9	**100.1**	**100.1**	**100.2**	**100.2**	**100.1**	**100.1**	**100.2**
101.1	101.5	101.6	101.7	101.3	101.2	101.0	101.3
99.8	99.8	99.7	99.5	99.5	99.2	99.3	99.3
94.6	98.4	102.4	102.9	100.3	98.1	97.7	100.1
108.2	105.7	105.2	105.5	104.8	104.1	104.3	103.3
104.5	104.5	104.5	104.3	104.3	104.3	104.3	104.3
99.5	99.8	98.3	98.8	98.8	99.9	99.4	99.5
98.7	98.6	98.5	98.7	99.1	99.0	99.2	99.1
92.5	92.0	91.8	92.5	93.2	92.9	94.0	93.8
99.8	99.8	99.8	99.8	100.1	100.1	100.1	100.1
101.8	**101.3**	**100.6**	**100.7**	**100.4**	**100.4**	**100.8**	**100.7**
97.0	97.4	97.1	97.0	97.1	97.2	97.2	97.2
101.8	101.5	101.5	101.2	100.9	100.8	101.1	101.0
101.4	101.5	101.5	101.4	101.0	100.5	100.5	100.5
101.9	101.6	101.5	101.2	100.9	100.9	101.2	101.1
105.2	104.9	103.7	103.7	103.5	103.6	103.4	103.3
100.3	100.3	100.2	100.2	99.6	100.1	100.0	99.6
104.8	104.5	104.7	104.9	104.7	104.6	104.3	104.1
110.0	109.5	106.2	106.1	106.1	106.0	106.0	106.0
105.0	102.1	98.7	100.5	99.3	99.2	101.8	101.5
103.8	**104.1**	**103.9**	**103.2**	**103.0**	**103.4**	**102.9**	**102.7**
99.4	98.7	98.8	98.6	98.3	98.4	99.1	99.4
103.2	103.4	103.8	103.9	103.8	103.8	103.0	103.5
105.5	106.0	105.3	104.3	103.8	104.6	103.8	103.4
100.9	101.8	102.2	102.3	102.9	102.9	102.2	102.1

2-11 分月居民消费价格指数（2013 年）

指　　标	1　月	2　月	3　月	4　月	5　月
居民消费价格总指数	**101.4**	**101.1**	**99.5**	**99.9**	**99.5**
非食品价格指数	**100.0**	**100.1**	**100.2**	**99.9**	**100.2**
服务项目价格指数	**100.0**	**100.1**	**100.9**	**100.2**	**100.5**
扣除鲜菜鲜果总指数	**100.5**	**100.5**	**100.3**	**99.9**	**100.3**
消费品价格指数	**102.0**	**101.4**	**99.0**	**99.8**	**99.2**
食品	**103.9**	**102.6**	**98.3**	**99.9**	**98.5**
粮食	100.4	99.7	100.5	100.5	100.3
淀粉及制品	100.0	100.0	99.9	100.1	100.1
干豆类及豆制品	100.3	101.8	99.3	99.8	101.0
油脂	100.2	100.2	100.1	99.8	100.4
肉禽及其制品	103.3	103.6	101.1	99.1	99.6
食用畜肉及副产品	104.2	104.5	100.9	99.6	100.0
禽	100.1	99.6	101.3	95.5	97.3
加工肉畜	101.0	102.6	102.1	100.3	100.1
蛋	102.8	101.2	95.2	98.3	102.5
水产品	101.7	101.5	99.5	101.1	103.3
鱼	102.2	101.5	99.5	101.7	104.6
其他水产品	100.6	101.4	99.5	99.7	100.6
菜	117.5	107.2	85.0	99.4	83.6
调味品	100.3	100.1	99.9	99.9	100.2
糖	99.0	98.7	101.0	100.1	100.0
茶及饮料	100.2	100.2	100.2	99.4	100.2
茶叶	100.6	100.2	99.6	100.3	100.4
饮料	100.0	100.2	100.4	99.0	100.1
干鲜瓜果	105.8	106.5	101.1	101.0	101.8
糕点饼干面包	100.7	100.6	100.3	100.4	100.2
液体乳及乳制品	100.4	100.3	100.6	100.4	99.7
在外用膳食品	100.9	100.3	100.7	100.7	100.7
其他食品	100.1	99.3	100.9	99.6	100.6
烟酒	**99.8**	**99.8**	**100.1**	**99.9**	**100.3**
烟草	100.0	100.0	100.0	100.0	100.0
酒	99.7	99.7	100.2	99.9	100.5
衣着	**99.7**	**100.1**	**99.0**	**99.7**	**99.8**
服装	99.7	100.1	98.7	99.6	100.0
男式服装	99.6	100.2	98.7	99.0	100.1
女式服装	99.7	99.9	98.5	99.8	99.9
儿童服装	99.6	100.9	99.3	100.3	100.0
衣着材料	100.0	99.9	100.0	99.9	100.1
鞋袜帽	99.9	100.1	99.4	99.7	99.2
鞋	99.9	100.1	99.3	99.7	99.1
袜子	99.9	99.8	100.1	100.0	100.0
帽子	100.1	100.1	99.4	99.9	100.0
衣着加工服务费	100.0	100.0	100.4	100.3	100.3

（上月价格=100）

6　月	7　月	8　月	9　月	10　月	11　月	12　月
99.5	**99.7**	**100.1**	**100.4**	**100.4**	**100.9**	**100.6**
100.0	**100.0**	**100.2**	**100.1**	**100.1**	**100.1**	**100.1**
100.1	**100.2**	**100.3**	**100.0**	**100.2**	**99.8**	**100.1**
100.2	**100.1**	**100.3**	**100.3**	**100.2**	**100.2**	**100.1**
99.3	**99.5**	**100.0**	**100.5**	**100.5**	**101.3**	**100.8**
98.7	**99.1**	**99.9**	**100.8**	**100.9**	**102.2**	**101.4**
100.5	100.1	100.5	100.3	99.9	100.7	100.2
100.0	101.1	100.2	99.9	100.2	100.0	99.9
99.6	100.0	100.3	101.4	101.3	100.6	99.9
99.7	99.7	99.9	100.1	100.1	99.7	99.6
101.1	100.4	100.4	100.6	100.7	100.6	100.0
101.0	100.3	100.4	100.3	100.6	100.7	100.1
101.9	100.9	100.8	102.6	101.9	100.0	98.9
100.0	100.1	100.1	100.1	100.1	100.7	100.5
100.2	99.4	103.0	105.5	99.2	95.7	96.7
99.7	100.7	99.9	100.1	100.6	99.4	100.7
99.5	101.2	100.1	100.2	100.1	99.0	101.0
100.2	99.3	99.2	100.0	101.7	100.5	100.2
87.6	93.8	99.4	105.1	104.1	116.8	107.0
100.1	100.0	100.1	100.0	100.0	100.6	100.4
99.7	100.3	99.7	100.5	100.3	100.3	99.5
100.3	100.1	100.1	100.0	99.8	99.9	99.9
100.3	100.1	100.0	100.3	99.8	99.8	100.0
100.4	100.1	100.2	99.9	99.8	100.0	99.9
95.8	94.8	93.6	97.0	101.2	103.2	106.0
100.0	99.8	100.1	99.9	100.0	100.6	101.3
101.5	100.8	102.0	104.0	101.6	102.9	101.4
100.0	100.6	101.2	100.4	100.7	100.6	100.3
99.7	100.0	100.2	99.4	100.1	100.6	100.8
99.9	**100.0**	**100.0**	**100.0**	**99.9**	**100.2**	**100.2**
100.0	100.0	100.0	100.0	100.0	100.0	100.0
99.8	100.0	99.9	100.1	99.9	100.4	100.3
99.8	**99.6**	**100.2**	**100.6**	**100.2**	**100.7**	**100.3**
99.6	99.6	100.0	100.9	100.1	101.1	100.3
99.4	99.6	100.0	101.2	99.9	101.4	100.5
99.6	99.6	99.9	100.7	100.1	101.2	100.3
100.1	99.4	100.3	100.5	100.6	100.0	100.2
100.0	100.9	100.0	100.0	100.1	100.6	99.9
100.0	99.5	100.7	99.9	100.2	99.9	100.1
100.0	99.4	101.0	99.9	100.3	99.9	100.1
99.9	99.7	99.7	100.0	100.0	100.1	100.1
99.6	99.9	100.3	99.9	99.8	100.0	100.0
100.4	100.0	99.9	100.1	100.9	100.3	100.7

2-11 续表

指 标	1 月	2 月	3 月	4 月	5 月
家庭设备用品及维修服务	**99.9**	**100.1**	**100.2**	**99.6**	**100.0**
耐用消费品	99.9	100.1	100.0	99.0	99.6
家具	100.1	100.2	100.1	98.2	98.8
家庭设备	99.7	100.0	100.0	99.4	100.0
室内装饰品	100.0	100.0	100.1	100.0	99.7
床上用品	99.4	100.0	99.9	100.1	100.0
家庭日用杂品	99.8	100.0	100.1	100.3	100.3
家庭服务及加工维修服务	101.0	100.3	101.6	100.0	101.2
医疗保健和个人用品	**100.2**	**100.1**	**100.3**	**99.8**	**100.4**
医疗保健	100.4	100.1	100.2	100.0	100.7
医疗器具及用品	100.0	99.8	99.6	99.4	100.4
中药材及中成药	99.9	100.1	100.4	100.1	102.0
西药	100.1	100.3	100.2	99.9	100.8
保健器具及用品	104.9	100.1	100.2	100.1	100.1
医疗保健服务	100.0	100.0	100.0	99.9	100.0
个人用品及服务	99.9	100.0	100.4	99.6	100.1
化妆美容用品	100.0	100.1	99.9	100.0	100.0
清洁化妆用品	99.9	100.5	100.3	99.7	100.0
个人饰品	99.8	99.4	99.3	98.6	99.5
个人服务	100.0	100.0	102.5	100.1	100.8
交通和通信	**100.0**	**100.2**	**99.9**	**99.7**	**100.3**
交通	100.0	100.3	99.9	99.4	100.8
交通工具	100.0	100.0	100.0	99.8	100.0
车用燃料及零配件	100.1	100.7	101.4	97.3	97.4
车辆使用及维修费	100.0	101.4	100.7	99.3	100.0
市区公共交通费	100.1	100.0	100.0	100.0	103.8
城市间交通费	100.0	100.5	98.7	99.6	100.0
通信	100.0	100.0	99.8	99.9	99.8
通信工具	99.8	99.4	99.0	99.5	99.2
通信服务	100.0	100.1	100.0	100.0	99.9
娱乐教育文化用品及服务	**100.4**	**99.9**	**100.1**	**100.0**	**99.8**
文娱用耐用消费品及服务	99.7	99.7	99.8	99.5	99.4
教育	100.4	100.0	100.1	100.2	100.0
教材及参考书	100.2	100.0	100.0	100.0	100.0
教育服务	100.4	100.0	100.2	100.2	100.1
文化娱乐	101.6	100.2	100.0	100.0	101.3
文化娱乐用品	99.9	100.2	100.0	99.8	100.2
书报杂志	103.6	100.4	100.0	100.0	100.0
文娱费	101.7	100.1	100.0	100.1	103.1
旅游	99.9	99.5	100.8	100.3	97.1
居住	**99.7**	**100.2**	**101.5**	**100.4**	**100.6**
建房及装修材料	100.2	100.1	100.2	99.9	99.5
住房租金	99.6	100.1	101.9	100.3	100.6
自有住房	99.6	100.3	101.8	100.5	100.8
水、电、燃料	99.6	100.1	100.5	99.9	100.3

（上月价格=100）

6　月	7　月	8　月	9　月	10　月	11　月	12　月
100.4	**100.2**	**100.1**	**99.9**	**100.7**	**100.2**	**100.0**
101.0	99.9	100.1	99.8	100.4	100.1	100.0
101.8	100.1	100.0	100.0	101.1	100.0	100.0
100.5	99.8	100.2	99.7	99.9	100.1	100.0
99.9	100.1	100.2	99.8	100.1	100.2	100.1
100.0	102.0	99.8	99.2	100.0	100.5	100.3
99.8	100.0	100.3	100.1	100.1	100.2	99.9
100.1	100.5	100.1	100.0	103.5	100.7	100.0
100.0	**100.0**	**100.1**	**100.1**	**99.9**	**100.1**	**99.9**
100.2	100.2	100.0	100.1	100.0	100.1	100.1
100.4	99.8	100.0	101.1	100.0	100.0	100.0
100.9	100.8	100.3	100.0	100.0	100.4	100.2
100.0	100.1	99.9	100.1	100.1	100.0	100.1
100.6	100.0	100.0	100.1	100.0	100.0	99.9
99.9	100.0	100.0	100.0	100.0	100.0	100.0
99.8	99.7	100.2	100.2	99.7	100.2	99.8
100.2	100.0	100.1	100.2	100.1	100.0	100.0
100.2	100.0	100.1	100.3	99.9	100.0	100.0
98.6	98.7	100.1	100.1	98.9	99.6	99.0
100.2	100.2	100.6	100.2	100.1	101.2	100.1
100.1	**99.7**	**100.3**	**100.2**	**99.9**	**100.0**	**99.9**
100.3	99.6	100.7	100.4	99.8	100.0	99.9
100.0	99.8	99.8	100.2	100.0	100.0	99.8
99.8	100.9	101.5	101.9	98.5	99.0	101.5
99.8	100.0	100.8	100.4	100.2	100.4	100.2
100.0	100.0	100.4	100.0	100.0	100.0	100.0
101.2	98.4	101.4	100.3	99.8	100.6	99.0
99.9	99.8	99.9	100.0	99.9	100.0	100.0
99.4	98.9	99.6	100.0	99.6	99.7	99.7
100.0	100.0	100.0	100.0	100.0	100.0	100.0
100.1	**100.5**	**100.4**	**100.0**	**99.9**	**99.7**	**99.9**
100.3	99.4	99.9	99.7	99.9	100.0	99.9
100.1	100.0	100.1	100.0	100.0	100.0	100.0
100.0	100.0	100.1	100.0	100.0	100.0	100.0
100.1	100.0	100.1	100.0	100.0	100.0	100.0
100.2	100.0	100.3	99.9	100.0	100.0	99.9
99.9	99.9	100.1	100.0	100.0	99.9	99.7
100.0	100.1	100.2	99.8	100.0	100.0	100.0
100.5	100.0	100.4	100.0	99.9	100.0	100.0
99.9	105.0	102.8	100.0	99.3	97.6	99.6
100.0	**100.1**	**100.0**	**100.0**	**100.4**	**99.8**	**100.2**
99.2	99.7	99.8	99.7	100.6	100.4	100.1
99.9	100.5	100.0	100.0	100.2	99.8	100.5
100.2	100.1	100.0	99.9	100.4	99.6	100.2
100.0	100.1	100.0	100.9	100.4	100.1	100.0

2-12 分月农业生产资料价格指数（2013 年）

指　　标	全年平均	1 月	2 月	3 月	4 月
农业生产资料价格指数	**102.6**	**106.0**	**104.8**	**104.3**	**103.0**
农用手工工具	**102.4**	**103.4**	**104.2**	**104.9**	**104.3**
农用手工工具	102.4	103.4	104.2	104.9	104.3
饲料	**106.6**	**107.3**	**107.5**	**107.2**	**105.9**
混合饲料	105.1	105.5	105.8	105.5	103.8
其他	113.5	116.0	115.9	115.2	115.7
产品畜	112.3	114.6	115.0	120.2	117.5
幼禽家畜	112.3	114.6	115.0	120.2	117.5
半机械化农具	**101.0**	**101.2**	**101.3**	**100.8**	**101.1**
半机械化农具	101.0	101.2	101.3	100.8	101.1
机械化农具	**100.5**	**101.1**	**100.5**	**100.0**	**100.2**
农用机械	100.5	101.1	100.5	100.0	100.2
化学肥料	**98.3**	**108.0**	**104.8**	**103.3**	**100.0**
氮肥	97.6	110.6	107.7	105.7	99.9
磷肥	98.1	102.2	101.2	98.7	98.4
钾肥	100.3	110.9	109.0	106.2	102.1
复合肥料	99.4	106.6	100.4	101.5	101.1
农药及农药械	**101.0**	**101.2**	**101.2**	**101.2**	**101.8**
化学农药	100.9	101.3	101.4	101.3	102.0
杀虫剂	102.8	103.8	104.0	103.8	105.3
杀菌剂	98.6	99.0	99.0	97.1	98.2
除草剂	99.0	98.2	98.1	100.5	98.6
农药器械	101.5	100.5	100.5	100.7	101.2
农药器械	101.5	100.5	100.5	100.7	101.2
农用机油	**101.9**	**104.8**	**103.7**	**101.3**	**98.4**
农用机油	101.9	104.8	103.7	101.3	98.4
其他农业生产资料	**103.5**	**103.2**	**102.2**	**102.1**	**104.1**
农用种子	103.9	105.5	103.0	102.1	104.3
农用种子	103.9	105.5	103.0	102.1	104.3
其它	102.2	96.5	99.6	101.9	103.2
农用薄膜	102.3	94.6	98.3	101.1	102.9
其它	101.9	102.5	104.0	104.7	104.0
农业生产服务	**106.8**	**105.1**	**104.7**	**104.7**	**104.9**
排灌费	105.0	100.5	100.5	100.5	100.5
机械作业费	104.2	102.7	102.7	102.7	102.7
农业用电	100.5	100.0	100.0	100.0	100.3
农业用工	119.2	125.7	123.2	122.7	123.3

（上年同月价格=100）

5 月	6 月	7 月	8 月	9 月	10 月	11 月	12 月
102.7	**101.2**	**101.6**	**101.9**	**101.3**	**100.9**	**102.4**	**101.9**
105.1	**104.5**	**100.3**	**98.6**	**99.1**	**99.1**	**103.2**	**102.9**
105.1	104.5	100.3	98.6	99.1	99.1	103.2	102.9
106.7	**108.0**	**107.8**	**106.9**	**105.3**	**105.0**	**106.2**	**105.2**
105.2	106.0	106.0	105.2	103.3	103.8	105.7	105.3
114.0	117.5	116.0	115.1	114.7	110.5	108.3	105.1
115.7	114.7	110.9	109.7	107.9	109.0	107.6	107.3
115.7	114.7	110.9	109.7	107.9	109.0	107.6	107.3
100.9	**101.0**	**101.0**	**101.0**	**101.0**	**101.0**	**101.2**	**101.0**
100.9	101.0	101.0	101.0	101.0	101.0	101.2	101.0
100.4	**100.4**	**100.4**	**100.3**	**100.5**	**100.5**	**100.5**	**100.5**
100.4	100.4	100.4	100.3	100.5	100.5	100.5	100.5
98.2	**93.0**	**94.4**	**95.6**	**95.2**	**94.7**	**97.5**	**96.7**
97.0	88.2	90.7	94.0	93.8	93.2	98.4	97.0
98.5	98.2	97.9	98.5	96.0	95.4	96.9	96.1
102.5	101.7	100.6	95.7	95.7	93.9	94.0	94.2
99.4	98.4	98.7	96.8	98.0	98.1	97.3	97.5
101.4	**102.3**	**100.8**	**99.4**	**99.2**	**99.8**	**102.0**	**101.7**
101.5	102.6	100.6	99.1	98.9	99.0	101.8	101.3
103.9	103.8	102.1	101.2	100.6	100.6	102.5	102.1
97.4	100.1	99.1	97.7	98.2	98.2	100.1	99.2
100.6	102.6	98.9	95.6	95.8	96.3	102.0	101.6
101.1	101.2	101.3	100.5	100.6	103.1	103.2	103.3
101.1	101.2	101.3	100.5	100.6	103.1	103.2	103.3
99.6	**101.0**	**104.0**	**104.4**	**103.4**	**101.4**	**100.7**	**100.8**
99.6	101.0	104.0	104.4	103.4	101.4	100.7	100.8
104.3	**103.4**	**103.2**	**103.3**	**103.1**	**103.2**	**105.8**	**104.7**
104.3	103.3	103.1	103.1	103.1	103.2	106.8	105.6
104.3	103.3	103.1	103.1	103.1	103.2	106.8	105.6
104.1	103.8	103.4	103.9	103.1	103.3	102.7	101.7
104.1	104.3	104.2	104.9	103.7	104.1	103.8	102.6
103.9	102.2	101.1	101.1	101.1	100.7	99.3	98.7
106.8	**108.1**	**108.6**	**109.0**	**107.9**	**107.0**	**107.3**	**107.7**
102.1	106.5	107.3	108.1	107.5	107.2	108.1	110.4
105.8	105.2	105.2	105.2	105.2	105.3	104.7	103.4
100.7	100.7	100.7	100.7	100.7	100.7	100.7	100.7
122.8	120.9	121.9	122.3	116.7	111.3	112.1	111.7

2-13 分月农业生产资料价格指数（2013 年）

指　标	1　月	2　月	3　月	4　月	5　月
农业生产资料价格指数	**100.6**	**100.0**	**100.6**	**100.4**	**100.4**
农用手工工具	100.3	100.4	100.8	100.2	101.2
农用手工工具	100.3	100.4	100.8	100.2	101.2
饲料	**100.4**	**100.3**	**100.4**	**100.9**	**101.1**
混合饲料	100.3	100.2	100.2	100.9	101.2
其他	100.6	100.5	101.6	101.1	100.5
产品畜	**100.8**	**101.0**	**104.1**	**100.4**	**99.4**
幼禽家畜	100.8	101.0	104.1	100.4	99.4
半机械化农具	**100.1**	**100.1**	**100.0**	**100.4**	**100.0**
半机械化农具	100.1	100.1	100.0	100.4	100.0
机械化农具	**100.1**	**100.1**	**99.9**	**100.2**	**100.2**
农用机械	100.1	100.1	99.9	100.2	100.2
化学肥料	**101.1**	**99.6**	**99.8**	**100.2**	**99.8**
氮肥	102.8	99.7	99.5	100.5	99.6
磷肥	100.3	99.9	98.3	99.7	100.1
钾肥	99.2	99.7	99.3	100.1	99.8
复合肥料	98.4	98.7	102.2	100.0	100.2
农药及农药械	**100.0**	**100.1**	**100.9**	**100.5**	**100.2**
化学农药	100.0	100.1	100.9	100.5	100.2
杀虫剂	100.0	100.1	100.6	101.6	100.3
杀菌剂	100.0	100.0	100.0	100.0	100.0
除草剂	100.0	100.0	102.4	98.4	100.3
农药器械	100.0	100.0	101.0	100.5	99.9
农药器械	100.0	100.0	101.0	100.5	99.9
农用机油	**100.1**	**100.2**	**100.8**	**98.4**	**99.8**
农用机油	100.1	100.2	100.8	98.4	99.8
其他农业生产资料	**100.8**	**100.2**	**101.9**	**101.4**	**100.4**
农用种子	100.9	100.1	101.9	101.7	100.5
农用种子	100.9	100.1	101.9	101.7	100.5
其它	100.3	100.6	101.7	100.6	100.1
农用薄膜	99.7	100.8	102.3	100.7	100.1
其它	102.1	100.0	100.0	100.0	100.0
农业生产服务	**100.0**	**100.0**	**100.1**	**100.7**	**102.1**
排灌费	100.0	100.0	100.0	100.0	101.6
农业用电	100.0	100.0	100.0	100.0	103.0
农业用工	100.0	100.0	100.0	100.3	100.3
其他	99.8	100.0	100.7	103.6	101.6

（上月价格=100）

6　月	7　月	8　月	9　月	10　月	11　月	12　月
100.3	**100.1**	**100.1**	**100.2**	**99.8**	**99.5**	**99.8**
100.0	100.0	100.0	100.0	100.0	100.0	100.0
100.0	100.0	100.0	100.0	100.0	100.0	100.0
101.0	**100.1**	**101.2**	**100.7**	**99.7**	**99.9**	**99.5**
100.3	100.1	101.4	100.3	100.2	100.0	100.0
104.2	99.9	100.5	102.5	97.4	99.1	97.2
100.2	**100.5**	**100.3**	**99.5**	**101.3**	**99.8**	**99.9**
100.2	100.5	100.3	99.5	101.3	99.8	99.9
100.1	**100.1**	**100.0**	**100.0**	**99.9**	**100.2**	**100.0**
100.1	100.1	100.0	100.0	99.9	100.2	100.0
100.0	**100.0**	**100.0**	**100.1**	**100.0**	**100.0**	**100.0**
100.0	100.0	100.0	100.1	100.0	100.0	100.0
99.7	**100.0**	**99.2**	**100.1**	**99.3**	**98.6**	**99.4**
99.4	100.1	98.2	100.8	99.0	97.9	99.5
99.6	100.0	100.8	98.5	99.9	99.6	99.3
100.0	100.0	99.0	99.0	99.1	99.1	99.6
100.4	99.8	100.0	100.3	99.3	99.0	99.3
100.1	**100.0**	**100.1**	**99.9**	**100.3**	**100.0**	**99.5**
100.0	100.0	100.1	99.9	100.0	100.0	99.4
100.0	100.0	100.1	99.8	100.0	100.0	99.5
100.0	100.0	100.0	100.0	100.0	100.0	99.1
100.2	100.1	100.4	100.2	100.0	100.0	99.7
100.1	100.1	100.0	100.0	101.7	100.0	100.0
100.1	100.1	100.0	100.0	101.7	100.0	100.0
99.7	**100.3**	**101.0**	**101.2**	**99.5**	**99.3**	**100.6**
99.7	100.3	101.0	101.2	99.5	99.3	100.6
99.8	**99.8**	**100.0**	**100.1**	**100.2**	**100.0**	**100.0**
100.0	99.9	100.0	100.2	100.4	100.0	100.0
100.0	99.9	100.0	100.2	100.4	100.0	100.0
99.2	99.8	100.0	99.9	99.7	99.8	100.0
99.5	99.9	100.0	99.9	99.8	99.8	100.0
98.3	99.2	100.0	100.0	99.6	99.5	100.1
102.4	**100.3**	**100.5**	**100.1**	**100.0**	**100.6**	**100.6**
105.5	100.8	100.7	100.0	100.0	100.0	101.5
100.2	100.0	100.0	100.0	100.1	100.0	100.0
100.0	100.0	100.0	100.0	100.0	100.0	100.0
100.4	100.0	100.8	100.7	100.0	103.5	100.0

2-14 各调查市县居民消费价格分类指数（2013 年）

指　　标	乌鲁木齐　市	克拉玛依　市	吐鲁番市	哈密市	昌吉市	博乐市	库尔勒市	焉耆回族自治县	阿克苏市
居民消费价格总指数	**103.5**	**104.4**	**104.0**	**103.6**	**104.1**	**104.3**	**103.4**	**103.4**	**103.5**
食　品	**107.5**	**110.8**	**108.3**	**108.2**	**110.9**	**108.2**	**108.5**	**107.0**	**107.7**
粮　食	106.5	102.4	105.9	106.3	105.2	104.6	108.6	108.4	105.1
大　米	101.8	100.6	99.5	102.0	103.6	101.0	112.4	106.2	104.3
面　粉	108.6	108.2	110.2	108.0	108.0	106.3	103.7	111.4	103.4
粮食制品	108.1	96.9	105.7	108.3	99.8	107.8	107.7	109.3	109.9
其　它	116.9	112.9	109.9	115.5	99.5	105.5	119.1	101.9	119.0
淀粉及制品	100.1	100.0	100.0	101.3	101.2	109.9	111.3	97.3	98.5
干豆类及豆制品	105.3	110.6	117.2	106.2	110.6	111.5	126.5	105.6	102.0
油　脂	103.2	102.5	106.5	105.5	103.1	112.1	107.7	103.1	103.1
肉禽及其制品	115.1	113.4	113.6	116.0	116.2	111.1	116.8	111.6	111.4
蛋	109.4	101.8	113.6	107.4	108.5	101.0	112.4	103.0	119.9
水产品	107.2	107.3	112.9	113.2	102.9	95.9	121.4	104.0	106.5
菜	100.1	116.2	107.1	108.4	116.9	103.0	94.4	99.6	110.8
鲜　菜	99.3	116.9	104.6	108.2	117.7	100.8	93.7	97.3	113.6
干菜及菜制品	100.3	100.8	103.8	102.9	107.6	110.7	96.7	108.8	78.6
薯类	125.0	124.9	125.0	130.9	133.1	118.4	111.6	115.9	120.6
调味品	101.3	100.0	101.4	101.7	99.7	108.3	101.8	99.1	100.0
糖	102.3	101.1	104.3	100.3	106.8	84.4	97.6	94.2	94.5
食　糖	102.6	104.1	92.1	98.7	100.5	96.2	91.2	85.4	85.5
糖　果	103.0	100.5	108.7	100.5	111.4	75.0	99.4	100.4	101.2
巧克力制品	100.2	100.2	99.2	100.1	103.7	112.5	98.4	100.7	88.0
糖制小食品	100.7	100.0	124.7	105.4	101.4	69.0	99.8	99.0	98.8
茶及饮料	101.6	113.2	99.7	103.2	100.8	109.0	101.5	99.3	100.9
干鲜瓜果	100.7	109.9	100.1	102.5	111.1	102.5	105.5	97.7	108.9
鲜瓜果	99.5	112.1	100.0	106.3	104.0	101.3	106.8	94.8	105.7
干(坚)果	103.3	102.2	100.5	96.9	121.7	106.0	100.8	102.9	121.1
糕点饼干面包	103.6	99.8	111.7	106.6	105.4	118.2	100.3	106.9	98.1
液体乳及乳制品	118.5	106.6	104.6	99.2	104.3	106.0	109.0	111.2	106.9
在外用膳食品	107.1	114.5	109.1	105.5	111.4	123.4	104.1	113.6	107.1
主　食	107.5	111.5	113.7	108.2	112.9	99.2	105.9	113.2	108.0
炒　菜	101.1	105.3	110.4	103.4	102.6	143.1	99.0	108.0	102.0
地方小吃	122.9	127.7	100.9	105.1	120.9	121.5	111.3	124.5	118.5
其他食品	102.7	106.0	101.7	104.8	106.8	118.7	99.5	102.2	95.7
烟酒	**101.8**	**99.4**	**100.3**	**100.7**	**98.7**	**101.6**	**100.1**	**101.4**	**102.7**
烟　草	101.1	100.0	100.0	100.6	100.2	100.0	101.5	103.5	100.0
酒	102.5	98.8	100.6	100.9	97.1	103.2	98.6	99.1	105.7
衣　着	**99.5**	**101.2**	**99.0**	**101.7**	**99.5**	**104.5**	**95.1**	**102.5**	**102.5**
服　装	99.1	100.3	98.3	99.6	98.5	104.0	91.7	101.0	101.8
衣着材料	100.7	100.9	102.9	104.3	101.9	107.0	100.3	104.8	101.4
棉　布	100.0	101.9	103.7	100.0	102.4	107.7	100.3	115.7	102.3
化纤布	100.0	97.5	100.0	108.1	99.4	108.2	100.0	100.0	102.4
毛线	102.7	100.0	101.5	111.4	104.1	95.2	100.5	100.0	100.0

（上年价格=100）

库车县	阿图什市	喀什市	莎车县	和田市	奎屯市	伊宁市	塔城市	沙湾县	阿勒泰市	石河子市
103.2	**103.4**	**103.4**	**104.6**	**104.6**	**103.8**	**103.5**	**103.4**	**103.6**	**104.0**	**103.0**
106.1	**105.7**	**107.6**	**111.1**	**109.4**	**107.3**	**107.3**	**108.3**	**107.7**	**107.2**	**106.6**
103.4	105.0	106.0	107.0	105.3	111.9	107.7	106.5	110.9	107.0	106.8
97.6	103.1	99.5	108.5	103.8	105.5	102.6	107.3	116.6	104.8	105.8
108.2	106.8	108.7	106.8	103.3	115.3	105.5	108.1	105.7	107.1	106.7
102.7	102.1	109.7	100.6	114.3	117.6	117.0	105.2	110.0	111.8	109.8
102.2	103.9	111.9	112.3	107.8	101.8	112.2	106.4	101.3	102.6	104.4
104.4	102.4	104.9	115.3	100.3	100.0	111.3	101.2	102.6	110.5	105.3
100.6	102.8	107.5	103.5	107.0	106.8	106.9	115.9	105.4	116.7	99.4
95.4	101.6	104.1	103.3	98.9	99.4	100.6	103.6	103.5	100.7	101.4
111.4	120.4	113.1	116.1	116.4	112.0	116.6	117.8	120.0	114.9	108.7
100.9	110.8	110.9	112.7	113.7	109.9	110.3	110.1	108.3	112.1	107.7
111.7	105.6	106.9	107.8	108.4	102.5	108.8	106.0	94.4	103.0	105.0
114.0	102.8	104.1	118.3	110.0	102.3	101.5	100.6	94.7	100.2	101.2
114.0	102.9	103.8	118.6	110.7	102.4	99.1	100.1	91.7	98.3	101.0
108.8	99.2	101.0	102.4	100.0	100.8	110.2	100.0	98.5	102.3	105.5
118.1	103.4	123.0	128.3	109.1	90.9	115.8	105.9	123.4	115.0	97.6
94.6	105.2	102.0	100.4	101.6	106.0	103.3	99.5	100.1	103.1	102.7
92.5	96.1	100.0	112.4	100.4	99.3	100.0	101.3	101.2	107.6	100.2
89.8	94.3	91.4	96.5	97.7	98.1	94.3	100.5	102.4	100.8	98.4
99.2	94.9	104.4	102.9	100.0	100.0	103.0	103.5	101.4	112.5	101.8
69.2	100.0	104.3	99.9	105.9	101.2	103.0	100.0	100.0	117.2	100.5
97.7	100.2	94.3	140.0	105.5	100.0	100.1	100.0	100.0	102.2	100.5
97.6	98.6	110.1	102.2	103.8	99.6	101.1	105.3	100.5	109.8	102.1
107.7	83.1	104.7	105.1	108.2	101.9	102.8	97.2	102.8	92.7	104.8
109.7	77.8	102.8	104.2	110.1	101.2	101.4	92.7	105.3	89.2	104.5
102.7	100.1	108.7	107.7	103.2	103.3	107.0	108.4	96.3	104.2	106.0
100.1	99.5	103.6	102.7	101.5	103.6	101.2	104.0	100.0	103.7	102.0
106.8	101.2	117.5	108.4	105.5	108.0	105.6	110.4	104.6	103.0	107.3
103.1	105.8	105.1	110.6	109.8	108.3	102.4	111.1	114.9	113.2	112.2
104.2	106.3	100.0	101.0	106.5	110.3	103.0	113.5	107.8	118.1	121.4
104.1	107.2	101.6	114.4	101.1	106.0	97.8	104.5	103.9	101.6	101.1
100.4	103.3	117.4	120.3	139.7	123.6	109.3	122.5	134.0	125.5	122.5
107.9	103.3	98.4	111.9	105.1	100.0	99.8	102.2	100.0	100.6	102.6
101.7	**102.0**	**100.3**	**102.5**	**100.8**	**102.1**	**101.1**	**101.4**	**100.5**	**105.2**	**101.1**
100.6	100.0	100.1	100.5	100.0	100.0	100.0	100.0	100.0	100.1	100.3
102.7	103.6	100.5	104.8	101.5	103.9	101.8	102.3	100.9	110.0	102.0
99.8	**100.6**	**98.8**	**100.0**	**98.3**	**103.3**	**104.6**	**100.1**	**100.7**	**100.0**	**102.1**
100.2	100.2	99.1	99.1	97.9	102.8	107.3	100.1	99.9	99.9	101.8
97.9	99.6	95.1	102.5	101.3	100.0	102.3	100.0	100.3	100.5	100.4
102.3	100.0	83.6	102.4	102.4	100.0	100.0	100.0	100.0	100.0	102.2
101.2	98.0	100.0	103.7	100.0	100.0	104.1	100.0	100.9	100.0	97.8
95.6	100.0	100.0	97.7	100.0	100.0	100.0	100.0	100.0	103.2	100.1

2-14 续表

指　　标	乌鲁木齐　市	克拉玛依　市	吐鲁番市	哈密市	昌吉市	博乐市	库尔勒市	焉耆回族自治县	阿克苏市
其他	100.0	102.6	114.5	100.0	100.0	110.9	100.3	100.0	100.0
鞋袜帽	100.3	103.0	99.2	100.6	100.3	103.3	99.1	104.3	98.0
鞋	100.4	103.6	99.5	100.5	100.3	104.1	98.8	105.6	100.7
袜　子	100.0	100.0	98.1	101.0	100.8	102.5	100.8	95.8	89.2
帽　子	95.8	100.1	99.0	99.7	100.0	98.5	101.7	104.9	99.3
衣着加工服务费	100.0	102.9	102.7	118.5	108.3	113.2	108.4	106.0	112.8
家庭设备及用品及维修	**101.8**	**100.6**	**102.7**	**104.0**	**100.7**	**100.9**	**97.9**	**101.4**	**97.6**
耐用消费品	99.8	99.5	102.0	98.5	99.2	97.8	95.7	102.9	100.4
家　具	101.2	101.5	109.4	99.4	100.2	99.7	100.0	103.9	101.6
家庭设备	98.9	98.0	99.4	98.0	98.9	96.4	93.8	102.3	99.6
室内装饰品	99.6	100.1	99.5	100.2	103.5	101.8	101.5	98.5	96.0
床上用品	106.0	100.0	106.7	100.1	101.6	101.0	98.5	100.0	83.0
家庭日用杂品	101.7	99.9	99.2	107.2	100.5	106.1	99.5	99.6	97.9
家庭服务及加工服务	110.9	106.9	110.5	120.4	108.0	100.7	102.0	101.9	100.3
医疗保健和个人用品	**102.3**	**101.5**	**102.5**	**102.0**	**101.2**	**105.0**	**98.3**	**98.7**	**98.6**
医疗保健	102.4	102.6	102.8	102.3	99.7	106.4	98.5	98.6	98.5
医疗器具及用品	99.3	101.3	100.4	98.1	100.0	98.2	101.9	85.8	95.9
中药材及中成药	102.7	104.1	104.2	100.1	97.8	110.1	95.2	99.9	100.7
西　药	101.3	103.3	102.8	103.1	100.0	109.5	100.1	96.9	96.7
保健器具及用品	116.0	100.0	102.3	110.7	102.1	106.2	101.3	104.7	93.8
医疗保健服务	100.0	100.0	101.8	100.0	100.0	100.0	98.9	100.0	100.0
个人用品及服务	101.9	100.3	102.0	101.4	104.1	103.0	97.9	99.0	98.8
交通和通讯	**100.4**	**99.0**	**100.7**	**100.5**	**100.1**	**99.6**	**98.4**	**99.8**	**101.8**
交　通	101.1	100.0	103.2	101.3	101.3	101.3	99.1	99.9	100.5
通　讯	99.5	97.6	97.8	99.3	98.9	97.9	97.4	99.7	104.1
娱乐教育文化用品	**102.7**	**99.3**	**99.5**	**98.5**	**100.3**	**103.5**	**99.7**	**100.5**	**99.8**
文娱用耐用消费品	94.3	98.8	96.9	94.9	95.6	99.0	96.0	97.6	101.9
教　育	101.2	100.6	100.9	99.9	100.4	102.1	100.1	101.7	100.9
文化娱乐类	109.1	99.3	101.1	99.4	100.8	106.6	99.9	101.1	100.4
文化娱乐用品	99.1	99.3	98.5	98.5	101.8	100.7	99.8	99.9	100.6
书报杂志	120.2	100.0	96.7	100.4	99.8	103.8	100.0	103.8	100.4
文娱费	111.2	98.3	110.8	100.0	101.2	116.1	100.0	99.7	100.1
旅游	104.1	98.4	95.9	99.6	102.7	114.0	105.1	100.0	94.4
居　住	**101.3**	**104.3**	**103.2**	**100.8**	**100.8**	**99.3**	**109.3**	**104.2**	103.8
建房及装修材料	98.4	99.2	95.4	98.0	101.3	104.6	98.3	100.2	100.1
租　房	102.3	102.5	100.0	102.9	100.2	103.2	115.3	100.0	105.5
自有住房	102.3	107.9	106.1	100.7	101.1	97.3	113.3	108.0	104.6
水、电、燃料	102.1	100.0	100.1	99.7	99.8	98.1	100.0	99.4	100.3
服务项目价格指数	**102.1**	**103.0**	**103.9**	**102.4**	**101.4**	**101.2**	**105.7**	**102.9**	**103.0**

（上年价格=100）

库车县	阿图什市	喀什市	莎车县	和田市	奎屯市	伊宁市	塔城市	沙湾县	阿勒泰市	石河子市
87.4	100.0	100.0	105.3	101.8	100.0	106.0	100.0	100.0	100.0	100.0
98.0	100.0	97.7	99.5	95.7	103.9	99.3	100.0	102.2	99.1	103.1
97.7	100.0	97.0	99.1	92.4	104.9	99.2	100.0	103.4	98.9	104.2
97.4	100.0	100.0	101.7	106.9	100.0	100.2	100.0	100.0	100.0	101.0
105.2	100.0	100.0	100.0	100.0	103.4	100.0	100.0	100.0	100.0	98.0
103.0	108.3	105.7	112.2	112.5	118.2	102.5	101.0	101.8	104.2	100.0
101.1	**104.4**	**100.7**	**102.6**	**99.9**	**101.7**	**101.8**	**99.8**	**101.8**	**103.2**	**100.2**
103.3	100.0	100.6	99.3	98.7	102.3	100.4	99.1	100.0	100.8	100.0
108.5	100.0	99.8	99.7	104.3	105.0	101.2	100.4	100.0	102.3	100.8
98.1	100.0	101.1	99.1	94.5	100.9	100.0	98.4	100.0	99.6	99.7
97.9	99.6	100.0	100.1	94.3	101.5	107.9	100.0	100.0	100.0	100.0
92.9	100.0	100.3	100.0	98.0	104.0	106.1	100.0	100.0	102.0	99.5
97.2	99.5	101.3	102.0	100.2	100.6	100.8	100.0	105.8	104.4	100.1
108.2	128.2	100.4	116.1	114.1	100.0	100.0	102.9	100.0	114.6	101.7
98.7	**101.3**	**103.4**	**100.9**	**102.1**	**100.5**	**101.6**	**100.9**	**102.0**	**103.0**	**103.3**
98.4	101.4	106.5	100.7	102.2	100.3	101.8	101.4	102.8	101.7	104.5
90.0	100.0	99.9	98.6	102.6	100.7	101.6	104.6	106.4	100.0	100.3
87.6	105.1	114.0	100.1	106.1	101.0	104.7	101.7	110.1	105.6	108.5
104.6	100.2	104.5	101.8	101.5	99.9	101.0	104.6	97.6	99.9	105.2
104.0	100.0	102.3	98.6	100.7	100.0	101.2	100.1	100.0	100.0	105.4
100.2	100.0	100.0	100.0	100.0	100.0	99.5	100.1	100.1	100.0	100.0
99.1	101.1	98.8	101.3	101.8	100.8	101.3	99.5	101.0	105.3	101.2
98.1	**99.7**	**98.8**	**100.9**	**99.8**	**99.5**	**99.6**	**100.0**	**100.0**	**99.2**	**99.8**
100.7	101.4	98.1	102.6	102.1	100.0	99.9	99.8	100.7	99.8	100.7
93.1	97.5	99.7	98.9	97.7	99.0	99.3	100.4	99.2	98.5	98.7
101.5	**103.2**	**99.4**	**100.6**	**99.2**	**100.5**	**100.0**	**101.9**	**98.9**	**102.9**	**99.4**
98.1	100.0	94.7	100.2	95.7	100.0	97.8	99.8	94.9	97.7	96.2
104.2	103.7	100.3	100.5	100.2	100.0	100.5	102.4	100.7	100.0	100.0
102.9	103.0	105.0	100.5	100.8	102.0	101.3	102.4	99.7	100.4	98.7
101.1	100.2	98.9	100.0	100.7	98.4	102.5	106.5	99.3	100.2	97.3
100.7	100.0	103.1	102.4	100.0	100.0	100.0	100.0	100.0	101.0	100.0
106.6	111.9	115.5	99.2	101.4	108.5	101.2	100.0	100.0	99.8	100.0
99.1	108.6	94.5	102.2	95.0	100.9	99.4	100.7	100.0	118.2	102.4
107.3	**103.1**	**103.8**	**99.9**	**108.0**	**104.7**	**100.4**	**100.6**	**103.2**	**102.7**	**100.7**
100.9	99.8	103.8	95.7	102.7	102.7	100.6	97.9	100.9	99.9	101.4
103.5	103.6	104.0	100.5	105.5	100.0	100.0	100.0	105.0	105.1	100.0
111.1	104.7	104.2	100.2	111.0	106.8	100.0	101.5	104.1	103.6	100.0
98.8	100.4	100.3	102.0	100.8	106.3	102.7	100.5	99.1	100.5	105.5
104.4	**104.4**	**101.2**	**101.9**	**105.2**	**102.7**	**100.2**	**101.0**	**102.6**	**104.1**	**100.6**

2-15 分城乡商品零售价格指数（2013 年）

（上年价格=100）

指　　标	全　区	城　市	农　村
商品零售价格总指数	**103.3**	**103.3**	**103.1**
食品类	**108.2**	**108.1**	**108.4**
粮　食	106.3	106.3	106.4
油　脂	103.6	103.6	103.6
肉禽及其制品	114.7	114.8	114.7
猪　肉	103.8	103.5	104.5
牛　肉	140.0	140.6	138.7
羊　肉	120.1	120.9	118.1
鸡	104.1	102.9	107.1
鲜　蛋	111.8	110.8	114.0
水产品	107.4	108.0	105.7
鲜瓜果	100.4	101.2	98.8
糕点饼干面包	104.2	103.3	106.7
饮料、烟酒	**102.0**	**101.9**	**102.4**
茶及饮料	103.2	103.6	102.5
#饮 料	102.8	103.6	101.2
烟　草	101.1	101.1	101.1
酒	102.4	101.9	103.6
服装鞋帽	**99.8**	**99.6**	**100.3**
服　装	99.5	99.3	100.1
鞋袜帽	100.1	99.9	100.5
#鞋	100.2	100.1	100.6
纺织品类	**102.4**	**102.9**	**101.3**
棉　布	101.3	99.4	103.4
化纤布	100.8	100.4	102.1
毛　线	101.3	102.3	98.9
其　他	101.5	100.8	103.1
家用电器及音像器材	**97.7**	**97.2**	**98.8**
家庭设备	98.8	98.6	99.1
文娱用耐用消费品	96.2	95.0	98.4
专业音像器材	98.3	97.9	98.9

2-15　续表

（上年价格=100）

指　　标	全　区	城　市	农　村
文化办公用品	**99.5**	**99.2**	**100.1**
日用品	**101.2**	**101.3**	**101.2**
日用百货	101.0	100.9	101.3
日用杂品	100.4	100.2	100.9
洗涤用品	102.7	102.7	102.6
其他日用品	99.7	99.7	99.8
体育娱乐用品	**99.2**	**98.8**	**100.1**
体育用品	99.1	98.8	100.1
娱乐用品	99.2	98.9	100.2
交通、通信用品	**97.3**	**97.5**	**97.0**
交通运输机械	98.3	97.8	99.4
通信器材	96.0	96.9	94.0
家　具	**101.1**	**100.6**	**102.6**
化妆品	**103.0**	**103.5**	**101.9**
金银珠宝	**94.4**	**94.8**	**93.3**
中西医药品及医疗保健用品	**102.5**	**102.9**	**101.6**
医疗器具及用品	98.9	99.5	97.9
中药材及中成药	102.4	102.6	102.2
西　药	101.3	101.2	101.7
保健器具及用品	110.1	112.0	102.0
书报杂志及电子出版物	**105.4**	**107.2**	**100.8**
教材及参考书	101.8	102.2	101.2
书报杂志	111.3	114.5	101.1
电子音像制品	100.3	100.6	99.7
燃料	**102.0**	**102.8**	**100.2**
煤炭及制品	104.2	107.7	100.4
石油及制品	101.2	101.6	100.0
建筑材料及五金电料	**99.6**	**99.9**	**99.0**
建筑装璜材料	98.4	98.7	97.9
五金电料	102.7	103.2	101.9

2-16 各调查市县商品零售价格分类指数（2013 年）

指 标	乌鲁木齐市	克拉玛依市	吐鲁番市	哈密市	昌吉市	博乐市	库尔勒市	焉耆回族自治县	阿克苏市
商品零售价格总指数	**103.5**	**103.7**	**102.7**	**103.0**	**103.7**	**103.3**	**101.0**	**102.1**	**102.6**
食品类	**107.7**	**110.5**	**108.8**	**108.5**	**111.3**	**107.5**	**107.1**	**106.3**	**108.1**
粮 食	106.4	102.4	106.0	106.1	106.1	104.8	108.4	108.2	105.0
油 脂	103.0	102.5	106.6	106.0	104.0	111.0	110.7	102.8	102.5
肉禽及其制品	114.8	112.7	113.6	117.3	116.4	109.3	114.2	109.2	111.4
猪 肉	104.1	104.7	103.7	103.5	101.7	101.2	101.9	102.7	98.6
牛 肉	141.7	129.0	133.2	138.2	139.2	110.5	135.3	136.5	140.5
羊 肉	121.0	125.1	118.9	127.5	120.6	125.4	123.5	105.4	118.4
鸡	101.7	104.6	102.6	101.8	101.9	98.0	110.0	103.8	112.9
鲜 蛋	110.2	100.3	114.2	107.7	108.0	101.5	113.1	103.0	122.1
水产品	107.2	107.3	112.9	113.4	102.9	93.6	118.6	104.0	107.0
鲜瓜果	99.5	112.1	100.0	106.3	104.0	101.3	106.8	94.8	105.7
糕点饼干面包	103.7	99.8	111.7	106.5	104.4	119.4	100.5	106.3	98.1
饮料、烟酒	**101.7**	**104.7**	**100.0**	**101.6**	**99.1**	**103.7**	**99.0**	**101.6**	**102.6**
茶及饮料	101.6	112.7	99.7	103.1	101.3	110.1	101.7	100.6	100.8
#饮 料	102.0	111.7	99.7	102.5	101.2	112.8	102.5	98.0	101.0
烟 草	101.1	100.0	100.0	100.7	100.2	100.0	100.2	103.4	100.0
酒	102.5	98.8	100.6	101.5	97.5	103.3	96.2	99.9	105.7
服装鞋帽	**99.5**	**101.2**	**98.6**	**99.9**	**99.2**	**102.7**	**94.8**	**102.3**	**99.6**
服 装	99.1	100.4	98.3	99.5	98.6	102.4	92.1	102.0	100.9
鞋袜帽	100.3	102.9	99.2	100.5	100.3	102.9	99.3	103.5	97.4
#鞋	100.4	103.6	99.5	100.5	100.3	104.6	98.7	105.6	100.7
纺织品类	**104.6**	**100.2**	**102.7**	**102.5**	**101.7**	**104.4**	**98.4**	**102.5**	**91.5**
棉 布	100.0	101.9	103.7	100.0	102.4	107.7	100.3	115.7	102.3
化纤布	100.0	97.5	100.0	108.1	99.4	108.2	100.0	100.0	102.4
毛 线	102.7	100.0	101.5	111.4	104.1	95.2	100.5	100.0	100.0
其 他	100.0	102.6	114.5	100.0	100.0	110.9	100.3	100.0	100.0
家用电器及音像器材	**97.4**	**98.3**	**97.8**	**95.1**	**97.2**	**98.0**	**93.1**	**100.5**	**100.7**
家庭设备	98.9	98.0	99.4	98.1	98.9	97.5	93.6	102.6	99.6
文娱用耐用消费品	95.0	99.0	93.7	91.4	94.7	98.2	91.8	97.2	101.5
专业音像器材	99.1	96.0	100.0	95.1	95.5	100.0	97.8	97.4	103.2

（上年价格=100）

库车县	阿图什市	喀什市	莎车县	和田市	奎屯市	伊宁市	塔城市	沙湾县	阿勒泰市	石河子市
101.7	**102.1**	**102.9**	**104.1**	**103.0**	**103.2**	**103.5**	**102.8**	**102.7**	**102.7**	**103.0**
105.4	**105.9**	**107.4**	**110.7**	**109.5**	**106.5**	**107.4**	**108.5**	**107.5**	**106.9**	**106.8**
103.4	105.1	106.1	106.7	104.0	111.3	107.6	106.5	110.6	107.0	106.6
94.6	102.0	104.1	103.4	98.9	99.6	100.5	103.6	103.4	100.2	101.5
109.5	121.1	112.9	114.0	117.6	109.9	116.6	117.8	116.1	115.0	108.7
103.9	102.7	102.6	105.8	101.1	102.6	104.6	107.3	111.6	100.0	107.4
121.3	151.7	146.1	142.6	140.7	129.7	141.5	131.9	149.2	141.8	132.9
118.0	108.9	114.7	109.8	115.1	135.4	119.9	127.4	122.0	121.2	117.1
101.1	117.1	105.7	108.8	105.5	102.7	98.8	114.7	111.6	110.1	98.2
99.0	111.6	112.6	114.6	115.1	110.4	110.9	111.4	114.2	113.1	109.6
112.7	105.7	104.6	104.5	108.6	102.3	108.7	106.0	95.3	103.0	104.9
109.7	77.8	102.8	104.2	110.1	101.2	101.4	92.7	105.3	89.2	104.5
100.1	99.5	104.0	102.4	101.5	103.9	101.2	104.0	100.0	103.9	101.9
100.1	**100.6**	**102.0**	**102.5**	**101.4**	**101.3**	**101.1**	**102.1**	**100.3**	**105.9**	**101.8**
97.9	98.6	110.8	102.5	105.4	99.6	101.1	105.3	100.0	107.9	101.6
100.6	95.6	112.9	101.0	102.3	99.5	101.2	101.3	98.5	98.4	101.1
101.2	100.0	100.1	100.3	100.0	100.0	100.0	100.0	100.0	100.2	100.5
101.9	103.3	101.1	104.6	101.5	104.0	101.8	102.3	100.8	109.6	103.1
99.6	**100.1**	**98.6**	**99.4**	**97.0**	**103.3**	**104.3**	**100.1**	**101.1**	**99.5**	**102.4**
100.3	100.1	99.0	99.3	97.8	103.0	107.3	100.1	99.8	99.9	102.2
98.9	100.0	97.6	99.7	95.3	104.0	99.3	100.0	102.2	98.8	103.0
97.7	100.0	97.0	98.9	91.7	104.9	99.2	100.0	103.2	97.6	104.5
95.4	**99.7**	**97.2**	**101.6**	**99.6**	**103.6**	**103.0**	**100.0**	**100.1**	**102.1**	**99.0**
102.3	100.0	83.6	102.4	102.4	100.0	100.0	100.0	100.0	100.0	102.2
101.2	98.0	100.0	103.7	100.0	100.0	104.1	100.0	100.9	100.0	97.8
95.6	100.0	100.0	97.7	100.0	100.0	100.0	100.0	100.0	103.2	100.1
87.4	100.0	100.0	105.3	101.8	100.0	106.0	100.0	100.0	100.0	100.0
98.0	**100.0**	**97.1**	**98.8**	**94.6**	**100.4**	**99.4**	**99.8**	**97.4**	**98.7**	**97.7**
98.2	100.0	101.2	98.0	94.1	101.9	100.0	98.4	100.0	99.7	99.7
97.9	100.0	92.1	99.9	95.6	98.8	98.3	101.6	92.9	97.0	94.9
97.8	100.0	93.2	100.0	101.7	100.0	100.0	100.0	100.0	100.0	100.0

2-16 续表

指 标	乌鲁木齐市	克拉玛依市	吐鲁番市	哈密市	昌吉市	博乐市	库尔勒市	焉耆回族自治县	阿克苏市
文化办公用品	**98.4**	**98.9**	**95.7**	**100.2**	**99.0**	**98.7**	**102.1**	**99.9**	**101.7**
日用品	**101.4**	**100.0**	**101.2**	**104.8**	**100.8**	**104.4**	**99.9**	**101.2**	**100.9**
日用百货	100.8	100.2	102.5	101.7	101.6	101.4	100.6	102.5	101.5
日用杂品	100.0	99.9	98.9	104.7	102.4	105.4	96.6	99.7	101.9
洗涤用品	102.7	99.9	101.2	108.2	98.6	107.9	101.3	101.3	107.6
其他日用品	98.8	100.1	101.4	100.3	104.7	100.4	100.7	100.3	93.5
体育娱乐用品	**99.0**	**100.4**	**98.3**	**100.0**	**102.9**	**100.9**	**99.7**	**103.1**	**91.7**
体育用品	98.5	100.8	97.8	101.0	103.1	100.9	101.7	104.8	87.4
娱乐用品	99.4	100.0	99.4	98.4	102.8	100.9	97.1	100.8	93.4
交通、通信用品	**97.1**	**98.4**	**88.3**	**97.0**	**98.3**	**97.7**	**97.3**	**98.9**	**100.0**
交通运输机械	97.0	100.0	99.5	99.4	99.8	99.5	100.0	100.0	99.6
通信器材	97.3	96.5	81.1	93.3	96.5	95.1	91.0	98.3	100.7
家 具	**100.5**	**101.5**	**109.2**	**99.5**	**100.2**	**99.6**	**100.0**	**103.7**	**101.6**
化妆品	**104.2**	**100.8**	**102.3**	**104.7**	**104.9**	**105.3**	**97.7**	**101.3**	**102.4**
金银珠宝	**94.0**	**97.2**	**91.2**	**99.0**	**96.3**	**92.5**	**89.7**	**83.5**	**95.0**
中西药品及医疗保健用品	**103.5**	**103.0**	**102.9**	**103.0**	**99.6**	**107.0**	**98.5**	**98.2**	**97.8**
医疗器具及用品	99.3	101.3	100.4	98.1	100.0	98.2	101.9	85.8	95.9
中药材及中成药	102.6	104.1	104.4	100.1	97.6	108.9	95.8	99.9	100.7
西 药	101.1	103.5	102.2	103.9	100.0	107.6	99.8	96.9	96.7
保健器具及用品	116.0	100.0	102.2	111.1	102.3	107.6	101.1	104.4	93.8
书报杂志及电子出版物	**111.0**	**100.0**	**99.1**	**100.1**	**99.8**	**101.4**	**101.2**	**101.9**	**102.8**
教材及参考书	103.1	100.0	100.8	100.0	100.1	100.2	100.0	102.6	101.5
书报杂志	120.2	100.0	96.7	100.3	99.8	103.4	100.0	102.2	100.4
电子音像制品	100.0	100.0	100.0	100.0	99.4	99.7	105.5	92.6	105.8
燃料	**103.3**	**99.4**	**102.2**	**97.0**	**99.1**	**93.6**	**99.0**	**96.7**	**102.6**
煤炭及制品	120.0	100.0	104.4	92.0	97.6	78.8	98.4	92.8	110.1
石油及制品	102.5	99.1	100.7	99.9	99.1	100.7	99.2	99.2	100.1
建筑器材及五金电料	**99.4**	**100.1**	**97.9**	**97.2**	**101.2**	**102.0**	**100.3**	**99.4**	**99.1**
建筑装璜材料	98.4	97.9	95.6	97.4	99.6	102.9	96.1	99.3	99.3
五金电料	102.5	103.9	102.7	96.9	106.9	100.0	109.0	99.7	98.4

（上年价格=100）

库车县	阿图什市	喀什市	莎车县	和田市	奎屯市	伊宁市	塔城市	沙湾县	阿勒泰市	石河子市
102.3	**100.0**	**101.3**	**100.0**	**97.6**	**97.8**	**100.0**	**102.4**	**99.5**	**99.3**	**98.8**
103.3	**99.0**	**98.3**	**100.7**	**100.4**	**101.4**	**102.5**	**100.0**	**101.0**	**100.2**	**101.0**
103.7	100.3	95.8	100.2	97.5	100.9	99.9	100.1	101.4	100.4	100.6
98.3	100.3	101.0	102.9	99.9	102.1	100.0	100.0	102.9	99.2	100.7
110.5	97.1	98.6	100.9	103.4	101.3	103.5	100.0	100.0	101.0	101.7
97.4	100.1	100.3	99.9	100.6	102.1	104.9	100.0	100.0	100.0	100.6
100.7	**100.2**	**94.4**	**100.1**	**100.5**	**100.5**	**100.0**	**97.8**	**101.0**	**100.0**	**100.1**
101.2	100.4	93.1	100.0	100.3	101.2	100.2	96.0	103.2	100.0	101.3
100.2	100.0	95.7	100.1	100.8	99.9	99.9	99.4	100.0	100.0	98.7
99.4	**96.8**	**96.5**	**95.3**	**98.0**	**98.8**	**97.8**	**98.8**	**99.3**	**97.1**	**97.5**
101.1	100.2	94.8	100.0	98.7	100.0	100.3	97.2	100.0	98.5	99.0
97.4	93.0	99.6	91.5	96.8	97.9	95.4	102.1	98.5	95.7	95.2
107.2	**100.0**	**99.6**	**99.8**	**105.0**	**106.2**	**101.2**	**100.4**	**100.0**	**102.7**	**100.5**
100.4	**100.9**	**98.3**	**103.1**	**101.3**	**101.4**	**101.7**	**100.3**	**100.4**	**102.8**	**100.7**
93.2	**92.4**	**99.1**	**98.4**	**88.5**	**100.8**	**95.0**	**85.8**	**95.4**	**92.7**	**93.6**
95.9	**101.7**	**107.4**	**100.8**	**102.5**	**100.3**	**102.5**	**102.4**	**102.3**	**101.9**	**105.8**
90.0	100.0	99.9	98.6	102.6	100.7	101.6	104.6	106.4	100.0	100.3
87.2	104.8	114.5	100.1	106.1	101.0	104.7	101.7	110.0	104.9	108.5
102.4	100.2	104.2	101.6	101.2	99.9	101.0	104.6	96.0	99.9	104.6
101.7	100.0	101.7	98.9	100.8	100.1	101.2	100.1	100.0	100.0	104.7
102.5	**101.0**	**101.8**	**101.3**	**102.3**	**100.0**	**101.2**	**100.0**	**100.0**	**100.3**	**100.1**
106.1	104.8	101.9	99.9	101.1	100.0	102.8	100.0	100.1	100.0	100.0
100.7	100.0	102.8	102.5	100.0	100.0	100.0	100.0	100.0	100.9	100.0
100.0	100.0	100.0	100.0	107.9	100.0	100.0	100.0	100.0	100.0	100.3
98.0	**102.2**	**102.1**	**106.2**	**98.7**	**103.7**	**101.3**	**99.2**	**98.2**	**99.4**	**101.9**
96.5	107.7	101.5	118.1	92.8	100.0	105.8	97.2	98.7	98.8	102.3
99.3	100.5	102.3	100.1	100.1	105.6	100.7	99.8	97.8	99.7	101.7
104.9	**99.0**	**102.7**	**96.9**	**102.1**	**101.9**	**102.4**	**97.8**	**99.5**	**100.0**	**101.2**
100.8	98.5	102.0	96.0	101.6	102.2	100.4	97.6	99.2	99.9	101.2
108.6	100.0	105.1	100.3	103.2	100.6	109.1	100.9	100.0	100.1	101.3

2-17 分月居民消费价格指数（2014 年）

指　　标	全　年 平　均	1　月	2　月	3　月	4　月
居民消费价格总指数	**102.1**	**102.6**	**102.3**	**102.7**	**102.1**
非食品价格指数	**101.2**	**101.2**	**101.1**	**101.1**	**101.3**
服务项目价格指数	**102.0**	**102.6**	**102.7**	**102.2**	**102.2**
扣除鲜菜鲜果总指数	**101.7**	**102.6**	**102.3**	**102.0**	**102.0**
消费品价格指数	**102.2**	**102.6**	**102.2**	**102.9**	**102.0**
食品	**103.6**	**105.0**	**104.2**	**105.3**	**103.3**
粮食	103.3	103.7	104.0	104.0	103.9
淀粉及制品	102.0	101.0	101.7	101.9	103.5
干豆类及豆制品	104.3	105.4	104.2	104.6	105.1
油脂	97.3	99.4	99.2	98.9	98.4
肉禽及其制品	99.1	107.0	103.5	101.0	99.8
食用畜肉及副产品	97.5	108.3	103.9	101.0	98.2
禽	104.6	100.3	100.1	99.5	105.8
加工肉畜	104.9	107.1	105.5	103.5	104.5
蛋	103.5	94.5	89.8	95.6	99.1
水产品	103.3	108.4	108.4	107.6	105.9
鱼	103.3	110.7	111.2	109.6	106.7
其他水产品	103.2	103.1	102.3	103.2	104.1
菜	101.6	97.4	99.4	111.7	98.4
调味品	101.9	101.4	101.7	101.6	101.8
糖	99.3	99.7	100.7	99.5	99.3
茶及饮料	102.3	100.7	100.8	100.9	101.4
茶叶	101.6	101.3	101.1	102.4	102.1
饮料	102.6	100.4	100.6	100.1	101.1
干鲜瓜果	112.0	109.3	108.0	108.0	107.2
糕点饼干面包	104.5	104.5	104.2	104.4	104.2
液体乳及乳制品	115.7	119.9	121.0	120.6	120.4
在外用膳食品	106.1	106.9	107.5	107.1	106.9
其他食品	102.0	101.0	102.1	101.1	102.1
烟酒	**100.6**	**100.6**	**100.8**	**100.9**	**101.1**
烟草	100.0	100.0	100.0	100.0	100.0
酒	101.1	101.1	101.5	101.7	102.1
衣着	**101.9**	**100.6**	**100.2**	**101.4**	**101.6**
服装	102.3	101.0	100.5	102.0	102.2
男式服装	102.5	101.1	100.7	102.3	102.7
女式服装	102.0	100.5	100.0	101.6	101.7
儿童服装	102.4	102.6	101.6	102.6	102.5
衣着材料	101.3	101.6	101.7	101.5	101.6
鞋袜帽	100.8	99.1	99.0	99.7	100.1
鞋	101.1	99.0	98.9	99.8	100.2
袜子	99.4	99.4	99.5	99.4	99.4
帽子	101.9	99.7	99.7	99.9	100.1
衣着加工服务费	105.6	103.5	103.7	103.3	104.0

（上年同月价格=100）

5 月	6 月	7 月	8 月	9 月	10 月	11 月	12 月
102.4	**102.6**	**102.5**	**102.3**	**101.9**	**101.5**	**101.0**	**101.2**
101.3	**101.3**	**101.3**	**101.2**	**101.1**	**101.2**	**101.2**	**101.2**
101.6	**101.7**	**101.8**	**101.7**	**101.8**	**101.6**	**101.9**	**101.7**
102.0	**102.0**	**101.8**	**101.7**	**101.4**	**101.3**	**101.0**	**100.8**
102.8	**103.0**	**102.8**	**102.5**	**101.9**	**101.5**	**100.7**	**101.1**
104.4	**104.9**	**104.5**	**104.2**	**103.2**	**102.2**	**100.6**	**101.3**
103.7	103.2	103.2	102.9	102.8	103.4	103.0	102.6
103.1	103.1	102.0	100.1	100.2	102.1	102.5	102.4
104.2	105.3	105.6	105.2	103.8	102.7	102.5	102.8
97.7	97.2	96.9	96.3	95.9	95.6	95.8	95.8
99.7	99.1	98.4	99.0	98.2	97.0	94.3	93.1
97.3	96.6	95.7	96.4	95.9	94.9	92.0	90.4
110.8	109.6	109.2	109.8	106.4	103.0	100.7	101.0
104.2	104.8	104.8	104.9	105.1	105.5	104.8	104.2
107.6	106.8	106.9	109.9	107.4	107.4	107.1	110.1
102.7	102.8	101.4	101.2	101.0	99.9	100.9	100.1
102.4	102.6	100.5	99.9	99.7	98.6	100.3	99.2
103.4	103.0	103.3	104.3	104.1	102.8	102.2	102.4
106.4	106.9	106.2	104.2	100.0	98.6	92.1	101.2
101.9	101.9	101.8	102.0	102.3	102.2	102.0	102.4
99.0	99.3	98.8	99.0	99.0	98.6	99.2	99.6
101.3	103.1	103.1	103.2	103.1	103.3	103.4	103.4
101.1	101.7	101.5	101.5	101.3	101.4	101.7	101.8
101.4	103.8	103.8	103.9	104.0	104.1	104.2	104.2
108.7	115.5	116.4	116.8	116.4	112.9	113.2	113.2
104.2	104.5	104.7	104.7	105.1	105.2	104.6	103.3
120.7	119.0	118.7	116.4	111.9	110.3	107.1	105.4
106.5	106.9	106.8	105.6	105.4	104.6	104.9	105.0
101.6	102.1	102.2	102.0	102.7	102.9	102.2	101.7
100.7	**100.6**	**100.6**	**100.7**	**100.5**	**100.4**	**100.3**	**99.9**
100.0	100.0	100.0	100.0	100.0	100.0	100.0	100.0
101.3	101.2	101.2	101.3	101.0	100.8	100.6	99.8
102.5	**102.5**	**102.2**	**101.9**	**101.6**	**102.6**	**102.7**	**103.1**
102.8	102.9	102.6	102.1	101.7	103.0	102.9	103.5
103.3	103.3	103.3	102.5	101.7	103.4	103.1	102.8
102.6	102.7	102.2	101.8	101.5	102.9	102.9	103.9
102.4	102.5	102.1	102.0	101.9	102.2	102.9	103.7
101.7	102.1	100.9	100.9	100.9	101.0	100.5	101.2
101.6	101.2	101.1	101.4	101.1	101.8	101.9	102.1
102.0	101.5	101.4	101.7	101.4	102.2	102.4	102.6
99.4	99.5	99.6	99.4	99.2	99.3	99.1	99.1
101.9	103.5	102.6	102.7	102.8	103.0	103.4	103.9
106.6	106.7	106.6	106.7	106.6	105.6	107.2	106.6

2-17 续表

指　　标	全年平均	1　月	2　月	3　月	4　月
家庭设备用品及维修服务	**101.1**	**101.4**	**101.4**	**101.2**	**101.7**
耐用消费品	99.5	99.7	99.3	99.3	100.3
家具	100.4	100.0	99.7	99.6	101.7
家庭设备	98.9	99.5	99.1	99.0	99.4
室内装饰品	100.8	100.2	100.3	100.2	100.6
床上用品	99.9	101.6	100.6	100.7	100.9
家庭日用杂品	100.3	100.9	100.8	100.8	100.4
家庭服务及加工维修服务	109.5	109.3	111.8	110.1	110.8
医疗保健和个人用品	**101.3**	**100.8**	**100.9**	**100.9**	**101.3**
医疗保健	101.9	101.9	101.9	101.9	102.0
医疗器具及用品	100.7	101.0	101.1	101.5	101.7
中药材及中成药	102.5	105.4	105.4	104.6	104.2
西药	103.1	101.6	101.7	102.0	102.3
保健器具及用品	101.5	101.1	101.2	101.8	101.9
医疗保健服务	100.0	100.0	100.0	100.0	100.0
个人用品及服务	100.7	99.6	99.8	99.8	100.5
化妆美容用品	100.5	100.6	100.6	100.7	100.8
清洁化妆用品	101.1	101.3	100.8	100.6	101.4
个人饰品	95.7	91.9	92.4	94.3	95.3
个人服务	106.2	106.1	106.9	104.4	105.3
交通和通信	**100.4**	**100.7**	**100.4**	**100.4**	**100.8**
交通	101.1	102.0	101.5	101.5	102.2
交通工具	99.9	99.3	99.7	99.7	99.8
车用燃料及零配件	99.1	100.9	99.1	99.1	101.1
车辆使用及维修费	104.4	105.2	104.1	103.4	104.6
市区公共交通费	102.4	104.8	104.9	104.9	104.9
城市间交通费	100.5	100.6	99.4	99.8	100.7
通信	99.6	99.2	99.2	99.3	99.4
通信工具	95.8	93.6	94.1	94.7	95.1
通信服务	100.2	100.2	100.1	100.1	100.2
娱乐教育文化用品及服务	**100.4**	**100.7**	**100.7**	**100.7**	**100.5**
文娱用耐用消费品及服务	97.9	97.3	97.3	97.5	97.8
教育	100.8	100.7	100.7	101.2	101.0
教材及参考书	99.9	99.6	99.6	100.0	100.0
教育服务	101.0	100.9	100.9	101.4	101.1
文化娱乐	102.6	103.1	102.9	103.0	103.0
文化娱乐用品	100.1	100.1	99.9	100.0	100.3
书报杂志	100.2	100.6	100.2	100.2	100.2
文娱费	106.1	107.3	107.2	107.2	107.2
旅游	99.2	102.7	103.1	100.5	99.7
居住	**101.9**	**102.5**	**102.7**	**101.9**	**101.9**
建房及装修材料	100.2	99.0	98.9	98.7	99.3
住房租金	103.0	103.5	104.1	103.7	103.5
自有住房	102.2	103.3	103.5	102.3	102.2
水、电、燃料	100.4	101.1	101.0	100.5	100.8

（上年同月价格=100）

5　月	6　月	7　月	8　月	9　月	10　月	11　月	12　月
101.8	**101.5**	**101.1**	**100.9**	**101.0**	**100.4**	**100.4**	**100.5**
100.8	99.7	99.5	99.2	99.4	99.0	98.9	99.0
103.1	100.9	100.5	100.5	100.5	99.4	99.5	99.8
99.4	98.9	98.8	98.4	98.7	98.7	98.5	98.6
100.9	101.1	101.1	100.8	101.1	101.1	100.8	101.0
101.1	100.9	98.6	98.6	99.3	98.9	98.6	98.6
100.3	100.6	100.6	100.1	100.0	99.8	99.9	100.0
110.0	110.5	110.1	110.1	110.1	106.7	107.7	107.8
101.2	**101.3**	**101.6**	**101.6**	**101.6**	**101.6**	**101.4**	**101.5**
101.8	101.9	101.8	101.7	102.0	102.0	101.9	102.0
101.0	100.7	101.1	101.1	100.0	100.0	100.0	100.0
102.6	102.1	101.3	101.1	100.9	100.9	100.7	100.6
102.6	103.2	103.4	103.4	104.4	104.3	104.3	104.3
102.4	101.3	101.4	101.4	101.4	101.4	101.3	101.4
100.0	100.1	100.1	100.1	100.1	100.1	100.1	100.1
100.5	100.6	101.5	101.5	101.1	101.2	100.8	101.0
100.8	100.6	100.6	100.4	100.2	100.2	100.1	100.2
101.4	101.2	101.2	101.3	101.0	100.9	101.0	101.0
95.6	96.4	97.8	97.5	96.8	97.1	96.8	97.6
105.1	104.9	107.1	107.6	107.4	107.3	106.0	105.9
100.5	**100.5**	**100.9**	**100.6**	**100.2**	**100.1**	**99.8**	**99.4**
101.3	101.3	102.0	101.4	100.6	100.3	99.9	99.1
99.8	99.7	100.0	100.2	100.1	100.0	100.0	100.2
104.4	105.0	104.4	100.8	96.7	96.1	92.9	88.9
104.6	105.0	105.5	104.6	104.2	104.1	103.6	103.4
101.2	101.2	101.5	101.1	101.1	101.1	101.1	101.1
100.3	99.8	101.9	102.0	101.0	100.4	100.6	99.4
99.6	99.7	99.7	99.8	99.7	99.8	99.7	99.7
95.8	96.2	96.4	96.7	96.5	96.8	96.6	96.9
100.3	100.3	100.3	100.3	100.3	100.3	100.3	100.2
100.7	**100.6**	**100.1**	**99.9**	**100.1**	**99.9**	**100.2**	**100.2**
98.3	97.9	98.1	98.0	98.3	98.3	98.2	98.2
100.9	100.8	100.8	100.7	100.7	100.8	100.8	100.8
100.0	100.0	100.0	100.0	100.0	100.0	99.9	100.1
101.0	100.9	100.9	100.9	100.9	100.9	100.9	100.9
102.4	102.3	102.3	102.1	102.3	102.3	102.5	102.7
100.2	100.3	100.1	100.1	100.0	100.0	100.1	100.3
100.2	100.2	100.2	100.0	100.2	100.2	100.2	100.7
105.8	105.4	105.4	105.0	105.5	105.6	106.0	105.9
101.4	101.6	97.3	96.6	97.2	95.7	97.7	97.5
101.2	**101.5**	**101.6**	**101.7**	**101.7**	**101.8**	**102.2**	**102.0**
99.8	100.5	100.7	101.0	101.3	101.3	101.0	101.0
102.6	102.9	102.6	102.6	102.7	102.6	102.9	102.7
101.1	101.5	101.7	101.7	101.9	102.1	102.6	102.3
100.6	100.6	100.5	100.5	99.5	99.6	100.2	100.5

2-18 分月居民消费价格指数（2014 年）

指　标	1 月	2 月	3 月	4 月	5 月
居民消费价格总指数	**101.1**	**100.8**	**99.9**	**99.3**	**99.9**
非食品价格指数	**100.1**	**100.1**	**100.2**	**100.1**	**100.1**
服务项目价格指数	**100.1**	**100.3**	**100.3**	**100.2**	**99.9**
扣除鲜菜鲜果总指数	**100.2**	**100.2**	**100.1**	**99.9**	**100.2**
消费品价格指数	**101.5**	**101.0**	**99.7**	**98.9**	**99.9**
食品	**102.7**	**101.9**	**99.3**	**98.0**	**99.5**
粮食	100.4	100.0	100.6	100.3	100.1
淀粉及制品	99.6	100.7	100.2	101.6	99.8
干豆类及豆制品	100.2	100.6	99.6	100.3	100.1
油脂	100.0	99.9	99.8	99.4	99.7
肉禽及其制品	99.7	100.2	98.7	97.9	99.5
食用畜肉及副产品	99.7	100.2	98.2	96.8	99.0
禽	99.8	99.4	100.7	101.6	101.8
加工肉畜	100.2	101.1	100.1	101.3	99.8
蛋	98.1	96.1	101.3	101.9	111.3
水产品	101.5	101.6	98.8	99.5	100.2
鱼	101.8	102.0	98.1	99.0	100.3
其他水产品	100.7	100.5	100.4	100.6	100.0
菜	115.0	109.4	95.5	87.5	90.4
调味品	100.2	100.4	99.8	100.1	100.2
糖	99.6	99.7	99.7	99.9	99.7
茶及饮料	100.5	100.3	100.2	100.0	100.0
茶叶	100.4	100.1	100.8	100.0	99.4
饮料	100.5	100.4	99.9	100.0	100.4
干鲜瓜果	108.3	105.2	101.2	100.2	103.3
糕点饼干面包	101.1	100.3	100.5	100.2	100.3
液体乳及乳制品	103.3	101.2	100.3	100.1	99.9
在外用膳食品	100.5	100.9	100.3	100.5	100.4
其他食品	99.9	100.4	99.9	100.5	100.1
烟酒	**100.2**	**100.1**	**100.2**	**100.1**	**99.8**
烟草	100.0	100.0	100.0	100.0	100.0
酒	100.4	100.1	100.4	100.2	99.7
衣着	**100.8**	**99.7**	**100.1**	**99.9**	**100.7**
服装	101.1	99.6	100.1	99.8	100.6
男式服装	101.1	99.8	100.3	99.4	100.7
女式服装	101.1	99.4	100.0	99.9	100.8
儿童服装	101.0	100.0	100.2	100.2	99.9
衣着材料	100.0	100.0	99.8	100.1	100.2
鞋袜帽	100.3	100.0	100.1	100.1	100.7
鞋	100.4	100.0	100.2	100.1	100.8
袜子	100.0	100.0	100.0	100.0	100.0
帽子	101.0	100.0	99.6	100.0	101.8
衣着加工服务费	100.1	100.2	100.1	101.0	102.7

（上月价格=100）

6　月	7　月	8　月	9　月	10　月	11　月	12　月
99.7	**99.5**	**99.9**	**100.0**	**100.1**	**100.3**	**100.8**
100.1	**100.0**	**100.0**	**100.0**	**100.2**	**100.1**	**100.1**
100.3	**100.2**	**100.2**	**100.0**	**100.1**	**100.1**	**99.9**
100.1	**100.0**	**100.2**	**100.0**	**100.1**	**99.9**	**99.9**
99.5	**99.3**	**99.7**	**99.9**	**100.1**	**100.4**	**101.1**
99.1	**98.8**	**99.6**	**99.8**	**99.9**	**100.6**	**102.0**
100.0	100.1	100.2	100.2	100.4	100.3	99.9
100.0	99.9	98.4	99.9	102.1	100.5	99.8
100.7	100.3	99.9	100.1	100.2	100.5	100.2
99.2	99.3	99.3	99.7	99.8	99.9	99.7
100.4	99.6	101.0	99.7	99.5	97.9	98.7
100.3	99.4	101.0	99.7	99.6	97.7	98.4
100.8	100.5	101.4	99.4	98.6	97.7	99.2
100.6	100.1	100.2	100.2	100.5	100.0	100.0
99.4	99.5	106.0	103.0	99.2	95.4	99.5
99.8	99.3	99.7	99.9	99.5	100.5	100.0
99.8	99.2	99.6	99.9	99.0	100.7	99.8
99.9	99.6	100.1	99.9	100.5	99.9	100.4
88.1	93.2	97.5	100.9	102.6	109.1	117.6
100.1	99.9	100.3	100.3	100.0	100.4	100.7
99.9	99.9	99.9	100.4	99.9	100.9	99.9
102.2	100.1	100.2	99.9	100.0	100.0	100.0
100.9	100.0	100.0	100.0	100.0	100.1	100.1
102.7	100.1	100.3	99.9	100.0	100.0	100.0
101.8	95.6	93.9	96.7	98.1	103.4	106.0
100.2	100.0	100.1	100.3	100.1	100.0	100.0
100.1	100.5	100.0	100.0	100.1	99.9	99.9
100.4	100.5	100.1	100.1	100.0	100.8	100.3
100.1	100.1	100.0	100.0	100.2	99.9	100.4
99.8	**100.0**	**100.0**	**99.9**	**99.8**	**100.1**	**99.8**
100.0	100.0	100.0	100.0	100.0	100.0	100.0
99.7	100.1	100.1	99.8	99.7	100.2	99.5
99.7	**99.3**	**99.9**	**100.2**	**101.2**	**100.8**	**100.7**
99.7	99.2	99.5	100.5	101.4	101.0	100.9
99.5	99.6	99.2	100.5	101.5	101.0	100.3
99.8	99.0	99.5	100.5	101.5	101.2	101.3
100.2	99.0	100.2	100.4	100.9	100.7	101.0
100.3	99.8	100.0	100.1	100.2	100.1	100.7
99.7	99.4	101.0	99.7	100.8	100.0	100.3
99.5	99.3	101.3	99.6	101.0	100.0	100.3
100.0	99.8	99.5	99.8	100.0	100.0	100.1
101.2	99.0	100.4	100.0	100.0	100.3	100.5
100.5	100.0	100.0	100.0	100.0	101.8	100.1

2-18 续表

指　标	1　月	2　月	3　月	4　月	5　月
家庭设备用品及维修服务	**99.9**	**100.1**	**100.0**	**100.1**	**100.1**
耐用消费品	99.7	99.7	100.0	100.0	100.1
家具	99.6	99.9	100.1	100.3	100.2
家庭设备	99.8	99.6	99.9	99.8	100.0
室内装饰品	100.0	100.1	100.1	100.4	100.0
床上用品	99.9	99.0	100.0	100.2	100.2
家庭日用杂品	99.8	100.0	100.0	100.0	100.1
家庭服务及加工维修服务	101.0	102.6	100.0	100.6	100.5
医疗保健和个人用品	**100.1**	**100.1**	**100.3**	**100.1**	**100.3**
医疗保健	100.1	100.1	100.2	100.0	100.6
医疗器具及用品	100.5	99.9	100.0	99.6	99.8
中药材及中成药	100.2	100.0	99.6	99.7	100.5
西药	100.0	100.3	100.5	100.3	101.1
保健器具及用品	100.1	100.1	100.8	100.1	100.6
医疗保健服务	100.2	100.0	100.0	99.9	100.0
个人用品及服务	100.0	100.1	100.4	100.2	100.1
化妆美容用品	100.0	100.0	100.0	100.0	100.0
清洁化妆用品	100.2	100.0	100.1	100.5	100.0
个人饰品	99.7	100.0	101.4	99.6	99.8
个人服务	100.0	100.7	100.1	100.9	100.7
交通和通信	**100.4**	**99.9**	**99.9**	**100.1**	**100.0**
交通	100.7	99.8	99.9	100.1	100.0
交通工具	99.9	100.4	100.0	99.9	100.0
车用燃料及零配件	100.9	98.9	101.4	99.3	100.6
车辆使用及维修费	101.8	100.3	100.0	100.5	100.0
市区公共交通费	100.6	100.1	100.0	100.0	100.1
城市间交通费	101.1	99.4	99.1	100.5	99.6
通信	100.1	100.0	99.9	100.1	100.0
通信工具	99.6	99.9	99.6	99.8	100.0
通信服务	100.1	100.0	100.0	100.1	100.0
娱乐教育文化用品及服务	**100.4**	**100.0**	**100.1**	**99.9**	**100.0**
文娱用耐用消费品及服务	99.7	99.8	100.0	99.8	99.9
教育	100.1	100.0	100.6	100.0	100.0
教材及参考书	99.3	100.0	100.5	100.0	100.0
教育服务	100.2	100.0	100.6	100.0	100.0
文化娱乐	101.4	100.0	100.0	100.0	100.7
文化娱乐用品	100.3	100.1	100.1	100.1	100.0
书报杂志	100.2	100.0	100.0	100.0	100.0
文娱费	103.0	100.0	100.0	100.0	101.7
旅游	101.0	99.9	98.3	99.4	98.9
居住	**99.4**	**100.4**	**100.7**	**100.4**	**99.8**
建房及装修材料	99.8	100.0	100.0	100.5	100.0
住房租金	99.7	100.7	101.5	100.2	99.7
自有住房	99.4	100.5	100.7	100.4	99.8
水、电、燃料	98.7	99.9	100.0	100.2	100.1

（上月价格=100）

6　月	7　月	8　月	9　月	10　月	11　月	12　月
100.0	**99.9**	**99.9**	**100.0**	**100.0**	**100.3**	**100.1**
99.8	99.7	99.9	100.0	100.0	100.0	100.1
99.7	99.6	99.9	100.1	100.0	100.1	100.3
100.0	99.7	99.8	99.9	99.9	99.9	100.1
100.1	100.1	99.9	100.1	100.1	99.9	100.3
99.8	99.6	99.8	99.9	99.6	100.2	100.4
100.1	100.0	99.8	100.0	100.0	100.2	100.0
100.6	100.1	100.2	100.0	100.3	101.6	100.1
100.1	**100.3**	**100.1**	**100.1**	**99.9**	**100.0**	**100.0**
100.3	100.1	100.0	100.4	100.0	100.0	100.1
100.0	100.2	100.0	100.0	100.0	100.0	100.0
100.4	100.0	100.1	99.8	100.0	100.2	100.1
100.6	100.3	100.0	101.0	100.0	100.0	100.2
99.6	100.1	100.0	100.0	100.0	100.0	100.0
100.0	100.0	100.0	100.0	100.0	100.0	100.0
99.9	100.6	100.2	99.9	99.8	99.9	100.0
100.0	100.0	100.0	100.0	100.0	100.0	100.0
100.0	100.0	100.2	100.0	99.8	100.0	100.1
99.4	100.2	99.8	99.3	99.2	99.4	99.7
100.0	102.2	101.1	100.1	100.0	100.0	100.0
100.1	**100.1**	**100.1**	**99.8**	**99.7**	**99.8**	**99.5**
100.2	100.3	100.1	99.6	99.5	99.7	99.1
99.9	100.1	100.0	100.0	100.0	100.0	99.9
100.4	100.4	98.0	97.8	97.9	95.7	97.1
100.3	100.4	100.0	100.0	100.0	100.0	100.0
100.1	100.3	100.0	100.0	100.0	100.0	100.0
100.6	100.6	101.4	99.4	99.2	100.8	97.8
100.0	99.9	100.0	100.0	100.0	99.9	99.9
99.8	99.1	99.8	99.9	99.9	99.5	100.0
100.0	100.0	100.0	100.0	100.0	100.0	99.9
100.0	**100.0**	**100.2**	**100.1**	**99.7**	**99.9**	**100.0**
99.9	99.7	99.8	99.9	99.9	99.9	99.9
100.0	100.0	100.0	100.0	100.0	100.0	100.0
100.0	100.0	100.1	100.0	100.0	100.0	100.2
100.0	100.0	100.0	100.0	100.0	100.0	100.0
100.1	99.9	100.1	100.2	100.0	100.1	100.1
100.0	99.8	100.1	99.9	100.0	99.9	100.0
100.0	100.0	100.0	100.0	100.0	100.0	100.5
100.2	100.0	100.1	100.5	100.0	100.3	100.0
100.1	100.6	102.0	100.7	97.7	99.6	99.4
100.4	**100.2**	**100.0**	**100.0**	**100.5**	**100.1**	**100.0**
99.8	99.9	100.0	100.0	100.6	100.1	100.1
100.3	100.1	100.0	100.0	100.2	100.0	100.3
100.6	100.2	100.0	100.0	100.6	100.1	99.9
100.0	100.0	100.0	99.9	100.5	100.7	100.2

2-19 分月农业生产资料价格指数（2014 年）

指标	全年平均	1月	2月	3月	4月
农业生产资料价格指数	**97.7**	**101.0**	**101.2**	**100.6**	**98.7**
农用手工工具	**102.5**	**102.6**	**102.2**	**101.8**	**102.7**
农用手工工具	102.5	102.6	102.2	101.8	102.7
饲料	**101.6**	**105.1**	**104.9**	**104.1**	**102.8**
混合饲料	101.8	105.1	104.9	104.5	103.1
其他	100.9	105.1	104.7	102.2	101.6
产品畜	**96.9**	**105.9**	**103.9**	**99.1**	**97.8**
幼禽家畜	96.9	105.9	103.9	99.1	97.8
半机械化农具	**100.3**	**100.9**	**100.7**	**100.7**	**100.3**
半机械化农具	100.3	100.9	100.7	100.7	100.3
机械化农具	**100.2**	**100.4**	**100.3**	**100.5**	**100.3**
农用机械	100.2	100.4	100.3	100.5	100.3
化学肥料	**88.4**	**95.7**	**96.5**	**96.3**	**90.4**
氮肥	85.1	94.5	95.0	95.0	87.9
磷肥	92.4	95.8	96.5	97.7	93.5
钾肥	91.2	94.9	95.7	96.3	90.7
复合肥料	91.5	99.1	100.6	98.0	93.2
农药及农药械	**100.4**	**101.6**	**101.5**	**100.7**	**100.5**
化学农药	100.0	101.2	101.1	100.3	100.0
杀虫剂	100.3	102.0	101.8	101.3	99.9
杀菌剂	100.3	99.1	99.1	99.0	99.6
除草剂	99.2	101.6	101.7	99.2	100.6
农药器械	101.7	103.3	103.3	102.3	102.8
农药器械	101.7	103.3	103.3	102.3	102.8
农用机油	**99.2**	**100.4**	**99.6**	**99.7**	**101.0**
农用机油	99.2	100.4	99.6	99.7	101.0
其他农业生产资料	**104.1**	**103.9**	**103.8**	**103.1**	**103.0**
农用种子	104.4	104.7	104.7	104.0	103.1
农用种子	104.4	104.7	104.7	104.0	103.1
其它	103.0	101.4	100.9	100.2	102.6
农用薄膜	103.2	103.0	102.4	101.2	103.1
其它	102.7	96.7	96.6	97.1	101.2
农业生产服务	**106.2**	**104.9**	**106.4**	**106.4**	**108.0**
排灌费	108.3	106.0	107.0	107.0	110.3
机械作业费	105.8	103.4	105.3	105.8	107.6
农业用电	100.2	100.7	100.7	100.7	100.3
农业用工	103.1	106.3	108.1	107.3	105.2

（上年同月价格=100）

5　月	6　月	7　月	8　月	9　月	10　月	11　月	12　月
96.7	**96.6**	**96.7**	**96.4**	**95.9**	**96.1**	**96.3**	**95.9**
101.0	**101.9**	**102.7**	**102.7**	**102.7**	**103.0**	**103.2**	**103.2**
101.0	101.9	102.7	102.7	102.7	103.0	103.2	103.2
101.5	**101.2**	**101.7**	**100.2**	**99.1**	**99.8**	**99.7**	**100.2**
101.6	101.7	102.1	100.2	99.4	100.0	99.8	99.8
101.0	98.9	99.9	100.0	97.9	99.0	99.0	102.0
97.2	**96.3**	**95.3**	**94.4**	**94.9**	**93.2**	**93.1**	**92.7**
97.2	96.3	95.3	94.4	94.9	93.2	93.1	92.7
100.3	**100.2**	**100.1**	**100.1**	**100.1**	**100.2**	**100.0**	**100.0**
100.3	100.2	100.1	100.1	100.1	100.2	100.0	100.0
100.1	**100.1**	**100.1**	**100.1**	**100.1**	**100.1**	**100.1**	**100.1**
100.1	100.1	100.1	100.1	100.1	100.1	100.1	100.1
84.7	**84.5**	**84.5**	**85.1**	**84.7**	**85.4**	**86.4**	**85.8**
80.5	80.2	80.1	81.4	80.3	81.1	82.4	81.6
89.9	90.7	90.6	89.8	91.2	91.4	91.7	90.2
88.8	88.4	88.4	89.0	89.5	90.3	91.1	91.4
88.7	87.9	88.2	88.1	87.8	88.5	89.2	89.7
100.1	**100.0**	**100.2**	**100.1**	**100.1**	**99.8**	**99.8**	**100.3**
99.7	99.6	99.7	99.6	99.7	99.7	99.7	100.3
99.1	99.4	99.8	99.7	100.0	100.0	100.0	100.5
101.0	100.8	100.7	100.7	100.7	100.7	100.7	101.7
99.5	98.6	98.5	98.1	98.0	98.0	98.0	98.3
101.9	101.8	102.0	101.9	101.8	100.1	100.1	100.1
101.9	101.8	102.0	101.9	101.8	100.1	100.1	100.1
101.8	**102.3**	**102.3**	**100.2**	**98.0**	**97.1**	**95.5**	**92.9**
101.8	102.3	102.3	100.2	98.0	97.1	95.5	92.9
105.3	**104.2**	**104.4**	**104.4**	**104.3**	**104.2**	**104.4**	**103.9**
105.9	104.3	104.5	104.5	104.3	104.1	104.3	104.3
105.9	104.3	104.5	104.5	104.3	104.1	104.3	104.3
103.5	104.0	104.1	104.1	104.1	104.4	104.6	102.6
103.7	103.8	103.7	103.7	103.7	103.8	104.0	102.2
102.7	104.6	105.6	105.6	105.6	106.2	106.7	103.9
105.8	**107.1**	**106.8**	**106.2**	**106.1**	**106.2**	**105.5**	**104.9**
108.6	110.2	109.4	108.6	108.6	108.6	108.6	107.0
104.4	106.2	106.2	106.2	106.2	106.1	106.1	106.1
100.0	100.0	100.0	100.0	100.0	100.0	100.0	100.0
103.5	103.3	103.3	101.8	101.1	102.2	98.4	98.4

2-20 分月农业生产资料价格指数（2014 年）

指　　标	1　月	2　月	3　月	4　月	5　月
农业生产资料价格指数	**99.6**	**100.2**	**100.0**	**98.5**	**98.4**
农用手工工具	**100.0**	**100.0**	**100.4**	**101.0**	**99.6**
农用手工工具	100.0	100.0	100.4	101.0	99.6
饲料	**100.2**	**100.1**	**99.7**	**99.7**	**99.8**
混合饲料	100.1	100.1	99.8	99.5	99.8
其他	100.6	100.2	99.2	100.4	99.9
产品畜	**99.5**	**99.1**	**99.3**	**99.1**	**98.8**
幼禽家畜	99.5	99.1	99.3	99.1	98.8
半机械化农具	**100.0**	**100.0**	**100.0**	**100.0**	**100.0**
半机械化农具	100.0	100.0	100.0	100.0	100.0
机械化农具	**100.0**	**100.0**	**100.0**	**100.0**	**100.0**
农用机械	100.0	100.0	100.0	100.0	100.0
化学肥料	**100.1**	**100.4**	**99.5**	**94.1**	**93.6**
氮肥	100.1	100.4	99.4	93.0	91.1
磷肥	100.0	100.7	99.4	95.5	96.2
钾肥	100.0	100.5	99.9	94.3	97.7
复合肥料	100.0	100.2	99.5	95.1	95.4
农药及农药械	**100.0**	**100.0**	**100.0**	**100.4**	**99.7**
化学农药	100.0	100.0	100.0	100.2	99.9
杀虫剂	100.0	99.9	100.1	100.2	99.6
杀菌剂	100.0	100.0	99.9	100.6	101.4
除草剂	100.0	100.1	100.0	99.8	99.2
农药器械	100.0	100.0	100.0	101.0	99.0
农药器械	100.0	100.0	100.0	101.0	99.0
农用机油	**99.7**	**99.4**	**101.0**	**99.7**	**100.7**
农用机油	99.7	99.4	101.0	99.7	100.7
其他农业生产资料	**100.0**	**100.2**	**101.1**	**101.3**	**102.6**
农用种子	100.0	100.2	101.2	100.8	103.2
农用种子	100.0	100.2	101.2	100.8	103.2
其它	100.0	100.1	101.0	103.0	100.9
农用薄膜	100.0	100.2	101.1	102.6	100.7
其它	100.0	99.9	100.5	104.2	101.6
农业生产服务	**97.4**	**101.4**	**100.2**	**102.2**	**100.0**
排灌费	96.0	101.0	100.0	103.1	100.0
农业用电	100.0	101.9	100.5	101.7	100.0
农业用工	100.0	100.0	100.0	100.0	100.0
其他	95.0	101.8	100.0	101.6	100.0

（上月价格=100）

6　月	7　月	8　月	9　月	10　月	11　月	12　月
100.3	**100.1**	**99.8**	**99.8**	**100.0**	**99.7**	**99.4**
100.9	**100.7**	**100.1**	**100.0**	**100.3**	**100.2**	**100.0**
100.9	100.7	100.1	100.0	100.3	100.2	100.0
100.7	**100.6**	**99.7**	**99.6**	**100.4**	**99.7**	**100.0**
100.3	100.5	99.5	99.5	100.8	99.9	100.0
102.1	101.0	100.7	100.3	98.5	99.1	100.1
99.4	**99.3**	**99.4**	**100.0**	**99.5**	**99.7**	**99.5**
99.4	99.3	99.4	100.0	99.5	99.7	99.5
100.0	**100.0**	**100.0**	**100.0**	**100.0**	**100.0**	**100.0**
100.0	100.0	100.0	100.0	100.0	100.0	100.0
100.0	**100.0**	**100.0**	**100.0**	**100.0**	**100.0**	**100.0**
100.0	100.0	100.0	100.0	100.0	100.0	100.0
99.5	**100.1**	**99.8**	**99.7**	**100.1**	**99.7**	**98.8**
99.0	100.1	99.7	99.5	100.0	99.4	98.6
100.5	99.9	99.9	100.0	100.2	99.9	97.7
99.6	100.0	99.6	99.6	100.0	100.0	100.0
99.4	100.2	99.9	99.9	100.1	99.9	99.8
100.0	**100.2**	**100.0**	**100.0**	**100.0**	**100.0**	**100.0**
99.9	100.2	100.0	100.0	100.0	100.0	100.0
100.3	100.4	100.0	100.0	100.0	100.0	100.0
99.8	100.0	100.0	100.0	100.0	100.0	100.0
99.3	100.0	100.0	100.0	100.0	100.0	100.0
100.0	100.3	99.9	99.9	100.0	100.0	100.0
100.0	100.3	99.9	99.9	100.0	100.0	100.0
100.2	**100.3**	**98.9**	**98.9**	**98.6**	**97.7**	**97.8**
100.2	100.3	98.9	98.9	98.6	97.7	97.8
98.8	**100.0**	**100.0**	**100.0**	**100.1**	**100.2**	**99.5**
98.5	100.0	100.0	100.0	100.2	100.2	100.0
98.5	100.0	100.0	100.0	100.2	100.2	100.0
99.7	99.9	100.0	100.0	100.0	100.0	98.1
99.6	99.8	100.0	99.9	99.9	100.0	98.3
100.1	100.1	100.0	100.0	100.1	100.1	97.4
103.7	**100.0**	**99.9**	**100.0**	**100.2**	**99.9**	**100.0**
107.0	100.1	100.0	100.0	100.0	100.0	100.0
101.9	100.0	100.0	100.0	100.0	100.0	100.0
100.0	100.0	100.0	100.0	100.0	100.0	100.0
100.2	100.0	99.3	100.0	101.1	99.7	100.0

2-21 各调查市县居民消费价格分类指数（2014 年）

指　　标	乌鲁木齐　市	克拉玛依　市	吐鲁番市	哈密市	昌吉市	博乐市	库尔勒市	焉耆回族自治县	阿克苏市
居民消费价格总指数	**102.8**	**101.7**	**102.3**	**101.4**	**102.5**	**101.7**	**101.7**	**103.0**	**102.1**
食　品	**105.6**	**102.7**	**103.4**	**103.1**	**104.7**	**101.3**	**100.9**	**102.9**	**104.0**
粮　食	104.1	102.8	102.9	102.6	100.0	100.5	101.4	102.5	103.8
大　米	100.8	103.4	99.9	99.8	99.8	94.2	100.5	102.9	100.2
面　粉	101.0	103.1	101.9	101.6	100.2	100.2	99.9	99.6	105.3
粮食制品	110.8	100.3	101.6	100.0	99.4	99.9	101.6	100.6	108.1
其　它	146.1	110.0	125.4	132.2	100.2	136.8	123.1	120.7	108.3
淀粉及制品	106.9	100.0	100.0	100.0	100.0	101.5	100.0	107.3	100.0
干豆类及豆制品	104.9	99.0	111.6	103.3	115.6	100.2	106.9	107.5	110.8
油　脂	97.7	100.8	95.4	104.1	96.4	96.2	93.7	98.9	95.0
肉禽及其制品	100.4	98.2	101.2	97.2	100.1	95.9	97.8	94.2	96.0
蛋	104.9	111.1	104.7	104.2	106.3	110.5	97.9	113.1	95.2
水产品	107.0	103.8	106.8	101.5	105.6	105.8	100.0	108.5	103.2
菜	100.4	97.2	104.4	101.1	108.3	102.1	100.5	105.7	109.2
鲜　菜	100.2	97.3	103.8	100.9	109.2	100.3	100.9	106.3	109.4
干菜及菜制品	103.0	98.9	100.2	103.0	97.2	113.1	98.9	102.9	103.6
薯类	103.3	93.0	108.8	101.3	106.9	105.3	93.6	103.5	131.9
调味品	101.9	100.3	106.0	105.1	102.0	102.8	89.9	110.0	100.0
糖	100.0	98.4	97.0	98.8	100.0	100.2	101.2	102.0	100.3
食　糖	102.8	99.3	95.3	96.6	100.0	95.2	103.3	97.2	99.5
糖　果	97.9	100.0	96.6	99.6	100.0	107.4	100.6	107.1	101.5
巧克力制品	104.0	92.5	96.9	100.0	100.0	99.7	101.8	101.8	100.0
糖制小食品	100.6	100.0	101.3	102.0	100.0	90.2	100.0	100.0	98.6
茶及饮料	105.8	99.3	100.6	102.7	100.3	102.1	99.8	101.7	100.3
干鲜瓜果	118.9	111.5	104.4	112.9	113.6	110.9	100.2	111.9	123.0
鲜瓜果	124.4	113.4	105.0	123.5	118.7	114.9	104.6	118.0	129.8
干(坚)果	107.3	104.3	102.9	95.8	107.2	99.8	84.0	102.1	100.8
糕点饼干面包	110.7	99.5	106.0	104.4	99.9	102.8	100.9	101.7	100.0
液体乳及乳制品	118.0	120.7	109.9	119.2	109.9	105.8	124.5	121.9	105.0
在外用膳食品	106.5	107.0	106.1	105.8	105.0	100.3	107.3	105.2	105.9
主　食	104.8	105.6	111.1	109.3	106.4	100.0	105.9	100.7	106.8
炒　菜	102.2	99.8	101.9	103.2	100.0	100.2	109.6	100.6	99.5
地方小吃	119.5	114.1	105.7	106.1	108.9	101.2	106.2	117.6	117.1
其他食品	103.7	100.8	100.0	104.1	100.0	96.8	100.0	102.2	99.8
烟酒	**101.1**	**99.2**	**98.8**	**100.9**	**100.0**	**100.4**	**104.5**	**101.5**	**101.3**
烟　草	100.0	100.0	100.0	100.0	100.0	100.0	100.0	100.0	100.0
酒	102.3	98.6	97.8	101.6	100.0	100.8	109.8	103.2	102.7
衣　着	**101.3**	**101.8**	**102.6**	**103.7**	**101.7**	**105.4**	**106.0**	**104.5**	**98.9**
服　装	101.2	101.7	104.1	103.0	101.7	106.3	108.9	104.7	97.1
衣着材料	100.5	102.3	99.2	101.5	100.7	108.1	100.0	100.0	105.0
棉　布	100.0	101.0	100.0	100.0	100.7	107.2	100.0	100.0	104.1
化纤布	100.0	100.8	100.0	99.7	100.8	107.6	100.0	100.0	106.7
毛线	102.0	103.3	96.8	107.6	100.6	103.3	100.0	100.2	94.7

（上年价格=100）

库车县	阿图什市	喀什市	莎车县	和田市	奎屯市	伊宁市	塔城市	沙湾县	阿勒泰市	石河子市
102.4	**103.0**	**102.1**	**101.1**	**101.1**	**102.5**	**102.3**	**102.1**	**101.8**	**101.9**	**101.9**
104.7	**102.0**	**103.5**	**102.3**	**102.3**	**101.9**	**104.4**	**104.4**	**103.6**	**102.4**	**103.8**
102.7	101.8	104.2	105.8	103.4	100.3	100.9	101.4	105.1	102.9	102.2
98.1	96.6	100.4	102.4	97.6	101.9	102.6	100.3	101.9	102.0	99.2
104.8	104.7	104.6	108.1	103.9	98.8	100.7	101.9	109.3	102.4	105.7
105.6	104.0	103.0	99.3	103.9	100.0	98.6	99.6	100.0	101.0	102.3
103.9	98.1	131.4	123.0	131.0	102.1	118.6	125.5	136.6	144.2	100.2
102.7	94.0	100.0	94.6	100.0	100.0	103.6	109.7	100.0	100.1	102.6
101.3	103.2	101.9	104.4	109.1	111.0	103.9	103.1	103.9	102.8	104.6
95.6	91.5	94.6	95.4	96.1	101.2	97.4	99.1	103.4	96.8	99.1
103.2	101.0	100.1	105.9	99.7	99.9	101.1	95.3	102.1	98.1	99.8
98.1	97.0	98.0	94.1	99.7	104.3	107.5	104.3	106.1	105.9	108.5
102.3	98.4	101.9	95.4	96.9	96.2	107.1	104.1	94.8	104.1	106.4
107.1	100.6	97.1	100.2	102.0	98.8	108.0	106.6	99.6	97.7	100.8
107.1	100.4	96.9	100.3	102.0	98.7	109.2	107.0	99.8	96.3	101.2
98.2	100.9	105.0	100.3	100.0	100.0	102.6	104.7	100.0	100.0	101.6
114.0	110.3	91.5	94.5	110.8	98.8	102.5	104.8	97.3	106.6	94.6
100.5	100.5	100.6	100.0	104.6	107.4	100.1	100.7	100.0	104.1	103.6
98.7	99.9	98.8	97.3	101.0	100.7	100.1	100.1	100.1	98.1	99.7
95.9	100.3	91.8	93.8	100.9	99.5	100.0	100.7	100.0	88.6	93.4
100.0	99.4	99.8	97.1	100.0	102.3	100.3	100.0	100.3	103.6	101.1
106.6	100.0	106.5	94.2	88.8	100.1	100.0	100.0	100.0	105.4	99.8
100.3	100.0	100.0	100.0	125.6	100.0	100.0	100.0	100.0	100.0	104.7
98.2	100.4	103.9	100.0	101.7	100.0	106.8	101.9	100.3	102.7	102.0
122.0	112.6	117.2	100.2	102.6	107.2	108.5	111.4	112.3	109.6	107.5
131.1	117.3	124.8	102.8	103.9	111.4	110.9	108.7	116.9	113.8	108.1
98.7	100.9	102.6	93.6	99.1	100.3	101.8	117.4	99.2	98.0	105.0
101.5	100.3	99.8	99.6	102.6	103.9	101.7	101.2	100.2	103.4	100.9
99.6	100.9	111.2	115.3	118.2	109.2	116.2	106.1	107.6	115.6	109.3
103.3	105.9	106.0	101.3	104.9	105.0	104.4	120.4	104.6	107.8	107.8
102.0	112.0	107.2	100.0	105.9	105.4	110.5	132.1	104.4	112.9	114.7
106.1	100.0	100.5	100.0	102.8	104.4	100.0	112.4	108.4	98.9	101.1
101.4	105.5	110.0	100.0	107.7	107.9	100.5	106.5	102.3	111.9	109.7
101.2	103.3	105.2	100.0	108.2	100.1	100.3	105.0	100.0	100.1	101.6
97.9	**99.7**	**99.7**	**100.2**	**101.2**	**100.4**	**100.8**	**99.9**	**98.7**	**101.3**	**100.2**
100.3	100.0	100.0	100.0	100.0	100.0	100.0	100.0	100.0	100.0	100.0
96.0	99.5	99.4	100.3	102.1	100.7	101.4	99.8	97.6	102.5	100.4
102.3	**102.1**	**101.6**	**101.5**	**100.7**	**102.6**	**101.9**	**100.2**	**101.7**	**103.0**	**102.2**
103.2	101.6	102.4	102.8	100.7	102.7	102.5	100.0	101.3	103.8	101.7
101.2	100.0	100.0	98.4	100.0	100.0	100.5	100.0	100.0	100.0	104.0
100.0	100.0	100.2	93.7	100.0	100.0	100.0	100.0	100.0	100.0	109.2
99.9	100.0	100.0	100.5	100.0	100.0	100.8	100.0	100.0	100.0	102.0
99.4	100.0	100.0	99.1	100.0	100.0	100.0	100.0	100.0	100.0	100.5

2-21 续表

指　标	乌鲁木齐市	克拉玛依市	吐鲁番市	哈密市	昌吉市	博乐市	库尔勒市	焉耆回族自治县	阿克苏市
其他	100.0	109.3	100.0	100.0	100.9	112.7	100.0	100.0	117.0
鞋袜帽	100.0	102.4	100.7	103.2	99.1	103.0	102.7	105.4	96.2
鞋	100.0	102.5	101.1	104.2	98.9	106.6	103.0	106.3	97.3
袜　子	100.0	99.7	100.2	100.0	100.0	97.2	100.0	98.7	91.1
帽　子	104.0	104.5	97.8	100.1	96.7	100.4	102.7	106.4	101.7
衣着加工服务费	112.7	100.5	100.0	113.3	120.8	103.2	100.0	106.9	104.1
家庭设备及用品及维修	**101.2**	**101.6**	**103.6**	**99.5**	**101.5**	**100.1**	**100.3**	**99.8**	**99.7**
耐用消费品	99.3	102.3	100.1	95.4	101.2	97.8	95.1	101.5	100.5
家　具	98.9	105.1	101.7	100.0	98.4	98.6	99.8	102.6	100.6
家庭设备	99.5	100.2	99.4	93.1	101.7	97.2	92.8	100.7	100.4
室内装饰品	100.0	100.0	109.4	100.0	100.0	100.5	100.2	103.6	98.5
床上用品	100.5	99.8	105.4	100.1	97.8	103.9	100.0	93.8	94.8
家庭日用杂品	100.7	100.0	100.3	100.4	100.0	100.8	100.2	97.5	100.6
家庭服务及加工服务	113.8	104.5	113.5	107.1	114.0	105.6	125.3	100.9	100.0
医疗保健和个人用品	**101.4**	**100.8**	**104.5**	**101.6**	**100.6**	**101.2**	**104.8**	**103.1**	**100.0**
医疗保健	101.2	101.7	104.9	101.8	100.0	101.9	107.5	102.3	101.7
医疗器具及用品	100.7	100.9	100.0	107.7	100.0	100.0	95.4	100.5	100.0
中药材及中成药	101.1	102.6	98.5	101.9	100.0	102.3	99.8	105.1	103.7
西　药	101.7	101.9	108.0	101.7	100.0	103.0	118.7	100.5	101.8
保健器具及用品	101.3	100.8	100.0	103.2	100.0	101.1	100.0	108.1	102.5
医疗保健服务	100.0	100.2	108.8	100.0	100.0	100.0	99.3	100.0	100.0
个人用品及服务	101.8	99.8	103.8	101.2	101.7	100.1	100.5	104.6	97.3
交通和通讯	**101.3**	**100.7**	**98.9**	**99.0**	**99.6**	**100.0**	**100.1**	**100.8**	**101.6**
交　通	102.7	101.9	99.8	99.7	100.5	101.2	99.4	101.9	102.3
通　讯	99.7	99.3	97.8	98.0	98.5	98.6	101.4	99.8	100.3
娱乐教育文化用品	**99.9**	**99.7**	**99.8**	**97.8**	**100.3**	**104.5**	**99.6**	**100.2**	**99.7**
文娱用耐用消费品	97.7	99.6	97.2	94.9	98.4	98.8	96.5	93.8	97.9
教　育	100.1	101.1	100.0	100.3	100.0	111.6	101.1	100.9	99.9
文化娱乐类	102.7	100.2	103.3	100.1	100.7	101.9	99.9	111.1	100.0
文化娱乐用品	98.8	99.5	99.4	100.1	100.0	104.2	99.8	100.5	100.3
书报杂志	100.4	100.0	100.0	100.0	100.0	100.0	100.0	107.1	99.7
文娱费	107.6	102.0	113.4	100.0	102.3	100.5	100.0	131.5	100.0
旅游	98.5	97.4	100.9	93.6	101.6	98.4	99.7	100.0	101.7
居　住	**101.1**	**102.3**	**101.2**	**100.0**	**103.0**	**100.6**	**101.3**	**106.8**	**104.5**
建房及装修材料	101.0	100.3	104.2	104.4	98.7	100.3	99.2	99.3	96.4
租　房	100.3	105.0	102.6	100.0	113.7	101.9	102.4	102.8	108.4
自有住房	102.0	102.7	100.3	99.1	100.0	100.7	101.9	110.2	105.9
水、电、燃料	101.0	100.0	100.9	99.8	100.0	100.3	100.0	105.6	97.1
服务项目价格指数	**101.9**	**102.1**	**102.5**	**100.2**	**103.2**	**103.0**	**101.9**	**105.1**	**103.6**

（上年价格=100）

库车县	阿图什市	喀什市	莎车县	和田市	奎屯市	伊宁市	塔城市	沙湾县	阿勒泰市	石河子市
109.2	100.0	100.0	100.5	100.0	100.0	101.1	100.0	100.0	100.0	100.0
101.4	102.9	100.0	98.8	101.4	102.2	100.8	100.0	100.0	100.1	103.4
101.7	103.6	100.0	98.6	101.9	102.3	100.8	100.0	100.0	100.2	101.4
100.4	100.0	100.0	100.0	100.0	100.0	100.6	100.0	100.0	100.0	109.4
99.6	98.6	100.0	100.0	101.1	103.7	100.0	100.0	100.0	100.0	105.9
99.3	106.2	100.6	102.6	99.5	109.9	100.0	110.7	126.3	111.2	99.8
100.2	**103.7**	**101.6**	**101.4**	**99.3**	**101.2**	**100.4**	**100.5**	**100.1**	**103.0**	**100.3**
100.1	99.4	100.8	99.7	98.0	101.1	100.0	99.6	100.0	100.5	99.7
102.8	98.7	101.0	99.6	97.9	101.5	101.0	100.0	100.0	101.4	99.5
97.3	100.0	100.7	99.8	98.1	100.9	99.5	99.4	100.0	99.9	99.7
101.0	99.8	100.0	98.9	98.3	99.5	105.1	100.0	100.0	100.0	99.5
96.0	100.0	100.2	100.0	100.0	101.1	98.7	100.0	100.0	100.0	101.4
100.4	100.7	99.7	99.8	99.9	100.7	100.0	100.0	100.0	108.5	100.1
101.8	119.7	113.0	109.4	105.1	105.0	100.0	106.3	100.7	102.9	102.9
102.3	**101.1**	**101.0**	**100.0**	**101.1**	**100.6**	**102.4**	**101.3**	**100.3**	**102.2**	**101.7**
103.4	102.9	102.4	99.9	102.6	100.1	103.0	100.1	100.4	102.3	102.5
97.9	103.9	100.0	98.7	105.0	104.6	95.9	102.2	102.9	100.0	105.9
107.5	105.5	107.9	99.7	107.8	100.0	104.7	98.7	100.4	107.3	105.5
101.9	103.2	99.2	100.5	101.3	100.0	103.2	102.0	100.4	99.9	103.0
107.8	102.0	100.0	95.2	100.1	99.9	106.4	100.0	100.0	100.0	100.3
100.0	100.0	100.0	100.0	100.0	100.0	97.7	100.0	100.0	100.0	100.0
100.8	98.6	98.6	100.0	97.9	101.3	101.3	104.6	100.2	102.1	100.4
99.8	**100.4**	**99.5**	**99.7**	**99.6**	**99.9**	**100.7**	**101.7**	**99.8**	**100.6**	**100.7**
100.0	100.7	99.6	99.7	99.7	100.2	101.5	103.1	100.0	101.5	101.5
99.3	100.0	99.3	99.8	99.6	99.6	100.1	99.8	99.5	99.5	99.7
100.3	**100.7**	**100.9**	**99.7**	**100.3**	**102.4**	**100.4**	**100.6**	**100.2**	**99.4**	**99.4**
98.0	100.0	98.0	98.8	96.0	100.4	99.6	100.0	100.0	99.0	97.2
100.6	100.2	102.1	99.9	100.0	100.9	100.9	100.0	100.0	100.2	100.3
100.1	102.8	102.5	99.4	105.0	114.4	101.5	101.8	100.0	101.3	99.3
100.3	100.0	99.1	100.0	100.0	99.6	102.5	103.8	99.9	101.6	98.2
100.0	100.0	100.0	100.0	100.4	105.8	100.0	102.6	100.0	100.0	100.0
100.0	110.4	109.2	97.7	114.4	139.0	101.9	100.0	100.0	102.4	100.6
102.5	100.4	95.4	101.3	100.0	97.4	98.8	100.0	101.3	96.9	100.0
102.3	**111.2**	**102.5**	**99.9**	**99.8**	**108.1**	**99.9**	**100.6**	**101.7**	**101.4**	**100.4**
99.6	99.9	98.9	100.6	97.8	101.7	99.8	99.8	101.0	99.4	102.4
104.4	106.6	100.1	100.0	98.9	113.0	100.0	100.4	102.4	102.4	100.0
102.3	117.6	104.6	100.0	100.1	108.1	100.0	100.9	102.0	102.0	100.0
100.4	100.0	101.8	99.3	103.2	107.5	99.6	99.8	100.0	100.0	99.8
101.7	**108.3**	**102.0**	**100.6**	**100.8**	**105.7**	**100.4**	**101.0**	**101.6**	**101.5**	**100.6**

2-22 分城乡商品零售价格指数（2014 年）

（上年价格=100）

指　标	全　区	城　市	农　村
商品零售价格总指数	**101.7**	**102.0**	**101.0**
食品类	**104.0**	**104.8**	**102.2**
粮　食	103.2	103.4	103.0
油　脂	97.7	98.7	96.2
肉禽及其制品	99.9	100.4	98.7
猪　肉	87.8	88.4	86.3
牛　肉	105.4	105.0	106.1
羊　肉	99.1	99.2	98.7
鸡	105.8	106.1	105.1
鲜　蛋	103.5	103.9	102.9
水产品	105.1	106.2	102.3
鲜瓜果	118.6	122.0	111.3
糕点饼干面包	106.1	107.7	102.0
饮料、烟酒	**101.1**	**101.5**	**100.1**
茶及饮料	102.8	103.8	100.9
#饮　料	103.0	103.9	101.2
烟　草	100.0	100.0	100.0
酒	101.4	102.1	99.7
服装鞋帽	**101.6**	**101.2**	**102.4**
服　装	102.0	101.6	103.1
鞋袜帽	100.5	100.3	101.1
#鞋	100.7	100.4	101.4
纺织品类	**102.0**	**102.4**	**101.0**
棉　布	100.6	100.8	100.4
化纤布	100.6	100.3	101.4
毛　线	100.9	101.4	99.6
其　他	101.8	101.3	103.1
家用电器及音像器材	**98.8**	**98.8**	**98.7**
家庭设备	99.3	99.3	99.3
文娱用耐用消费品	98.0	98.0	97.9
专业音像器材	100.1	100.2	99.9

2-22　续表

（上年价格=100）

指　　标	全　区	城　市	农　村
文化办公用品	**100.1**	**99.7**	**100.9**
日用品	**100.3**	**100.2**	**100.5**
日用百货	100.8	100.7	100.9
日用杂品	99.8	99.9	99.6
洗涤用品	100.2	100.2	100.6
其他日用品	100.0	99.9	100.3
体育娱乐用品	**100.0**	**100.0**	**100.3**
体育用品	99.8	99.7	100.0
娱乐用品	100.3	100.2	100.6
交通、通信用品	**99.1**	**99.1**	**99.0**
交通运输机械	99.8	99.7	100.2
通信器材	98.0	98.2	97.5
家　具	**99.6**	**99.3**	**100.4**
化妆品	**100.9**	**100.9**	**101.1**
金银珠宝	**94.7**	**95.0**	**93.8**
中西医药品及医疗保健用品	**101.8**	**101.8**	**101.7**
医疗器具及用品	100.5	100.8	100.0
中药材及中成药	101.8	101.6	102.2
西　药	102.0	102.1	101.7
保健器具及用品	101.4	101.5	101.2
书报杂志及电子出版物	**100.3**	**100.3**	**100.6**
教材及参考书	100.4	100.4	100.4
书报杂志	100.3	100.3	100.5
电子音像制品	100.3	100.0	101.0
燃料	**100.1**	**100.3**	**99.6**
煤炭及制品	99.7	98.9	100.7
石油及制品	100.2	100.7	98.7
建筑材料及五金电料	**100.7**	**101.0**	**100.0**
建筑装璜材料	99.6	99.5	99.8
五金电料	103.3	105.0	100.4

2-23 各调查市县商品零售价格分类指数（2014 年）

指 标	乌鲁木齐市	克拉玛依市	吐鲁番市	哈密市	昌吉市	博乐市	库尔勒市	焉耆回族自治县	阿克苏市
商品零售价格总指数	**102.4**	**101.2**	**102.1**	**101.1**	**101.6**	**101.4**	**100.8**	**101.6**	**100.6**
食品类	**105.4**	**102.5**	**103.2**	**102.9**	**104.5**	**102.0**	**100.6**	**103.3**	**103.3**
粮 食	103.4	102.8	103.0	102.4	100.1	104.5	101.6	103.2	103.9
油 脂	98.7	100.8	95.4	104.2	95.8	96.1	94.0	97.7	94.6
肉禽及其制品	100.5	98.2	101.2	96.7	99.8	97.5	98.0	96.4	96.1
猪 肉	88.0	93.7	89.8	88.2	85.6	80.9	87.1	79.2	94.1
牛 肉	105.5	102.9	102.9	98.4	105.3	100.5	97.8	101.6	106.0
羊 肉	99.9	94.4	98.0	93.1	100.3	94.5	99.7	87.6	94.3
鸡	109.1	100.8	107.2	99.6	99.7	101.7	99.3	105.4	85.8
鲜 蛋	104.9	113.3	104.4	103.2	107.2	113.7	97.8	114.2	94.5
水产品	107.0	103.8	106.8	101.4	105.4	105.9	102.8	108.4	103.5
鲜瓜果	124.4	113.4	105.0	123.5	118.7	114.9	104.6	118.0	129.8
糕点饼干面包	110.6	99.5	106.0	104.7	99.9	103.1	100.9	101.7	100.0
饮料、烟酒	**101.4**	**99.2**	**99.7**	**101.3**	**100.0**	**101.1**	**102.8**	**101.5**	**101.2**
茶及饮料	105.7	99.2	100.6	102.6	100.5	102.6	99.8	103.2	100.0
#饮 料	105.1	98.9	100.8	101.9	100.7	103.6	99.7	100.1	100.0
烟 草	100.0	100.0	100.0	100.0	100.0	100.0	100.0	100.0	100.0
酒	102.2	98.6	97.8	101.9	100.0	101.1	107.8	102.4	102.7
服装鞋帽	**100.9**	**101.9**	**103.0**	**103.6**	**100.7**	**105.4**	**106.2**	**104.2**	**96.6**
服 装	101.2	101.7	104.2	102.9	101.4	106.5	108.8	104.5	96.8
鞋袜帽	100.1	102.4	100.7	103.3	99.1	103.3	102.4	104.7	96.0
#鞋	100.0	102.5	101.1	104.4	99.0	106.5	102.8	106.2	97.3
纺织品类	**104.1**	**100.5**	**101.7**	**100.9**	**98.9**	**106.5**	**100.0**	**97.3**	**101.8**
棉 布	100.0	101.0	100.0	100.0	100.7	107.2	100.0	100.0	104.1
化纤布	100.0	100.8	100.0	99.7	100.8	107.6	100.0	100.0	106.7
毛 线	102.0	103.3	96.8	107.6	100.6	103.3	100.0	100.2	94.7
其 他	100.0	109.3	100.0	100.0	100.9	112.7	100.0	100.0	117.0
家用电器及音像器材	**99.2**	**100.0**	**97.9**	**93.8**	**98.8**	**98.0**	**94.5**	**97.9**	**99.0**
家庭设备	99.6	100.2	99.5	92.8	100.7	97.4	92.9	100.7	100.4
文娱用耐用消费品	98.5	99.2	93.7	94.2	95.7	98.2	95.8	92.2	97.5
专业音像器材	99.9	103.2	100.0	100.0	100.0	100.0	100.0	100.0	100.0

（上年价格=100）

库车县	阿图什市	喀什市	莎车县	和田市	奎屯市	伊宁市	塔城市	沙湾县	阿勒泰市	石河子市
101.3	**100.6**	**102.4**	**100.5**	**100.4**	**101.4**	**102.0**	**101.7**	**101.2**	**100.9**	**101.9**
103.3	**101.6**	**104.0**	**102.2**	**102.1**	**102.3**	**104.2**	**105.5**	**103.5**	**101.9**	**104.0**
102.7	101.6	104.0	105.0	101.8	100.3	100.9	101.4	104.9	102.3	102.3
95.0	91.5	94.8	95.1	95.9	101.4	97.4	99.1	103.4	96.7	99.1
103.1	101.0	101.0	105.0	100.5	100.5	101.0	95.3	101.3	98.1	99.8
87.8	83.8	87.6	87.6	88.3	94.2	88.4	85.7	94.0	85.7	88.9
106.7	105.4	105.1	112.5	104.6	108.8	108.6	101.9	106.3	104.4	106.3
110.4	93.9	98.1	104.6	95.6	102.3	100.0	92.6	101.2	96.8	105.5
107.1	112.9	107.2	108.5	105.0	100.3	104.9	99.2	102.6	99.2	99.7
96.2	97.0	97.0	93.9	99.6	104.1	108.0	104.5	107.5	105.3	104.7
102.8	98.3	102.5	96.4	96.9	96.5	107.1	104.1	95.3	104.3	106.4
131.1	117.3	124.8	102.8	103.9	111.4	110.9	108.7	116.9	113.8	108.1
101.4	100.3	100.3	99.5	102.6	104.6	101.7	101.2	100.1	103.6	100.9
97.9	**100.0**	**100.6**	**100.2**	**101.5**	**100.2**	**102.4**	**100.4**	**99.1**	**101.4**	**100.4**
98.4	100.4	104.3	100.0	103.0	100.0	105.8	101.9	100.5	102.2	101.3
99.6	100.7	104.7	100.0	100.5	100.0	107.6	102.7	100.7	100.0	101.3
100.2	100.0	100.0	100.0	100.0	100.0	100.0	100.0	100.0	100.0	100.0
96.0	99.5	99.6	100.4	102.1	100.6	101.5	99.8	97.7	102.2	100.3
102.1	**101.6**	**101.7**	**101.5**	**101.0**	**102.5**	**101.9**	**100.0**	**100.5**	**102.2**	**102.7**
103.4	101.6	102.4	102.3	100.7	102.8	102.6	100.0	101.3	103.8	102.3
100.9	101.7	100.0	99.2	101.6	102.1	100.8	100.0	100.0	99.8	103.6
101.7	103.4	100.0	98.8	102.1	102.3	100.8	100.0	100.0	99.7	101.4
100.8	**100.0**	**100.1**	**98.8**	**100.0**	**101.0**	**99.4**	**100.0**	**100.0**	**100.0**	**101.8**
100.0	100.0	100.2	93.7	100.0	100.0	100.0	100.0	100.0	100.0	109.2
99.9	100.0	100.0	100.5	100.0	100.0	100.8	100.0	100.0	100.0	102.0
99.4	100.0	100.0	99.1	100.0	100.0	100.0	100.0	100.0	100.0	100.5
109.2	100.0	100.0	100.5	100.0	100.0	101.1	100.0	100.0	100.0	100.0
98.1	**100.0**	**99.4**	**99.1**	**97.3**	**99.9**	**99.7**	**99.7**	**100.0**	**99.9**	**98.6**
97.0	100.0	100.7	99.8	97.9	101.1	99.5	99.4	100.0	99.9	99.8
98.0	100.0	97.6	98.1	95.7	98.6	100.0	100.0	100.0	100.0	96.7
99.7	100.0	96.6	100.0	101.2	99.6	100.0	100.0	100.0	100.0	100.0

2-23 续表

指　　标	乌鲁木齐市	克拉玛依市	吐鲁番市	哈密市	昌吉市	博乐市	库尔勒市	焉耆回族自治县	阿克苏市
文化办公用品	**99.8**	**99.2**	**98.5**	**100.2**	**100.0**	**104.5**	**99.7**	**100.0**	**100.0**
日用品	**100.0**	**100.6**	**102.3**	**100.4**	**100.0**	**100.2**	**100.4**	**100.5**	**99.5**
日用百货	101.0	100.3	103.1	100.2	100.0	100.2	100.1	101.5	99.7
日用杂品	100.0	100.0	99.9	100.1	100.0	101.4	100.4	96.1	100.0
洗涤用品	100.0	99.9	102.8	100.6	99.9	100.0	101.2	100.8	100.0
其他日用品	99.1	102.4	102.3	100.8	100.0	99.9	99.2	102.2	98.4
体育娱乐用品	**99.8**	**100.0**	**102.3**	**100.4**	**100.0**	**102.3**	**98.5**	**99.4**	**102.7**
体育用品	100.0	100.0	104.2	100.2	100.0	100.5	97.3	98.9	99.9
娱乐用品	99.6	100.0	98.7	100.7	100.0	104.2	100.2	100.2	103.7
交通、通信用品	**98.6**	**99.5**	**92.0**	**95.9**	**97.7**	**99.9**	**99.5**	**99.3**	**99.9**
交通运输机械	98.6	99.9	101.6	97.8	98.1	102.1	100.0	100.0	100.0
通信器材	98.5	99.0	84.5	92.6	97.1	96.6	98.3	98.9	99.8
家　具	**98.5**	**105.1**	**101.5**	**100.0**	**98.7**	**98.8**	**99.9**	**102.5**	**100.2**
化妆品	**101.0**	**100.4**	**101.4**	**101.2**	**101.2**	**99.2**	**102.7**	**101.6**	**100.8**
金银珠宝	**94.7**	**93.5**	**100.0**	**96.4**	**107.1**	**91.6**	**91.8**	**89.6**	**86.3**
中西药品及医疗保健用品	**101.4**	**101.8**	**103.0**	**102.7**	**100.0**	**101.6**	**108.5**	**103.2**	**102.5**
医疗器具及用品	100.7	100.9	100.0	107.7	100.0	100.0	95.4	100.5	100.0
中药材及中成药	100.6	102.6	98.7	101.9	100.0	102.1	100.1	105.0	103.7
西　药	101.8	101.7	108.1	102.3	100.0	101.9	117.2	100.6	101.8
保健器具及用品	101.3	100.8	100.0	103.3	100.0	100.7	100.1	107.7	102.5
书报杂志及电子出版物	**100.3**	**100.0**	**100.0**	**100.7**	**100.0**	**101.1**	**98.9**	**104.5**	**99.6**
教材及参考书	100.5	100.0	100.0	101.5	100.0	100.6	95.9	103.3	98.9
书报杂志	100.4	100.0	100.0	100.0	100.0	100.0	100.0	108.2	99.7
电子音像制品	100.0	100.0	100.0	100.0	100.0	103.9	100.0	100.0	100.0
燃料	**101.1**	**100.5**	**108.5**	**98.7**	**98.9**	**99.7**	**98.7**	**99.6**	**97.3**
煤炭及制品	100.0	100.0	121.9	97.5	100.0	101.4	100.0	99.1	93.1
石油及制品	101.2	100.8	99.4	99.3	98.8	99.1	98.4	100.0	98.9
建筑器材及五金电料	**102.0**	**102.7**	**102.6**	**102.2**	**98.5**	**99.8**	**96.3**	**99.1**	**96.9**
建筑装璜材料	100.3	98.8	103.9	103.5	98.0	99.6	96.7	98.8	96.2
五金电料	106.7	109.1	100.2	99.9	100.0	100.1	95.6	99.9	99.8

（上年价格=100）

库车县	阿图什市	喀什市	莎车县	和田市	奎屯市	伊宁市	塔城市	沙湾县	阿勒泰市	石河子市
99.6	**100.0**	**99.4**	**100.0**	**98.1**	**99.2**	**100.0**	**101.4**	**100.0**	**99.4**	**99.2**
100.4	**101.0**	**100.2**	**99.6**	**100.1**	**104.4**	**101.5**	**101.2**	**100.2**	**100.1**	**101.1**
100.5	101.4	100.8	99.5	100.4	108.1	100.1	103.9	100.6	100.4	101.7
100.1	100.0	99.5	99.7	99.6	102.4	98.8	100.0	100.0	98.7	100.7
100.3	101.2	99.9	100.0	100.2	101.9	101.4	100.0	100.0	101.2	101.0
101.0	100.0	100.0	98.7	100.1	100.2	103.7	100.3	100.0	100.0	100.8
97.8	**100.0**	**97.9**	**100.0**	**101.4**	**100.6**	**100.0**	**100.1**	**100.0**	**100.8**	**99.0**
96.6	100.0	96.0	100.0	102.4	101.5	100.0	100.2	100.0	102.3	100.4
99.0	100.0	100.0	100.0	100.2	99.9	100.0	100.0	100.0	100.0	97.4
98.7	**100.1**	**110.1**	**100.0**	**95.0**	**98.2**	**100.1**	**97.7**	**99.5**	**99.4**	**99.1**
99.3	100.2	118.5	100.0	95.7	100.0	100.0	97.1	100.0	100.2	99.2
98.0	100.0	95.8	100.0	93.8	96.8	100.3	98.6	99.1	98.6	99.0
101.5	**98.3**	**101.1**	**99.7**	**98.0**	**100.1**	**101.0**	**100.0**	**100.0**	**101.4**	**99.3**
103.8	**100.0**	**100.2**	**100.0**	**96.7**	**102.0**	**99.8**	**100.0**	**100.0**	**103.8**	**100.4**
94.1	**90.1**	**91.2**	**93.3**	**91.4**	**100.6**	**88.1**	**88.7**	**93.1**	**89.8**	**96.5**
104.2	**103.9**	**102.3**	**99.7**	**102.6**	**100.3**	**104.2**	**100.0**	**100.2**	**102.6**	**103.5**
97.9	103.9	100.0	98.7	105.0	104.6	95.9	102.2	102.9	100.0	105.9
108.1	105.1	108.3	99.7	107.7	100.0	104.7	98.7	100.3	106.6	105.5
101.7	103.3	98.7	100.0	100.8	100.0	103.2	102.0	99.8	100.0	102.9
105.7	102.2	100.0	96.1	100.2	99.7	106.4	100.0	100.0	100.0	100.3
100.2	**100.0**	**100.0**	**100.0**	**100.5**	**103.6**	**101.3**	**100.9**	**100.0**	**100.0**	**100.1**
100.5	100.0	100.0	100.0	100.0	101.7	102.9	100.0	100.0	100.0	100.0
100.0	100.0	100.0	100.0	100.3	110.0	100.0	102.6	100.0	100.0	100.0
100.0	100.0	100.0	100.0	101.5	100.0	100.0	100.0	100.0	100.0	100.3
99.0	**96.9**	**101.7**	**97.4**	**100.1**	**99.9**	**99.2**	**98.0**	**100.0**	**98.9**	**98.8**
98.0	91.8	100.0	94.9	91.0	100.0	100.2	91.1	100.9	100.0	96.2
99.9	98.7	102.4	98.8	102.1	99.8	99.0	99.9	99.4	98.4	99.5
100.9	**99.0**	**98.6**	**100.3**	**98.6**	**101.5**	**99.6**	**99.5**	**99.9**	**99.5**	**101.4**
99.6	98.4	97.5	100.5	96.8	101.8	98.4	99.3	99.8	99.2	102.1
101.9	100.0	102.6	99.6	102.6	100.1	103.4	103.2	100.0	100.1	100.1

2-24 固定资产投资价格指数（2010 年）

（上年价格=100）

指　　标	一季度	二季度	三季度	四季度	全年平均
固定资产投资	**101.5**	**104.6**	**105.5**	**106.7**	**104.6**
建筑安装工程	**103.2**	**105.0**	**106.5**	**108.7**	**105.9**
人工费	105.8	109.2	112.8	114.5	110.6
工程管理人员	99.7	106.7	108.2	107.8	105.6
工程技术人员	111.6	107.4	111.2	115.9	111.5
普通工人	102.7	109.8	113.7	115.1	110.3
材料费	102.6	103.8	105.2	107.7	104.8
钢　材	98.8	105.2	105.8	108.0	104.4
螺纹钢	102.1	106.3	106.9	109.2	106.1
薄钢板	100.4	101.9	106.9	105.5	103.7
大型钢材	101.2	101.8	104.1	107.6	103.7
小型钢材	107.3	97.5	106.9	109.4	105.3
钢筋	100.4	105.5	106.7	109.3	105.5
无缝钢管	93.4	102.2	102.1	101.7	99.9
焊接钢管	97.7	103.3	101.8	103.3	101.5
木　材	106.6	104.1	104.1	104.4	104.8
原木		111.7	105.9	101.2	106.3
普通锯材		103.6	103.0	106.5	104.3
胶合板		107.8	107.5	103.0	106.1
水　泥	102.0	100.9	106.1	109.8	104.7
地方材料	101.6	103.4	104.8	108.7	104.6
砖	100.0	106.2	108.6	109.0	105.9
石灰		106.5	101.9	102.7	103.7
砂子	107.0	103.5	105.2	107.5	105.8
大理石板材	104.2	103.2	100.0	101.7	102.3
毛石		100.9	107.1	104.3	104.1
商品混凝土		99.1	104.3	119.9	107.8
石子	100.7	107.4	103.9	110.0	105.5

2-24 续表

(上年价格=100)

指 标	一季度	二季度	三季度	四季度	全年平均
化工材料	105.2	104.0	105.5	104.9	104.9
清漆		100.1	100.6	99.5	100.1
调和漆	100.2	98.7	103.2	102.8	101.2
防锈漆	103.9	100.8	102.5	102.9	102.5
乳胶漆	102.9	103.4	103.5	105.9	103.9
黏合剂		103.1	100.6	103.7	102.5
涂料		101.3	99.3	103.5	101.4
塑料管	102.2	104.2	101.7	103.2	102.8
沥青	105.3	103.4	107.3	106.5	105.6
电 料	99.5	106.7	102.0	112.0	105.1
绝缘线		106.1	104.5	104.3	105.0
护套线		107.1	104.4	107.3	106.3
灯泡		104.4	104.0	103.5	103.9
灯管	104.4	103.8	103.9	101.9	103.5
开关	100.0	98.0	103.2	102.8	101.0
插座		102.4	101.6	103.1	102.4
其它材料	99.2	102.0	102.5	103.3	101.7
平板玻璃		104.5	102.6	106.5	104.5
油毡		110.0	104.5	102.4	105.6
暖气片	100.4	102.6	101.9	102.6	101.9
大便器		104.1	105.8	104.1	104.6
洗面器		103.8	100.5	105.7	103.3
墙地砖	100.8	103.6	102.5	101.9	102.2
玛钢件	93.5	98.1	103.2	100.9	98.9
建筑用小五金		103.2	105.6	103.8	104.2
铝合金型材	102.6	99.7	99.8	106.2	102.1
塑钢料		102.9	103.1	102.7	102.9
仪表	98.1	96.4	99.6	100.2	98.6
阀门	100.5	100.3	101.4	100.3	100.6
电焊条	104.2	98.6	104.4	110.7	104.5
水、电		103.4	104.6	104.8	104.3
机械使用费	101.9	104.2	103.0	104.0	103.3
土方机械	102.3	104.4	102.1	104.3	103.3
起重机械	100.9	102.4	103.0	103.8	102.5
运输机械	102.0	105.4	103.6	104.2	103.8
混凝土、砂浆机械	102.3	101.5	102.6	102.2	102.2
加工机械	101.6	101.0	102.6	103.6	102.2
其它机械	100.7	102.1	103.8	102.6	102.3
设备、工器具购置	**97.2**	**100.4**	**102.1**	**101.7**	**100.4**
其它费用	**100.0**	**110.8**	**105.6**	**104.5**	**105.2**

2-25 固定资产投资价格指数（2011年）

（上年价格=100）

指　　标	一季度	二季度	三季度	四季度	全年平均
固定资产投资	**104.6**	**107.7**	**108.8**	**107.3**	**107.1**
建筑安装工程	**106.8**	**111.2**	**112.6**	**110.8**	**110.3**
人工费	112.0	115.7	117.8	119.1	116.1
工程管理人员	106.8	109.6	114.1	114.1	111.1
工程技术人员	105.7	114.6	116.9	117.8	113.8
普通工人	116.2	116.7	118.4	119.9	117.8
材料费	103.8	110.5	111.9	109.2	108.9
钢　材	106.0	108.6	113.1	108.8	109.1
螺纹钢	100.4	108.4	115.3	110.3	108.6
薄钢板	104.1	111.1	111.7	105.9	108.2
大型钢材	101.6	109.9	116.7	106.9	108.8
小型钢材	101.7	109.3	110.3	109.1	107.6
钢筋	101.7	110.8	114.4	110.2	109.3
无缝钢管	115.7	106.5	103.2	106.2	107.9
焊接钢管	99.9	106.2	104.9	107.1	104.5
木　材	104.5	108.6	108.1	108.0	107.3
原木		110.2	105.3	108.2	107.9
普通锯材	101.9	109.9	110.2	110.1	108.0
胶合板	106.7	114.6	105.7	106.5	108.4
水　泥	107.7	117.7	113.0	110.2	112.2
地方材料	105.5	114.1	112.8	110.8	110.8
砖	104.0	128.0	121.2	117.3	117.6
石灰	102.3	106.1	103.9	101.9	103.5
砂子	100.6	111.8	112.7	110.6	108.9
大理石板材	103.4	103.5	104.8	108.0	104.9
毛石		104.0	108.8	109.5	107.4
商品混凝土		104.0	101.3	101.2	102.1
石子	101.2	111.9	108.7	113.5	108.8

2-25　续表

（上年价格=100）

指　标	一季度	二季度	三季度	四季度	全年平均
化工材料	105.6	109.2	109.4	109.2	108.4
清漆	103.7	101.1	105.8	108.2	104.7
调和漆	110.5	123.7	109.5	103.8	111.9
防锈漆	100.0	101.7	112.2	104.4	104.6
乳胶漆	106.9	108.7	104.7	110.2	107.6
黏合剂	99.2	102.2	103.9	104.9	102.5
涂料		103.6	107.2	106.5	105.8
塑料管	102.5	107.8	102.8	105.1	104.5
沥青	104.8	105.5	108.7	110.0	107.2
电　料	102.1	105.5	112.5	105.5	106.4
绝缘线	104.0	110.9	105.4	104.4	106.2
护套线	101.8	108.5	105.6	102.0	104.5
灯泡	100.8	101.1	109.1	105.2	104.0
灯管	102.1	112.1	102.6	102.3	104.8
开关	99.2	101.8	101.8	102.1	101.2
插座	109.6	105.6	105.0	104.2	106.1
其它材料	99.8	104.5	105.1	105.5	103.7
平板玻璃	116.4	102.8	113.6	106.9	109.9
油毡		102.1	101.7		101.9
暖气片	102.6	107.5	106.9	105.8	105.7
大便器	102.3	103.6	105.5	110.2	105.4
洗面器	103.2	100.0	103.3	110.9	104.4
墙地砖	104.0	111.1	108.5	107.2	107.7
玛钢件	102.1	102.0	101.1	100.9	101.5
建筑用小五金	100.0	106.7	106.6	103.6	104.2
铝合金型材	104.5	105.2	107.2	108.0	106.2
塑钢料	102.8	107.4	107.5	106.8	106.1
仪表	93.1	97.9	101.0	101.4	98.4
阀门	98.1	101.6	103.0	102.4	101.3
电焊条	103.5	106.6	111.5	104.3	106.5
水、电		101.2	101.0	101.5	101.2
机械使用费	116.1	106.8	107.7	105.4	109.0
土方机械	116.8	106.9	107.4	106.6	109.4
起重机械	126.2	105.0	104.8	104.2	110.0
运输机械	116.1	107.9	109.8	105.7	109.9
混凝土、砂浆机械	130.7	106.2	107.5	105.6	112.5
加工机械	106.6	105.4	107.0	104.6	105.9
其它机械	100.2	103.4	104.0	103.2	102.7
设备、工器具购置	**99.5**	**98.1**	**97.8**	**98.0**	**98.4**
其它费用	**100.7**	**104.6**	**105.9**	**103.4**	**103.7**

2-26 固定资产投资价格指数（2012 年）

（上年价格=100）

指　　标	一季度	二季度	三季度	四季度	全年平均
固定资产投资	**102.8**	**101.1**	**99.0**	**99.5**	**100.6**
建筑安装工程	**105.1**	**102.3**	**99.0**	**99.6**	**101.5**
人工费	110.5	110.2	108.4	109.4	109.6
工程管理人员	114.2	113.7	110.0	110.0	112.0
工程技术人员	109.3	114.1	110.2	110.5	111.0
普通工人	110.4	108.8	108.0	109.2	109.1
材料费	103.7	99.4	95.2	95.3	98.4
钢　材	103.3	97.3	93.1	92.3	96.5
螺纹钢	103.7	96.8	92.7	90.5	95.9
薄钢板	103.0	100.9	99.2	99.5	100.6
大型钢材	101.0	100.9	94.3	91.9	97.0
小型钢材	107.0	98.1	96.9	97.1	99.8
钢筋	100.2	96.8	91.3	90.6	94.7
无缝钢管	105.6	97.0	94.6	98.9	99.0
焊接钢管	108.6	97.1	91.6	97.8	98.8
木　材	103.4	105.1	104.3	105.5	104.6
原木	101.4	107.8	103.9	102.4	103.9
普通锯材		103.7	102.7	102.8	103.1
胶合板	101.8	111.1	116.6	114.9	111.1
水　泥	102.8	95.5	91.0	92.6	95.5
地方材料	104.9	102.4	96.8	97.1	100.3
砖	107.5	105.7	92.7	93.7	99.9
石灰	101.3	103.1	98.8	106.4	102.4
砂子	100.8	102.7	100.5	103.0	101.7
大理石板材	104.3	103.2	102.1	108.8	104.6
毛石		104.1	98.1	102.5	101.6
商品混凝土		99.9	118.1	123.2	113.7
石子	100.0	103.2	99.9	105.0	102.0

2-26　续表

（上年价格=100）

指　　标	一季度	二季度	三季度	四季度	全年平均
化工材料	105.1	102.0	101.8	101.4	102.6
清漆	102.4	104.6	105.2	105.1	104.3
调和漆		104.0	103.4	103.9	103.8
防锈漆	100.0	109.0	101.5	100.0	102.6
乳胶漆	105.2	105.5	102.8	102.2	103.9
黏合剂	100.2	103.5	99.2	102.9	101.4
涂料		103.5	107.0	101.2	103.9
塑料管	106.3	101.1	102.8	101.2	102.9
沥青		101.3	101.4	100.5	101.1
电　料	103.3	101.9	97.6	96.5	99.8
绝缘线	103.4	100.1	101.9	100.8	101.5
护套线	104.5	102.0	101.2	100.7	102.1
灯泡	101.0	102.6	101.5	101.5	101.6
灯管	105.4	106.2	103.4	101.5	104.1
开关	101.2	111.6	105.4	108.4	106.7
插座	102.8	105.0	103.5	106.3	104.4
其它材料	103.8	102.5	101.9	101.9	102.5
平板玻璃	100.6	105.4	99.5	102.6	102.1
油毡		102.5	100.0		101.3
暖气片		103.8	100.5	100.1	101.5
大便器	105.0	105.8	104.2	100.0	103.7
洗面器		100.2	107.7	104.7	104.2
墙地砖	102.6	102.4	104.1	102.5	102.9
玛钢件	107.5	101.4	102.0	102.9	103.5
建筑用小五金	104.0	102.0	100.3	103.9	102.6
铝合金型材	103.2	105.7	103.7	103.8	104.1
塑钢料	102.3	101.2	101.2	102.4	101.8
仪表	99.3	100.4	100.8	100.6	100.3
阀门	104.2	101.2	101.4	100.6	101.8
电焊条	105.0	101.6	100.5	101.2	102.1
水、电		102.0	100.8	101.0	101.3
机械使用费	102.7	104.4	103.1	105.8	104.0
土方机械	102.3	104.8	103.6	106.5	104.3
起重机械	100.0	102.9	102.2	104.1	102.3
运输机械	102.9	105.4	103.4	106.9	104.6
混凝土、砂浆机械	104.1	102.5	101.8	103.4	103.0
加工机械		103.9	104.5	104.9	104.4
其它机械	100.5	102.9	102.9	101.6	102.0
设备、工器具购置	**96.3**	**97.0**	**97.6**	**98.3**	**97.3**
其它费用	**100.0**	**100.9**	**102.0**	**101.4**	**101.1**

2-27 固定资产投资价格指数（2013 年）

（上年价格=100）

指　　标	一季度	二季度	三季度	四季度	全年平均
固定资产投资	**102.4**	**99.6**	**99.7**	**100.2**	**100.5**
建筑安装工程	**103.2**	**99.4**	**99.5**	**99.9**	**100.5**
人工费	106.8	107.8	108.5	108.0	107.8
工程管理人员	114.7	108.0	107.3	109.7	109.9
工程技术人员	109.1	108.1	109.3	107.0	108.4
普通工人	105.3	107.7	108.6	108.0	107.4
材料费	100.8	95.6	95.4	96.2	97.0
钢　材	99.8	92.0	91.1	92.5	93.8
螺纹钢	104.2	90.8	90.8	91.8	94.4
薄钢板	102.5	97.5	93.1	94.9	97.0
大型钢材	102.1	97.8	94.3	95.2	97.4
小型钢材	97.1	93.5	94.4	95.0	95.0
钢筋	99.6	90.2	88.4	91.8	92.5
无缝钢管	93.5	94.7	100.2	98.5	96.7
焊接钢管	102.3	97.3	96.8	97.5	98.5
木　材	105.6	103.2	101.1	100.9	102.7
原木		104.1	101.8	96.7	100.9
普通锯材		102.3	101.1	103.9	102.4
胶合板	104.4	105.6	101.2	103.9	103.8
水　泥	98.7	97.2	94.0	94.6	96.1
地方材料	100.5	98.5	98.4	98.7	99.0
砖	104.2	95.3	95.1	94.1	97.2
石灰	105.9	103.4	104.0	104.4	
砂子	91.5	101.0	100.1	104.0	99.1
大理石板材	102.2	104.9	100.6	100.9	102.2
毛石		99.9	100.1	104.6	101.5
商品混凝土		103.1	102.7	99.0	101.6
石子		103.6	102.8	103.0	103.1

2-27　续表

(上年价格=100)

指　　标	一季度	二季度	三季度	四季度	全年平均
化工材料	99.6	100.2	103.4	102.2	101.3
清漆	103.1	104.7	106.3	101.4	103.9
调和漆	105.9	103.5	101.0	100.9	102.8
防锈漆	106.5	100.4	100.8	98.9	101.7
乳胶漆	101.1	101.0	100.3	102.8	101.3
黏合剂	103.9	100.1	100.1	100.3	101.1
涂料	108.7	101.4	104.6	99.2	103.5
塑料管	107.9	99.9	100.2	101.2	102.3
沥青		101.5	106.2	103.9	103.9
电　料	101.4	90.8	93.9	96.3	95.6
绝缘线	101.8	100.6	101.0	100.8	101.0
护套线		101.5	100.6	109.5	103.9
灯泡		100.3	99.5	99.9	99.9
灯管	101.2	104.2	100.5	101.1	101.8
开关	105.3	106.5	100.9	99.7	103.1
插座	101.3	107.0	104.5	101.1	103.5
其它材料	102.2	101.5	102.0	101.8	101.9
平板玻璃	101.5	101.3	102.6	103.9	102.3
油毡				100.0	100.0
暖气片	100.8	99.7	107.5	104.1	103.0
大便器	100.0	103.7	107.5	103.7	103.7
洗面器	102.1	103.1	100.3	106.7	103.1
墙地砖	100.7	101.3	101.0	102.4	101.4
玛钢件	102.1	101.3	108.1	100.9	103.1
建筑用小五金	102.9	99.7	101.1	99.1	100.7
铝合金型材	103.6	97.5	100.0	103.2	101.1
塑钢料	103.7	102.9	101.2	100.9	102.2
仪表	100.0	100.3	100.7	100.4	100.3
阀门	105.8	102.8	100.9	100.4	102.5
电焊条	98.3	98.5	101.4	99.4	99.4
水、电		100.7	100.5	100.7	100.6
机械使用费	109.8	104.4	104.2	105.1	105.9
土方机械		105.5	104.5	103.8	104.6
起重机械	114.3	101.2	102.5	103.1	105.3
运输机械	104.5	105.3	105.3	109.1	106.0
混凝土、砂浆机械		105.6	104.4	103.6	104.6
加工机械		102.2	103.5	103.6	103.1
其它机械	109.6	101.7	102.3	101.8	103.9
设备、工器具购置	**99.7**	**99.7**	**99.0**	**99.6**	**99.5**
其它费用		**101.7**	**104.2**	**104.7**	**103.5**

2-28 固定资产投资价格指数（2014 年）

（上年价格=100）

指　标	一季度	二季度	三季度	四季度	全年平均
固定资产投资	**103.1**	**99.3**	**99.6**	**99.2**	**100.3**
建筑安装工程	**104.1**	**99.1**	**99.2**	**98.5**	**100.2**
人工费	109.7	104.6	105.0	104.9	106.1
工程管理人员	102.0	105.1	105.3	103.7	104.0
工程技术人员	103.0	105.2	104.8	104.2	104.3
普通工人	111.7	104.4	105.0	105.2	106.6
材料费	101.0	96.6	96.7	95.7	97.5
钢　材	97.2	93.1	92.5	91.2	93.5
螺纹钢	95.5	92.5	91.8	90.6	92.6
薄钢板		95.4	98.7	99.5	97.9
大型钢材	98.5	100.3	96.5	97.0	98.1
小型钢材		93.7	97.6	96.3	95.9
钢筋	97.6	92.3	91.5	89.8	92.8
无缝钢管	96.1	97.7	96.2	93.0	95.7
焊接钢管	97.2	94.1	95.4	96.1	95.7
木　材	103.1	101.1	101.1	101.0	101.6
原木		101.3	102.2	105.9	103.1
普通锯材		101.6	102.8	102.6	102.3
胶合板	101.1	100.9	100.0	99.9	100.5
水　泥	99.4	96.4	96.9	95.2	97.0
地方材料	99.3	98.9	98.9	98.6	98.9
砖	97.7	99.5	98.8	98.3	98.6
石灰	101.6	91.1	92.5	90.6	93.9
砂子	100.4	101.0	100.7	100.3	100.6
大理石板材	100.0	100.2	100.7	99.5	100.1
毛石	95.7	98.9	98.2	98.2	97.8
商品混凝土	103.3	94.9	100.0	102.0	100.0
石子	102.6	96.5	101.2	99.5	100.0

2-28　续表

(上年价格=100)

指　　标	一季度	二季度	三季度	四季度	全年平均
化工材料	105.5	100.0	100.5	100.1	101.5
清漆	100.1	105.9	100.8	102.8	102.4
调和漆		100.8	100.4	101.0	100.7
防锈漆	104.0	100.3	100.7	101.7	101.7
乳胶漆	99.4	99.7	100.7	100.9	100.2
黏合剂	100.0	100.6	99.7	100.2	100.1
涂料		100.5	100.9	100.1	100.5
塑料管	109.9	100.0	104.0	100.3	103.5
沥青		99.3	101.7	100.6	100.5
电　料	103.6	101.9	101.1	100.5	101.8
绝缘线	105.0	99.3	100.0	100.1	101.1
护套线		100.9	102.0	100.9	101.3
灯泡		100.4	99.8	99.3	99.8
灯管	103.3	101.4	100.7	101.1	101.7
开关	103.8	102.6	100.9	100.7	102.0
插座	100.0	98.1	101.4	100.9	100.1
其它材料	101.7	100.9	100.1	99.5	100.5
平板玻璃	99.6	99.4	99.8	105.3	101.0
油毡		90.0			90.0
暖气片	104.5	103.6	102.2	102.3	103.1
大便器	100.0	100.1	100.1	99.6	99.9
洗面器		92.6	93.6	95.0	93.8
墙地砖	101.1	99.9	100.6	100.6	100.5
玛钢件	102.8	96.7	99.8	97.0	99.1
建筑用小五金	99.5	100.1	98.9	99.7	99.5
铝合金型材		100.4	98.7	99.9	99.6
塑钢料	105.3	101.2	100.6	99.6	101.7
仪表	100.0	101.0	98.8	99.0	99.7
阀门	99.0	97.8	98.3	97.4	98.1
电焊条		99.8	99.6	98.7	99.3
水、电		100.1	100.1	100.1	100.1
机械使用费	109.1	101.3	100.9	100.6	102.9
土方机械		101.3	101.2	100.9	101.1
起重机械	117.2	101.0	100.5	100.2	104.7
运输机械		100.7	100.6	100.2	100.5
混凝土、砂浆机械	100.0	103.6	102.5	101.7	102.0
加工机械		102.0	101.9	101.2	101.7
其它机械	107.6	101.3	101.0	101.8	102.9
设备、工器具购置	**99.1**	**98.9**	**99.6**	**99.7**	**99.3**
其它费用	**105.7**	**102.5**	**103.1**	**103.6**	**103.7**

2-29 各地、州、市工业生产者出厂价格分类指数（2013 年）

指　　标	乌鲁木齐市	克拉玛依市	吐鲁番地区	哈密地区	昌吉回族自治州	伊犁哈萨克自治州直属县（市）	塔城地区
全部工业品	**96.4**	**96.9**	**96.1**	**98.4**	**98.1**	**100.2**	**97.4**
轻工业	101.6	106.0	90.9	99.8	100.7	102.4	99.4
以农产品为原料	102.3	108.7	97.8	99.8	102.9	102.5	99.4
以非农产品为原料	99.3	100.6	81.7	100.0	92.9	101.2	99.6
重工业	96.1	96.9	96.3	98.2	96.6	97.6	95.4
采　掘	96.0	94.7	96.4	99.7	103.1	104.9	98.2
原　料	97.6	98.6	96.4	95.4	95.2	97.2	94.3
加　工	94.3	97.4	94.9	98.4	95.7	95.4	94.2
生产资料	96.2	96.9	96.0	98.2	96.8	98.1	94.4
采　掘	96.0	94.7	96.4	99.7	103.1	104.9	98.2
原　料	97.6	98.6	96.4	95.4	94.6	96.7	92.3
加　工	94.5	97.6	91.2	98.4	97.6	98.3	94.6
生活资料	100.4	109.6	102.2	100.8	102.4	102.3	103.5
食　品	102.8	109.6	102.0	100.8	102.5	102.4	103.6
衣　着	100.1	121.2			100.7	94.6	
一般日用品	96.8	100.0	104.1	100.0	101.1	99.9	100.0
耐用消费品	100.1				101.5		
按工业部门分							
冶金工业	90.6	93.8	94.3	100.2	93.5	94.4	89.0
电力工业	100.0	100.0	99.9	100.2	100.0	100.0	100.1
煤炭及炼焦工业	102.1		98.0	93.8	98.2	97.0	106.8
石油工业	96.7	96.8	96.7		100.4	97.4	100.0
化学工业	97.9	99.7	88.5	96.4	94.4	101.2	88.7
机械工业	102.4	97.3	100.0	100.0	96.5	99.5	100.0
建筑材料工业	94.1	100.0	92.4	98.6	94.8	95.2	94.0
森林工业	100.1				98.6	102.0	
食品工业	103.1	109.6	102.3	101.2	103.2	102.9	103.8
纺织工业	101.3		94.5	97.6	99.8	98.1	97.0
缝纫工业	100.1	121.2			100.0	94.6	
皮革工业					102.2		
造纸工业	100.8	100.0		100.0	94.9	99.4	100.0
文教艺术用品工业	100.2	100.0	100.0		100.5	100.0	100.0
其他工业	99.8		102.1	100.0	96.4	96.2	100.0

（上年价格=100）

阿勒泰地区	博尔塔拉蒙古自治州	巴音郭楞蒙古自治州	阿克苏地区	克孜勒苏柯尔克孜自治州	喀什地区	和田地区	生产建设兵团
97.8	**96.7**	**96.5**	**96.6**	**101.5**	**99.6**	**100.6**	**100.5**
107.2	94.5	99.4	97.0	108.4	100.6	110.7	102.2
107.6	94.5	98.7	96.9	108.8	100.6	111.5	102.1
100.1	100.0	101.1	100.0	102.4	100.0	108.9	105.8
97.5	98.5	96.2	96.6	99.0	99.0	99.1	99.0
99.7	100.2	96.7	89.7	99.4	93.2	99.2	93.0
93.2	99.3	99.5	97.6	101.5	98.6	100.9	101.0
93.0	95.7	91.0	95.7	95.3	102.0	95.9	96.3
97.5	98.0	96.4	96.7	101.5	99.7	97.7	98.8
99.7	100.2	96.7	89.7	99.4	93.2	99.2	93.0
93.2	99.2	99.1	97.6	108.3	98.6	100.9	100.3
93.0	96.0	91.6	96.8	96.4	102.1	88.4	97.9
107.3	92.5	100.6	95.8	101.5	98.9	111.1	105.0
107.4	92.2	100.4	95.6	101.5	98.9	111.7	105.1
		100.0					100.3
104.1	100.9	102.0	101.1	100.0	100.6	103.1	101.2
		100.0					100.0
97.5	99.7	88.8	95.0	99.3	91.5		92.6
99.8	100.0	100.1	96.9	102.3	99.6	100.9	100.3
99.5		109.4	89.4	100.0	105.5	99.2	94.1
101.1		96.6	98.0	100.0	100.0		101.1
100.0	93.3	96.9	95.1	111.5	107.1	109.4	100.8
97.5	101.3	94.0	100.0		100.3		100.0
90.2	96.1	96.6	98.4	95.3	102.3	87.9	91.6
		92.8	102.7				100.0
107.8	92.3	101.2	96.1	101.2	99.4	111.5	104.4
100.0	96.1	97.4	98.8	100.0	100.6		98.2
121.4		100.0					100.3
	106.9			110.9			
98.9		100.3					98.2
100.0	100.0	100.0		100.0		100.0	100.3
98.8		100.0	100.0	102.8	100.0	114.6	108.2

2-30 工业生产者出厂价格分类指数

指 标	2000	2001	2002	2003	2004	2005	2006
全部工业品	**129.4**	**96.3**	**97.3**	**115.1**	**116.4**	**116.6**	**114.4**
轻工业	97.3	98.4	94.8	102.4	106.6	99.6	103.6
以农产品为原料	97.1	98.4	94.7	104.6	108.3	98.4	103.6
以非农产品为原料	103.5	98.7	97.0	98.1	103.4	101.9	103.6
重工业	141.8	95.6	98.3	121.4	119.9	122.5	117.1
采 掘	164.2	90.5	98.5	125.3	130.0	136.2	118.4
原 料	114.3	104.3	98.8	113.8	110.3	114.2	120.5
加 工	98.6	100.2	96.5	107.3	121.6	104.1	98.5
生产资料	138.0	95.6	97.0	117.3	117.7	118.4	115.4
采 掘	164.0	90.6	98.6	125.1	129.8	136.0	118.4
原 料	113.7	104.3	98.7	113.8	110.3	114.3	120.7
加 工	97.7	97.3	92.2	105.0	112.1	100.4	101.1
生活资料	96.6	101.0	99.5	101.3	105.9	101.3	103.5
食 品	93.0	101.5	99.8	101.6	107.2	101.7	103.8
衣 着	100.3	97.3	99.1	101.7	101.9	96.4	100.6
一般日用品	98.1	102.9	97.9	100.3	99.6	101.1	100.4
耐用消费品	99.7	100.8	99.3	97.0	99.7	99.2	100.2
按工业部门分							
冶金工业	103.9	98.3	99.0	111.4	127.6	101.9	100.5
电力工业	104.8	101.2	101.2	103.6	102.9	100.9	102.2
煤炭及炼焦工业	98.2	103.7	113.8	98.7	112.5	109.4	113.8
石油工业	162.2	92.9	97.0	126.7	123.0	130.5	122.4
化学工业	102.6	100.7	94.6	101.9	108.5	106.1	103.3
机械工业	97.4	99.5	100.5	99.5	101.9	112.4	109.8
建筑材料工业	98.4	102.3	98.6	94.5	99.0	99.4	105.6
森林工业	99.7	101.4	100.6	96.2	99.5	99.9	99.5
食品工业	92.2	102.3	99.4	101.8	108.3	101.1	103.5
纺织工业	101.8	92.9	87.4	110.2	111.0	92.1	104.2
缝纫工业	101.7	97.1	99.0	101.9	102.0	96.3	100.6
皮革工业	95.7	101.1	100.9	101.0	99.7	100.0	98.6
造纸工业	98.4	104.6	99.5	98.6	99.2	102.6	103.5
文教艺术用品工业	98.2	97.3	104.1	100.8	99.7	99.7	98.8
其他工业	98.8	107.0	109.5	108.8	104.2	104.0	104.2

（上年价格=100）

2007	2008	2009	2010	2011	2012	2013	2014
106.3	**116.4**	**85.5**	**125.3**	**114.8**	**96.9**	**96.5**	**96.2**
105.6	111.2	97.5	108.9	110.1	94.1	99.6	98.3
105.8	112.1	96.6	111.2	110.8	95.6	100.5	99.4
105.2	108.7	99.9	104.6	106.5	86.1	94.6	92.7
106.4	117.7	83.3	128.7	115.6	97.4	96.0	95.9
104.4	119.4	72.9	153.1	127.9	97.9	95.4	95.9
106.3	113.7	93.4	114.0	111.9	98.1	96.3	96.1
115.1	127.1	86.5	105.6	106.1	94.2	96.0	95.2
106.1	116.3	84.5	127.1	115.6	96.6	96.0	95.8
104.4	119.4	73.1	151.9	127.9	97.9	95.4	95.9
106.1	113.2	93.4	115.2	111.5	97.3	96.3	95.9
109.0	116.4	91.5	107.3	109.0	93.0	96.3	95.6
108.4	116.9	98.5	104.1	106.4	100.8	101.5	100.3
109.4	118.7	98.0	104.4	107.2	100.8	101.7	100.2
100.3	107.8	102.4	101.5	100.4	100.0	101.0	100.1
104.8	105.8	98.1	101.4	104.1	101.3	100.3	101.0
100.3	101.1	108.0	102.3	96.9	100.3	100.3	100.2
115.5	129.2	78.6	114.4	112.7	92.6	93.2	93.3
101.2	100.9	102.4	100.7	100.9	100.5	100.1	100.2
112.5	110.8	107.6	104.0	103.1	103.1	92.9	94.3
104.9	118.6	80.3	141.6	123.6	99.8	96.5	95.9
106.2	108.9	89.5	112.1	111.7	88.8	93.3	94.4
120.7	104.9	99.9	97.4	91.7	94.8	101.3	99.3
103.3	109.9	105.1	101.1	108.2	92.7	95.2	95.7
100.7	105.3	103.8	101.7	96.5	101.4	100.4	99.8
109.7	120.0	98.0	104.9	106.8	101.2	102.2	100.3
99.4	98.9	95.5	122.8	131.2	85.2	96.8	97.7
100.3	107.8	102.5	101.5	100.1	100.0	101.6	100.4
108.6	104.4	99.4	101.1	121.4	106.8	106.7	101.1
104.6	107.7	92.3	127.8	105.8	94.7	99.5	99.9
100.6	102.8	100.1	101.1	100.8	101.6	100.1	100.2
106.5	103.8	101.2	107.7	106.5	99.5	98.8	100.5

2-31 分行业工业生产者出厂价格指数（按新行业分类标准）

（上年价格=100）

指　　标	2008	2009	2010	2011	2012	2013	2014
煤炭开采和洗选业	**111.0**	**110.1**	**101.9**	**105.7**	**109.4**	**92.3**	**93.6**
烟煤和无烟煤的开采洗选	111.0	110.1	101.9	105.6	109.7	92.3	93.7
褐煤的开采洗选							
其他煤炭采选				108.7	97.9	93.2	90.1
石油和天然气开采业	**119.4**	**70.4**	**159.4**	**132.9**	**96.5**	**95.4**	**96.0**
天然原油和天然气开采	119.4	70.4	159.4	132.9	96.5	95.4	96.0
与石油和天然气开采有关的服务活动							
黑色金属矿采选业	**161.7**	**62.7**	**117.7**	**110.1**	**96.7**	**101.5**	**95.5**
铁矿采选	161.7	62.2	118.0	111.0	96.9	102.1	94.4
其他黑色金属矿采选	100.0	81.6	109.1	99.6	95.2	95.2	107.1
有色金属矿采选业	**80.7**	**88.2**	**132.8**	**112.2**	**98.6**	**93.9**	**97.1**
常用有色金属矿采选	78.5	87.1	135.8	106.3	92.9	96.5	100.2
贵金属矿采选		85.5	117.1	126.6	106.5	87.2	89.9
稀有稀土金属矿采选	104.8	96.5	90.8	96.8	101.0	101.8	101.3
非金属矿采选业	**104.5**	**103.9**	**100.4**	**101.3**	**101.9**	**100.3**	**100.9**
土砂石开采	105.3	103.6	102.0	101.4	99.6	99.9	99.8
化学矿采选	120.1	85.2	96.8	99.7	107.2	110.9	89.4
采盐	99.8	104.8	98.0	102.0	112.3	100.6	104.8
石棉及其他非金属矿采选	109.4	115.3	101.2	100.0	95.4	98.0	104.2
其他采矿业							
其他采矿业							
农副食品加工业	**126.7**	**91.1**	**109.9**	**111.6**	**102.9**	**102.4**	**97.9**
谷物磨制	129.3	99.7	94.4	104.7	110.9	111.0	100.6
饲料加工	120.7	98.7	109.7	102.0	106.6	107.7	101.6
植物油加工	145.2	77.1	111.7	116.2	99.8	100.6	95.5
制糖	95.9	106.1	134.5	122.9	99.1	86.4	90.4
屠宰及肉类加工	107.0	108.8	101.0	113.2	102.1	104.6	100.2
水产品加工	127.0		100.0	100.0	100.0	100.0	100.0
蔬菜、水果和坚果加工	100.0	98.8	85.9	99.8	99.7	103.8	105.2
其他农副食品加工	105.7	102.1	116.0	117.1	101.2	98.7	99.4
食品制造业	**116.7**	**113.1**	**94.5**	**100.7**	**98.3**	**103.1**	**104.4**
焙烤食品制造	104.4	101.4	100.3	99.6	101.1	100.2	100.3
糖果、巧克力及蜜饯制造	101.7	100.2	100.1	100.3	100.0	100.0	100.5
方便食品制造	110.2	111.9	97.0	101.7	101.0	102.4	100.9
液体乳及乳制品制造	120.5	95.1	113.7	105.6	100.2	107.2	108.1
罐头制造	117.3	130.4	75.4	99.7	98.1	108.6	106.8
调味品、发酵制品制造	109.7	105.9	109.2	100.0	92.1	96.7	98.8
其他食品制造	111.7	104.5	100.9	97.4	97.2	97.2	102.8

2-31　续表 1

（上年价格=100）

指　　标	2008	2009	2010	2011	2012	2013	2014
饮料制造业	**108.7**	**103.5**	**103.4**	**103.3**	**101.7**	**102.1**	**100.9**
酒精制造	107.5	104.2	116.6	112.0	99.2	99.7	99.2
酒的制造	108.8	103.8	104.4	104.0	102.7	102.3	101.3
软饮料制造	105.1	101.8	99.7	101.2	99.7	101.7	100.2
精制茶加工		100.0	100.0	101.3	102.4	106.9	101.2
烟草制品业	**101.6**	**102.7**	**101.5**	**100.0**	**100.0**	**100.0**	**100.0**
烟叶复烤							
卷烟制造	101.6	102.7	101.5	100.0	100.0	100.0	100.0
其他烟草制品加工							
纺织业	**99.4**	**95.9**	**121.6**	**128.9**	**86.0**	**97.0**	**97.9**
棉、化纤纺织及印染精加工	98.5	95.6	124.0	132.7	84.1	96.5	97.5
毛纺织和染整精加工	106.0	88.1	99.9	105.1	103.1	100.1	100.7
麻纺织	105.9	96.0	105.1	124.4	99.4	97.6	100.9
丝绢纺织及精加工							
纺织制成品制造	110.0	100.7	100.7	103.9	100.9	100.0	100.0
针织品、编织品及其制品制造	108.2	103.2	101.6	99.0	99.7	99.9	100.0
纺织服装、鞋、帽制造业	**101.5**	**99.0**	**101.3**	**103.1**	**100.9**	**104.5**	**101.7**
纺织服装制造	101.5	99.0	101.3	103.1	100.9	104.5	101.7
纺织面料鞋的制造							
制帽			99.7				
皮革、毛皮、羽毛（绒）及其制品业	**103.5**	**99.4**	**101.1**	**118.5**	**106.0**	**108.1**	**101.1**
皮革鞣制加工	108.8	92.6	101.2	137.6	112.4	110.4	103.5
皮革制品制造	100.0	100.0	100.0	100.0	100.0	103.0	100.0
毛皮鞣制及制品加工				105.8	99.9	102.1	97.8
羽毛（绒）加工及制品制造	101.2		102.6	103.8	101.1	115.1	101.2
木材加工及木、竹、藤、棕、草制品业	**114.5**	**103.7**	**100.1**	**97.1**	**102.0**	**100.7**	**99.6**
锯材、木片加工	143.9		100.4	86.1	100.3	104.9	101.7
人造板制造	105.3	102.3	99.5	101.2	102.7	99.0	98.6
木制品制造	102.5	112.1	105.2	100.1	101.0	100.0	100.0
竹、藤、棕、草制品制造							
家具制造业	**101.0**	**108.0**	**102.3**	**96.5**	**100.3**	**100.4**	**100.2**
木质家具制造	101.3	103.8	103.1	95.7	100.6	100.1	100.0
竹、藤家具制造							
金属家具制造	98.5	131.5	98.2	98.9	99.5	101.4	100.9
塑料家具制造							
其他家具制造							

2-31　续表 2

（上年价格=100）

指　　标	2008	2009	2010	2011	2012	2013	2014
造纸及纸制品业	**107.7**	**92.3**	**127.8**	**105.8**	**94.7**	**99.5**	**99.9**
纸浆制造	99.0	88.5	179.0	125.3	87.9	100.3	101.2
造纸	109.7	93.0	105.5	99.6	95.0	99.1	99.6
纸制品制造	103.8	94.7	102.3	106.9	100.3	99.4	99.8
印刷业和记录媒介的复制	**102.8**	**100.1**	**101.1**	**100.8**	**101.6**	**100.1**	**100.2**
印刷	102.8	100.0	101.0	100.8	101.8	100.1	100.2
装订及其他印刷服务活动		103.4	103.7	100.8	100.0	100.0	100.0
记录媒介的复制							
文教体育用品制造业	**100.0**						
文化用品制造	100.0						
体育用品制造							
乐器制造							
玩具制造							
游艺器材及娱乐用品制造							
石油加工、炼焦及核燃料加工业	**117.6**	**95.8**	**118.8**	**113.9**	**102.1**	**97.4**	**95.6**
精炼石油产品的制造	117.7	95.7	119.1	114.8	102.9	97.5	95.6
炼焦	109.7	99.0	110.7	96.1	86.1	94.0	96.0
核燃料加工							
化学原料及化学制品制造业	**109.5**	**88.8**	**110.1**	**116.4**	**88.7**	**91.2**	**94.0**
基础化学原料制造	113.7	86.0	115.1	107.3	99.9	95.0	93.7
肥料制造	113.1	97.3	96.7	115.9	103.7	96.2	96.6
农药制造				102.5	101.3	97.3	100.0
涂料、油墨、颜料及类似产品制造	109.5	96.6	103.1	113.7	80.6	80.7	88.0
合成材料制造	104.2	80.3	113.2	122.7	82.5	88.1	92.9
专用化学产品制造	110.9	103.7	103.4	99.7	98.2	100.6	100.5
日用化学产品制造	106.4	104.9	102.2	103.9	100.6	100.1	101.4
医药制造业	**104.3**	**101.0**	**108.0**	**103.6**	**105.0**	**104.4**	**102.3**
化学药品原药制造	113.0		104.4	101.5	108.7	101.2	100.3
化学药品制剂制造	109.7	100.5		101.4	102.4	101.9	108.3
中药饮片加工	109.2	102.5	108.4	106.0	103.7	107.1	96.2
中成药制造	103.3	100.2		104.6	105.7	106.5	101.2
兽用药品制造							
生物、生化制品的制造				105.7	106.1	103.2	99.8
卫生材料及医药用品制造							
化学纤维制造业	**94.8**	**86.8**	**140.0**	**96.5**	**75.3**	**93.9**	**90.9**
纤维素纤维原料及纤维制造	107.3	86.8	140.0	96.3	75.0	93.9	90.8
合成纤维制造	90.7			114.5	101.0	93.3	96.5

2-31 续表 3

（上年价格=100）

指标	2008	2009	2010	2011	2012	2013	2014
橡胶制品业	**118.9**	**102.2**	**102.5**	**114.8**	**101.3**	**102.1**	**98.7**
轮胎制造	119.3	102.2	107.3	123.0	100.1	101.7	97.8
橡胶板、管、带的制造	109.8	101.7	98.5	100.5	100.0	100.0	100.0
橡胶零件制造	105.9	104.2	101.5	101.3	100.0	96.2	99.1
再生橡胶制造	100.0	97.7	87.9	105.7	107.5	103.7	98.8
日用及医用橡胶制品制造							
橡胶靴鞋制造							
其他橡胶制品制造				107.2	102.6	108.4	101.1
塑料制品业	**105.7**	**91.8**	**101.1**	**101.7**	**99.5**	**99.7**	**99.1**
塑料薄膜制造	102.0	81.0	103.2	100.8	98.2	104.3	103.3
塑料板、管、型材的制造	108.3	97.3	99.2	100.5	98.8	98.5	97.8
塑料丝、绳及编织品的制造	111.2	98.7	104.6	105.1	103.0	99.7	99.4
泡沫塑料制造	99.5	80.1		104.6	100.4	102.6	100.6
塑料人造革、合成革制造							
塑料包装箱及容器制造	101.0	80.1	101.9	105.2	100.9	98.1	99.8
塑料零件制造			99.6				
日用塑料制造				103.9	99.3	99.1	96.8
其他塑料制品制造		114.9	101.2	99.2	98.6	101.0	99.1
非金属矿物制品业	**109.9**	**104.9**	**102.0**	**108.5**	**92.9**	**95.2**	**95.9**
水泥、石灰和石膏的制造	111.7	105.3	100.7	110.1	86.7	91.8	93.7
水泥及石膏制品制造	106.9	103.7	102.5	109.1	101.8	97.5	95.4
砖瓦、石材及其他建筑材料制造	100.8	108.4	98.2	102.8	100.4	101.0	103.4
玻璃及玻璃制品制造	103.7	98.4	104.1	108.4	97.2	100.0	99.7
陶瓷制品制造							
耐火材料制品制造	105.6	94.4	99.9	101.2	100.4	100.4	100.6
石墨及其他非金属矿物制品制造	100.0	99.5	116.2	102.5	95.5	96.6	99.7
黑色金属冶炼及压延加工业	**134.2**	**78.9**	**110.8**	**114.2**	**90.5**	**91.6**	**91.7**
炼铁	142.0	75.6	110.4	113.8	90.1	91.8	94.4
炼钢			99.2	97.6	88.4	91.3	92.2
钢压延加工	133.9	81.3	111.2	114.9	90.7	91.3	89.8
铁合金冶炼	128.1	73.2	114.4	106.2	90.9	97.2	96.5
有色金属冶炼及压延加工业	**85.2**	**84.0**	**132.4**	**109.3**	**94.1**	**93.2**	**97.5**
常用有色金属冶炼	74.9	79.8	134.2	108.0	90.5	95.3	98.8
贵金属冶炼	116.3	107.2	125.7	117.1	99.9	84.6	91.8
稀有稀土金属冶炼							
有色金属合金制造				124.0	121.7	98.0	96.6
有色金属压延加工	100.1	100.1		102.1	100.2	95.9	98.8
金属制品业	**128.7**	**88.0**	**106.6**	**109.0**	**97.5**	**95.2**	**95.7**
结构性金属制品制造	129.7	87.9	101.3	103.9	99.3	97.1	96.3
金属工具制造		100.0	87.5	100.0	100.0	85.8	95.9
集装箱及金属包装容器制造	131.8	93.3	107.2	100.0	99.3	99.2	98.7
金属丝绳及其制品的制造	131.2	79.5	112.7	127.6	90.6	94.2	92.8
建筑、安全用金属制品制造	113.7	109.6	96.3	107.8	101.1	99.1	100.0
金属表面处理及热处理加工		100.0		97.2	98.2	97.6	99.5
搪瓷制品制造							
不锈钢及类似日用金属制品制造	100.0		100.6	102.8	99.4	100.0	100.0
其他金属制品制造	133.7	81.6	110.7	113.1	100.3	95.3	93.0

2-31 续表 4

（上年价格=100）

指 标	2008	2009	2010	2011	2012	2013	2014
通用设备制造业	**105.5**	**99.4**	**99.4**	**100.1**	**100.1**	**99.7**	**99.5**
锅炉及原动机制造	108.0	99.8	100.5	101.2	99.8	101.8	100.0
金属加工机械制造		100.0					
起重运输设备制造	101.5	98.2	103.9	102.0	99.1	96.6	98.7
泵、阀门、压缩机及类似机械的制造	103.1	102.1	96.5	100.0	100.6	100.1	100.0
轴承、齿轮、传动和驱动部件的制造	115.4	111.0	100.0	100.0	100.0	100.0	100.0
烘炉、熔炉及电炉制造							
风机、衡器、包装设备等通用设备制造	100.0	98.0	99.2	99.8	100.0	100.0	100.0
通用零部件制造及机械修理	100.2	99.6	102.5	99.4	100.2	100.2	100.1
金属铸、锻加工	113.8	97.9	96.4	100.3	101.4	99.0	96.0
专用设备制造业	**111.2**	**104.8**	**101.1**	**103.5**	**101.5**	**99.3**	**99.8**
矿山、冶金、建筑专用设备制造	111.6	106.8	101.4	104.1	99.7	97.1	99.5
化工、木材、非金属加工专用设备制造	90.5	79.1	101.7				
食品、饮料、烟草及饲料生产专用设备制造		99.7					
印刷、制药、日化生产专用设备制造							
纺织、服装和皮革工业专用设备制造							
电子和电工机械专用设备制造							
农、林、牧、渔专用机械制造	110.4	99.3	100.5	102.7	104.2	102.6	100.2
医疗仪器设备及器械制造							
环保、社会公共安全及其他专用设备制造							
交通运输设备制造业	**102.4**	**103.1**	**101.8**	**100.5**	**99.3**	**99.8**	**99.2**
铁路运输设备制造		84.3	84.0	98.1	98.3	99.4	100.0
汽车制造	102.4	103.5	102.5	100.9	99.5	99.9	99.0
摩托车制造							
自行车制造							
船舶及浮动装置制造							
航空航天器制造							
交通器材及其他交通运输设备制造							
电气机械及器材制造业	**104.1**	**98.4**	**96.7**	**88.4**	**92.6**	**101.9**	**99.2**
电机制造		100.5	93.1	82.3	88.7	103.3	99.9
输配电及控制设备制造	103.6	98.9	100.8	101.2	100.0	99.4	97.8
电线、电缆、光缆及电工器材制造	106.4	90.4	106.8	103.3	94.9	97.3	96.4
电池制造							
家用电力器具制造							
非电力家用器具制造		100.0	100.0	100.0	100.0	100.0	100.0
照明器具制造			100.0				
其他电气机械及器材制造							

2-31　续表 5

（上年价格=100）

指　　标	2008	2009	2010	2011	2012	2013	2014
通信设备、计算机及其他电子设备制造业		**101.4**	**103.2**	**100.6**	**97.9**	**99.9**	**98.1**
通信设备制造		86.8					
雷达及配套设备制造							
广播电视设备制造		111.9	103.3	100.3	96.7	99.8	97.1
电子计算机制造							
电子器件制造				101.2	100.0	100.0	100.0
电子元件制造							
家用视听设备制造			99.9				
其他电子设备制造							
仪器仪表及文化、办公用机械制造业			**100.0**	**98.5**	**100.0**	**100.0**	**100.0**
通用仪器仪表制造			100.0				
专用仪器仪表制造				98.5	100.0	100.0	100.0
钟表与计时仪器制造							
光学仪器及眼镜制造							
文化、办公用机械制造							
其他仪器仪表的制造及修理							
工艺品及其他制造业	**123.0**	**107.8**	**94.5**	**125.2**	**103.1**	**99.6**	**100.8**
工艺美术品制造	123.0	107.8	95.4	135.1	105.5	103.1	101.2
日用杂品制造			97.2	107.4	99.2	93.0	100.0
煤制品制造							
核辐射加工							
其他未列明的制造业							
废弃资源和废旧材料回收加工业							
金属废料和碎屑的加工处理							
非金属废料和碎屑的加工处理							
电力、热力的生产和供应业	**100.9**	**102.4**	**100.7**	**100.9**	**100.5**	**100.1**	**100.2**
电力生产	100.9	101.7	101.3	101.0	100.9	100.1	100.6
电力供应	101.1	102.6	100.4	101.0	100.2	100.0	100.0
热力生产和供应	100.2	104.3	100.5	100.1	100.6	100.9	100.0
燃气生产和供应业	**112.4**	**94.2**	**101.5**	**103.6**	**100.3**	**101.5**	**102.7**
燃气生产和供应业	112.4	94.2	101.5		100.3	101.5	102.7
水的生产和供应业	**101.2**	**100.5**	**100.3**	**100.9**	**102.0**	**101.2**	**101.8**
自来水的生产和供应	101.2	100.6	100.4	101.9	100.6	102.4	103.6
污水处理及其再生利用		100.0	100.0	100.0	103.4	100.0	100.0
其他水的处理、利用与分配							

2-32 工业生产者出厂价格指数（2013 年）

指　标	全　年 平　均	1 月	2 月	3 月	4 月
总指数	**96.5**	**98.3**	**98.4**	**97.2**	**93.4**
轻重工业分					
轻工业	99.6	98.6	99.3	100.3	99.8
以农产品为原料	100.5	100.2	100.5	101.3	100.5
以非农产品为原料	94.6	90.0	92.7	94.8	95.5
重工业	96.0	98.3	98.2	96.8	92.5
采掘	95.4	98.6	97.6	97.1	89.0
原料	96.3	99.4	99.3	96.7	93.1
加工	96.0	95.4	96.7	96.4	96.6
按生产生活资料分					
生产资料	96.0	98.0	98.0	96.8	92.7
采掘	95.4	98.6	97.6	97.1	89.0
原料	96.3	99.1	99.1	96.6	93.1
加工	96.3	95.2	96.5	96.7	96.7
生活资料	101.5	101.8	101.8	102.2	101.8
食品	101.7	102.1	102.1	102.6	102.1
衣着	101.0	100.8	100.8	100.9	100.9
一般日用品	100.3	100.3	100.3	100.3	100.2
耐用消费品	100.3	100.4	99.8	99.8	99.8
按工业部门分					
冶金工业	93.2	92.4	93.7	94.0	93.0
电力工业	100.1	100.2	100.0	100.2	100.2
煤炭及炼焦工业	92.9	96.0	93.0	93.7	93.9
石油工业	96.5	100.4	100.0	97.8	90.1
化学工业	93.3	95.7	96.2	93.2	91.4
机械工业	101.3	102.1	102.3	102.5	102.9
建筑材料工业	95.2	92.5	93.7	93.8	94.1
森林工业	100.4	100.5	100.1	100.3	100.3
食品工业	102.2	102.9	102.8	103.2	102.6
纺织工业	96.8	94.9	96.2	97.9	96.0
缝纫工业	101.6	101.2	101.2	101.2	101.2
皮革工业	106.7	107.8	107.7	109.6	109.9
造纸工业	99.5	96.2	96.7	98.4	99.1
文教艺术用品工业	100.1	100.2	100.2	100.1	100.1
其它工业	98.8	97.4	97.8	97.9	98.0

（上年同月=100）

5　月	6　月	7　月	8　月	9　月	10　月	11　月	12　月
92.3	**94.6**	**97.8**	**98.6**	**97.5**	**96.9**	**96.4**	**97.1**
99.5	99.3	100.0	99.3	99.1	99.6	100.2	100.5
100.4	100.1	100.6	100.2	99.9	100.4	100.9	101.4
94.4	94.8	96.7	94.4	94.5	95.4	96.7	96.0
91.2	93.8	97.4	98.4	97.3	96.4	95.8	96.5
88.6	92.0	99.4	100.9	96.2	95.5	95.1	96.3
91.0	94.4	97.2	98.2	98.0	96.7	95.9	96.7
95.5	94.9	94.8	95.3	97.1	97.1	96.5	96.3
91.4	94.0	97.4	98.3	97.2	96.5	95.9	96.6
88.6	92.0	99.4	100.9	96.2	95.5	95.1	96.3
91.1	94.5	97.2	98.1	97.9	96.6	95.9	96.7
95.7	95.2	95.4	95.8	97.1	97.4	97.1	97.0
101.7	101.3	101.3	101.0	101.0	101.1	101.5	101.8
101.9	101.5	101.4	101.1	101.1	101.2	101.7	102.2
100.9	100.9	101.3	101.5	101.5	101.5	100.8	100.7
100.2	100.2	100.3	100.2	100.4	100.4	100.2	100.0
100.5	100.5	100.5	100.5	100.5	100.5	100.6	100.6
91.9	91.1	91.2	92.7	94.9	95.3	94.7	94.3
100.2	100.2	100.1	99.9	100.0	100.1	100.0	100.0
93.5	91.7	92.1	92.3	90.9	92.3	93.0	92.4
88.7	93.0	100.1	102.2	98.4	96.5	95.7	97.3
88.6	93.2	94.1	91.7	94.1	94.5	93.7	93.9
102.3	101.4	100.7	101.0	101.1	100.8	99.5	99.4
93.8	94.9	95.4	96.1	96.9	96.7	97.4	97.2
100.1	100.3	101.0	100.6	100.5	100.5	100.5	100.0
102.7	102.1	101.9	101.4	101.2	101.4	101.9	102.5
94.8	95.4	97.4	97.3	96.9	97.9	98.1	98.7
101.6	101.6	102.0	102.2	102.2	102.2	101.5	101.5
110.2	110.4	110.5	102.5	104.4	103.3	103.0	102.7
99.4	99.5	99.7	100.3	100.8	100.8	101.5	101.5
100.1	100.1	100.1	100.1	100.1	100.1	100.1	100.1
98.2	98.6	98.9	98.6	99.7	100.0	100.1	100.7

2-33 工业生产者出厂价格大类及中类（新行业）价格指数（2013 年）

指　　标	全　年 平　均	1 月	2 月	3 月	4 月
总指数	**96.5**	**98.3**	**98.4**	**97.2**	**93.4**
煤炭开采和洗选业	92.3	99.0	95.8	95.5	94.1
烟煤和无烟煤开采洗选	92.3	99.0	95.7	95.3	93.9
其他煤炭采选	93.2	101.1	100.0	100.0	100.0
石油和天然气开采业	95.4	98.6	97.7	97.0	87.2
石油开采	94.4	98.3	97.3	96.4	84.8
天然气开采	100.2	100.0	100.0	100.0	100.0
黑色金属矿采选业	101.5	97.0	98.9	100.7	101.7
铁矿采选	102.1	97.8	99.9	101.8	103.0
锰矿、铬矿采选	95.2	89.3	89.3	89.3	89.3
有色金属矿采选业	93.9	100.0	99.8	99.9	96.1
常用有色金属矿采选	96.5	99.6	99.4	98.5	97.8
贵金属矿采选	87.2	100.2	100.0	101.6	91.5
稀有稀土金属矿采选	101.8	102.1	102.1	102.1	102.1
非金属矿采选业	100.3	99.1	99.1	99.2	99.5
土砂石开采	99.9	100.0	100.0	100.0	99.9
化学矿开采	110.9	96.2	96.2	97.5	100.0
采盐	100.6	101.1	101.1	101.1	101.1
石棉及其他非金属矿采选	98.0	92.3	92.3	92.3	94.3
农副食品加工业	102.4	106.0	105.8	105.8	104.3
谷物磨制	111.0	115.8	115.9	117.5	119.5
饲料加工	107.7	111.7	110.7	110.4	109.6
植物油加工	100.6	105.8	105.5	105.1	102.2
制糖业	86.4	88.4	87.8	87.8	83.2
屠宰及肉类加工	104.6	106.4	107.2	106.9	106.0
水产品加工	100.0	100.0	100.0	100.0	100.0
蔬菜、水果和坚果加工	103.8	100.5	100.5	102.1	102.7
其他农副食品加工	98.7	100.6	100.9	100.6	99.8
食品制造业	103.1	99.1	99.2	100.2	101.0
焙烤食品制造	100.2	101.1	101.1	100.0	100.0
糖果、巧克力及蜜饯制造	100.0	100.0	100.0	100.0	100.0
方便食品制造	102.4	100.0	100.0	102.9	102.9

(上年同月=100)

5 月	6 月	7 月	8 月	9 月	10 月	11 月	12 月
92.3	**94.6**	**97.8**	**98.6**	**97.5**	**96.9**	**96.4**	**97.1**
92.5	90.2	89.9	90.4	88.9	90.2	90.7	90.1
92.3	89.9	89.8	90.4	89.0	90.4	90.9	90.3
100.0	100.0	92.3	89.5	83.9	83.9	83.9	83.9
87.0	91.5	101.1	102.8	96.8	95.8	95.2	97.0
84.5	89.8	101.5	103.5	96.1	94.9	94.3	96.0
100.0	100.0	100.0	100.0	100.0	100.0	100.0	101.8
101.1	101.2	100.9	102.4	104.4	103.7	103.1	102.8
101.8	101.2	101.1	102.7	104.9	104.1	103.5	103.2
94.0	100.4	99.2	99.2	99.2	99.2	98.8	98.4
94.9	94.2	92.0	93.1	90.1	89.1	89.0	88.7
96.4	97.0	96.1	97.6	94.8	93.7	93.8	93.5
89.7	86.6	81.2	82.8	79.7	78.2	78.0	77.3
102.1	102.1	102.1	99.8	99.8	102.3	102.3	102.3
102.0	102.1	102.1	99.8	100.7	99.9	100.0	99.8
100.4	100.3	100.1	99.8	99.8	99.6	99.6	99.4
147.6	147.6	147.6	100.0	100.0	100.0	100.0	100.0
101.1	101.1	101.0	100.0	100.0	100.0	100.0	100.0
97.1	98.8	98.8	98.8	107.3	101.8	101.8	101.8
103.7	102.5	101.8	100.3	99.4	99.7	99.7	100.2
119.6	114.3	112.8	106.5	104.3	104.5	102.6	102.6
110.3	108.5	107.2	105.0	104.3	104.9	105.3	106.1
100.4	100.5	99.5	98.6	97.1	97.3	97.7	97.9
84.0	82.6	83.0	84.9	87.5	87.5	88.8	92.0
104.0	104.9	105.2	105.0	103.0	103.2	102.7	101.4
100.0	100.0	100.0	100.0	100.0	100.0	100.0	100.0
103.2	104.3	104.7	104.1	104.5	106.3	105.8	107.0
98.7	98.5	98.3	97.8	96.9	97.3	97.2	97.4
102.3	102.4	103.2	104.2	105.1	105.5	107.3	108.0
100.1	100.1	100.1	100.1	100.0	100.0	100.0	100.3
100.0	100.0	100.0	100.0	100.0	100.0	100.0	100.0
102.9	102.9	102.9	102.9	102.9	102.9	102.9	102.9

2-33 续表1

指　　标	全年平均	1月	2月	3月	4月
乳制品制造	107.2	100.7	101.0	101.9	102.0
罐头食品制造	108.6	102.4	102.3	102.4	105.7
调味品、发酵制品制造	96.7	95.5	95.7	95.9	95.7
其他食品制造	97.2	94.8	95.0	96.7	96.7
酒、饮料和精制茶制造业	102.1	101.6	102.0	102.8	102.3
酒的制造	102.2	102.3	102.2	102.9	102.3
饮料制造	101.7	100.0	101.2	102.3	102.1
精制茶加工	106.9	107.1	107.1	107.1	107.1
烟草制品业	100.0	100.0	100.0	100.0	100.0
卷烟制造	100.0	100.0	100.0	100.0	100.0
纺织业	97.0	95.3	96.5	98.0	96.3
棉纺织及印染精加工	96.5	94.6	95.9	97.6	95.6
毛纺织及染整精加工	100.1	99.4	99.6	99.8	100.1
麻纺织及染整精加工	97.6	95.9	97.0	99.8	97.9
针织或钩针编织物及其制品制造	99.9	99.8	99.8	99.8	99.8
家用纺织制成品制造	100.0	100.0	100.0	100.0	100.0
纺织服装、服饰业	104.5	104.1	104.1	104.1	104.1
机织服装制造	104.5	104.1	104.1	104.1	104.1
皮革、毛皮、羽毛及其制品和制鞋业	108.1	108.2	108.2	109.8	110.0
皮革鞣制加工	110.4	112.9	113.0	116.0	116.4
毛皮鞣制及制品加工	102.1	101.2	100.8	102.1	102.2
羽毛(绒)加工及制品制造	115.1	110.2	110.2	110.2	110.2
制鞋业	103.0	103.0	103.0	103.0	103.0
木材加工和木、竹、藤、棕、草制品业	100.7	100.2	100.2	100.5	100.6
木材加工	104.9	103.4	103.4	103.4	103.4
人造板制造	99.0	99.0	99.0	99.4	99.6
木制品制造	100.0	100.0	100.0	100.0	100.0
家具制造业	100.4	100.4	99.8	99.8	99.8
木质家具制造	100.1	100.8	100.0	100.0	100.0
金属家具制造	101.4	99.3	99.3	99.3	99.3
造纸和纸制品业	99.5	96.2	96.7	98.4	99.1
纸浆制造	100.3	89.5	90.9	97.5	99.4

（上年同月=100）

5　月	6　月	7　月	8　月	9　月	10　月	11　月	12　月
103.3	104.4	105.6	107.2	112.4	113.6	116.9	117.2
109.9	109.5	111.7	111.6	110.7	110.6	114.0	112.9
95.3	94.3	94.9	100.8	100.2	98.7	96.5	97.1
96.8	96.8	96.8	96.9	96.9	97.9	99.4	102.5
102.3	102.4	102.0	102.1	102.1	101.7	102.0	102.1
102.4	102.5	101.8	101.8	101.7	101.8	102.2	102.5
102.0	102.1	102.2	102.4	102.7	101.1	101.4	101.3
107.1	107.1	107.1	107.1	107.1	107.1	107.1	104.9
100.0	100.0	100.0	100.0	100.0	100.0	100.0	100.0
100.0	100.0	100.0	100.0	100.0	100.0	100.0	100.0
95.2	95.8	97.6	97.5	97.1	98.0	98.3	98.8
94.5	95.2	97.2	97.1	96.6	97.8	98.0	98.6
100.1	100.2	100.2	100.8	100.9	100.9	99.8	99.8
95.4	95.4	97.9	97.9	98.7	97.3	98.6	99.5
99.8	99.8	99.8	100.0	100.0	100.0	100.0	100.0
100.0	100.0	100.0	100.0	100.0	100.0	100.0	100.0
104.1	104.1	106.1	106.1	106.1	106.1	102.6	102.6
104.1	104.1	106.1	106.1	106.1	106.1	102.6	102.6
111.5	111.6	111.7	104.9	106.5	105.5	105.3	105.0
116.9	117.3	117.4	102.5	105.4	103.6	103.6	103.6
102.4	102.3	102.5	102.6	103.3	102.9	102.0	100.8
117.5	117.5	117.5	117.5	117.5	117.5	117.5	117.5
103.0	103.0	103.0	103.0	103.0	103.0	103.0	103.0
100.1	100.5	101.9	101.1	100.9	101.0	100.8	100.1
103.4	103.4	107.0	107.0	107.0	107.0	107.0	103.5
98.9	99.4	100.1	98.8	98.6	98.7	98.5	98.6
100.0	100.0	100.0	100.0	100.0	100.0	100.0	100.0
100.6	100.6	100.6	100.6	100.6	100.6	100.7	100.7
100.0	100.0	100.0	100.0	100.0	100.0	100.0	100.0
102.4	102.4	102.4	102.4	102.4	102.4	102.8	102.8
99.4	99.5	99.7	100.3	100.8	100.8	101.5	101.5
100.0	100.8	100.8	101.4	104.2	104.2	108.8	108.8

2-33 续表 2

指　　标	全年平均	1 月	2 月	3 月	4 月
造纸	99.1	97.0	97.4	98.0	98.7
纸制品制造	99.4	98.9	99.3	99.3	99.3
印刷和记录媒介复制业	100.1	100.2	100.2	100.1	100.1
印刷	100.1	100.2	100.3	100.1	100.1
装订及印刷相关服务	100.0	99.7	99.7	100.0	100.0
文教、工美、体育和娱乐用品制造业	103.1	102.4	102.4	103.5	103.5
工艺美术品制造	103.1	102.4	102.4	103.5	103.5
石油加工、炼焦和核燃料加工业	97.4	101.5	101.2	97.9	92.9
精炼石油产品制造	97.5	102.2	102.1	98.3	92.9
炼焦	94.0	86.9	84.5	87.8	92.9
化学原料和化学制品制造业	91.2	94.9	95.3	90.8	88.4
基础化学原料制造	95.0	104.3	104.2	98.4	96.5
肥料制造	96.2	96.1	96.8	95.5	95.5
农药制造	97.3	95.5	95.5	95.5	95.5
涂料、油墨、颜料及类似产品制造	80.7	66.3	70.7	76.2	80.5
合成材料制造	88.1	94.3	94.0	86.8	82.8
专用化学产品制造	100.7	99.3	99.3	100.2	100.0
炸药、火工及焰火产品制造	99.9	99.4	100.0	100.0	100.0
日用化学产品制造	100.1	100.0	100.0	100.1	100.1
医药制造业	104.4	106.3	106.3	106.5	106.6
化学药品原料药制造	101.2	103.5	103.2	101.4	100.7
化学药品制剂制造	101.9	103.3	102.7	102.7	102.5
中药饮片加工	107.1	102.7	102.5	110.1	110.1
中成药生产	106.5	110.0	110.5	109.4	110.1
生物药品制造	103.2	109.1	109.3	108.7	108.3
化学纤维制造业	93.9	90.8	92.6	94.4	94.1
纤维素纤维原料及纤维制造	93.9	90.7	92.6	94.3	94.1
合成纤维制造	93.3	98.7	98.7	98.7	93.7
橡胶和塑料制品业	100.0	100.1	100.1	100.6	100.6
橡胶制品业	102.1	105.1	105.1	105.4	105.6
塑料制品业	99.7	99.4	99.5	99.9	99.9
非金属矿物制品业	95.2	92.5	93.7	93.8	94.1

（上年同月=100）

5　月	6　月	7　月	8　月	9　月	10　月	11　月	12　月
99.1	99.0	99.2	100.0	100.1	100.1	100.1	100.2
99.3	99.4	99.6	99.7	99.8	99.8	99.4	99.5
100.1	100.1	100.1	100.1	100.1	100.1	100.1	100.1
100.1	100.1	100.1	100.1	100.1	100.1	100.1	100.1
100.0	100.0	100.0	100.0	100.0	100.0	100.0	100.0
105.5	105.5	105.6	100.8	100.8	102.7	102.7	102.7
105.5	105.5	105.6	100.8	100.8	102.7	102.7	102.7
90.4	94.4	99.2	101.6	99.7	97.1	96.2	97.6
90.2	94.3	99.2	101.7	99.9	97.1	96.1	97.6
96.1	95.6	97.9	97.4	96.7	97.7	99.4	98.7
85.0	90.8	91.6	89.0	92.7	93.1	91.9	92.3
96.6	96.2	93.4	91.8	90.2	88.5	90.0	90.7
94.4	95.3	95.0	95.1	96.4	98.3	98.5	98.2
95.5	95.5	95.5	100.0	100.0	100.0	100.0	100.0
80.5	76.3	82.8	82.2	83.5	88.9	95.0	94.7
77.0	87.7	89.4	85.1	92.1	92.6	89.1	89.7
100.4	100.5	101.5	101.6	101.6	101.4	101.5	101.6
100.0	100.0	100.0	100.0	100.0	100.0	100.0	100.0
100.1	100.1	100.1	100.1	100.1	100.2	100.2	100.1
103.8	103.8	103.7	103.5	103.4	103.1	103.0	102.7
100.7	100.6	100.7	100.8	100.8	100.8	100.8	100.8
101.5	101.5	101.5	101.5	101.5	101.5	101.5	101.5
107.4	107.4	107.4	107.4	107.4	107.4	107.4	107.4
105.8	105.7	105.6	105.1	105.1	104.4	104.0	103.4
101.5	101.8	101.3	100.8	100.1	100.0	100.0	99.7
92.7	95.8	97.4	94.0	92.6	93.6	94.5	94.6
92.7	95.8	97.5	94.0	92.6	93.7	94.5	94.7
93.7	93.0	89.0	90.8	90.8	90.8	90.8	90.8
99.9	99.8	100.2	100.1	99.8	99.7	99.6	99.2
101.6	101.3	101.2	101.1	101.1	99.1	99.1	99.1
99.7	99.6	100.1	99.9	99.6	99.8	99.6	99.2
93.7	94.9	95.4	96.0	96.9	96.7	97.3	97.3

2-33 续表3

指　　标	全　年 平　均	1　月	2　月	3　月	4　月
水泥、石灰和石膏制造	91.8	86.2	88.3	88.8	89.6
石膏、水泥制品及类似制品制造	97.5	99.9	100.4	99.3	98.7
砖瓦、石材等建筑材料制造	101.0	97.8	97.8	98.6	98.5
玻璃制造	100.2	99.8	99.4	99.9	100.0
玻璃制品制造	99.9	99.8	99.9	99.9	100.5
玻璃纤维和玻璃纤维增强塑料制品制造	99.5	99.6	99.6	99.6	99.6
耐火材料制品制造	100.4	100.6	100.6	100.6	100.6
石墨及其他非金属矿物制品制造	96.6	94.4	95.2	95.3	95.3
黑色金属冶炼和压延加工业	91.6	89.5	91.6	91.9	91.1
炼铁	91.8	87.8	89.0	91.1	88.4
炼钢	91.3	90.4	90.4	90.1	90.3
黑色金属铸造	99.0	100.7	99.5	99.5	99.3
钢压延加工	91.3	90.4	93.1	92.3	92.5
铁合金冶炼	97.2	92.0	93.5	96.6	97.0
有色金属冶炼和压延加工业	93.2	99.0	96.2	95.6	92.7
常用有色金属冶炼	95.3	98.3	96.8	96.0	93.2
贵金属冶炼	84.6	99.6	93.9	93.5	88.5
有色金属合金制造	98.0	107.5	97.5	97.2	97.2
有色金属压延加工	95.9	100.0	96.7	96.1	96.1
金属制品业	95.1	95.8	95.9	95.3	95.1
结构性金属制品制造	97.0	95.4	95.8	98.1	97.8
金属工具制造	85.8	103.3	103.3	82.4	82.4
集装箱及金属包装容器制造	99.2	98.8	98.8	98.9	99.0
金属丝绳及其制品制造	94.2	90.2	90.2	94.9	94.1
建筑、安全用金属制品制造	99.1	96.9	96.9	96.9	100.0
金属表面处理及热处理加工	97.6	100.0	100.0	97.1	97.1
金属制日用品制造	100.0	100.0	100.0	100.0	100.0
其他金属制品制造	95.3	95.7	94.3	96.4	95.4
通用设备制造业	99.7	99.8	99.7	99.6	99.5
锅炉及原动设备制造	101.8	101.6	101.6	101.6	101.9
物料搬运设备制造	96.6	98.4	98.4	98.1	95.1
泵、阀门、压缩机及类似机械制造	100.1	100.7	100.0	100.0	100.0

（上年同月=100）

5　月	6　月	7　月	8　月	9　月	10　月	11　月	12　月
89.8	92.1	93.5	94.3	95.4	94.8	95.6	95.2
96.7	96.3	95.5	96.4	96.1	96.4	97.1	97.5
98.7	99.2	99.5	99.7	104.2	105.5	106.3	106.5
99.6	100.1	100.6	100.8	100.8	100.5	100.4	100.4
100.5	101.0	99.7	99.7	99.7	99.6	99.4	98.9
99.1	99.4	99.4	99.4	99.4	99.4	99.4	99.4
100.6	100.6	100.6	100.0	100.0	100.0	100.0	100.0
95.4	96.2	96.8	96.7	98.1	98.0	98.2	99.8
89.5	88.5	89.0	90.9	94.4	95.6	94.5	94.2
87.6	88.2	89.5	93.0	95.4	98.7	97.9	97.7
89.1	89.5	94.1	92.5	91.7	92.4	92.7	92.7
99.3	98.7	98.1	98.2	97.9	98.5	99.3	98.6
90.4	88.4	88.3	89.4	93.6	93.5	92.1	91.8
97.0	96.3	95.9	97.6	99.0	100.9	100.7	100.7
93.6	92.9	92.0	93.2	91.7	90.2	91.2	89.6
95.2	95.7	95.2	96.1	95.6	93.8	95.2	92.8
86.7	82.4	79.4	82.8	78.4	76.5	77.1	75.8
97.2	97.2	97.2	97.2	97.2	97.2	97.2	97.2
95.2	95.2	95.2	95.2	95.2	95.2	95.2	95.2
94.7	94.8	94.4	94.1	95.6	95.1	95.6	94.9
97.0	95.0	95.2	95.9	99.1	98.1	98.6	97.9
82.4	82.4	82.4	82.4	82.4	82.4	82.4	82.4
98.9	99.0	98.7	100.0	100.0	100.3	99.3	99.0
94.4	99.5	97.0	93.5	93.5	93.5	95.6	94.2
100.0	100.0	100.0	100.0	99.9	99.9	99.1	99.1
97.1	97.1	97.1	97.1	97.1	97.1	97.1	97.1
100.0	100.0	100.0	100.0	100.0	100.0	100.0	100.0
94.1	92.6	94.4	94.8	97.6	96.9	95.6	95.3
99.7	99.7	99.6	99.8	99.9	99.9	99.9	99.9
101.8	101.8	101.8	101.8	101.8	101.8	101.8	101.8
96.9	96.9	96.1	95.9	95.8	95.9	96.1	96.1
100.0	100.0	100.0	100.0	100.0	100.0	100.0	100.0

2-33 续表 4

指　　标	全　年 平　均	1　月	2　月	3　月	4　月
轴承、齿轮和传动部件制造	100.0	100.0	100.0	100.0	100.0
烘炉、风机、衡器、包装等设备制造	100.0	100.2	100.0	100.0	100.0
通用零部件制造	100.2	99.5	99.5	99.5	100.0
其他通用设备制造业	100.0	100.0	100.0	100.0	100.0
专用设备制造业	99.3	101.4	101.4	100.2	99.8
采矿、冶金、建筑专用设备制造	97.1	98.6	98.6	96.7	96.1
农、林、牧、渔专用机械制造	102.6	105.6	105.6	105.6	105.6
汽车制造业	99.9	99.9	99.8	99.6	99.9
汽车整车制造	100.0	100.0	100.0	100.0	100.0
改装汽车制造	100.1	99.7	99.7	99.0	100.3
汽车车身、挂车制造	98.0	100.1	98.6	98.4	98.4
汽车零部件及配件制造	100.2	100.0	100.0	100.0	100.0
铁路、船舶、航空航天和其他运输设备制造业	99.4	96.6	96.6	100.0	100.0
铁路运输设备制造	99.4	96.6	96.6	100.0	100.0
电气机械和器材制造业	101.9	102.6	102.9	103.3	104.0
电机制造	103.3	104.2	104.6	105.3	106.2
输配电及控制设备制造	99.4	100.0	100.0	100.1	100.1
电线、电缆、光缆及电工器材制造	97.3	98.2	97.6	96.3	97.6
非电力家用器具制造	100.0	100.0	100.0	100.0	100.0
计算机、通信和其他电子设备制造业	99.9	99.7	100.0	100.0	99.9
广播电视设备制造	99.8	99.6	100.0	100.0	99.9
电子器件制造	100.0	100.0	100.0	100.0	100.0
仪器仪表制造业	100.0	100.0	100.0	100.0	100.0
专用仪器仪表制造	100.0	100.0	100.0	100.0	100.0
金属制品、机械和设备修理业	102.3	95.6	99.0	100.1	99.2
金属制品修理	102.3	95.6	99.0	100.1	99.2
电力、热力生产和供应业	100.1	100.2	100.0	100.2	100.2
电力生产	100.1	100.3	99.9	100.6	100.6
电力供应	100.0	100.0	100.0	99.9	99.9
热力生产和供应	100.9	101.3	101.3	101.3	101.3
燃气生产和供应业	101.5	100.7	100.9	101.2	100.9
水的生产和供应业	101.2	100.5	100.5	100.5	100.6
自来水生产和供应	102.4	101.1	101.0	101.1	101.2
污水处理及其再生利用	100.0	100.0	100.0	100.0	100.0

（上年同月=100）

5　月	6　月	7　月	8　月	9　月	10　月	11　月	12　月
100.0	100.0	100.0	100.0	100.0	100.0	100.0	100.0
100.0	100.0	100.0	100.0	100.0	100.0	100.0	100.0
100.0	99.9	100.0	100.5	100.9	100.8	100.7	100.7
100.0	100.0	100.0	100.0	100.0	100.0	100.0	100.0
99.8	98.3	97.8	98.7	98.7	98.5	98.5	98.5
96.1	96.1	96.1	97.5	97.5	97.2	97.2	97.2
105.6	101.5	100.4	100.4	100.4	100.4	100.4	100.4
99.9	100.0	100.0	100.0	100.0	99.8	99.8	99.8
100.0	100.0	100.0	100.0	100.0	100.0	100.0	100.0
100.3	100.4	100.4	100.4	100.4	100.4	100.4	100.4
98.4	98.4	98.4	98.4	98.4	96.3	96.0	96.0
100.0	100.4	100.4	100.4	100.4	100.4	100.4	100.4
100.0	100.0	100.0	100.0	100.0	100.0	100.0	100.0
100.0	100.0	100.0	100.0	100.0	100.0	100.0	100.0
103.1	102.1	101.3	101.5	101.7	101.3	99.5	99.4
104.8	103.3	102.5	103.0	103.4	102.7	100.0	99.8
100.1	100.1	99.2	98.7	98.7	98.8	98.8	98.7
97.7	98.0	96.6	98.5	97.1	96.8	97.1	96.7
100.0	100.0	100.0	100.0	100.0	100.0	100.0	100.0
100.1	100.1	99.8	99.7	99.8	100.0	99.9	99.5
100.1	100.1	99.7	99.6	99.7	100.0	99.9	99.3
100.0	100.0	100.0	100.0	100.0	100.0	100.0	100.0
100.0	100.0	100.0	100.0	100.0	100.0	100.0	100.0
100.0	100.0	100.0	100.0	100.0	100.0	100.0	100.0
99.2	103.0	103.6	104.3	104.9	106.4	106.5	106.9
99.2	103.0	103.6	104.3	104.9	106.4	106.5	106.9
100.2	100.2	100.1	99.9	100.0	100.1	100.0	100.0
100.2	100.4	100.1	99.3	99.7	100.1	99.9	100.2
100.0	100.0	100.1	100.1	100.1	100.1	100.0	99.9
101.3	100.7	100.7	100.7	100.7	100.5	100.5	100.0
100.7	101.0	101.4	102.1	102.3	102.2	102.1	102.0
100.6	100.6	100.6	100.6	101.8	102.6	102.6	102.6
101.2	101.2	101.2	101.3	103.7	105.2	105.2	105.2
100.0	100.0	100.0	100.0	100.0	100.0	100.0	100.0

2-34 工业生产者出厂价格指数（2013 年）

指 标	1 月	2 月	3 月	4 月	5 月
总指数	**99.5**	**100.6**	**101.2**	**98.6**	**97.9**
轻重工业分					
轻工业	100.0	100.6	101.1	99.6	99.6
以农产品为原料	100.2	100.5	101.0	99.7	99.7
以非农产品为原料	99.1	101.3	101.5	98.9	98.9
重工业	99.4	100.7	101.2	98.4	97.6
采掘	99.6	100.7	102.6	96.2	97.1
原料	98.9	100.8	100.7	98.9	97.2
加工	100.2	100.3	100.4	100.7	99.2
按生产生活资料分					
生产资料	99.4	100.7	101.3	98.4	97.7
采掘	99.6	100.7	102.6	96.2	97.1
原料	99.0	100.8	100.7	98.8	97.2
加工	100.0	100.4	100.7	100.4	99.2
生活资料	100.2	100.2	100.5	100.0	100.0
食品	100.2	100.2	100.6	100.0	100.0
衣着	100.2	100.0	100.1	100.0	100.0
一般日用品	99.9	100.1	100.1	100.0	99.8
耐用消费品	100.0	100.0	100.0	100.0	100.6
按工业部门分					
冶金工业	100.4	100.6	100.6	100.0	98.5
电力工业	100.0	99.9	100.2	100.0	99.9
煤炭及炼焦工业	99.2	99.3	101.5	99.1	99.2
石油工业	99.4	100.7	101.9	97.2	96.5
化学工业	97.2	102.1	100.6	98.6	97.3
机械工业	100.0	100.2	100.4	100.4	99.5
建筑材料工业	100.1	100.5	100.2	100.1	99.7
森林工业	100.0	100.0	100.1	100.1	99.8
食品工业	100.3	100.2	100.6	100.1	100.0
纺织工业	99.8	101.0	101.8	98.2	99.0
缝纫工业	100.6	100.0	100.0	100.0	100.4
皮革工业	100.7	99.8	101.6	100.2	100.2
造纸工业	100.0	100.8	102.1	100.0	99.2
文教艺术用品工业	100.0	100.0	100.0	100.0	100.0
其它工业	99.9	100.1	100.1	100.1	100.0

（上月=100）

6　月	7　月	8　月	9　月	10　月	11　月	12　月
99.0	**99.3**	**100.6**	**101.3**	**100.4**	**99.0**	**99.7**
99.8	100.2	99.9	100.0	99.8	100.2	99.8
99.8	100.1	100.2	100.0	99.9	100.2	100.1
99.8	100.3	98.7	100.2	99.1	100.2	98.0
98.8	99.1	100.8	101.5	100.6	98.8	99.7
97.9	99.1	101.8	101.9	102.2	97.9	99.5
99.8	99.2	100.7	101.9	100.1	99.1	99.7
98.2	99.1	99.5	100.0	99.2	99.4	100.0
98.9	99.2	100.7	101.4	100.5	98.9	99.7
97.9	99.1	101.8	101.9	102.2	97.9	99.5
99.7	99.2	100.6	101.8	100.0	99.1	99.6
98.5	99.4	99.6	100.0	99.3	99.5	99.9
100.0	100.0	100.2	100.2	100.1	100.4	100.2
100.0	99.9	100.2	100.3	100.1	100.4	100.2
100.0	100.5	100.1	100.0	100.0	100.0	99.9
99.9	100.0	100.1	99.9	100.2	100.0	100.0
100.0	100.0	100.0	100.0	100.0	100.0	100.0
97.5	98.6	99.4	100.0	99.1	99.4	100.0
100.1	99.9	99.7	100.1	100.1	99.9	100.0
97.7	98.9	99.6	97.8	100.3	99.9	99.8
98.4	99.5	102.2	102.6	101.5	98.0	99.6
101.3	98.3	98.9	101.9	99.4	99.7	98.6
99.5	99.6	99.3	100.4	100.2	99.5	100.4
99.2	98.9	99.7	100.0	99.2	99.8	99.8
100.1	100.1	99.8	99.9	100.0	100.0	100.0
100.0	100.1	100.2	100.2	100.1	100.4	100.2
99.7	99.9	100.3	99.5	99.7	100.1	99.9
100.0	100.5	100.0	100.0	100.0	100.0	100.0
100.2	100.0	100.2	100.0	99.9	100.0	99.8
99.8	100.0	99.6	100.2	100.0	99.9	100.1
100.0	100.0	100.0	100.0	100.0	100.0	100.0
99.9	99.8	100.0	100.4	100.3	100.0	100.1

2-35 工业生产者出厂价格大类及中类（新行业）价格指数（2013 年）

指　标	1 月	2 月	3 月	4 月	5 月
总指数	**99.5**	**100.6**	**101.2**	**98.6**	**97.9**
煤炭开采和洗选业	99.2	99.8	100.3	99.2	98.6
烟煤和无烟煤开采洗选	99.2	99.8	100.3	99.2	98.6
其他煤炭采选	100.0	100.0	100.0	100.0	100.0
石油和天然气开采业	99.6	100.8	103.1	95.4	96.7
石油开采	99.5	101.0	103.8	94.5	96.0
天然气开采	100.0	100.0	100.0	100.0	100.0
黑色金属矿采选业	100.5	101.7	101.8	101.8	99.5
铁矿采选	100.5	101.9	101.9	101.9	99.5
锰矿、铬矿采选	100.0	100.0	100.0	100.0	100.0
有色金属矿采选业	100.0	100.5	98.7	96.1	97.4
常用有色金属矿采选	100.2	100.8	98.7	98.6	98.5
贵金属矿采选	99.7	100.0	98.4	90.7	94.8
稀有稀土金属矿采选	100.0	100.0	100.0	100.0	100.0
非金属矿采选业	100.0	100.0	100.0	100.0	102.1
土砂石开采	100.0	100.0	100.0	100.0	100.0
化学矿开采	100.0	100.0	100.0	100.0	147.6
采盐	100.0	100.0	100.0	100.0	100.0
石棉及其他非金属矿采选	100.0	100.0	100.0	100.0	101.8
农副食品加工业	100.4	100.2	100.6	99.8	99.7
谷物磨制	100.4	100.1	101.4	101.7	100.2
饲料加工	101.3	100.5	100.5	101.4	100.4
植物油加工	100.1	100.1	100.4	99.6	99.0
制糖业	100.0	99.8	100.5	94.8	99.6
屠宰及肉类加工	101.1	101.2	100.1	99.2	99.3
水产品加工	100.0	100.0	100.0	100.0	100.0
蔬菜、水果和坚果加工	100.5	100.3	100.8	100.4	100.6
其他农副食品加工	100.1	100.5	100.3	99.7	99.6
食品制造业	100.2	100.1	100.7	100.8	100.9
焙烤食品制造	100.0	100.0	100.0	100.0	100.0
糖果、巧克力及蜜饯制造	100.0	100.0	100.0	100.0	100.0
方便食品制造	100.0	100.0	102.9	100.0	100.0

（上月=100）

6　月	7　月	8　月	9　月	10　月	11　月	12　月
99.0	**99.3**	**100.6**	**101.3**	**100.4**	**99.0**	**99.7**
97.0	98.3	99.8	98.1	100.1	99.9	99.6
96.9	98.5	99.9	98.2	100.1	99.9	99.6
100.0	92.3	97.0	93.8	100.0	100.0	100.0
97.7	99.3	102.3	102.6	102.8	97.5	99.5
97.2	99.1	102.8	103.1	103.4	97.0	99.0
100.0	100.0	100.0	100.0	100.0	100.0	101.8
99.5	98.8	99.9	100.5	98.9	100.1	99.9
99.5	98.9	99.9	100.6	98.8	100.1	99.9
100.0	98.8	100.0	100.0	100.0	100.0	99.6
99.2	96.7	101.5	100.1	99.8	98.9	99.3
99.8	98.8	100.2	98.8	100.0	98.6	100.2
97.8	91.4	104.2	103.1	99.3	99.2	97.0
100.0	100.0	102.3	100.0	100.0	100.0	100.0
100.0	99.7	98.3	100.0	99.9	100.0	100.0
99.9	99.5	100.2	100.0	99.8	100.0	100.0
100.0	100.0	67.7	100.0	100.0	100.0	100.0
100.0	100.0	100.0	100.0	100.0	100.0	100.0
100.0	100.0	100.0	100.0	100.0	100.0	100.0
100.0	99.9	99.9	99.9	99.9	99.6	100.2
99.7	98.9	99.1	100.4	100.5	100.0	100.1
100.5	101.1	100.1	100.1	100.3	99.8	100.0
100.0	99.9	100.1	99.4	99.4	99.4	100.5
99.6	99.2	99.9	100.8	98.9	98.7	100.1
100.0	100.3	100.4	99.3	100.7	99.9	99.9
100.0	100.0	100.0	100.0	100.0	100.0	100.0
100.3	99.9	99.9	100.3	102.0	100.6	101.3
99.9	99.7	99.7	99.1	99.3	99.7	99.9
100.1	100.4	100.8	101.1	100.5	101.8	100.2
100.0	100.0	100.0	100.0	100.0	100.0	100.3
100.0	100.0	100.0	100.0	100.0	100.0	100.0
100.0	100.0	100.0	100.0	100.0	100.0	100.0

2-35 续表 1

指　　标	1 月	2 月	3 月	4 月	5 月
乳制品制造	101.2	100.3	100.7	100.6	100.9
罐头食品制造	100.3	100.3	100.5	102.8	102.7
调味品、发酵制品制造	99.1	99.7	101.0	99.7	99.3
其他食品制造	99.7	100.0	100.1	100.0	100.0
酒、饮料和精制茶制造业	100.4	100.4	100.8	100.2	100.0
酒的制造	100.2	100.2	100.8	100.2	100.1
饮料制造	100.5	101.0	100.7	100.0	99.7
精制茶加工	104.9	100.0	100.0	100.0	100.0
烟草制品业	100.0	100.0	100.0	100.0	100.0
卷烟制造	100.0	100.0	100.0	100.0	100.0
纺织业	99.8	100.9	101.7	98.3	99.1
棉纺织及印染精加工	99.8	101.0	101.9	98.1	98.9
毛纺织及染整精加工	100.0	100.0	100.0	100.0	100.0
麻纺织及染整精加工	100.0	100.0	101.3	98.1	100.0
针织或钩针编织物及其制品制造	100.0	100.0	100.0	100.0	100.0
家用纺织制成品制造	100.0	100.0	100.0	100.0	100.0
纺织服装、服饰业	100.0	100.0	100.0	100.0	100.0
机织服装制造	100.0	100.0	100.0	100.0	100.0
皮革、毛皮、羽毛及其制品和制鞋业	102.2	99.9	101.3	100.2	101.3
皮革鞣制加工	100.0	100.0	102.4	100.4	100.4
毛皮鞣制及制品加工	100.8	99.5	100.9	99.9	100.0
羽毛(绒)加工及制品制造	110.2	100.0	100.0	100.0	106.6
制鞋业	103.0	100.0	100.0	100.0	100.0
木材加工和木、竹、藤、棕、草制品业	100.0	100.0	100.2	100.2	99.7
木材加工	100.0	100.0	100.0	100.0	100.0
人造板制造	100.0	100.0	100.4	100.4	99.5
木制品制造	100.0	100.0	100.0	100.0	100.0
家具制造业	100.0	100.0	100.0	100.0	100.7
木质家具制造	100.0	100.0	100.0	100.0	100.0
金属家具制造	100.0	100.0	100.0	100.0	102.8
造纸和纸制品业	100.0	100.8	102.1	100.0	99.2
纸浆制造	100.0	102.9	110.0	100.0	96.1

（上月=100）

6　月	7　月	8　月	9　月	10　月	11　月	12　月
100.8	101.0	100.8	104.4	101.1	103.8	100.5
100.3	100.1	100.4	100.7	100.5	103.0	100.7
98.6	101.3	105.8	98.9	98.6	96.8	98.6
100.0	100.0	100.0	100.0	101.1	101.4	100.0
100.1	100.0	100.0	100.1	99.7	100.4	100.1
100.0	100.0	100.1	100.0	100.1	100.6	100.1
100.2	100.1	100.0	100.2	98.6	100.1	100.0
100.0	100.0	100.0	100.0	100.0	100.0	100.0
100.0	100.0	100.0	100.0	100.0	100.0	100.0
100.0	100.0	100.0	100.0	100.0	100.0	100.0
99.7	99.9	100.3	99.5	99.7	100.1	99.9
99.7	99.9	100.3	99.4	99.7	100.1	99.9
100.1	100.0	100.7	100.0	100.0	99.0	100.0
100.0	100.0	100.0	100.8	98.6	100.7	100.0
100.0	100.0	100.0	100.0	100.0	100.0	100.0
100.0	100.0	100.0	100.0	100.0	100.0	100.0
100.0	102.6	100.0	100.0	100.0	100.0	100.0
100.0	102.6	100.0	100.0	100.0	100.0	100.0
100.2	100.0	100.2	100.0	99.9	100.0	99.8
100.4	100.0	100.0	100.0	100.0	100.0	100.0
99.9	100.1	100.8	99.9	99.7	100.0	99.4
100.0	100.0	100.0	100.0	100.0	100.0	100.0
100.0	100.0	100.0	100.0	100.0	100.0	100.0
100.2	100.2	99.6	99.8	100.0	100.0	100.1
100.0	103.5	100.0	100.0	100.0	100.0	100.0
100.3	98.9	99.3	99.7	100.1	100.0	100.1
100.0	100.0	100.0	100.0	100.0	100.0	100.0
100.0	100.0	100.0	100.0	100.0	100.0	100.0
100.0	100.0	100.0	100.0	100.0	100.0	100.0
100.0	100.0	100.0	100.0	100.0	100.0	100.0
99.8	100.0	99.6	100.2	100.0	99.9	100.1
100.0	100.0	98.6	101.4	100.0	100.0	100.0

2-35 续表2

指　标	1 月	2 月	3 月	4 月	5 月
造纸	100.0	100.4	100.6	100.0	99.9
纸制品制造	100.1	100.2	100.0	99.8	100.0
印刷和记录媒介复制业	100.0	100.0	100.0	100.0	100.0
印刷	100.0	100.1	100.0	100.0	100.0
装订及印刷相关服务	100.0	100.0	100.0	100.0	100.0
文教、工美、体育和娱乐用品制造业	100.0	100.0	100.8	100.0	99.9
工艺美术品制造	100.0	100.0	100.8	100.0	99.9
石油加工、炼焦和核燃料加工业	99.2	100.4	101.0	98.9	96.4
精炼石油产品制造	99.2	100.5	100.8	98.9	96.2
炼焦	99.0	98.0	104.8	98.9	100.6
化学原料和化学制品制造业	95.9	102.5	100.5	98.3	96.6
基础化学原料制造	99.7	99.9	97.5	99.1	98.9
肥料制造	99.7	100.3	100.1	100.6	100.3
农药制造	100.0	100.0	100.0	100.0	100.0
涂料、油墨、颜料及类似产品制造	94.6	100.0	107.8	100.0	100.0
合成材料制造	93.2	104.7	100.8	97.0	93.9
专用化学产品制造	100.0	100.0	100.9	100.4	100.2
炸药、火工及焰火产品制造	100.0	100.0	100.0	100.0	100.0
日用化学产品制造	100.0	100.0	100.1	100.0	100.0
医药制造业	100.1	100.5	101.0	100.5	100.2
化学药品原料药制造	100.0	100.0	100.4	100.0	100.0
化学药品制剂制造	100.2	100.2	100.0	101.1	100.0
中药饮片加工	100.0	100.0	107.4	100.0	100.0
中成药生产	100.0	101.2	100.0	100.6	100.6
生物药品制造	100.0	100.1	99.9	100.1	99.9
化学纤维制造业	100.2	102.4	101.0	98.5	98.1
纤维素纤维原料及纤维制造	100.2	102.4	101.0	98.5	98.0
合成纤维制造	100.0	100.0	100.0	94.9	100.0
橡胶和塑料制品业	100.5	99.9	100.2	99.9	99.1
橡胶制品业	104.2	100.0	100.6	100.2	96.2
塑料制品业	100.0	99.9	100.1	99.9	99.5
非金属矿物制品业	100.0	100.5	100.2	100.1	99.7

（上月=100）

6　月	7　月	8　月	9　月	10　月	11　月	12　月
99.8	100.0	99.7	99.8	100.0	99.9	100.1
99.9	100.0	99.9	100.2	99.9	99.5	100.0
100.0	100.0	100.0	100.0	100.0	100.0	100.0
100.0	100.0	100.0	100.0	100.0	100.0	100.0
100.0	100.0	100.0	100.0	100.0	100.0	100.0
100.0	100.1	100.0	100.0	101.8	100.0	100.0
100.0	100.1	100.0	100.0	101.8	100.0	100.0
99.2	99.7	102.0	102.5	100.2	98.5	99.8
99.1	99.7	102.1	102.7	100.2	98.5	99.8
99.8	100.4	99.0	97.2	101.0	99.9	100.3
102.2	97.3	98.6	103.0	99.6	99.5	98.4
98.7	98.3	99.3	98.3	99.3	100.7	100.7
99.4	99.5	99.8	99.1	99.4	99.9	100.0
100.0	100.0	100.0	100.0	100.0	100.0	100.0
100.0	100.0	96.4	100.1	100.0	100.0	96.3
104.7	95.7	98.1	106.4	99.5	98.9	97.2
99.9	100.2	99.8	100.0	100.0	100.1	100.1
100.0	100.0	100.0	100.0	100.0	100.0	100.0
100.0	100.0	100.0	100.0	100.0	100.0	100.0
100.0	100.0	100.0	100.0	100.0	100.4	100.0
100.2	100.1	100.0	100.0	100.0	100.0	100.0
100.0	100.0	100.0	100.0	100.0	100.0	100.0
100.0	100.0	100.0	100.0	100.0	100.0	100.0
100.0	100.0	100.0	100.0	100.0	101.0	100.0
99.9	99.9	99.9	99.9	99.9	100.0	100.0
98.6	101.3	99.2	99.5	97.9	100.0	98.0
98.6	101.3	99.2	99.5	97.9	100.0	98.0
100.0	95.7	100.0	100.0	100.0	100.0	100.0
99.7	100.1	100.0	99.8	99.9	100.0	100.0
100.0	100.0	100.0	100.0	98.1	100.0	100.0
99.7	100.1	100.0	99.7	100.2	100.0	100.0
99.2	98.9	99.7	100.0	99.2	99.8	99.8

2-35 续表 3

指 标	1 月	2 月	3 月	4 月	5 月
水泥、石灰和石膏制造	100.2	100.8	100.4	100.0	100.0
石膏、水泥制品及类似制品制造	99.8	100.3	100.0	100.3	98.9
砖瓦、石材等建筑材料制造	99.8	100.0	100.9	100.0	100.3
玻璃制造	100.0	100.0	100.1	100.1	99.9
玻璃制品制造	99.3	100.1	100.0	100.2	100.1
玻璃纤维和玻璃纤维增强塑料制品制造	100.0	100.0	100.0	100.0	99.4
耐火材料制品制造	100.0	100.0	100.0	100.0	100.0
石墨及其他非金属矿物制品制造	100.0	100.2	100.0	100.0	100.1
黑色金属冶炼和压延加工业	100.6	100.9	101.1	100.4	98.3
炼铁	101.1	101.2	101.5	98.5	98.3
炼钢	100.0	100.0	100.0	100.0	97.4
黑色金属铸造	99.4	100.0	100.0	99.8	100.0
钢压延加工	100.3	100.7	100.9	101.6	98.2
铁合金冶炼	100.2	100.9	102.0	100.4	99.7
有色金属冶炼和压延加工业	99.8	99.2	98.5	97.1	98.9
常用有色金属冶炼	100.0	99.8	98.7	98.0	99.8
贵金属冶炼	99.3	98.7	97.3	92.3	95.7
有色金属合金制造	97.5	100.0	99.6	100.0	100.0
有色金属压延加工	100.0	96.6	99.4	100.0	99.1
金属制品业	100.3	99.5	99.1	100.3	99.6
结构性金属制品制造	99.7	98.8	102.6	100.6	99.5
金属工具制造	103.3	100.0	79.8	100.0	100.0
集装箱及金属包装容器制造	100.0	100.0	100.0	100.2	99.9
金属丝绳及其制品制造	100.0	100.0	104.3	100.0	100.0
建筑、安全用金属制品制造	99.1	100.0	100.0	100.1	100.0
金属表面处理及热处理加工	100.0	100.0	97.1	100.0	100.0
金属制日用品制造	100.0	100.0	100.0	100.0	100.0
其他金属制品制造	100.4	100.3	100.2	99.8	97.9
通用设备制造业	100.2	100.0	100.0	99.9	100.0
锅炉及原动设备制造	101.9	100.0	100.0	100.0	99.9
物料搬运设备制造	100.0	100.0	100.0	96.9	100.0
泵、阀门、压缩机及类似机械制造	100.0	100.0	100.0	100.0	100.0

（上月=100）

6　月	7　月	8　月	9　月	10　月	11　月	12　月
98.8	98.4	99.5	99.6	98.3	99.6	99.6
99.3	99.0	100.0	99.7	100.1	100.0	100.0
100.1	100.1	99.7	103.9	101.2	100.2	100.2
100.1	100.0	100.0	100.1	100.1	100.1	100.1
100.0	99.6	100.0	100.0	100.0	100.0	99.6
100.0	100.0	100.0	100.0	100.0	100.0	100.0
100.0	100.0	100.0	100.0	100.0	100.0	100.0
99.9	99.7	99.8	100.0	99.9	100.0	100.3
96.8	98.9	99.0	99.9	98.8	99.2	100.2
98.6	99.3	98.2	99.8	100.4	99.8	101.0
98.6	100.2	97.3	98.9	100.0	100.0	100.0
99.4	99.6	100.1	99.7	100.6	100.8	99.2
95.5	98.6	99.5	99.9	97.9	98.7	99.8
99.5	99.7	99.5	100.1	98.9	100.0	99.8
98.7	97.5	100.6	100.2	99.5	100.0	99.0
99.2	97.6	99.5	100.2	99.8	100.5	99.4
95.7	95.1	105.4	100.6	98.2	97.9	97.0
100.0	100.0	100.0	100.0	100.0	100.0	100.0
100.0	100.0	100.0	100.0	100.0	100.0	100.0
98.6	98.9	99.2	99.9	99.9	99.8	99.6
97.2	100.0	100.1	99.6	100.0	99.9	100.0
100.0	100.0	100.0	100.0	100.0	100.0	100.0
99.9	99.7	100.3	100.1	99.9	99.0	100.0
100.0	95.2	96.3	100.0	100.0	99.9	98.6
100.0	100.0	100.0	99.9	100.0	100.0	100.0
100.0	100.0	100.0	100.0	100.0	100.0	100.0
100.0	100.0	100.0	100.0	100.0	100.0	100.0
98.7	100.4	99.5	101.1	99.3	98.8	98.9
100.0	99.9	100.0	100.0	100.0	99.9	100.0
100.0	100.0	100.0	100.0	100.0	100.0	100.0
100.0	99.1	100.0	100.0	100.0	100.0	100.0
100.0	100.0	100.0	100.0	100.0	100.0	100.0

2-35 续表 4

指 标	1 月	2 月	3 月	4 月	5 月
轴承、齿轮和传动部件制造	100.0	100.0	100.0	100.0	100.0
烘炉、风机、衡器、包装等设备制造	100.0	100.0	100.0	100.0	100.0
通用零部件制造	100.0	100.0	100.0	100.9	100.0
其他通用设备制造业	100.0	100.0	100.0	100.0	100.0
专用设备制造业	100.0	100.0	98.8	99.7	100.0
采矿、冶金、建筑专用设备制造	100.0	100.0	98.0	99.4	100.0
农、林、牧、渔专用机械制造	100.0	100.0	100.0	100.0	100.0
汽车制造业	100.0	99.9	99.8	100.2	100.0
汽车整车制造	100.0	100.0	100.0	100.0	100.0
改装汽车制造	100.0	100.0	99.3	101.0	100.0
汽车车身、挂车制造	100.0	98.4	100.0	100.0	100.0
汽车零部件及配件制造	100.0	100.0	100.0	100.0	100.0
铁路、船舶、航空航天和其他运输设备制造业	100.0	100.0	100.0	100.0	100.0
铁路运输设备制造	100.0	100.0	100.0	100.0	100.0
电气机械和器材制造业	99.9	100.3	100.7	100.6	99.3
电机制造	99.9	100.5	101.0	100.9	99.0
输配电及控制设备制造	100.0	100.0	100.1	100.0	100.0
电线、电缆、光缆及电工器材制造	99.6	100.1	99.8	99.2	99.5
非电力家用器具制造	100.0	100.0	100.0	100.0	100.0
计算机、通信和其他电子设备制造业	100.2	100.1	100.0	100.0	100.2
广播电视设备制造	100.3	100.1	100.0	100.0	100.3
电子器件制造	100.0	100.0	100.0	100.0	100.0
仪器仪表制造业	100.0	100.0	100.0	100.0	100.0
专用仪器仪表制造	100.0	100.0	100.0	100.0	100.0
金属制品、机械和设备修理业	99.5	103.9	100.9	100.6	100.0
金属制品修理	99.5	103.9	100.9	100.6	100.0
电力、热力生产和供应业	100.0	99.9	100.2	100.0	99.9
电力生产	100.0	99.9	100.7	100.0	99.7
电力供应	100.0	100.0	100.0	100.0	100.1
热力生产和供应	100.0	100.0	100.0	100.0	100.0
燃气生产和供应业	99.9	99.6	100.4	100.3	100.3
水的生产和供应业	100.0	100.0	100.1	100.0	100.0
自来水生产和供应	100.0	100.0	100.1	100.1	100.0
污水处理及其再生利用	100.0	100.0	100.0	100.0	100.0

（上月=100）

6　月	7　月	8　月	9　月	10　月	11　月	12　月
100.0	100.0	100.0	100.0	100.0	100.0	100.0
100.0	100.0	100.0	100.0	100.0	100.0	100.0
99.9	100.0	100.0	100.0	100.0	99.8	100.0
100.0	100.0	100.0	100.0	100.0	100.0	100.0
100.2	100.0	100.0	100.0	99.8	100.0	100.0
100.0	100.0	100.0	100.0	99.7	100.0	100.0
100.4	100.0	100.0	100.0	100.0	100.0	100.0
100.1	100.0	100.0	100.0	99.8	100.0	100.0
100.0	100.0	100.0	100.0	100.0	100.0	100.0
100.1	100.0	100.0	100.0	100.0	100.0	100.0
100.0	100.0	100.0	100.0	97.8	99.7	100.0
100.4	100.0	100.0	100.0	100.0	100.0	100.0
100.0	100.0	100.0	100.0	100.0	100.0	100.0
100.0	100.0	100.0	100.0	100.0	100.0	100.0
99.3	99.5	99.0	100.6	100.3	99.3	100.5
99.0	99.7	98.7	100.8	100.5	99.1	100.7
100.0	99.1	99.5	100.0	100.0	100.0	100.0
99.7	98.7	101.2	99.9	100.0	99.2	99.8
100.0	100.0	100.0	100.0	100.0	100.0	100.0
99.9	99.9	99.9	99.7	100.0	99.8	99.7
99.8	99.9	99.9	99.6	100.0	99.7	99.6
100.0	100.0	100.0	100.0	100.0	100.0	100.0
100.0	100.0	100.0	100.0	100.0	100.0	100.0
100.0	100.0	100.0	100.0	100.0	100.0	100.0
100.8	101.1	99.5	100.6	100.0	100.0	100.0
100.8	101.1	99.5	100.6	100.0	100.0	100.0
100.1	99.9	99.7	100.1	100.1	99.9	100.0
100.2	99.7	99.3	100.3	100.2	99.9	100.3
100.0	100.0	100.0	100.0	100.0	99.9	99.9
100.0	100.0	100.0	100.0	100.0	100.0	100.0
100.1	100.2	100.7	100.2	100.1	100.2	99.9
100.0	100.0	100.4	101.2	100.9	100.0	100.0
100.0	100.0	100.8	102.4	101.7	100.0	100.0
100.0	100.0	100.0	100.0	100.0	100.0	100.0

2-36 工业生产者购进价格分类指数

（上年价格=100）

指　　标	2000	2001	2002	2003	2004
总指数	**115.2**	**99.0**	**94.9**	**114.8**	**118.2**
燃料、动力类	137.9	96.5	99.5	121.3	120.6
黑色金属材料类	100.5	100.7	97.8	108.8	127.8
#钢　材	104.8	102.1	96.2	111.0	125.4
其　他	95.5	98.9	99.2	106.9	130.7
有色金属材料和电线类	112.2	95.9	97.2	105.0	115.5
化工原料类	104.4	98.4	99.1	103.8	106.6
木材及纸浆类	100.5	102.0	100.7	101.8	103.9
建筑材料及非金属矿类	100.4	100.4	99.4	98.1	100.1
其他工业原材料及半成品类	111.4	106.4	99.8	100.3	112.0
农副产品类	97.2	100.4	88.5	119.6	121.1
纺织原料类	95.2	97.1	84.2	113.3	117.9

指　　标	2005	2006	2007	2008	2009
总指数	**110.7**	**111.1**	**103.8**	**117.8**	**90.6**
燃料、动力类	132.0	124.0	102.4	125.2	82.0
黑色金属材料类	113.8	99.8	105.7	136.9	82.6
#钢　材	112.9	100.0	103.2	126.7	85.3
其　他	114.9	99.3	110.4	156.5	77.3
有色金属材料和电线类	108.5	117.7	103.8	96.2	78.5
化工原料类	113.0	108.9	104.1	106.0	100.0
木材及纸浆类	102.0	102.6	102.2	107.2	98.9
建筑材料及非金属矿类	103.9	103.5	103.7	109.4	105.8
其他工业原材料及半成品类	105.5	106.3	108.4	116.8	97.7
农副产品类	91.9	105.3	104.6	110.0	99.3
纺织原料类	93.0	95.5	103.4	107.8	96.1

指　　标	2010	2011	2012	2013	2014
总指数	**123.9**	**117.8**	**97.9**	**97.8**	**97.5**
燃料、动力类	137.6	132.9	98.6	96.6	97.0
黑色金属材料类	105.0	109.4	91.5	95.4	95.2
#钢　材	102.5	106.9	95.7	96.7	95.6
其　他	112.3	114.0	83.8	92.5	94.4
有色金属材料和电线类	139.6	111.9	95.3	96.2	96.9
化工原料类	106.8	106.7	99.7	99.1	98.5
木材及纸浆类	104.0	103.7	103.3	99.1	98.8
建筑材料及非金属矿类	103.0	104.0	98.9	97.8	98.7
其他工业原材料及半成品类	101.1	102.9	98.8	98.5	98.7
农副产品类	118.7	109.6	98.9	102.7	99.2
纺织原料类	144.2	118.3	94.3	99.0	99.1

2-37　工业生产者购进价格指数（2013 年）

（上年同月=100）

指　　标	全年平均	1 月	2 月	3 月	4 月	5 月	6 月
总指数	**97.8**	**98.1**	**98.5**	**98.4**	**96.2**	**94.9**	**95.7**
燃料、动力类	96.6	97.9	98.3	97.4	92.8	90.0	91.8
黑色金属材料类	95.4	91.3	93.9	95.2	94.6	95.0	94.3
#钢　材	96.7	96.9	97.5	96.8	96.0	95.7	95.3
其　他	92.5	80.6	86.4	91.4	91.3	93.0	91.8
有色金属材料和电线类	96.2	99.4	99.3	98.9	97.0	97.5	97.5
化工原料类	99.1	100.6	100.3	99.5	99.2	98.7	98.3
木材及纸浆类	99.1	99.8	99.4	98.8	99.0	99.1	99.2
建筑材料及非金属矿类	97.8	97.6	97.6	97.4	97.3	97.2	97.7
其他工业原材料及半成品类	98.5	97.8	97.9	98.5	98.5	98.1	98.3
农副产品类	102.7	103.5	102.8	103.9	104.0	103.3	103.1
纺织原料类	99.0	98.2	98.2	98.2	98.9	98.6	98.8

2-38　工业生产者购进价格指数（2013 年）

（上月=100）

指　　标	1 月	2 月	3 月	4 月	5 月	6 月
总指数	**99.5**	**100.5**	**100.7**	**99.8**	**98.8**	**98.6**
燃料、动力类	98.7	100.4	101.2	99.9	97.1	97.1
黑色金属材料类	99.8	101.6	100.5	99.8	100.2	98.5
#钢　材	100.3	100.4	99.8	100.1	99.4	99.0
其　他	98.8	104.2	101.8	99.3	101.7	97.6
有色金属材料和电线类	100.1	100.3	99.4	98.2	99.6	99.4
化工原料类	100.1	100.2	99.6	99.3	100.0	99.8
木材及纸浆类	99.9	100.1	99.6	99.8	99.8	100.1
建筑材料及非金属矿类	100.1	99.9	99.7	99.8	100.1	99.9
其他工业原材料及半成品类	99.7	100.1	100.5	99.9	99.8	99.8
农副产品类	100.4	100.5	101.0	100.5	100.0	100.2
纺织原料类	100.1	100.5	100.0	99.4	99.7	100.0

2-37 续表

（上年同月=100）

指　　标	7　月	8　月	9　月	10　月	11　月	12　月
总指数	**98.3**	**99.9**	**99.0**	**98.2**	**98.2**	**98.6**
燃料、动力类	98.2	101.8	99.1	97.2	97.6	98.2
黑色金属材料类	94.4	96.5	97.5	97.5	97.0	98.6
#钢　材	95.3	96.5	98.0	97.8	97.2	97.1
其　他	92.2	96.0	96.1	96.6	96.4	101.6
有色金属材料和电线类	93.8	94.3	95.0	94.1	94.2	93.5
化工原料类	99.3	99.5	99.1	98.6	98.2	98.2
木材及纸浆类	99.0	99.0	99.3	99.0	98.7	98.4
建筑材料及非金属矿类	98.0	98.1	98.2	98.1	98.4	98.5
其他工业原材料及半成品类	98.2	98.5	99.0	99.1	99.2	99.1
农副产品类	103.1	101.4	101.1	102.2	102.1	102.0
纺织原料类	99.1	99.1	99.3	99.4	99.8	99.8

2-38 续表

（上月=100）

指　　标	7　月	8　月	9　月	10　月	11　月	12　月
总指数	**99.9**	**100.4**	**100.8**	**100.4**	**99.9**	**99.4**
燃料、动力类	100.2	101.1	102.0	101.3	100.6	98.8
黑色金属材料类	99.8	100.0	99.6	99.7	99.4	99.7
#钢　材	99.6	99.9	100.0	99.8	99.1	99.8
其　他	100.2	100.2	98.8	99.5	100.0	99.6
有色金属材料和电线类	96.6	100.8	100.2	99.8	99.4	99.6
化工原料类	99.9	99.8	100.1	100.0	99.6	99.8
木材及纸浆类	99.8	100.0	100.0	99.5	99.9	99.9
建筑材料及非金属矿类	99.8	99.7	99.9	99.6	100.0	100.0
其他工业原材料及半成品类	99.4	100.0	100.2	100.0	99.9	99.8
农副产品类	100.3	100.1	99.9	99.9	98.7	100.3
纺织原料类	100.0	99.9	100.0	100.0	100.1	100.2

2-39　各地、州、市工业生产者出厂价格分类指数（2014 年）

指　　标	乌鲁木齐市	克拉玛依市	吐鲁番地区	哈密地区
全部工业品	**95.4**	**95.6**	**96.5**	**95.9**
轻工业	100.9	101.2	94.3	100.3
以农产品为原料	100.8	101.7	99.3	100.3
以非农产品为原料	101.3	100.2	88.5	100.0
重工业	95.1	95.6	96.6	95.4
采　掘	95.7	94.7	96.2	92.2
原　料	95.4	96.3	97.3	97.9
加　工	94.5	96.8	96.1	104.5
生产资料	95.1	95.6	96.4	95.6
采　掘	95.7	94.7	96.2	92.2
原　料	95.4	96.3	97.3	97.9
加　工	94.4	97.1	94.4	103.1
生活资料	101.6	101.8	100.4	101.3
食　品	102.2	102.5	100.2	101.3
衣　着	100.1	100.0		
一般日用品	101.3	100.0	101.3	102.9
耐用消费品	100.0			
按工业部门分				
冶金工业	90.9	96.5	94.4	94.2
电力工业	100.1	100.0	100.0	99.4
煤炭及炼焦工业	100.9		97.7	90.4
石油工业	94.7	95.5	96.4	
化学工业	97.0	99.6	95.6	96.1
机械工业	100.1	99.3	100.0	100.0
建筑材料工业	98.5	89.3	95.4	106.6
森林工业	101.3			
食品工业	100.8	102.5	100.3	101.1
纺织工业	101.6		98.6	99.3
缝纫工业	100.1	100.0		
皮革工业				
造纸工业	100.3	100.0		100.0
文教艺术用品工业	100.1	100.0	100.0	
其他工业	99.9		100.7	100.0

2-39 续表

指　　标	昌吉回族自治州	伊犁哈萨克自治州直属县（市）	塔城地区	阿勒泰地区
全部工业品	**97.4**	**98.4**	**97.6**	**94.8**
轻工业	99.0	99.1	98.6	99.6
以农产品为原料	101.4	99.0	98.5	99.6
以非农产品为原料	91.2	104.3	100.1	100.0
重工业	96.5	97.6	96.6	94.6
采　掘	103.9	100.5	96.5	93.4
原　料	97.9	97.0	95.5	97.5
加　工	91.3	97.9	98.4	93.2
生产资料	96.2	97.6	95.8	94.6
采　掘	103.9	100.5	96.5	93.4
原　料	96.4	96.6	94.1	97.5
加　工	93.1	98.4	98.6	93.2
生活资料	101.7	99.3	100.8	99.7
食　品	101.8	99.2	100.8	99.6
衣　着	101.4	100.0		
一般日用品	99.7	100.1	102.3	100.0
耐用消费品	100.7			
按工业部门分				
冶金工业	97.4	95.2	92.5	94.2
电力工业	100.2	100.0	99.9	98.2
煤炭及炼焦工业	100.5	93.8	100.7	100.0
石油工业	105.7	100.0	100.0	100.1
化学工业	93.2	99.0	93.1	100.0
机械工业	88.5	101.2	100.0	97.8
建筑材料工业	95.2	96.8	97.6	90.5
森林工业	96.8	102.0		
食品工业	101.8	99.2	100.8	99.6
纺织工业	99.6	98.1	99.6	100.0
缝纫工业	103.1	100.0		100.0
皮革工业	97.9			
造纸工业	95.5	100.5	100.0	96.7
文教艺术用品工业	100.7	99.9	102.3	99.9
其他工业	103.5	103.1	100.0	99.7

博尔塔拉蒙古自治州	巴音郭楞蒙古自治州	阿克苏地区	克孜勒苏柯尔克孜自治州	喀什地区	和田地区	生产建设兵团
96.0	**97.3**	**94.3**	**99.9**	**95.8**	**101.9**	**99.9**
93.3	93.4	91.9	102.6	94.2	105.2	101.5
93.2	96.0	91.7	102.8	94.1	102.7	101.5
100.0	87.2	100.0	100.6	100.5	110.5	99.9
98.3	97.7	94.7	99.0	96.7	101.4	98.4
100.9	98.8	92.1	97.6	92.9	100.0	94.2
99.3	97.7	95.1	107.9	98.2	101.7	99.4
94.6	91.5	94.6	99.5	93.5	101.1	97.1
97.4	97.3	94.8	100.0	96.6	100.8	98.3
100.9	98.8	92.1	97.6	92.9	100.0	94.2
99.1	95.3	95.1	105.6	98.2	101.7	98.6
94.6	92.0	95.4	99.5	94.9	98.0	98.3
91.3	96.7	90.0	99.1	92.3	105.2	104.0
91.0	96.2	89.8	99.0	92.1	105.5	104.1
	100.0					100.6
100.3	100.5	100.0	100.0	100.6	101.1	99.7
	100.0					100.0
100.1	87.5	97.2	97.6	90.8		96.0
100.1	100.1	99.1	105.3	98.7	101.7	97.6
	100.0	91.1	100.0	91.8	100.0	92.3
	98.6	93.8	115.1	107.6		100.0
94.2	93.6	94.8	98.5	102.4	104.3	100.3
100.1	95.4	100.0		100.1		99.9
95.0	96.5	97.4	99.5	93.4	97.8	94.0
	93.4	100.0				100.0
91.1	96.4	90.3	98.7	92.7	102.7	103.9
94.4	97.2	96.0	100.0	94.3		97.3
	100.0					100.6
102.7			104.5			
	101.1					99.5
100.0	100.0		100.0		100.0	100.0
100.0	101.1	100.0	100.7	100.6	116.6	100.0

2-40 工业生产者出厂价格指数（2014 年）

指标	全年平均	1月	2月	3月	4月
总指数	**96.2**	**97.8**	**96.2**	**95.2**	**96.1**
轻重工业分					
轻工业	98.3	100.2	99.5	98.2	98.0
以农产品为原料	99.4	101.2	100.6	99.6	99.5
以非农产品为原料	92.7	94.8	93.3	91.1	90.4
重工业	95.9	97.4	95.6	94.7	95.8
采掘	95.9	98.2	95.3	92.8	96.5
原料	96.1	97.5	95.8	95.8	96.1
加工	95.2	95.9	95.6	94.7	94.0
按生产生活资料分					
生产资料	95.8	97.4	95.7	94.6	95.7
采掘	95.9	98.2	95.3	92.8	96.5
原料	95.9	97.4	95.7	95.5	95.8
加工	95.6	96.5	96.2	95.1	94.5
生活资料	100.3	101.8	101.4	100.9	100.8
食品	100.2	102.1	101.7	101.1	101.0
衣着	100.1	100.5	100.5	100.4	100.4
一般日用品	101.0	100.1	100.0	99.9	99.9
耐用消费品	100.2	100.6	100.6	100.6	100.6
按工业部门分					
冶金工业	93.3	93.5	92.4	91.3	91.4
电力工业	100.2	99.9	100.0	100.0	100.1
煤炭及炼焦工业	94.3	93.6	93.9	92.2	92.3
石油工业	95.9	98.6	96.1	94.8	97.3
化学工业	94.4	95.7	93.2	92.6	91.8
机械工业	99.3	99.6	99.1	98.5	97.8
建筑材料工业	95.7	97.3	96.9	96.8	96.2
森林工业	99.8	100.0	100.0	100.4	100.3
食品工业	100.3	102.2	101.8	101.2	101.0
纺织工业	97.7	99.0	98.1	96.2	97.1
缝纫工业	100.4	100.9	100.9	100.9	100.9
皮革工业	101.1	101.9	102.0	100.3	100.1
造纸工业	99.9	101.5	101.4	99.7	98.3
文教艺术用品工业	100.2	99.9	99.8	99.8	99.8
其它工业	100.5	100.9	100.8	100.6	100.5

（上年同月=100）

5　月	6　月	7　月	8　月	9　月	10　月	11　月	12　月
98.2	**99.4**	**100.3**	**98.8**	**96.3**	**94.3**	**92.4**	**89.8**
98.4	98.4	98.4	98.1	98.0	97.9	97.4	97.4
99.7	99.7	99.7	99.2	98.9	98.6	98.1	97.8
91.7	91.6	91.5	92.6	93.0	93.9	93.8	95.3
98.2	99.6	100.6	98.9	96.0	93.7	91.6	88.5
99.6	102.3	104.9	102.3	97.5	92.3	88.1	81.5
99.0	99.8	100.2	98.5	95.4	93.6	91.9	90.0
94.2	95.2	95.3	95.0	95.5	96.0	96.2	95.5
98.0	99.3	100.3	98.7	96.0	93.8	91.8	89.0
99.6	102.3	104.9	102.3	97.5	92.3	88.1	81.5
98.6	99.4	99.8	98.2	95.2	93.6	91.9	90.1
94.8	95.6	95.7	95.3	95.8	96.2	96.3	95.7
100.6	100.5	100.6	100.3	99.8	99.4	98.7	98.4
100.7	100.6	100.6	100.1	99.4	98.9	98.2	97.7
100.3	100.4	99.8	99.8	99.8	99.8	99.8	99.8
100.0	100.2	100.4	102.1	102.6	102.5	102.4	102.5
100.0	100.0	100.0	100.0	100.0	100.0	100.0	100.0
92.9	94.4	94.9	94.2	94.4	94.5	93.6	92.6
100.2	100.1	100.2	100.4	100.4	100.4	100.6	100.6
92.3	94.4	95.0	95.1	97.1	95.6	95.4	95.3
101.0	103.4	104.7	101.0	95.1	90.7	87.0	81.7
94.3	93.5	95.0	96.7	96.3	96.1	94.8	93.7
98.5	99.1	99.6	100.3	99.8	99.3	100.6	99.4
94.5	94.3	94.8	94.5	95.0	96.1	95.9	96.5
99.8	99.5	99.3	99.5	99.7	99.7	99.6	99.5
100.8	100.6	100.7	100.2	99.5	99.0	98.3	97.9
98.0	98.2	98.7	97.3	97.8	98.0	97.2	96.9
100.5	100.6	100.1	100.1	100.1	100.1	99.8	99.8
99.7	101.8	101.4	101.2	101.2	101.1	101.1	101.2
99.0	99.2	99.2	100.2	100.0	100.1	100.3	100.3
99.8	100.5	100.5	100.5	100.5	100.5	100.5	100.5
100.5	100.6	100.9	100.8	100.4	99.9	100.1	100.0

2-41 工业生产者出厂价格大类及中类（新行业）价格指数（2014 年）

指　标	全年平均	1 月	2 月	3 月	4 月
总指数	**96.2**	**97.8**	**96.2**	**95.2**	**96.1**
煤炭开采和洗选业	93.6	91.4	91.3	90.7	90.7
烟煤和无烟煤开采洗选	93.7	91.6	91.5	90.9	90.9
其他煤炭采选	90.1	83.9	83.9	83.9	83.9
石油和天然气开采业	96.0	99.1	95.7	92.6	97.2
石油开采	94.3	98.4	94.3	90.7	96.1
天然气开采	104.7	102.8	102.8	102.8	102.8
黑色金属矿采选业	95.5	102.8	100.1	98.4	96.1
铁矿采选	94.4	102.5	99.6	97.8	95.3
锰矿、铬矿采选	107.1	105.1	105.0	105.0	105.1
有色金属矿采选业	97.1	89.1	88.7	90.1	94.8
常用有色金属矿采选	100.2	93.8	92.5	93.7	97.3
贵金属矿采选	89.9	77.7	78.8	80.6	88.0
稀有稀土金属矿采选	101.3	102.3	102.3	102.3	102.3
非金属矿采选业	100.9	100.8	100.6	100.6	100.6
土砂石开采	99.8	99.4	99.4	99.4	99.4
化学矿开采	89.4	100.0	100.0	100.0	100.0
采盐	104.8	104.8	104.8	104.8	104.8
石棉及其他非金属矿采选	104.2	101.8	100.0	100.0	100.0
农副食品加工业	97.9	99.7	99.1	98.3	98.3
谷物磨制	100.6	104.3	104.2	101.7	98.7
饲料加工	101.6	104.2	103.8	102.8	101.4
植物油加工	95.5	97.1	96.7	96.4	96.8
制糖业	90.4	91.6	89.4	88.0	92.9
屠宰及肉类加工	100.2	99.8	99.0	99.5	100.3
水产品加工	100.0	100.0	100.0	100.0	100.0
蔬菜、水果和坚果加工	105.2	107.0	107.0	106.8	106.5
其他农副食品加工	99.4	96.9	96.5	96.4	97.4
食品制造业	104.4	108.0	107.8	107.4	106.6
焙烤食品制造	100.3	100.3	100.3	100.3	100.3
糖果、巧克力及蜜饯制造	100.5	100.0	100.0	100.0	100.0
方便食品制造	100.9	102.9	102.9	100.0	100.0

（上年同月=100）

5　月	6　月	7　月	8　月	9　月	10　月	11　月	12　月
98.2	**99.4**	**100.3**	**98.8**	**96.3**	**94.3**	**92.4**	**89.8**
91.0	93.5	95.2	95.1	96.8	96.2	96.4	96.4
91.2	93.8	95.4	95.2	96.7	96.1	96.3	96.3
83.9	83.9	90.9	93.8	100.0	100.0	100.0	100.0
100.9	104.1	106.9	103.8	97.6	91.3	86.3	78.1
100.5	104.4	107.6	103.8	96.4	88.1	81.4	71.8
102.8	102.8	103.5	103.5	103.5	107.8	111.5	109.7
96.3	94.5	94.9	94.2	92.9	93.4	91.4	90.8
95.5	93.5	93.6	92.8	91.4	91.9	89.8	89.0
105.1	105.1	109.2	109.2	109.2	109.2	109.2	109.6
99.4	100.3	105.7	103.1	102.3	99.0	96.9	98.3
102.1	102.5	105.2	104.7	105.4	102.0	102.3	102.5
93.3	95.3	107.9	100.8	96.6	92.9	85.8	89.7
102.3	102.3	102.3	100.0	100.0	100.0	100.0	100.0
98.6	98.6	99.8	101.7	101.7	102.4	102.8	102.8
99.4	99.5	100.2	100.0	100.0	100.2	100.2	100.2
67.7	67.7	67.7	100.0	100.0	100.0	100.0	100.0
104.8	104.8	104.8	104.8	104.8	104.8	104.8	104.8
98.2	98.2	104.2	106.0	106.0	110.1	113.1	113.1
98.4	98.3	98.4	98.1	97.6	96.6	96.3	95.8
98.5	99.6	100.7	101.8	99.8	99.4	99.3	99.2
101.8	101.9	101.4	101.4	100.7	99.6	100.0	100.1
97.7	96.8	96.6	94.9	94.9	93.4	92.7	91.5
89.9	90.0	90.6	90.7	89.8	90.5	91.1	91.0
101.2	101.0	101.1	101.3	102.0	99.7	98.9	99.0
100.0	100.0	100.0	100.0	100.0	100.0	100.0	100.0
106.4	106.3	106.5	106.8	105.2	102.6	101.6	100.3
98.0	98.2	98.9	100.9	101.9	102.6	103.1	102.9
105.6	105.3	105.0	103.9	102.4	102.2	100.3	99.8
100.3	100.3	100.3	100.3	100.3	100.3	100.3	100.4
100.0	100.0	100.0	100.0	100.0	100.0	100.0	105.7
100.0	100.0	100.3	100.7	101.1	101.1	101.1	101.1

2-41 续表1

指　　标	全　年 平　均	1 月	2 月	3 月	4 月
乳制品制造	108.1	116.3	116.3	115.6	114.5
罐头食品制造	106.8	113.3	112.1	111.6	108.9
调味品、发酵制品制造	98.8	97.4	97.7	100.3	100.1
其他食品制造	102.8	102.8	102.8	102.7	103.2
酒、饮料和精制茶制造业	100.9	101.9	101.8	101.1	101.0
酒的制造	101.2	102.2	102.4	101.7	101.5
饮料制造	100.2	101.2	100.4	99.7	99.7
精制茶加工	101.2	101.2	101.2	101.2	101.2
烟草制品业	100.0	100.0	100.0	100.0	100.0
卷烟制造	100.0	100.0	100.0	100.0	100.0
纺织业	97.9	99.1	98.3	96.4	97.3
棉纺织及印染精加工	97.5	99.0	98.0	95.9	96.8
毛纺织及染整精加工	100.7	99.8	100.9	100.9	100.9
麻纺织及染整精加工	100.9	99.5	99.5	99.0	101.6
针织或钩针编织物及其制品制造	100.0	100.0	100.0	100.0	100.0
家用纺织制成品制造	100.0	100.0	100.0	100.0	100.0
纺织服装、服饰业	101.7	102.7	102.7	102.7	102.7
机织服装制造	101.7	102.7	102.7	102.7	102.7
皮革、毛皮、羽毛及其制品和制鞋业	101.1	102.7	102.8	101.3	101.2
皮革鞣制加工	103.5	103.6	103.6	101.2	100.8
毛皮鞣制及制品加工	97.8	99.9	100.3	98.9	99.0
羽毛(绒)加工及制品制造	101.2	106.6	106.6	106.6	106.6
制鞋业	100.0	100.0	100.0	100.0	100.0
木材加工和木、竹、藤、棕、草制品业	99.6	100.1	100.1	100.7	100.5
木材加工	101.7	103.5	103.5	103.5	103.5
人造板制造	98.6	98.6	98.6	99.5	99.3
木制品制造	100.0	100.0	100.0	100.0	100.0
家具制造业	100.2	100.7	100.7	100.7	100.7
木质家具制造	100.0	100.0	100.0	100.0	100.0
金属家具制造	100.9	102.8	102.8	102.8	102.8
造纸和纸制品业	99.9	101.5	101.4	99.7	98.3
纸浆制造	101.2	108.8	105.7	97.4	94.8

（上年同月=100）

5 月	6 月	7 月	8 月	9 月	10 月	11 月	12 月
112.2	111.4	110.2	107.7	103.0	101.8	97.8	95.2
107.1	106.5	106.5	106.0	103.7	104.9	101.6	101.1
100.7	101.3	100.0	94.5	95.6	97.0	100.2	101.6
103.2	103.2	103.4	103.7	103.6	102.5	101.0	101.0
100.8	100.6	100.7	100.7	100.6	100.8	100.5	100.4
100.9	100.8	101.0	101.0	101.0	100.9	100.5	100.4
100.3	99.9	99.8	100.1	99.6	100.7	100.3	100.3
101.2	101.2	101.2	101.2	101.2	101.2	101.2	101.2
100.0	100.0	100.0	100.0	100.0	100.0	100.0	100.0
100.0	100.0	100.0	100.0	100.0	100.0	100.0	100.0
98.2	98.3	98.8	97.5	97.9	98.1	97.4	97.1
97.8	98.0	98.5	97.0	97.6	97.7	96.9	96.6
100.9	101.1	101.1	100.4	100.4	100.4	100.8	100.8
101.6	101.2	101.2	101.6	100.8	102.2	101.5	101.5
100.0	100.0	100.0	100.0	100.0	100.0	100.0	100.0
100.0	100.0	100.0	100.0	100.0	100.0	100.0	100.0
102.7	103.1	100.5	100.6	100.6	100.6	100.6	100.6
102.7	103.1	100.5	100.6	100.6	100.6	100.6	100.6
99.7	101.5	101.2	101.0	101.0	101.0	100.0	100.1
100.4	104.6	104.6	104.6	104.6	104.6	104.6	104.6
98.3	98.2	97.1	96.4	96.3	96.2	96.1	96.5
100.0	100.0	100.0	100.0	100.0	100.0	94.5	94.5
100.0	100.0	100.0	100.0	100.0	100.0	100.0	100.0
99.7	99.1	98.8	99.2	99.5	99.4	99.3	99.1
103.5	103.5	100.0	100.0	100.0	100.0	100.0	100.0
98.1	97.0	98.1	98.7	99.2	99.1	98.9	98.6
100.0	100.0	100.0	100.0	100.0	100.0	100.0	100.0
100.0	100.0	100.0	100.0	100.0	100.0	100.0	100.0
100.0	100.0	100.0	100.0	100.0	100.0	100.0	100.0
100.0	100.0	100.0	100.0	100.0	100.0	100.0	100.0
99.0	99.2	99.2	100.2	100.0	100.1	100.3	100.3
98.6	98.6	98.6	103.8	102.4	102.4	102.4	102.4

2-41 续表 2

指　　标	全年平均	1 月	2 月	3 月	4 月
造纸	99.6	100.1	100.8	100.4	98.9
纸制品制造	99.8	99.6	99.6	99.6	99.9
印刷和记录媒介复制业	100.2	99.9	99.8	99.8	99.8
印刷	100.2	99.8	99.8	99.8	99.7
装订及印刷相关服务	100.0	100.0	100.0	100.0	100.0
文教、工美、体育和娱乐用品制造业	101.2	102.7	102.7	101.5	101.5
工艺美术品制造	101.2	102.7	102.7	101.5	101.5
石油加工、炼焦和核燃料加工业	95.6	98.2	96.6	96.8	97.2
精炼石油产品制造	95.6	98.1	96.4	96.8	97.3
炼焦	96.0	99.5	101.2	96.2	96.6
化学原料和化学制品制造业	94.0	95.1	92.2	91.8	91.1
基础化学原料制造	93.7	90.6	89.8	93.0	93.3
肥料制造	96.6	97.1	97.0	96.7	95.9
农药制造	100.0	100.0	100.0	100.0	100.0
涂料、油墨、颜料及类似产品制造	88.0	92.0	92.0	85.3	85.3
合成材料制造	92.9	95.4	90.4	89.5	88.2
专用化学产品制造	100.6	101.8	101.5	100.8	100.4
炸药、火工及焰火产品制造	100.0	100.0	100.0	100.0	100.0
日用化学产品制造	101.4	101.5	101.5	101.4	101.4
医药制造业	102.3	102.7	102.0	101.0	100.0
化学药品原料药制造	100.3	100.8	99.6	99.2	99.2
化学药品制剂制造	108.3	101.3	101.1	101.1	99.8
中药饮片加工	96.2	107.4	107.4	100.0	97.2
中成药生产	101.2	103.4	102.2	102.2	101.4
生物药品制造	99.8	99.7	99.5	99.6	100.0
化学纤维制造业	90.9	93.6	91.0	88.9	87.5
纤维素纤维原料及纤维制造	90.8	93.7	91.0	88.9	87.4
合成纤维制造	96.5	90.8	90.8	90.8	95.7
橡胶和塑料制品业	99.0	98.6	98.6	98.4	98.1
橡胶制品业	98.7	95.1	95.1	95.6	95.3
塑料制品业	99.1	99.2	99.1	98.8	98.5
非金属矿物制品业	95.9	97.4	97.1	96.9	96.4

（上年同月=100）

5 月	6 月	7 月	8 月	9 月	10 月	11 月	12 月
98.8	99.1	99.1	99.3	99.5	99.6	99.7	99.7
99.9	99.9	99.9	99.7	99.5	99.6	100.2	100.2
99.8	100.5	100.5	100.5	100.5	100.5	100.5	100.5
99.7	100.6	100.6	100.6	100.6	100.6	100.6	100.6
100.0	100.0	100.0	100.0	100.0	100.0	100.0	100.0
101.6	101.6	101.5	101.5	101.5	99.7	99.7	99.7
101.6	101.6	101.5	101.5	101.5	99.7	99.7	99.7
100.8	102.4	102.2	98.1	92.9	90.1	87.8	85.2
101.1	102.7	102.6	98.2	92.6	89.9	87.5	84.9
95.8	96.5	94.3	95.0	97.7	93.9	92.9	92.3
94.1	92.9	95.3	97.3	96.4	95.7	94.0	92.2
94.8	94.2	95.0	94.3	96.1	96.5	95.0	92.6
95.1	95.1	95.5	95.9	97.5	98.0	97.7	97.7
100.0	100.0	100.0	100.0	100.0	100.0	100.0	100.0
85.3	85.3	85.4	88.7	88.6	88.6	88.6	92.0
93.5	91.4	95.5	99.1	96.2	94.8	92.2	89.5
100.4	100.4	100.3	100.5	100.4	100.4	100.3	100.0
100.0	100.0	100.0	100.0	100.0	100.0	100.0	100.0
101.4	101.4	101.4	101.4	101.4	101.4	101.4	101.4
99.7	99.9	99.8	104.0	105.0	105.0	104.0	104.0
99.2	99.0	98.9	100.6	101.7	101.7	101.7	101.7
99.5	100.1	100.1	116.9	120.0	120.0	120.0	120.0
97.2	97.2	97.2	92.2	92.2	92.2	88.0	88.0
100.8	100.8	100.8	100.8	100.8	100.8	99.9	99.9
99.5	99.9	100.0	99.9	99.8	99.9	99.8	99.8
89.7	90.2	89.3	90.0	91.0	92.9	92.8	94.1
89.6	90.2	89.2	89.9	90.9	92.9	92.8	94.1
95.7	95.7	100.0	100.0	100.0	100.0	100.0	100.0
99.0	99.3	99.2	99.3	99.5	99.6	99.5	99.6
99.1	99.1	99.0	100.5	100.2	102.2	101.9	101.9
99.0	99.4	99.3	99.2	99.3	99.2	99.2	99.2
94.8	94.6	95.0	94.8	95.3	96.2	96.0	96.5

2-41 续表3

指　　标	全　年 平　均	1　月	2　月	3　月	4　月
水泥、石灰和石膏制造	93.7	95.2	94.8	94.6	94.8
石膏、水泥制品及类似制品制造	95.4	97.6	97.2	97.2	94.5
砖瓦、石材等建筑材料制造	103.4	106.8	106.8	105.9	105.8
玻璃制造	100.4	100.5	100.5	100.4	100.4
玻璃制品制造	99.6	99.6	99.5	99.5	99.4
玻璃纤维和玻璃纤维增强塑料制品制造	99.7	99.4	99.4	99.4	99.4
耐火材料制品制造	100.6	100.0	100.0	100.0	100.0
石墨及其他非金属矿物制品制造	99.7	100.0	99.7	99.4	99.4
黑色金属冶炼和压延加工业	91.7	93.1	91.7	90.0	89.6
炼铁	94.4	96.4	93.3	91.9	92.8
炼钢	92.2	92.7	92.7	92.7	90.0
黑色金属铸造	96.0	98.8	98.2	95.5	94.9
钢压延加工	89.8	90.7	90.3	88.5	87.4
铁合金冶炼	96.5	101.2	99.5	96.3	95.4
有色金属冶炼和压延加工业	97.5	89.4	89.8	90.1	93.9
常用有色金属冶炼	98.8	92.0	91.2	90.2	94.2
贵金属冶炼	91.8	76.5	79.0	82.7	89.1
有色金属合金制造	96.6	99.6	96.0	96.4	96.4
有色金属压延加工	98.8	95.7	99.0	99.6	98.6
金属制品业	95.7	94.0	94.2	95.1	94.7
结构性金属制品制造	96.2	96.8	97.9	95.4	94.4
金属工具制造	95.9	79.8	79.8	100.0	100.0
集装箱及金属包装容器制造	98.7	98.9	98.8	98.8	98.6
金属丝绳及其制品制造	92.8	94.2	94.1	90.2	90.2
建筑、安全用金属制品制造	100.0	100.0	100.0	100.0	99.9
金属表面处理及热处理加工	99.5	97.1	97.1	100.0	100.0
金属制日用品制造	100.0	100.0	100.0	100.0	100.0
其他金属制品制造	93.0	94.2	91.5	92.4	92.7
通用设备制造业	99.8	99.7	99.7	99.7	99.9
锅炉及原动设备制造	100.0	99.9	99.9	99.9	99.9
物料搬运设备制造	98.7	96.1	96.1	96.1	99.7
泵、阀门、压缩机及类似机械制造	100.0	100.0	100.0	100.0	100.0

（上年同月=100）

5　月	6　月	7　月	8　月	9　月	10　月	11　月	12　月
92.0	92.1	92.1	91.6	92.8	94.9	94.5	94.9
93.9	92.9	94.8	94.7	95.1	95.2	95.0	96.8
105.2	104.8	104.5	104.5	100.4	99.2	98.8	98.4
100.5	100.4	100.4	100.4	100.3	100.3	100.2	100.1
99.3	99.3	99.7	99.7	99.7	99.7	99.6	99.9
99.9	99.8	99.8	99.8	99.8	99.8	99.8	99.8
100.0	100.0	100.0	100.0	100.0	102.4	102.4	102.4
99.3	99.5	99.9	100.0	100.0	99.9	99.9	99.7
90.8	92.6	92.3	91.6	92.3	92.9	92.6	91.0
94.4	95.2	95.3	96.5	95.8	95.2	94.2	92.3
91.0	92.2	92.0	92.0	93.7	92.5	92.5	92.5
94.8	95.3	96.1	96.0	96.3	95.7	94.9	95.7
88.4	90.8	90.2	88.4	90.0	91.2	91.4	89.9
95.4	96.0	95.5	95.8	95.5	96.6	96.1	95.2
98.1	101.3	104.0	103.4	103.0	101.4	98.4	99.2
98.9	102.6	105.2	105.9	105.9	103.2	98.7	99.3
94.1	98.1	103.5	98.2	96.2	96.9	96.8	99.3
96.4	96.4	96.4	96.4	96.4	96.4	96.4	96.4
99.5	99.5	99.5	99.0	99.0	99.0	99.0	99.0
94.7	96.0	96.8	97.5	97.0	96.8	95.8	95.2
94.1	97.2	97.0	96.9	96.6	96.7	95.9	95.3
100.0	100.0	100.0	100.0	100.0	100.0	100.0	100.0
98.7	99.0	98.7	98.4	98.3	98.2	99.2	99.1
90.2	89.9	94.0	97.6	96.1	95.4	91.9	90.3
99.9	99.9	99.9	99.9	100.0	100.0	100.0	100.0
100.0	100.0	100.0	100.0	100.0	100.0	100.0	100.0
100.0	100.0	100.0	100.0	100.0	100.0	100.0	100.0
94.8	94.4	93.5	93.9	92.1	92.1	92.2	92.2
99.8	99.9	99.9	99.9	99.8	99.8	99.9	99.9
100.0	100.0	100.0	100.0	100.0	100.0	100.0	100.0
99.4	99.4	99.9	99.5	99.5	99.5	99.5	99.5
100.0	100.0	100.0	100.0	100.0	100.0	100.0	100.0

2-41 续表 4

指　　标	全　年 平　均	1 月	2 月	3 月	4 月
轴承、齿轮和传动部件制造	100.0	100.0	100.0	100.0	100.0
烘炉、风机、衡器、包装等设备制造	100.0	100.0	100.0	100.0	100.0
通用零部件制造	100.1	100.6	100.7	100.7	99.8
其他通用设备制造业	100.0	100.0	100.0	100.0	100.0
专用设备制造业	99.8	98.4	98.6	99.8	100.1
采矿、冶金、建筑专用设备制造	99.5	97.1	97.4	99.3	99.9
农、林、牧、渔专用机械制造	100.2	100.4	100.4	100.4	100.4
汽车制造业	99.0	98.9	99.1	99.3	99.0
汽车整车制造	100.0	100.0	100.0	100.0	100.0
改装汽车制造	96.7	96.5	96.9	97.5	96.6
汽车车身、挂车制造	98.1	96.0	97.6	97.6	97.6
汽车零部件及配件制造	100.2	100.4	100.4	100.4	100.4
铁路、船舶、航空航天和其他运输设备制造业	100.0	100.0	100.0	100.0	100.0
铁路运输设备制造	100.0	100.0	100.0	100.0	100.0
电气机械和器材制造业	99.2	99.8	99.1	98.1	97.2
电机制造	99.9	100.4	99.5	98.2	97.4
输配电及控制设备制造	97.8	98.7	98.5	98.1	97.0
电线、电缆、光缆及电工器材制造	96.4	97.3	96.8	95.6	95.6
非电力家用器具制造	100.0	100.0	100.0	100.0	100.0
计算机、通信和其他电子设备制造业	98.1	99.0	98.7	98.3	97.7
广播电视设备制造	97.1	98.5	98.0	97.3	96.5
电子器件制造	100.0	100.0	100.0	100.0	100.0
仪器仪表制造业	100.0	100.0	100.0	100.0	100.0
专用仪器仪表制造	100.0	100.0	100.0	100.0	100.0
金属制品、机械和设备修理业	102.6	107.4	103.4	102.5	102.0
金属制品修理	102.6	107.4	103.4	102.5	102.0
电力、热力生产和供应业	100.2	99.9	100.0	100.0	100.1
电力生产	100.6	99.9	100.1	100.0	100.0
电力供应	100.0	99.9	100.0	100.0	100.1
热力生产和供应	100.0	100.0	100.0	100.0	100.0
燃气生产和供应业	102.7	102.0	102.4	102.3	104.3
水的生产和供应业	101.8	102.6	102.6	102.5	102.5
自来水生产和供应	103.6	105.2	105.2	105.0	105.0
污水处理及其再生利用	100.0	100.0	100.0	100.0	100.0

（上年同月=100）

5　月	6　月	7　月	8　月	9　月	10　月	11　月	12　月
100.0	100.0	100.0	100.0	100.0	100.0	100.0	100.0
100.0	100.0	100.0	100.0	100.0	100.0	100.0	100.0
99.8	99.9	99.9	99.8	99.8	99.8	99.9	99.9
100.0	100.0	100.0	100.0	100.0	100.0	100.0	100.0
100.1	99.9	99.9	99.9	100.0	100.1	100.1	100.1
99.9	99.9	99.9	99.9	99.9	100.2	100.2	100.2
100.4	100.0	100.0	100.0	100.0	100.0	100.0	100.0
99.0	98.9	98.9	98.9	98.9	99.2	99.2	99.3
100.0	100.0	100.0	100.0	100.0	100.0	100.0	100.0
96.6	96.5	96.5	96.5	96.5	96.8	96.8	96.8
97.6	97.6	97.6	97.6	97.6	99.7	100.0	100.8
100.4	100.0	100.0	100.0	100.0	100.0	100.0	100.0
100.0	100.0	100.0	100.0	100.0	100.0	100.0	100.0
100.0	100.0	100.0	100.0	100.0	100.0	100.0	100.0
98.1	98.9	99.6	100.5	99.8	99.2	100.9	99.3
98.7	99.8	100.4	101.6	100.7	99.8	102.4	100.4
97.1	97.1	98.0	98.3	98.3	98.3	97.7	96.6
96.0	95.7	97.9	96.3	95.9	95.9	96.8	97.5
100.0	100.0	100.0	100.0	100.0	100.0	100.0	100.0
97.6	97.7	97.7	97.8	98.1	98.1	98.2	98.5
96.2	96.4	96.5	96.6	97.0	97.0	97.3	97.7
100.0	100.0	100.0	100.0	100.0	100.0	100.0	100.0
100.0	100.0	100.0	100.0	100.0	100.0	100.0	100.0
100.0	100.0	100.0	100.0	100.0	100.0	100.0	100.0
101.4	100.6	102.2	102.8	102.2	102.2	102.2	102.2
101.4	100.6	102.2	102.8	102.2	102.2	102.2	102.2
100.2	100.1	100.2	100.4	100.4	100.4	100.6	100.6
100.4	100.2	100.5	101.1	101.2	101.2	101.5	101.3
100.1	100.1	100.0	100.1	100.0	100.0	100.1	100.2
100.0	100.0	100.0	100.0	100.0	100.0	100.0	100.0
104.2	104.8	105.0	101.5	101.2	101.2	101.1	102.4
102.5	102.5	102.6	102.2	101.0	100.1	100.6	100.6
105.0	104.9	105.2	104.3	101.9	100.2	101.2	101.2
100.0	100.0	100.0	100.0	100.0	100.0	100.0	100.0

2-42 工业生产者出厂价格指数（2014 年）

指　标	1 月	2 月	3 月	4 月	5 月
总指数	**100.2**	**99.0**	**100.1**	**99.6**	**100.0**
轻重工业分					
轻工业	99.7	99.9	99.8	99.4	100.0
以农产品为原料	100.0	99.9	100.0	99.6	99.9
以非农产品为原料	97.9	99.7	99.1	98.1	100.3
重工业	100.3	98.8	100.2	99.6	100.0
采掘	101.6	97.7	99.9	100.0	100.3
原料	99.7	99.0	100.7	99.2	100.1
加工	99.7	100.0	99.6	99.9	99.4
按生产生活资料分					
生产资料	100.2	98.9	100.1	99.5	100.0
采掘	101.6	97.7	99.9	100.0	100.3
原料	99.7	99.1	100.6	99.1	100.1
加工	99.6	100.0	99.6	99.8	99.5
生活资料	100.1	99.8	100.0	99.9	99.8
食品	100.1	99.8	100.1	99.9	99.7
衣着	100.0	100.0	100.0	100.0	99.9
一般日用品	100.0	99.9	100.0	99.9	100.0
耐用消费品	100.0	100.0	100.0	100.0	100.0
按工业部门分					
冶金工业	99.6	99.4	99.5	100.1	100.1
电力工业	99.9	100.1	100.2	100.1	100.0
煤炭及炼焦工业	100.4	99.6	99.6	99.2	99.2
石油工业	100.8	98.0	100.5	99.8	100.2
化学工业	99.0	99.5	99.9	97.7	100.0
机械工业	100.2	99.7	99.7	99.8	100.2
建筑材料工业	100.1	100.2	100.1	99.5	98.0
森林工业	100.0	100.0	100.5	100.0	99.4
食品工业	100.0	99.8	100.0	99.9	99.8
纺织工业	100.1	100.1	99.8	99.1	100.0
缝纫工业	100.0	100.0	100.0	100.0	100.0
皮革工业	100.0	100.0	99.8	100.0	99.8
造纸工业	100.0	100.7	100.4	98.6	99.9
文教艺术用品工业	99.8	100.0	100.0	100.0	100.0
其它工业	100.1	100.0	99.8	100.0	100.0

（上月=100）

6　月	7　月	8　月	9　月	10　月	11　月	12　月
100.2	**100.2**	**99.2**	**98.7**	**98.3**	**97.0**	**96.8**
99.9	100.2	99.6	99.8	99.7	99.7	99.7
99.9	100.2	99.6	99.7	99.7	99.6	99.8
99.7	100.2	99.9	100.6	100.0	100.0	99.6
100.3	100.2	99.1	98.6	98.1	96.6	96.3
100.5	101.6	99.3	97.1	96.7	93.5	92.1
100.6	99.6	98.9	98.7	98.2	97.2	97.6
99.2	99.3	99.2	100.6	99.7	99.6	99.2
100.2	100.2	99.1	98.7	98.2	96.8	96.6
100.5	101.6	99.3	97.1	96.7	93.5	92.1
100.5	99.7	98.9	98.8	98.3	97.3	97.7
99.4	99.5	99.1	100.4	99.7	99.6	99.3
99.9	100.0	99.9	99.7	99.7	99.7	99.8
99.8	100.0	99.7	99.6	99.6	99.6	99.8
100.1	99.9	100.0	100.0	100.0	100.0	100.0
100.2	100.2	101.7	100.4	100.1	99.9	100.1
100.0	100.0	100.0	100.0	100.0	100.0	100.0
99.1	99.1	98.7	100.2	99.1	98.4	98.9
100.0	100.0	100.0	100.1	100.1	100.1	100.1
99.9	99.5	99.7	99.8	98.8	99.7	99.7
100.8	100.7	98.5	96.7	96.7	94.0	93.5
100.5	99.9	100.6	101.5	99.2	98.3	97.5
100.0	100.2	99.9	99.9	99.8	100.7	99.1
99.0	99.4	99.4	100.5	100.3	99.5	100.4
99.7	100.0	100.0	100.1	100.0	99.9	99.9
99.9	100.1	99.7	99.5	99.6	99.7	99.8
99.9	100.4	98.8	100.0	99.8	99.3	99.5
100.1	100.0	100.0	100.0	100.0	99.7	100.0
102.3	99.7	100.0	99.9	99.9	100.0	99.9
100.0	100.0	100.6	100.0	100.0	100.0	100.1
100.7	100.0	100.0	100.0	100.0	100.0	100.0
100.0	100.0	100.0	100.0	99.9	100.2	100.0

2-43 工业生产者出厂价格大类及中类（新行业）价格指数（2014 年）

指　标	1 月	2 月	3 月	4 月	5 月
总指数	**100.2**	**99.0**	**100.1**	**99.6**	**100.0**
煤炭开采和洗选业	100.5	99.7	99.6	99.1	99.0
烟煤和无烟煤开采洗选	100.5	99.7	99.6	99.1	99.0
其他煤炭采选	100.0	100.0	100.0	100.0	100.0
石油和天然气开采业	101.8	97.3	99.9	100.1	100.4
石油开采	102.0	96.8	99.8	100.2	100.4
天然气开采	100.9	100.0	100.0	100.0	100.0
黑色金属矿采选业	100.5	99.1	100.0	99.4	99.7
铁矿采选	99.9	99.0	100.0	99.3	99.7
锰矿、铬矿采选	106.8	100.0	100.0	100.0	100.0
有色金属矿采选业	100.4	100.1	100.2	101.2	102.2
常用有色金属矿采选	100.6	99.4	100.0	102.4	103.3
贵金属矿采选	100.2	101.4	100.6	99.1	100.4
稀有稀土金属矿采选	100.0	100.0	100.0	100.0	100.0
非金属矿采选业	101.0	99.8	100.0	100.0	100.0
土砂石开采	100.0	100.0	100.0	100.0	100.0
化学矿开采	100.0	100.0	100.0	100.0	100.0
采盐	104.8	100.0	100.0	100.0	100.0
石棉及其他非金属矿采选	100.0	98.2	100.0	100.0	100.0
农副食品加工业	99.9	99.6	99.8	99.8	99.8
谷物磨制	102.1	100.0	99.0	98.8	99.9
饲料加工	99.4	100.1	99.5	100.1	100.8
植物油加工	99.3	99.6	100.2	99.9	99.9
制糖业	99.5	97.5	98.9	100.1	96.4
屠宰及肉类加工	99.6	100.3	100.6	100.0	100.1
水产品加工	100.0	100.0	100.0	100.0	100.0
蔬菜、水果和坚果加工	100.5	100.2	100.6	100.2	100.5
其他农副食品加工	99.6	100.1	100.1	100.8	100.2
食品制造业	100.2	99.9	100.4	100.0	100.0
焙烤食品制造	100.0	100.0	100.0	100.1	100.0
糖果、巧克力及蜜饯制造	100.0	100.0	100.0	100.0	100.0
方便食品制造	100.0	100.0	100.0	100.0	100.0

（上月=100）

6　月	7　月	8　月	9　月	10　月	11　月	12　月
100.2	**100.2**	**99.2**	**98.7**	**98.3**	**97.0**	**96.8**
99.7	100.1	99.7	99.8	99.5	100.0	99.6
99.6	100.1	99.7	99.8	99.4	100.0	99.6
100.0	100.0	100.0	100.0	100.0	100.0	100.0
100.8	102.0	99.3	96.5	96.2	92.1	90.1
101.0	102.2	99.1	95.8	94.5	89.5	87.4
100.0	100.7	100.0	100.0	104.1	103.4	100.2
97.6	99.3	99.2	99.1	99.4	98.0	99.1
97.4	99.0	99.1	99.0	99.4	97.7	99.0
100.0	102.6	100.0	100.0	100.0	100.0	100.0
100.1	101.9	99.0	99.4	96.6	96.8	100.7
100.2	101.4	99.7	99.5	96.7	98.9	100.4
100.0	103.5	97.3	98.8	95.5	91.7	101.3
100.0	100.0	100.0	100.0	100.0	100.0	100.0
100.0	100.9	100.2	100.0	100.5	100.4	100.0
100.0	100.2	100.0	100.0	100.0	100.0	100.0
100.0	100.0	100.0	100.0	100.0	100.0	100.0
100.0	100.0	100.0	100.0	100.0	100.0	100.0
100.0	106.1	101.7	100.0	103.9	102.7	100.0
99.9	100.1	99.6	99.3	98.9	99.4	99.7
100.8	100.0	100.2	98.4	100.0	100.0	100.0
100.5	100.6	100.1	99.4	99.3	100.1	100.1
99.1	99.7	98.3	99.3	97.9	98.6	99.3
99.8	99.8	100.0	99.8	99.7	99.4	100.0
99.9	100.4	100.6	99.9	98.5	99.1	100.0
100.0	100.0	100.0	100.0	100.0	100.0	100.0
100.1	100.1	100.1	98.8	99.5	99.6	100.1
100.0	100.5	101.7	100.0	100.0	100.2	99.7
99.9	100.1	99.7	99.6	100.4	99.9	99.7
100.0	100.0	100.0	100.0	100.0	100.0	100.4
100.0	100.0	100.0	100.0	100.0	100.0	105.7
100.0	100.3	100.3	100.4	100.0	100.0	100.0

2-43 续表1

指 标	1 月	2 月	3 月	4 月	5 月
乳制品制造	100.4	100.3	100.1	99.6	98.9
罐头食品制造	100.7	99.2	100.1	100.2	101.0
调味品、发酵制品制造	99.4	100.0	103.7	99.5	99.9
其他食品制造	100.0	100.0	100.0	100.5	100.0
酒、饮料和精制茶制造业	100.2	100.3	100.1	100.0	99.8
酒的制造	100.0	100.4	100.2	100.0	99.6
饮料制造	100.5	100.1	100.1	100.0	100.3
精制茶加工	101.2	100.0	100.0	100.0	100.0
烟草制品业	100.0	100.0	100.0	100.0	100.0
卷烟制造	100.0	100.0	100.0	100.0	100.0
纺织业	100.1	100.1	99.8	99.1	100.0
棉纺织及印染精加工	100.1	100.0	99.7	99.0	100.0
毛纺织及染整精加工	100.0	101.1	100.0	100.0	100.0
麻纺织及染整精加工	100.0	100.0	100.8	100.7	100.0
针织或钩针编织物及其制品制造	100.0	100.0	100.0	100.0	100.0
家用纺织制成品制造	100.0	100.0	100.0	100.0	100.0
纺织服装、服饰业	100.1	100.0	100.0	100.0	100.0
机织服装制造	100.1	100.0	100.0	100.0	100.0
皮革、毛皮、羽毛及其制品和制鞋业	100.0	100.0	99.9	100.0	99.8
皮革鞣制加工	100.0	100.0	100.0	100.0	100.0
毛皮鞣制及制品加工	99.9	99.8	99.5	100.1	99.2
羽毛(绒)加工及制品制造	100.0	100.0	100.0	100.0	100.0
制鞋业	100.0	100.0	100.0	100.0	100.0
木材加工和木、竹、藤、棕、草制品业	100.0	100.0	100.8	100.1	98.9
木材加工	100.0	100.0	100.0	100.0	100.0
人造板制造	100.0	100.0	101.3	100.1	98.3
木制品制造	100.0	100.0	100.0	100.0	100.0
家具制造业	100.0	100.0	100.0	100.0	100.0
木质家具制造	100.0	100.0	100.0	100.0	100.0
金属家具制造	100.0	100.0	100.0	100.0	100.0
造纸和纸制品业	100.0	100.7	100.4	98.6	99.9
纸浆制造	100.0	100.0	101.4	97.3	100.0

（上月=100）

6 月	7 月	8 月	9 月	10 月	11 月	12 月
100.1	99.8	98.5	99.9	99.9	99.7	97.8
99.6	100.2	99.9	98.5	101.7	99.8	100.2
99.1	100.0	100.0	100.0	100.0	100.0	100.0
100.1	100.3	100.3	100.0	99.9	100.0	99.9
99.9	100.1	100.1	99.9	99.9	100.1	100.0
99.9	100.2	100.0	100.0	100.0	100.2	100.0
99.8	100.0	100.3	99.7	99.7	99.7	100.0
100.0	100.0	100.0	100.0	100.0	100.0	100.0
100.0	100.0	100.0	100.0	100.0	100.0	100.0
100.0	100.0	100.0	100.0	100.0	100.0	100.0
99.9	100.4	98.9	100.0	99.8	99.4	99.6
99.9	100.5	98.7	100.0	99.8	99.3	99.5
100.3	100.0	100.0	100.0	100.0	99.4	100.0
99.6	100.0	100.4	100.0	100.0	100.0	100.0
100.0	100.0	100.0	100.0	100.0	100.0	100.0
100.0	100.0	100.0	100.0	100.0	100.0	100.0
100.4	100.0	100.2	100.0	100.0	100.0	100.0
100.4	100.0	100.2	100.0	100.0	100.0	100.0
102.0	99.7	100.0	99.9	99.9	99.1	99.9
104.6	100.0	100.0	100.0	100.0	100.0	100.0
99.9	98.9	100.0	99.8	99.5	99.9	99.8
100.0	100.0	100.0	100.0	100.0	94.5	100.0
100.0	100.0	100.0	100.0	100.0	100.0	100.0
99.5	100.0	100.0	100.2	99.9	99.9	99.9
100.0	100.0	100.0	100.0	100.0	100.0	100.0
99.2	100.0	99.9	100.3	99.9	99.8	99.8
100.0	100.0	100.0	100.0	100.0	100.0	100.0
100.0	100.0	100.0	100.0	100.0	100.0	100.0
100.0	100.0	100.0	100.0	100.0	100.0	100.0
100.0	100.0	100.0	100.0	100.0	100.0	100.0
100.0	100.0	100.6	100.0	100.0	100.0	100.1
100.0	100.0	103.8	100.0	100.0	100.0	100.0

2-43 续表 2

指 标	1 月	2 月	3 月	4 月	5 月
造纸	99.9	101.1	100.2	98.5	99.8
纸制品制造	100.2	100.2	100.0	100.1	100.0
印刷和记录媒介复制业	99.8	100.0	100.0	100.0	100.0
印刷	99.8	100.0	100.0	100.0	100.0
装订及印刷相关服务	100.0	100.0	100.0	100.0	100.0
文教、工美、体育和娱乐用品制造业	100.0	100.0	99.7	100.0	100.0
工艺美术品制造	100.0	100.0	99.7	100.0	100.0
石油加工、炼焦和核燃料加工业	99.8	98.8	101.1	99.4	100.0
精炼石油产品制造	99.8	98.8	101.2	99.4	100.0
炼焦	99.9	99.6	99.7	99.2	99.8
化学原料和化学制品制造业	98.8	99.4	100.1	97.5	99.8
基础化学原料制造	99.6	98.9	101.0	99.4	100.5
肥料制造	98.5	100.2	99.8	99.8	99.4
农药制造	100.0	100.0	100.0	100.0	100.0
涂料、油墨、颜料及类似产品制造	91.9	100.0	100.0	100.0	100.0
合成材料制造	99.1	99.2	99.8	95.6	99.6
专用化学产品制造	100.1	99.7	100.2	100.1	100.2
炸药、火工及焰火产品制造	100.0	100.0	100.0	100.0	100.0
日用化学产品制造	101.4	100.0	100.0	100.0	100.0
医药制造业	100.0	99.8	100.0	99.6	99.9
化学药品原料药制造	100.0	98.8	100.0	100.0	100.0
化学药品制剂制造	100.0	100.0	100.0	99.8	99.8
中药饮片加工	100.0	100.0	100.0	97.2	100.0
中成药生产	100.0	100.0	100.0	99.9	100.0
生物药品制造	100.0	100.0	100.0	100.5	99.5
化学纤维制造业	99.2	99.4	98.7	96.9	100.5
纤维素纤维原料及纤维制造	99.2	99.4	98.7	96.9	100.5
合成纤维制造	100.0	100.0	100.0	100.0	100.0
橡胶和塑料制品业	100.0	99.9	100.0	99.6	100.0
橡胶制品业	100.0	100.0	101.1	99.9	100.0
塑料制品业	100.0	99.8	99.8	99.6	100.0
非金属矿物制品业	100.1	100.2	100.1	99.5	98.1

（上月=100）

6 月	7 月	8 月	9 月	10 月	11 月	12 月
100.0	100.0	100.0	100.0	100.1	100.1	100.1
99.9	100.0	99.7	100.0	100.0	100.0	100.0
100.7	100.0	100.0	100.0	100.0	100.0	100.0
100.8	100.0	100.0	100.0	100.0	100.0	100.0
100.0	100.0	100.0	100.0	100.0	100.0	100.0
100.0	100.0	100.0	100.0	100.0	100.0	100.0
100.0	100.0	100.0	100.0	100.0	100.0	100.0
100.7	99.5	97.9	97.0	97.3	96.0	96.9
100.7	99.5	97.8	96.9	97.3	95.8	96.8
100.5	98.2	99.7	99.9	97.0	98.9	99.7
100.8	99.9	100.7	102.0	98.9	97.7	96.6
98.0	99.2	98.6	100.2	99.7	99.1	98.2
99.4	100.0	100.2	100.7	99.9	99.7	100.0
100.0	100.0	100.0	100.0	100.0	100.0	100.0
100.0	100.1	100.0	100.0	100.0	100.0	100.0
102.3	100.0	101.8	103.4	98.1	96.2	94.3
99.9	100.1	100.0	100.0	100.0	100.0	99.9
100.0	100.0	100.0	100.0	100.0	100.0	100.0
100.0	100.0	100.0	100.0	100.0	100.0	100.0
100.2	100.0	104.2	100.9	100.0	99.5	100.0
100.0	100.0	101.8	101.1	100.0	100.0	100.0
100.5	100.0	116.8	102.6	100.0	100.0	100.0
100.0	100.0	94.9	100.0	100.0	95.5	100.0
100.0	100.0	100.0	100.0	100.0	100.0	100.0
100.3	100.0	99.8	99.8	100.0	99.8	100.0
99.2	100.2	99.9	100.7	100.0	99.9	99.4
99.2	100.2	99.9	100.7	100.0	99.9	99.4
100.0	100.0	100.0	100.0	100.0	100.0	100.0
100.1	100.0	100.1	99.9	100.0	99.9	100.1
100.0	100.0	101.5	99.7	100.0	99.7	100.0
100.1	100.0	99.9	99.9	100.1	99.9	100.1
99.1	99.4	99.5	100.5	100.3	99.5	100.4

2-43 续表3

指 标	1 月	2 月	3 月	4 月	5 月
水泥、石灰和石膏制造	100.2	100.3	100.2	100.2	97.1
石膏、水泥制品及类似制品制造	100.0	100.0	100.0	97.4	98.3
砖瓦、石材等建筑材料制造	100.0	100.0	100.0	100.0	99.7
玻璃制造	100.1	100.1	100.0	100.1	100.0
玻璃制品制造	100.0	100.0	100.0	100.0	100.0
玻璃纤维和玻璃纤维增强塑料制品制造	100.0	100.0	100.0	100.0	100.0
耐火材料制品制造	100.0	100.0	100.0	100.0	100.0
石墨及其他非金属矿物制品制造	100.2	100.0	99.7	100.0	100.0
黑色金属冶炼和压延加工业	99.4	99.3	99.3	99.9	99.7
炼铁	99.8	97.9	100.0	99.4	100.1
炼钢	100.0	100.0	100.0	97.1	98.4
黑色金属铸造	99.7	99.3	97.3	99.2	99.9
钢压延加工	99.1	100.2	98.8	100.3	99.4
铁合金冶炼	100.7	99.1	98.8	99.5	99.7
有色金属冶炼和压延加工业	99.6	99.7	98.8	101.3	103.3
常用有色金属冶炼	99.2	99.0	97.6	102.4	104.7
贵金属冶炼	100.3	101.9	101.8	99.5	101.0
有色金属合金制造	100.0	96.4	100.0	100.0	100.0
有色金属压延加工	100.5	100.0	100.0	99.0	100.0
金属制品业	99.3	99.8	100.1	99.8	99.7
结构性金属制品制造	98.6	99.9	100.0	99.6	99.2
金属工具制造	100.0	100.0	100.0	100.0	100.0
集装箱及金属包装容器制造	99.9	99.9	99.9	100.0	100.1
金属丝绳及其制品制造	100.0	99.9	100.0	100.0	100.0
建筑、安全用金属制品制造	100.0	100.0	100.0	100.0	100.0
金属表面处理及热处理加工	100.0	100.0	100.0	100.0	100.0
金属制日用品制造	100.0	100.0	100.0	100.0	100.0
其他金属制品制造	99.1	97.5	101.2	100.2	100.1
通用设备制造业	100.0	100.0	100.0	100.1	99.9
锅炉及原动设备制造	100.0	100.0	100.0	100.0	100.0
物料搬运设备制造	100.0	100.0	100.0	100.6	99.7
泵、阀门、压缩机及类似机械制造	100.0	100.0	100.0	100.0	100.0

（上月=100）

6　月	7　月	8　月	9　月	10　月	11　月	12　月
98.9	98.3	99.0	101.0	100.5	99.2	100.0
98.3	101.0	100.0	100.1	100.1	99.8	101.9
99.8	99.7	99.7	99.9	100.0	99.8	99.7
100.0	100.0	100.0	100.0	100.0	100.0	100.0
100.0	100.0	100.0	100.0	100.0	100.0	99.9
99.8	100.0	100.0	100.0	100.0	100.0	100.0
100.0	100.0	100.0	100.0	102.4	100.0	100.0
100.1	100.0	99.9	100.0	99.8	100.0	100.0
98.7	98.6	98.3	100.7	99.4	98.8	98.5
99.4	99.5	99.4	99.1	99.7	98.7	99.0
100.0	100.0	97.3	100.7	98.7	100.0	100.0
99.9	100.4	100.0	100.0	100.0	100.0	100.0
98.1	97.9	97.5	101.8	99.2	98.9	98.1
100.1	99.2	99.9	99.8	100.0	99.5	98.8
101.9	100.1	100.0	99.8	97.9	97.0	99.9
103.0	100.1	100.1	100.1	97.3	96.2	99.9
99.8	100.3	99.9	98.6	98.9	97.8	99.5
100.0	100.0	100.0	100.0	100.0	100.0	100.0
100.0	100.0	99.5	100.0	100.0	100.0	100.0
100.0	99.7	100.0	99.3	99.8	98.7	99.0
100.4	99.8	99.9	99.4	100.0	99.1	99.4
100.0	100.0	100.0	100.0	100.0	100.0	100.0
100.1	99.3	100.0	99.9	99.9	100.0	100.0
99.7	99.5	100.0	98.4	99.3	96.3	96.8
100.0	100.0	100.0	100.0	100.0	100.0	100.0
100.0	100.0	100.0	100.0	100.0	100.0	100.0
100.0	100.0	100.0	100.0	100.0	100.0	100.0
98.3	99.4	99.9	99.1	99.3	98.9	98.9
100.0	99.9	99.9	100.0	100.0	100.0	100.0
100.0	100.0	100.0	100.0	100.0	100.0	100.0
100.0	99.6	99.6	100.0	100.0	100.0	100.0
100.0	100.0	100.0	100.0	100.0	100.0	100.0

2-43　续表 4

指　标	1　月	2　月	3　月
轴承、齿轮和传动部件制造	100.0	100.0	100.0
烘炉、风机、衡器、包装等设备制造	100.0	100.0	100.0
通用零部件制造	100.0	100.0	100.0
其他通用设备制造业	100.0	100.0	100.0
专用设备制造业	100.0	100.2	100.0
采矿、冶金、建筑专用设备制造	100.0	100.3	100.0
农、林、牧、渔专用机械制造	100.0	100.0	100.0
汽车制造业	99.0	100.1	100.0
汽车整车制造	100.0	100.0	100.0
改装汽车制造	96.2	100.4	99.9
汽车车身、挂车制造	100.0	100.0	100.0
汽车零部件及配件制造	100.0	100.0	100.0
铁路、船舶、航空航天和其他运输设备制造业	100.0	100.0	100.0
铁路运输设备制造	100.0	100.0	100.0
电气机械和器材制造业	100.3	99.6	99.7
电机制造	100.5	99.6	99.7
输配电及控制设备制造	100.0	99.7	99.7
电线、电缆、光缆及电工器材制造	100.2	99.6	98.6
非电力家用器具制造	100.0	100.0	100.0
计算机、通信和其他电子设备制造业	99.7	99.7	99.6
广播电视设备制造	99.6	99.6	99.3
电子器件制造	100.0	100.0	100.0
仪器仪表制造业	100.0	100.0	100.0
专用仪器仪表制造	100.0	100.0	100.0
金属制品、机械和设备修理业	100.0	100.0	100.0
金属制品修理	100.0	100.0	100.0
电力、热力生产和供应业	99.9	100.1	100.2
电力生产	99.7	100.0	100.6
电力供应	100.0	100.1	100.0
热力生产和供应	100.0	100.0	100.0
燃气生产和供应业	99.9	100.0	100.3
水的生产和供应业	100.0	100.0	100.0
自来水生产和供应	100.0	100.0	100.0
污水处理及其再生利用	100.0	100.0	100.0

4　月	5　月	6　月	7　月	8　月	9　月
100.0	100.0	100.0	100.0	100.0	100.0
100.0	100.0	100.0	100.0	100.0	100.0
100.0	100.0	100.0	100.0	100.0	100.0
100.0	100.0	100.0	100.0	100.0	100.0
100.0	100.0	100.0	100.0	100.0	100.0
100.0	100.0	100.0	100.0	100.0	100.0
100.0	100.0	100.0	100.0	100.0	100.0
100.0	100.0	100.0	100.0	100.0	100.0
100.0	100.0	100.0	100.0	100.0	100.0
100.0	100.0	100.0	100.0	100.0	100.0
100.0	100.0	100.0	100.0	100.0	100.0
100.0	100.0	100.0	100.0	100.0	100.0
100.0	100.0	100.0	100.0	100.0	100.0
100.0	100.0	100.0	100.0	100.0	100.0
99.7	100.2	100.0	100.3	99.9	99.9
100.0	100.4	100.1	100.3	99.9	99.9
98.9	100.0	100.0	100.0	99.9	100.0
99.2	99.9	99.4	101.0	99.6	99.5
100.0	100.0	100.0	100.0	100.0	100.0
99.5	100.0	100.0	100.0	100.0	100.0
99.1	100.0	100.0	100.0	100.0	100.0
100.0	100.0	100.0	100.0	100.0	100.0
100.0	100.0	100.0	100.0	100.0	100.0
100.0	100.0	100.0	100.0	100.0	100.0
100.0	99.5	100.0	102.8	100.0	100.0
100.0	99.5	100.0	102.8	100.0	100.0
100.1	100.0	100.0	100.0	100.0	100.1
100.0	100.1	100.0	100.0	99.9	100.4
100.1	100.0	100.0	100.0	100.0	100.0
100.0	100.0	100.0	100.0	100.0	100.0
102.3	100.2	100.7	100.3	97.4	99.9
100.0	100.0	100.0	100.1	100.0	100.0
100.0	100.0	100.0	100.2	100.0	100.0
100.0	100.0	100.0	100.0	100.0	100.0

2-43 续表 5

指　　标	10 月	11 月	12 月
轴承、齿轮和传动部件制造	100.0	100.0	100.0
烘炉、风机、衡器、包装等设备制造	100.0	100.0	100.0
通用零部件制造	100.0	100.0	100.0
其他通用设备制造业	100.0	100.0	100.0
专用设备制造业	100.0	100.0	100.0
采矿、冶金、建筑专用设备制造	100.0	100.0	100.0
农、林、牧、渔专用机械制造	100.0	100.0	100.0
汽车制造业	100.1	100.0	100.1
汽车整车制造	100.0	100.0	100.0
改装汽车制造	100.3	100.0	100.0
汽车车身、挂车制造	100.0	100.0	100.8
汽车零部件及配件制造	100.0	100.0	100.0
铁路、船舶、航空航天和其他运输设备制造业	100.0	100.0	100.0
铁路运输设备制造	100.0	100.0	100.0
电气机械和器材制造业	99.7	101.0	98.9
电机制造	99.6	101.7	98.8
输配电及控制设备制造	100.0	99.4	98.8
电线、电缆、光缆及电工器材制造	100.0	100.0	100.5
非电力家用器具制造	100.0	100.0	100.0
计算机、通信和其他电子设备制造业	100.0	100.0	100.0
广播电视设备制造	100.0	100.0	100.0
电子器件制造	100.0	100.0	100.0
仪器仪表制造业	100.0	100.0	100.0
专用仪器仪表制造	100.0	100.0	100.0
金属制品、机械和设备修理业	100.0	100.0	100.0
金属制品修理	100.0	100.0	100.0
电力、热力生产和供应业	100.1	100.1	100.1
电力生产	100.2	100.2	100.2
电力供应	100.0	100.0	100.0
热力生产和供应	100.0	100.0	100.0
燃气生产和供应业	100.1	100.1	101.2
水的生产和供应业	100.0	100.5	100.0
自来水生产和供应	100.0	101.0	100.0
污水处理及其再生利用	100.0	100.0	100.0

2-44　工业生产者购进价格指数（2014 年）

（上年同月=100）

指　　标	全　年 平　均	1　月	2　月	3　月	4　月	5　月	6　月
总指数	**97.5**	**99.0**	**98.5**	**97.4**	**97.3**	**98.7**	**100.2**
燃料、动力类	97.0	99.1	99.0	96.9	96.9	100.0	103.4
黑色金属材料类	95.2	98.6	96.5	95.7	95.4	95.1	95.7
#钢　材	95.6	96.7	96.0	95.8	95.0	95.2	95.7
其　他	94.4	102.7	97.4	95.4	96.2	95.0	95.9
有色金属材料和电线类	96.9	93.0	92.1	92.1	94.0	96.0	97.5
化工原料类	98.5	98.2	97.9	98.2	98.0	98.0	98.5
木材及纸浆类	98.8	98.5	98.4	98.6	98.8	99.0	98.1
建筑材料及非金属矿类	98.7	98.3	98.3	98.6	98.7	98.6	98.5
其他工业原材料及半成品类	98.7	99.2	99.1	98.5	98.4	98.4	98.5
农副产品类	99.2	101.7	101.3	100.5	99.4	99.8	100.1
纺织原料类	99.1	99.7	99.2	99.1	99.2	99.5	99.8

2-45　工业生产者购进价格指数（2014 年）

（上月=100）

指　　标	1　月	2　月	3　月	4　月	5　月	6　月
总指数	**99.8**	**100.0**	**99.5**	**99.7**	**100.2**	**100.1**
燃料、动力类	99.7	100.3	99.1	99.8	100.2	100.4
黑色金属材料类	99.8	99.4	99.6	99.6	99.9	99.1
#钢　材	99.8	99.7	99.6	99.3	99.6	99.5
其　他	99.8	98.9	99.7	100.1	100.4	98.5
有色金属材料和电线类	99.6	99.3	99.4	100.2	101.8	100.9
化工原料类	100.1	99.9	99.9	99.1	99.9	100.3
木材及纸浆类	99.9	100.0	99.9	100.0	100.0	99.2
建筑材料及非金属矿类	99.9	99.9	100.0	99.9	99.9	99.8
其他工业原材料及半成品类	99.9	100.0	99.9	99.9	99.8	99.9
农副产品类	100.1	100.2	100.2	99.4	100.4	100.5
纺织原料类	100.0	99.9	99.8	99.6	100.0	100.3

2-44 续表

（上年同月=100）

指　　标	7　月	8　月	9　月	10　月	11　月	12　月
总指数	**100.2**	**99.9**	**98.3**	**95.8**	**93.5**	**91.4**
燃料、动力类	102.8	102.2	98.5	93.5	88.7	84.0
黑色金属材料类	95.4	94.6	94.5	94.8	92.8	92.9
#钢　材	95.7	95.5	95.0	95.3	95.7	95.8
其　他	94.9	92.9	93.6	94.0	87.3	87.7
有色金属材料和电线类	101.1	100.4	100.4	99.5	98.9	98.7
化工原料类	98.7	99.5	99.3	98.9	98.7	98.4
木材及纸浆类	98.4	98.6	98.6	99.4	99.6	99.6
建筑材料及非金属矿类	98.5	98.6	99.0	99.3	99.3	99.1
其他工业原材料及半成品类	99.1	99.0	98.7	98.6	98.2	98.2
农副产品类	100.0	100.0	99.2	96.0	96.4	95.7
纺织原料类	100.0	100.1	99.9	99.9	97.1	95.9

2-45 续表

（上月=100）

指　　标	7　月	8　月	9　月	10　月	11　月	12　月
总指数	**99.8**	**100.1**	**99.2**	**97.9**	**97.5**	**97.2**
燃料、动力类	99.7	100.5	98.4	96.1	95.4	93.6
黑色金属材料类	99.4	99.2	99.5	100.0	97.2	99.9
#钢　材	99.6	99.8	99.5	100.0	99.6	99.8
其　他	99.2	98.1	99.5	100.0	92.9	100.0
有色金属材料和电线类	100.2	100.0	100.2	99.0	98.8	99.4
化工原料类	100.1	100.5	100.0	99.6	99.3	99.4
木材及纸浆类	100.1	100.2	100.0	100.4	100.0	100.0
建筑材料及非金属矿类	99.8	99.8	100.3	99.9	100.0	99.8
其他工业原材料及半成品类	100.0	99.9	99.9	99.8	99.5	99.8
农副产品类	100.2	100.1	99.2	96.7	99.2	99.5
纺织原料类	100.2	100.0	99.8	100.0	97.3	99.0

第三篇
扶贫开发

3-1　扶贫开发工作地区农户基本情况（2012 年）

指　　标	重点县	南疆三地州
家庭成员基本情况		
户均家庭全部人口（人）	4.49	4.61
户均常住人口（人）	4.47	4.59
#男	2.32	2.38
女	2.17	2.23
户均劳动力（人）	2.89	2.98
户均劳动力受教育程度（人）		
文盲、半文盲	0.08	0.10
小学	0.88	0.99
初中	1.71	1.74
高中	0.14	0.11
中专	0.04	0.03
大专及以上	0.03	0.02
曾受过技能培训人数比重（%）	68.04	59.6
民族构成（%）	100.0	100.0
汉族	5.2	
少数民族	94.8	100.0
#会汉语人数	17.1	13.2
身体健康状况构成（%）	100.0	100.0
健康	90.5	89.4
体弱多病	3.3	2.3
长期慢性病	0.3	0.3
患有大病	0.1	0.1
残疾	5.8	7.7
有病是否能及时就医构成（%）	100.0	100.0
是	86.6	92.1
否	13.4	7.9
不能及时就医的主要原因构成（%）	100.0	100.0
经济困难	66.0	44.0
医院太远	28.2	43.3
没有时间	0.2	0.5
本人不重视	0.5	1.1
小病不用医	2.1	4.8
其他	3.0	6.3

3-1 续表

指　　标	重点县	南疆三地州
人均年末住房状况		
面积（平方米）	21.57	21.56
价值（元）	9828.00	8814.00
结构（%）	100.0	100.0
钢筋混凝土	3.4	3.8
砖混材料	14.4	9.0
砖瓦砖木	41.5	44.4
竹草土坯	29.8	34.6
其他	10.9	8.3
户均年末拥有生产性固定资产		
生产用房及建筑物面积（平方米）	31.21	21.85
汽车（辆）	0.04	0.03
手扶拖拉机/三轮车（台）	0.18	0.13
大中型拖拉机（台）	0.04	0.04
胶轮大车（辆）	0.08	0.06
其他农机具（件）	0.15	0.16
役畜（头）	0.53	0.51
产品畜（头）	6.42	3.73
户均年末畜禽存栏状况		
年末大牲畜存栏（头）	1.84	1.33
年末猪存栏（头）	0.04	
年末羊存栏（只）	14.14	9.43
年末家禽存栏（只）	7.02	7.25
每百户年末拥有耐用消费品状况		
收音机、收录机、音响（台）	0.36	
冰箱、冰柜（台）	52.20	43.33
电视机（台）	91.31	90.83
自行车（辆）		
摩托车（辆）	71.13	67.08
固定电话、移动电话（部）	124.76	98.58

3-2　扶贫开发工作地区农民人均总收入及构成（2012 年）

指　　标	重点县	南疆三地州
全年人均总收入（元）	**7879.35**	**7493.33**
工资性收入	926.63	850.65
在非企业组织劳动得到的收入	158.64	143.42
在本地劳动得到的收入	336.46	256.57
外出务工得到的收入	431.54	450.66
家庭经营收入	6025.30	5718.27
农业收入	3310.35	3325.87
农业产品收入	3100.68	3126.69
粮食	1401.15	1255.14
棉花	1323.52	1568.24
农业服务收入	209.66	199.18
林业收入	223.68	275.89
牧业收入	1765.05	1391.23
渔业收入		
工业收入	102.54	100.10
建筑业收入	86.40	107.16
第三产业收入	537.28	518.01
财产性收入	57.04	35.48
转移性收入	870.38	888.93
人均总收入构成（%）	**100.0**	**100.0**
工资性收入	11.7	11.3
家庭经营收入	76.5	76.3
财产性收入	0.7	0.5
转移性收入	11.1	11.9

3-3　扶贫开发工作地区农民人均纯收入及构成（2012 年）

指　　标	重点县	南疆三地州
全年人均纯收入（元）	**4739.21**	**4468.67**
工资性收入	926.63	850.65
在本地非企业组织中得到的收入	158.64	143.42
在本地企业打工得到的收入	336.46	256.57
外出务工得到的收入	431.54	450.66
家庭经营收入	2916.99	2717.62
农业收入	1521.60	1505.28
林业收入	169.53	214.39
牧业收入	813.87	589.82
财产性收入	57.04	35.48
转移性收入	838.55	864.93
人均纯收入构成（%）	**100.0**	**100.0**
工资性收入	19.6	19.0
家庭经营收入	61.5	60.8
财产性收入	1.2	0.8
转移性收入	17.7	19.4

3-4 扶贫开发工作地区农民人均总支出及构成（2012 年）

指　　标	重点县	南疆三地州
全年总支出（元）	**7416.98**	**6997.28**
家庭经营支出	2852.56	2807.79
农业支出	1663.48	1709.25
林业支出	51.70	58.68
牧业支出	850.04	742.84
渔业支出		
工业支出	54.39	63.45
建筑业支出	35.44	46.24
第三产业经营支出	197.53	187.32
购买生产性固定资产	414.49	335.11
税费支出	3.18	0.86
第一产业税		
第二产业税		
第三产业税	0.33	
其他各项收费	2.85	0.86
生活消费支出	3970.69	3704.43
财产性支出	7.75	5.81
转移性支出	168.31	143.29
总支出构成（%）	**100**	**100**
家庭经营支出	38.5	40.1
购买生产性固定资产	5.6	4.8
税费支出	…	…
生活消费支出	53.5	52.9
财产性支出	0.1	0.1
转移性支出	2.3	2.1

3-5 扶贫开发工作地区农民人均生活消费支出及构成（2012 年）

指　　标	重点县	南疆三地州
生活消费支出（元）	**3970.69**	**3704.43**
食品消费支出	1591.77	1556.83
衣着消费支出	411.12	357.91
居住消费支出	959.47	988.87
家庭设备用品及服务消费	173.91	158.25
医疗保健支出	287.75	232.37
交通通讯支出	426.35	334.24
文化教育、娱乐用品及服务	79.65	46.89
其他商品及服务支出	40.67	29.07
生活消费支出构成（%）	**100.0**	**100.0**
食品消费支出	40.1	42.0
衣着消费支出	10.4	9.6
居住消费支出	24.2	26.7
家庭设备用品及服务消费	4.4	4.3
医疗保健支出	7.2	6.3
交通通讯支出	10.7	9.0
文化教育、娱乐用品及服务	2.0	1.3
其他商品及服务支出	1.0	0.8

3-6　扶贫开发工作地区农民人均现金收支情况（2012 年）

单位：元

指　　标	重点县	南疆三地州
人均现金总收入	**6800.79**	**6264.13**
工资性现金收入	921.18	850.65
在非企业组织劳动得到的收入	158.22	143.42
在本地劳动得到的收入	331.42	256.57
外出务工得到的收入	431.54	450.66
家庭经营现金收入	4960.68	4497.02
农业现金收入	2425.40	2298.93
林业现金收入	206.75	251.88
牧业现金收入	1602.30	1220.93
工业收入	102.54	100.10
建筑业收入	86.40	107.16
第三产业收入	537.28	518.01
财产性现金收入	48.65	27.65
转移性现金收入	870.28	888.81
人均现金总支出	6727.96	6235.13
家庭经营现金支出	2690.82	2623.88
农业支出	1616.35	1656.70
林业支出	51.70	58.68
牧业支出	735.42	611.49
工业支出	54.39	63.45
建筑业支出	35.44	46.24
第三产业经营支出	197.53	187.32
购买生产性固定资产	414.49	335.11
税费支出	3.18	0.86
生活消费支出	3443.42	3126.17
财产性支出	7.75	5.81
转移性支出	168.30	143.29

3-7 扶贫开发工作重点县农民按文化程度分组情况（2012 年）

指　标	文 盲	小 学	初 中	高 中	大专以上
平均每户人口（人）	**4.37**	**4.30**	**4.01**	**4.72**	**4.37**
平均每户劳动力人数（人）	**3.14**	**2.93**	**2.48**	**3.26**	**3.26**
全年总收入（元）	**7514.14**	**7320.21**	**7947.72**	**8402.55**	**9888.68**
工资性收入	646.00	1026.27	1044.73	1222.46	2559.34
在非企业组织劳动得到的收入	51.02	128.50	249.14	574.53	1656.82
在本地劳动得到的收入	150.59	382.07	324.58	242.00	442.29
外出务工得到的收入	444.39	515.70	471.01	405.93	460.23
家庭经营收入	5285.27	5342.29	5759.44	6014.96	6098.49
农业收入	3182.47	2771.47	3307.41	3063.88	3248.10
林业收入	201.47	209.19	188.23	122.46	28.42
牧业收入	1620.24	1582.42	1501.15	1727.96	2227.12
工业收入	29.22	97.92	87.57	51.04	25.04
建筑业收入	9.09	59.74	83.56	99.46	9.97
第三产业收入	242.78	621.55	591.52	950.17	559.82
财产性收入	14.82	29.38	71.40	54.09	431.89
转移性收入	1568.05	922.27	1072.14	1111.05	798.96
全年总支出（元）	**7069.80**	**7233.66**	**7622.15**	**8389.15**	**7993.52**
家庭经营支出	2649.63	2635.63	2850.52	2748.96	2506.55
农业支出	1667.97	1412.72	1682.56	1456.61	1203.93
林业支出	63.13	56.90	30.56	32.66	7.13
牧业支出	741.49	886.91	833.00	839.80	1156.58
工业支出	17.73	41.99	42.83	29.98	9.56
建筑业支出	44.25	24.49	21.57	19.29	5.57
第三产业经营支出	115.05	212.63	240.00	370.62	123.79
购买生产性固定资产	322.97	536.73	284.64	986.51	285.63
税费支出	0.73	2.52	11.90	13.55	
生活消费支出	3976.27	3891.69	4260.34	4375.97	4857.24
财产性支出		4.34	12.22	5.40	21.11
转移性支出	120.21	162.75	202.53	258.76	322.99
全年纯收入（元）	**4589.71**	**4431.78**	**4781.45**	**5282.33**	**6861.87**
#现金纯收入	3600.43	3568.65	3913.94	4757.69	6149.65

3-8　南疆三地州农民按文化程度分组情况（2012 年）

指　标	文 盲	小 学	初 中	高 中	大专以上
平均每户人口（人）	**4.47**	**4.36**	**4.19**	**4.90**	**4.73**
平均每户劳动力人数（人）	**3.24**	**2.96**	**2.58**	**3.33**	**3.15**
全年总收入（元）	**7387.07**	**6859.50**	**7152.58**	**7575.43**	**8192.66**
工资性收入	581.22	988.95	936.47	1108.14	2275.45
在非企业组织劳动得到的收入	57.20	103.67	269.51	646.15	1771.54
在本地劳动得到的收入	124.98	328.88	215.72	110.29	261.46
外出务工得到的收入	399.04	556.40	451.24	351.70	242.44
家庭经营收入	5291.41	4941.96	5138.39	5285.94	4511.92
农业收入	3224.99	2747.08	3217.76	2744.08	1920.32
林业收入	241.11	251.71	238.67	177.45	75.55
牧业收入	1565.46	1196.61	1188.48	1378.74	2192.79
工业收入	34.97	115.26	91.20	66.52	65.04
建筑业收入	10.88	71.50	99.41	143.04	27.64
第三产业收入	214.00	559.81	302.87	776.11	230.57
财产性收入	1.31	15.11	50.65	30.34	522.10
转移性收入	1513.13	913.48	1027.07	1151.01	883.19
全年总支出（元）	**7091.49**	**6368.02**	**6827.77**	**7163.00**	**7161.56**
家庭经营支出	2775.10	2490.16	2499.31	2466.87	1943.83
农业支出	1789.88	1419.29	1596.94	1389.77	640.49
林业支出	72.50	48.58	33.61	47.65	18.13
牧业支出	743.06	717.04	695.24	734.92	1250.57
工业支出	21.22	52.21	51.67	43.54	26.50
建筑业支出	52.96	32.68	29.66	30.10	
第三产业经营支出	95.49	220.36	92.19	220.89	8.13
购买生产性固定资产	380.33	295.26	301.53	504.58	265.04
税费支出	0.87	0.83	0.50	0.88	
生活消费支出	3825.43	3437.77	3860.44	3958.68	4488.32
财产性支出			9.49	8.43	58.54
转移性支出	109.75	144.01	156.49	223.56	405.84
全年纯收入（元）	**4388.87**	**4160.09**	**4433.03**	**4877.74**	**6041.79**
#现金纯收入	3273.18	3142.77	3335.85	4168.10	5283.05

3-9 扶贫开发工作重点县农民按人均纯收入分组情况（2012 年）

指　　标	0-400 元	400-600 元	600-700 元	700-900 元
平均每户人口（人）	**5.00**	**6.00**	**4.65**	**5.10**
平均每户劳动力人数（人）	**3.00**	**3.75**	**3.60**	**3.45**
全年总收入（元）	**6021.46**	**5416.82**	**2521.57**	**3459.22**
工资性收入	492.00	342.50	502.80	451.00
在非企业组织劳动得到的收入	219.43		302.80	63.53
在本地劳动得到的收入	272.57	342.50	200.00	354.14
外出务工得到的收入				33.33
家庭经营收入	5099.31	4381.07	1967.59	2786.88
农业收入	1517.68	1745.48	1231.27	1337.02
林业收入	1120.76		157.60	54.31
牧业收入	1849.45	567.13	544.31	779.49
工业收入	237.14			142.82
建筑业收入			34.41	165.20
第三产业收入	374.29	2068.46		308.04
财产性收入	-38.11			0.77
转移性收入	468.26	693.25	51.18	220.56
全年总支出（元）	**10140.48**	**8828.36**	**4049.12**	**4847.59**
家庭经营支出	5165.60	4377.75	1732.88	2279.00
农业支出	1551.86	2126.50	1024.65	1241.29
林业支出	1685.71		74.19	27.94
牧业支出	1553.74	306.17	595.33	663.70
工业支出	228.57		17.20	88.11
建筑业支出				83.33
第三产业经营支出	145.71	1945.08	21.51	174.63
购买生产性固定资产				
税费支出			0.86	
生活消费支出	4846.02	4248.02	2262.48	2437.78
财产性支出				
转移性支出	128.86	202.58	52.90	130.81
全年纯收入（元）	**105.77**	**534.62**	**630.70**	**799.82**
#现金纯收入	-403.56	270.07	273.71	564.77

900-1100 元	1100-1300 元	1300-1500 元	1500-2000 元	2000-2500 元	2500 元以上
4.60	**4.76**	**5.34**	**5.05**	**4.95**	**4.31**
2.80	**2.92**	**2.87**	**3.19**	**2.87**	**2.86**
4848.43	**3550.15**	**3448.74**	**3749.66**	**4270.11**	**9295.30**
321.93	326.38	293.73	478.22	553.27	1095.21
104.35	33.15		24.90	34.63	202.01
177.58	134.06	166.72	237.11	284.36	370.32
40.00	159.17	127.01	216.20	234.28	522.88
3967.49	2895.83	2758.21	2882.14	3310.83	7076.21
2568.36	1776.10	1604.16	1690.08	1877.58	3868.22
96.75	43.03	46.90	100.95	108.62	264.99
946.29	829.22	834.11	820.65	935.94	2088.32
117.91	26.80	76.13	28.34	79.14	116.20
63.04	103.18	19.59	24.68	44.42	100.39
175.13	117.51	177.31	217.44	265.14	638.09
112.71	15.33	-0.36	32.18	10.54	70.19
446.30	312.60	397.16	357.12	395.47	1053.68
7080.43	**5032.51**	**4095.34**	**4707.59**	**4628.32**	**8298.47**
3499.05	2041.55	1681.39	1736.51	1750.72	3147.77
2417.15	1280.36	1003.01	1048.26	1035.91	1844.74
106.70	11.22	5.30	19.04	27.88	45.23
771.15	683.49	581.67	546.30	565.83	929.55
12.17	17.96	35.97	20.36	49.59	58.13
22.61	9.94	3.18	9.86	8.22	43.80
169.27	38.58	52.26	92.69	63.29	226.32
277.91	159.23	30.14	129.19	177.91	515.19
1.77			0.02		4.30
3150.04	2626.18	2249.30	2713.20	2589.10	4438.41
					10.60
151.64	205.56	134.51	128.66	110.59	182.20
1007.96	**1180.38**	**1415.45**	**1750.45**	**2261.87**	**5860.92**
759.57	773.44	1008.69	1181.52	1640.11	4973.31

3-10 南疆三地州农民按人均纯收入分组情况（2012 年）

指 标	0-400 元	400-600 元	600-700 元	700-900 元
平均每户人口（人）	**5.00**	**8.50**	**4.56**	**5.58**
平均每户劳动力人数（人）	**3.33**	**5.50**	**4.00**	**3.83**
全年总收入（元）	**8207.32**	**4861.31**	**3009.02**	**3373.24**
工资性收入	129.33	182.35	448.77	147.16
在非企业组织劳动得到的收入			385.75	
在本地劳动得到的收入	129.33	182.35	63.01	147.16
外出务工得到的收入				
家庭经营收入	8090.90	4587.19	2495.04	3090.66
农业收入	2199.78	1105.97	1556.99	1614.77
林业收入	2615.10		200.78	82.69
牧业收入	1849.35	561.04	693.44	613.63
工业收入	553.33			189.72
建筑业收入			43.84	251.49
第三产业收入	873.33	2920.18		338.36
财产性收入	-88.92			1.18
转移性收入	76.00	91.76	65.21	134.24
全年总支出（元）	**11676.13**	**5888.33**	**4667.32**	**4102.08**
家庭经营支出	7905.87	3827.94	2204.68	2288.34
农业支出	1375.20	800.76	1302.63	1224.85
林业支出	3933.33		94.52	21.64
牧业支出	1724.00	281.18	758.22	521.49
工业支出	533.33		21.92	134.13
建筑业支出				126.87
第三产业经营支出	340.00	2746.00	27.40	259.36
购买生产性固定资产				
税费支出			1.10	
生活消费支出	3630.93	1885.39	2400.72	1762.02
财产性支出				
转移性支出	139.33	175.00	60.82	51.72
全年纯收入（元）	**125.23**	**575.72**	**632.28**	**794.84**
#现金纯收入	-1172.31	383.41	174.49	438.66

900-1100 元	1100-1300 元	1300-1500 元	1500-2000 元	2000-2500 元	2500 元以上
4.32	**4.79**	**5.40**	**5.21**	**5.01**	**4.43**
2.84	**2.93**	**3.00**	**3.29**	**2.96**	**2.94**
4706.57	**3314.12**	**3153.69**	**3621.16**	**4152.17**	**8973.95**
208.66	226.12	214.44	450.23	525.57	1031.22
36.59			18.57	31.90	191.93
115.98	80.36	44.52	189.23	224.04	289.87
56.10	145.76	169.92	242.43	269.62	549.42
4382.94	2850.35	2743.07	2813.57	3245.93	6767.46
3286.98	1856.59	1842.79	1728.69	2012.14	3899.38
135.68	56.03	62.75	98.50	133.25	335.37
626.25	745.36	499.49	701.31	715.35	1673.18
	34.89	101.85	32.98	97.08	111.44
88.41	28.78	6.59	28.72	45.27	132.02
245.61	128.71	229.59	223.36	242.85	616.07
9.79	3.14	-1.14	27.41	4.06	45.97
105.18	234.51	197.32	329.96	376.62	1129.30
6155.10	**4474.82**	**3643.71**	**4434.99**	**4251.36**	**8016.55**
3488.44	1877.42	1545.37	1662.55	1704.73	3165.27
2570.55	1206.58	1108.23	1030.63	1059.06	1938.62
120.49	5.61	7.08	18.28	32.87	55.94
526.48	588.23	337.52	481.64	497.57	834.04
4.88	23.38	48.12	23.70	60.83	66.97
31.71	12.95	4.25	11.47	9.52	58.79
234.34	40.67	40.16	96.83	44.86	210.91
28.78	159.57	29.43	126.05	198.75	416.36
2.49			0.02		1.16
2530.60	2363.32	1924.93	2516.06	2251.84	4267.58
					8.20
104.79	74.52	143.99	130.31	96.04	157.99
1010.52	**1171.83**	**1421.41**	**1746.00**	**2263.43**	**5587.95**
447.34	699.21	843.06	1141.47	1559.42	4504.80

3-11 扶贫开发工作重点县农民按人均生产支出分组情况（2012年）

指　　标	0-200元	200-400元	400-600元	600-800元
平均每户人口（人）	**3.72**	**4.35**	**4.61**	**4.93**
平均每户劳动力人数（人）	**2.31**	**2.53**	**2.75**	**3.03**
全年总收入（元）	**4693.89**	**3744.21**	**4206.54**	**4471.37**
工资性收入	1952.93	860.65	1089.75	1144.32
在非企业组织劳动得到的收入	461.86	86.10	164.74	128.39
在本地劳动得到的收入	536.41	233.71	377.40	497.18
外出务工得到的收入	954.65	540.83	547.62	518.75
家庭经营收入	1314.98	2279.80	2385.20	2550.96
农业收入	474.09	716.12	1156.65	1195.66
林业收入	0.29	38.62	94.64	186.09
牧业收入	684.23	983.52	903.89	897.68
工业收入		22.99	23.12	35.48
建筑业收入	41.41	196.91	11.96	21.54
第三产业收入	114.96	321.63	194.93	214.51
财产性收入	229.21	18.14	139.51	8.58
转移性收入	1196.78	585.62	592.09	767.51
全年总支出（元）	**3478.38**	**3044.97**	**3363.10**	**3672.97**
家庭经营支出	82.27	309.80	502.06	689.85
农业支出	34.98	137.56	263.08	403.19
林业支出		0.40	1.76	6.33
牧业支出	46.97	144.71	223.97	247.25
工业支出		4.60	4.74	13.14
建筑业支出	0.31	9.20		1.17
第三产业经营支出		13.34	8.51	18.78
购买生产性固定资产	11.34	100.31	106.16	23.78
税费支出				
生活消费支出	3174.62	2474.68	2631.51	2849.96
财产性支出			4.98	
转移性支出	210.15	160.17	118.38	109.38
全年纯收入（元）	**4411.60**	**3129.87**	**3400.38**	**3537.77**
#现金纯收入	4365.02	2925.86	2903.32	2929.60

800-1100 元	1100-1300 元	1300-1500 元	1500-2000 元	2000-2500 元	2500 元以上
5.03	**4.93**	**4.73**	**4.54**	**4.39**	**4.22**
3.10	**2.96**	**2.96**	**3.03**	**2.90**	**2.86**
4841.61	**4940.18**	**5849.34**	**6580.47**	**6889.59**	**11969.04**
999.38	882.45	844.66	971.19	737.61	827.36
116.07	55.86	151.24	166.28	130.90	181.32
502.58	334.24	355.10	399.64	211.14	261.54
380.72	492.35	338.32	405.26	395.57	384.50
3226.38	3364.78	4246.74	4431.92	5231.44	10102.08
1564.53	1818.20	2016.97	2311.57	2658.68	5881.03
207.82	206.95	511.88	179.42	253.03	251.75
1054.80	940.68	1155.21	1427.83	1772.45	2741.31
37.12	38.77	58.67	87.82	96.60	183.21
53.15	80.68	67.80	106.79	142.05	92.94
308.97	279.49	436.21	318.50	308.63	951.82
28.14	28.08	4.90	63.50	37.61	66.52
587.71	664.87	753.03	1113.85	882.94	973.08
4122.77	**4569.91**	**5308.63**	**6256.51**	**6222.53**	**11765.11**
941.62	1196.22	1396.47	1750.40	2240.82	5576.81
498.18	652.38	783.29	931.89	1195.29	3347.99
12.63	13.38	25.01	26.86	36.44	109.27
356.40	435.14	480.27	620.84	816.58	1519.62
23.02	38.78	30.37	42.61	73.23	91.08
11.83	20.16	12.53	44.62	30.83	62.00
39.54	36.38	65.00	83.58	88.45	446.84
72.92	181.84	275.04	268.24	301.36	818.65
0.11		0.47	0.60	7.21	6.37
2972.52	3075.63	3489.08	4040.79	3537.37	5140.12
2.15	9.22	3.64	24.35		8.86
133.45	107.00	143.93	172.12	135.77	214.29
3642.06	**3574.67**	**4183.75**	**4589.53**	**4401.04**	**6034.12**
3005.48	2744.96	3417.85	3810.06	3389.43	5078.08

3-12 南疆三地州农民按人均生产支出分组情况（2012年）

指　　标	0-200元	200-400元	400-600元	600-800元
平均每户人口（人）	**5.00**	**4.88**	**4.95**	**5.02**
平均每户劳动力人数（人）	**2.57**	**2.54**	**2.91**	**3.11**
全年总收入（元）	**3739.37**	**2805.85**	**3998.72**	**4191.89**
工资性收入	2043.71	629.81	1151.06	1072.35
在非企业组织劳动得到的收入	642.43	40.22	234.40	33.14
在本地劳动得到的收入	550.86	114.34	235.13	397.43
外出务工得到的收入	850.43	475.25	681.54	641.78
家庭经营收入	578.26	1689.83	2095.99	2398.83
农业收入	333.32	736.01	1260.75	1340.90
林业收入	0.94	67.57	134.66	252.23
牧业收入	55.21	231.29	408.50	462.14
工业收入		27.06	12.13	48.09
建筑业收入	32.86	174.84	17.02	16.87
第三产业收入	155.93	453.05	262.93	278.59
财产性收入		3.67	127.45	2.94
转移性收入	1117.40	482.55	624.22	717.77
全年总支出（元）	**2791.75**	**2195.16**	**3013.64**	**3220.57**
家庭经营支出	119.99	319.02	508.45	696.19
农业支出	55.47	148.41	294.86	442.48
林业支出		0.69	2.44	8.26
牧业支出	64.52	125.76	200.52	203.61
工业支出		8.04	3.90	17.81
建筑业支出		16.09		1.58
第三产业经营支出		20.02	6.74	22.45
购买生产性固定资产	35.71		67.00	32.23
税费支出				
生活消费支出	2409.42	1707.76	2297.57	2392.42
财产性支出			7.09	
转移性支出	226.63	168.38	133.52	99.74
全年纯收入（元）	**3520.51**	**2315.76**	**3302.27**	**3327.53**
#现金纯收入	3268.70	1984.78	2780.42	2593.67

800-1100 元	1100-1300 元	1300-1500 元	1500-2000 元	2000-2500 元	2500 元以上
5.13	**5.05**	**4.86**	**4.49**	**4.47**	**4.27**
3.17	**3.05**	**3.03**	**2.97**	**3.02**	**2.94**
4739.40	**4770.60**	**5764.94**	**6461.09**	**6669.01**	**11367.25**
1054.68	896.66	788.37	954.17	765.23	671.35
110.69	68.25	157.88	139.99	100.41	176.17
494.27	315.71	293.47	331.25	192.45	134.89
449.72	512.70	337.02	482.93	472.36	360.29
3091.74	3231.05	4142.96	4245.61	4977.55	9629.11
1650.40	1684.11	2143.15	2402.27	2765.71	5820.60
254.26	250.09	634.52	235.08	307.27	277.40
758.61	830.57	848.91	1058.12	1450.01	2327.79
44.98	47.38	72.73	118.13	107.16	154.84
65.02	98.58	84.05	143.64	170.14	119.66
318.48	320.32	359.61	288.37	177.26	928.80
23.33	2.69	4.77	66.55	29.13	38.48
569.65	640.20	828.84	1194.77	897.10	1028.32
3959.57	**4253.10**	**5232.82**	**6162.67**	**6194.44**	**11063.30**
942.39	1195.49	1400.07	1753.40	2226.48	5484.42
537.89	653.47	840.51	971.78	1279.21	3428.46
14.61	15.27	29.65	32.10	44.26	123.28
321.17	414.22	421.83	563.98	715.09	1307.39
28.17	47.39	37.65	56.83	85.90	100.14
14.48	24.64	15.53	58.26	37.58	82.20
26.06	40.50	54.90	70.44	64.44	442.96
86.97	215.43	309.63	282.44	357.94	576.09
0.13		0.59	0.81	2.73	1.14
2800.42	2748.94	3402.30	3972.32	3470.86	4821.64
2.62		4.51	29.61		2.92
127.04	93.24	115.72	124.09	136.42	177.08
3587.72	**3419.23**	**4129.53**	**4517.68**	**4206.32**	**5630.28**
2865.63	2500.37	3248.74	3548.32	3038.00	4501.69

3-13 扶贫开发工作重点县农民按人均生活消费支出分组情况（2012 年）

指　　标	0-800 元	800-1100 元	1100-1300 元
平均每户人口（人）	**9.67**	**6.18**	**6.06**
平均每户劳动力人数（人）	**6.67**	**3.86**	**3.34**
全年总收入（元）	**2062.53**	**2780.10**	**3574.39**
工资性收入	405.86	541.04	640.85
在非企业组织劳动得到的收入			
在本地劳动得到的收入	38.28	249.71	262.36
外出务工得到的收入	367.59	291.33	378.49
家庭经营收入	1553.57	2075.26	2641.90
农业收入	1332.53	1337.19	1304.41
林业收入		127.17	91.41
牧业收入	64.83	534.61	1030.66
工业收入			21.05
建筑业收入	135.52		3.98
第三产业收入	20.69	76.30	190.38
财产性收入			0.00
转移性收入	103.10	163.79	291.63
全年总支出（元）	**1096.18**	**2010.24**	**2406.96**
家庭经营支出	284.13	937.80	1004.80
农业支出	189.02	643.78	549.06
林业支出		0.35	9.99
牧业支出	77.87	293.68	423.28
工业支出			6.26
建筑业支出	17.24		
第三产业经营支出			16.22
购买生产性固定资产			86.37
税费支出			
生活消费支出	717.49	1017.55	1234.50
财产性支出			12.69
转移性支出	94.55	54.89	68.60
全年纯收入（元）	**1664.56**	**1614.27**	**2342.59**
#现金纯收入	1532.25	1263.19	2044.39

1300-1500 元	1500-2000 元	2000-2500 元	2500 元以上
5.74	**5.37**	**4.94**	**4.13**
3.53	**3.34**	**3.10**	**2.73**
3931.19	**4279.33**	**5713.15**	**9535.47**
461.39	720.63	831.21	1028.85
	30.88	63.58	222.60
156.29	293.43	250.51	380.09
3056.32	3097.55	4397.88	7319.30
1923.42	1704.64	2517.99	3984.23
127.16	122.49	240.66	250.24
519.40	945.91	1233.99	2161.91
27.36	42.57	74.36	129.12
48.77	87.03	83.75	92.18
410.21	194.91	247.14	701.63
139.83	18.59	21.83	72.28
273.65	442.55	462.23	1115.04
2799.37	**3446.89**	**4633.36**	**9362.46**
1288.57	1447.99	2115.81	3479.63
724.72	780.99	1324.57	2019.94
15.10	17.48	28.57	68.07
319.52	578.45	608.90	1012.76
12.55	27.48	55.03	63.88
9.15	14.30	18.62	46.66
207.53	29.29	80.12	268.32
16.56	118.10	177.54	567.70
		0.05	4.89
1406.20	1772.34	2248.70	5090.73
	1.75	0.41	11.05
88.04	106.71	90.85	208.47
2445.34	**2660.86**	**3397.47**	**5715.73**
1886.72	2023.51	2675.31	4842.28

3-14 南疆三地州农民按人均生活消费支出分组情况（2012 年）

指　标	0-800 元	800-1100 元	1100-1300 元
平均每户人口（人）	**9.67**	**6.38**	**6.08**
平均每户劳动力人数（人）	**6.67**	**4.00**	**3.26**
全年总收入（元）	**2062.53**	**2546.54**	**3243.87**
工资性收入	405.86	112.42	589.12
在非企业组织劳动得到的收入			
在本地劳动得到的收入	38.28	57.52	113.13
外出务工得到的收入	367.59	54.90	475.99
家庭经营收入	1553.57	2259.38	2384.02
农业收入	1332.53	1486.65	1288.89
林业收入		143.79	114.96
牧业收入	64.83	542.66	709.25
工业收入			26.48
建筑业收入	135.52		5.01
第三产业收入	20.69	86.27	239.43
财产性收入			0.00
转移性收入	103.10	174.75	270.73
全年总支出（元）	**1096.18**	**1986.34**	**2290.29**
家庭经营支出	284.13	900.00	963.98
农业支出	189.02	701.53	557.09
林业支出		0.39	11.91
牧业支出	77.87	198.08	369.94
工业支出			7.87
建筑业支出	17.24		
第三产业经营支出			17.17
购买生产性固定资产			22.04
税费支出			
生活消费支出	717.49	1030.81	1229.13
财产性支出			
转移性支出	94.55	55.53	75.14
全年纯收入（元）	**1664.56**	**1499.38**	**2116.20**
#现金纯收入	1532.25	1055.02	1736.02

1300-1500 元	1500-2000 元	2000-2500 元	2500 元以上
5.81	**5.39**	**4.98**	**4.20**
3.54	**3.36**	**3.07**	**2.83**
3857.77	**4185.53**	**5709.49**	**9416.81**
400.93	661.50	719.59	992.00
	24.35	59.08	218.34
95.18	244.97	216.41	292.43
305.75	392.19	444.10	481.24
3021.39	3100.14	4543.02	7148.94
1906.75	1690.32	2677.15	4165.60
143.41	133.08	295.89	326.06
473.87	940.91	1142.62	1692.99
30.86	45.03	83.33	129.12
55.00	95.59	76.37	128.28
411.51	195.20	267.66	706.89
157.69	1.16	5.78	48.14
277.76	422.72	441.09	1227.72
2868.49	**3482.43**	**4812.67**	**9153.04**
1341.51	1465.66	2272.15	3536.73
749.18	780.91	1440.12	2167.99
14.67	19.20	32.70	82.88
338.46	590.73	620.52	873.53
14.16	30.18	65.66	78.20
10.32	15.71	22.89	66.38
214.73	28.94	90.25	267.75
18.67	129.72	192.88	472.29
		0.06	1.44
1409.02	1770.54	2247.31	4962.14
	1.93		9.33
99.29	114.59	100.26	171.10
2332.89	**2556.37**	**3251.67**	**5633.65**
1770.56	1875.94	2393.01	4525.04

3-15　扶贫开发地区农村劳动力行业分布情况（2012 年）

指　标	重点县	南疆三地州
曾受培训劳动力比重（%）	**68.0**	**59.6**
当年从事的主要行业构成（%）	**100.0**	**100.0**
第一产业	90.4	90.6
第二产业	4.0	4.3
其中：采矿业	0.9	0.6
制造业	0.6	0.8
电、煤及水的生产和供应业		
建筑业	2.5	3.0
第三产业	5.6	5.1
其中：交通运输仓储和邮政业	1.1	1.1
信息传输、计算机服务和软件业	0.1	
批发和零售业	1.1	1.2
住宿和餐饮业	0.5	0.3
金融业		
房地产业		
租赁和商务服务业		
科学研究、技术服务和地质勘察业		
水利、环境和公共设施管理业		
居民服务和其他服务业	0.4	0.2
教育	0.5	0.3
卫生、社会保障和社会福利业		
文化、体育和娱乐业		
公共管理和社会组织	1.8	1.9
其它		

3-16　扶贫开发工作地区农户基本情况（2013 年）

指　　标	重点县	南疆三地州
家庭成员基本情况		
户均家庭全部人口（人）	4.18	4.19
户均常住人口（人）	4.16	4.18
#男	2.15	2.15
女	2.04	2.04
户均劳动力（人）	2.63	2.65
户均劳动力受教育程度（人）		
文盲、半文盲	0.06	0.07
小学	0.83	0.88
初中	1.46	1.45
高中	0.19	0.17
中专		
大专及以上	0.09	0.08
曾受过技能培训人数比重（%）	79.7	84.6
民族构成（%）	100.0	100.0
汉族	2.9	0.6
少数民族	97.1	99.4
#会汉语人数	45.8	42.9
身体健康状况构成（%）	100.0	100.0
健康	91.8	91.3
体弱多病	5.1	5.3
长期慢性病	2.6	2.9
患有大病	0.5	0.5
残疾		
有病是否能及时就医构成（%）	100.0	100.0
是	96.6	99.3
否	3.4	0.7
不能及时就医的主要原因构成（%）	100.0	100.0
经济困难	72.0	68.8
医院太远	8.0	3.1
没有时间	0.5	3.1
本人不重视	2.5	15.6
小病不用医	1.5	6.3
其他	15.5	3.1

3-16 续表

指　　标	重点县	南疆三地州
人均年末住房状况		
面积（平方米）	21.30	21.41
价值（元）	11307.44	11502.46
结构（%）	100.0	100.0
钢筋混凝土	1.1	0.9
砖混材料	17.0	14.8
砖瓦砖木	55.0	59.8
竹草土坯	22.5	20.2
其他	4.4	4.3
户均年末拥有生产性固定资产		
生产用房及建筑物面积（平方米）	33.55	18.54
汽车（辆）		
手扶拖拉机/三轮车（台）	0.13	0.11
大中型拖拉机（台）	0.05	0.05
胶轮大车（辆）		
其他农机具（件）	0.02	0.02
役畜（头）	0.63	0.68
产品畜（头）	8.72	3.61
户均年末畜禽存栏状况		
年末大牲畜存栏（头）	2.00	1.28
年末猪存栏（头）	0.07	
年末羊存栏（只）	17.26	10.13
年末家禽存栏（只）	5.68	5.79
每百户年末拥有耐用消费品状况		
收音机、收录机、音响（台）	0.43	0.47
冰箱、冰柜（台）	56.58	52.20
电视机（台）	88.18	87.14
自行车（辆）		
摩托车（辆）	68.47	63.63
固定电话、移动电话（部）	139.10	121.58

3-17　扶贫开发工作地区农民人均总收入及构成（2013 年）

指　　标	重点县	南疆三地州
全年人均总收入（元）	**8982.12**	**8566.56**
工资性收入	1234.25	1180.92
在非企业组织劳动得到的收入		
在本地劳动得到的收入		
外出务工得到的收入		
家庭经营收入	6630.75	6315.88
农业收入	3735.24	3768.52
农业产品收入	3632.19	3659.61
粮食	1423.13	1238.31
棉花	1660.21	1870.60
农业服务收入	103.06	108.91
林业收入	312.88	298.68
牧业收入	1831.54	1479.31
渔业收入	0.26	0.15
工业收入	86.90	95.06
建筑业收入	142.19	160.65
第三产业收入	521.74	513.50
财产性收入	75.63	40.92
转移性收入	1041.49	1028.85
人均总收入构成（%）	**100.0**	**100.0**
工资性收入	13.8	13.8
家庭经营收入	73.8	73.7
财产性收入	0.8	0.5
转移性收入	11.6	12.0

3-18　扶贫开发工作地区农民人均纯收入及构成（2013 年）

指　　标	重点县	南疆三地州
全年人均纯收入（元）	**5572.27**	**5298.10**
工资性收入	1234.25	1180.92
在本地非企业组织中得到的收入		
在本地企业打工得到的收入		
外出务工得到的收入		
家庭经营收入	3312.42	3144.95
农业收入	1689.95	1693.27
林业收入	218.36	197.71
牧业收入	875.71	717.82
财产性收入	75.63	40.92
转移性收入	949.97	931.31
人均纯收入构成（%）	**100.0**	**100.0**
工资性收入	22.2	22.3
家庭经营收入	59.4	59.3
财产性收入	1.4	0.8
转移性收入	17.0	17.6

3-19 扶贫开发工作地区农民人均总支出及构成（2013 年）

指　　标	重点县	南疆三地州
全年总支出（元）	**8229.56**	**7868.05**
家庭经营支出	3123.77	3007.64
农业支出	1922.71	1961.87
林业支出	92.42	98.58
牧业支出	904.02	727.81
渔业支出	0.20	0.23
工业支出	35.93	38.75
建筑业支出	8.03	9.20
第三产业经营支出	139.83	149.65
购买生产性固定资产	280.98	190.25
税费支出		
第一产业税		
第二产业税		
第三产业税		
其他各项收费		
生活消费支出	4627.01	4485.63
财产性支出	0.89	1.02
转移性支出	196.92	183.50
总支出构成（%）	**100.0**	**100.0**
家庭经营支出	38.0	38.2
购买生产性固定资产	3.4	2.4
税费支出		
生活消费支出	56.2	57.0
财产性支出	…	…
转移性支出	2.4	2.4

3-20 扶贫开发工作地区农民人均生活消费支出及构成（2013 年）

指　　标	重点县	南疆三地州
生活消费支出（元）	**4627.01**	**4485.63**
食品消费支出	2018.98	1985.40
衣着消费支出	472.81	468.93
居住消费支出	960.92	978.78
家庭设备用品及服务消费	181.00	172.57
医疗保健支出	376.66	327.26
交通通讯支出	459.44	425.31
文化教育、娱乐用品及服务	110.24	90.99
其他商品及服务支出	46.95	36.39
生活消费支出构成（%）	**100.0**	**100.0**
食品消费支出	43.6	44.3
衣着消费支出	10.2	10.5
居住消费支出	20.8	21.8
家庭设备用品及服务消费	3.9	3.8
医疗保健支出	8.1	7.3
交通通讯支出	9.9	9.5
文化教育、娱乐用品及服务	2.4	2.0
其他商品及服务支出	1.0	0.8

3-21　扶贫开发工作地区农民人均现金收支情况（2013 年）

单位：元

指　标	重点县	南疆三地州
人均现金总收入	**7564.17**	**7137.74**
工资性现金收入	1234.13	1180.84
在非企业组织劳动得到的收入		
在本地劳动得到的收入		
外出务工得到的收入		
家庭经营现金收入	5280.64	4964.84
农业现金收入	2592.12	2604.41
林业现金收入	302.57	286.79
牧业现金收入	1634.86	1304.28
工业收入	86.90	95.06
建筑业收入	142.19	160.65
第三产业收入	521.74	513.50
财产性现金收入	75.63	40.92
转移性现金收入	973.77	951.15
人均现金总支出	**7460.14**	**7078.20**
家庭经营现金支出	3087.41	2977.59
农业支出	1901.76	1947.58
林业支出	92.42	98.57
牧业支出	890.94	714.72
工业支出	35.93	38.75
建筑业支出	8.03	9.20
第三产业经营支出	139.83	149.65
购买生产性固定资产	280.98	190.25
税费支出		
生活消费支出	3894.98	3727.03
财产性支出	0.89	1.02
转移性支出	195.88	182.31

3-22 扶贫开发工作重点县农民按文化程度分组情况（2013 年）

指　　标	文　盲	小　学	初　中	高　中	大专以上
平均每户人口（人）	**4.39**	**4.16**	**3.78**	**4.54**	**4.59**
平均每户劳动力人数（人）	**3.17**	**2.69**	**2.37**	**2.94**	**3.09**
全年总收入（元）	**7712.81**	**8857.52**	**10294.91**	**10842.59**	**10025.98**
工资性收入	453.34	1130.98	1181.63	1653.43	2032.29
在非企业组织劳动得到的收入					
在本地劳动得到的收入					
外出务工得到的收入					
家庭经营收入	6557.60	6474.57	7920.06	7722.21	6714.00
农业收入	4723.00	3766.72	4750.80	4580.94	3207.47
林业收入	95.79	217.29	291.63	227.67	145.29
牧业收入	1347.49	1820.08	2076.85	2179.89	2654.56
工业收入	123.96	82.15	110.20	97.03	124.52
建筑业收入	30.79	205.47	142.94	6.79	13.83
第三产业收入	236.57	382.86	547.63	629.90	568.34
财产性收入	97.06	39.63	97.61	94.66	137.89
转移性收入	604.81	1212.34	1095.61	1372.30	1141.80
全年总支出（元）	**6749.93**	**7838.65**	**9436.86**	**9731.54**	**9165.07**
家庭经营支出	2960.66	3065.92	3863.12	4163.47	2840.93
农业支出	2204.32	1878.43	2436.01	2626.07	1560.00
林业支出	12.32	48.54	129.67	65.97	28.03
牧业支出	645.47	969.13	1022.91	1169.03	1035.85
工业支出	30.11	51.98	68.52	93.43	52.40
建筑业支出	0.87	21.48	12.30		0.59
第三产业经营支出	32.29	82.76	171.06	200.56	159.48
购买生产性固定资产	125.52	267.08	271.80	288.30	381.95
税费支出					
生活消费支出	3519.14	4297.02	5080.42	4983.68	5600.34
财产性支出			0.94		
转移性支出	144.62	208.62	220.57	296.09	341.85
全年纯收入（元）	**4585.53**	**5521.09**	**6145.94**	**6370.08**	**6758.91**
#现金纯收入	3188.15	4499.35	5038.08	5206.06	6358.47

3-23　南疆三地州农民按文化程度分组情况（2013 年）

指　　标	文　盲	小　学	初　中	高　中	大专以上
平均每户人口（人）	**4.43**	**4.09**	**3.81**	**4.50**	**4.36**
平均每户劳动力人数（人）	**3.22**	**2.63**	**2.36**	**2.86**	**2.81**
全年总收入（元）	**7172.72**	**8611.74**	**9657.71**	**10093.84**	**8595.87**
工资性收入	373.60	1077.59	1043.78	1469.15	2098.51
在非企业组织劳动得到的收入					
在本地劳动得到的收入					
外出务工得到的收入					
家庭经营收入	6264.93	6333.34	7505.61	7202.88	5519.48
农业收入	4528.82	3903.49	4790.25	4709.41	2349.66
林业收入	28.80	182.09	279.08	191.56	47.97
牧业收入	1284.49	1556.09	1696.65	1670.60	2632.12
工业收入	140.63	73.10	124.70	77.46	2.94
建筑业收入	29.66	237.22	156.46	1.05	1.86
第三产业收入	252.53	381.34	458.47	552.81	484.94
财产性收入	86.70	31.36	18.30	-5.28	29.55
转移性收入	447.48	1169.46	1090.01	1427.09	948.33
全年总支出（元）	**6226.62**	**7473.45**	**8911.63**	**9060.38**	**8141.94**
家庭经营支出	2849.45	3015.51	3840.68	4148.95	2183.84
农业支出	2127.38	1951.25	2507.82	2860.69	1206.25
林业支出	5.99	48.90	143.27	79.59	6.43
牧业支出	608.43	838.49	883.90	852.36	914.90
工业支出	34.16	48.29	78.39	94.54	
建筑业支出	0.99	24.88	13.76		0.93
第三产业经营支出	36.63	91.08	191.84	258.92	51.50
购买生产性固定资产	27.38	105.24	88.53	101.16	223.71
税费支出					
生活消费支出	3236.60	4149.13	4794.97	4551.49	5413.70
财产性支出			1.08		
转移性支出	113.19	203.57	186.37	258.77	320.69
全年纯收入（元）	**4182.38**	**5354.46**	**5577.51**	**5706.07**	**6005.94**
#现金纯收入	2489.16	4239.69	4444.73	4434.07	5544.86

3-24 扶贫开发工作重点县农民按人均纯收入分组情况（2013 年）

指　　标	0-400 元	400-600 元	600-700 元	700-900 元
平均每户人口（人）	**3.50**	**5.65**	**5.00**	**3.89**
平均每户劳动力人数（人）	**2.00**	**4.29**	**2.00**	**2.01**
全年总收入（元）	**3809.54**	**2980.92**	**3343.60**	**4678.41**
工资性收入		25.92	151.60	1346.16
在非企业组织劳动得到的收入				
在本地劳动得到的收入				
外出务工得到的收入				
家庭经营收入	3615.88	2898.00	3152.00	2929.34
农业收入	3361.14	457.16	3152.00	2240.97
林业收入		201.58		0.53
牧业收入	253.37	624.07		412.48
工业收入		1.42		
建筑业收入				
第三产业收入	1.37	1613.77		275.35
财产性收入				
转移性收入	193.67	57.00	40.00	402.92
全年总支出（元）	**6854.63**	**4593.80**	**9707.20**	**7712.04**
家庭经营支出	3002.53	2393.96	2647.00	3303.95
农业支出	2436.59	272.91	2604.00	1581.85
林业支出	365.14	0.13		
牧业支出	199.87	313.22	43.00	1716.42
工业支出				5.68
建筑业支出		4.42		
第三产业经营支出	0.91	1803.28		
购买生产性固定资产	0.17			205.66
税费支出				
生活消费支出	3580.88	2150.76	6620.20	4099.82
财产性支出				
转移性支出	271.05	49.08	440.00	102.61
全年纯收入（元）	**392.71**	**559.70**	**643.27**	**869.25**
#现金纯收入		38.40		

900-1100 元	1100-1300 元	1300-1500 元	1500-2000 元	2000-2500 元	2500 元以上
4.58	**5.28**	**5.49**	**5.31**	**4.91**	**4.11**
2.73	**2.30**	**3.29**	**3.14**	**2.94**	**2.63**
4993.22	**3763.60**	**4348.66**	**3773.72**	**4175.57**	**9827.03**
700.87	759.95	233.34	648.59	557.89	1348.68
3976.27	2706.53	3764.67	2827.51	3159.66	7210.17
2414.15	626.18	1865.54	1488.43	1625.92	4067.09
222.23	17.07	79.84	106.55	101.81	345.90
1221.20	1609.26	825.44	885.55	1092.70	1982.42
60.25		0.76	25.82	12.12	98.17
36.77		0.28	64.50	48.64	156.67
21.66	454.02	992.81	256.67	278.47	559.36
	7.71			-0.42	87.46
316.09	289.41	350.64	297.61	458.45	1180.72
7509.45	**6059.34**	**5898.51**	**4758.46**	**4961.57**	**8651.23**
3760.31	2374.34	2783.38	1839.92	1823.93	3209.76
2636.22	696.51	1549.21	1145.23	1124.24	1964.84
69.35	1.64	117.59	17.56	16.11	99.16
897.33	1447.60	547.96	643.28	554.37	942.42
106.33					40.85
		0.16		0.71	9.26
0.09	226.39	526.49	30.64	123.48	130.71
21.37	48.14	31.71	106.28	72.96	307.00
3570.51	3567.17	2758.01	2690.54	2939.78	4921.66
					1.03
157.27	69.68	325.42	121.72	124.90	211.78
1010.44	**1185.59**	**1395.87**	**1768.04**	**2191.72**	**6312.10**
778.76	944.15	1025.27	1241.58	1609.99	5009.54

3-25 南疆三地州农民按人均纯收入分组情况（2013 年）

指　　标	0-400 元	400-600 元	600-700 元	700-900 元
平均每户人口（人）	**3.50**	**5.65**		**4.00**
平均每户劳动力人数（人）	**2.00**	**4.29**		**2.03**
全年总收入（元）	**3809.54**	**2980.92**		**4753.95**
工资性收入		25.92		1548.89
在非企业组织劳动得到的收入				
在本地劳动得到的收入				
外出务工得到的收入				
家庭经营收入	3615.88	2898.00		2791.89
农业收入	3361.14	457.16		2395.06
林业收入		201.58		1.21
牧业收入	253.37	624.07		395.62
工业收入		1.42		
建筑业收入				
第三产业收入	1.37	1613.77		
财产性收入				
转移性收入	193.67	57.00		413.18
全年总支出（元）	**6854.63**	**4593.80**		**8170.23**
家庭经营支出	3002.53	2393.96		3427.45
农业支出	2436.59	272.91		1065.98
林业支出	365.14	0.13		
牧业支出	199.87	313.22		2348.55
工业支出				12.91
建筑业支出		4.42		
第三产业经营支出	0.91	1803.28		
购买生产性固定资产	0.17			4.75
税费支出				
生活消费支出	3580.88	2150.76		4629.55
财产性支出				
转移性支出	271.05	49.08		108.48
全年纯收入（元）	**392.71**	**559.70**		**883.47**
#现金纯收入		38.40		

900-1100 元	1100-1300 元	1300-1500 元	1500-2000 元	2000-2500 元	2500 元以上
4.61	**5.44**	**5.64**	**5.33**	**4.93**	**4.09**
2.83	**2.42**	**3.32**	**3.16**	**2.95**	**2.62**
4896.86	**3848.90**	**4273.47**	**3739.13**	**4163.41**	**9422.24**
491.83	815.03	197.27	648.15	553.83	1302.56
4158.56	2772.77	3743.53	2801.25	3162.48	6883.62
2616.90	626.12	1878.60	1490.71	1720.15	4146.47
272.36	18.05	89.81	108.11	110.76	332.53
1123.84	1648.69	657.15	850.36	964.33	1584.79
73.84		0.86	26.20	13.19	109.15
45.07		0.32	65.44	52.91	179.99
26.54	479.92	1116.79	260.43	301.13	530.51
				-3.80	48.12
246.47	261.10	332.67	289.73	450.91	1187.94
7268.92	**5478.52**	**5781.29**	**4686.46**	**4827.30**	**8292.70**
3707.18	2452.02	2741.92	1806.25	1831.79	3090.47
2591.47	719.94	1551.27	1153.99	1170.29	2019.72
83.01	1.73	82.86	17.82	16.40	108.00
839.77	1488.71	468.16	600.10	505.09	748.41
130.31					44.83
		0.18		0.77	10.81
0.11	239.30	592.24	31.09	134.33	134.94
26.19	50.89	35.67	107.84	79.37	208.52
3358.64	2915.27	2665.81	2655.35	2793.35	4794.38
					1.21
176.91	60.34	337.88	117.03	122.79	198.12
1024.17	**1181.60**	**1391.14**	**1769.98**	**2183.27**	**6052.59**
919.07	1025.71	974.33	1232.88	1581.61	4684.55

3-26 扶贫开发工作重点县农民按人均生产支出分组情况（2013 年）

指　　标	0-200 元	200-400 元	400-600 元	600-800 元
平均每户人口（人）	**3.56**	**4.53**	**4.68**	**4.31**
平均每户劳动力人数（人）	**1.72**	**2.51**	**3.00**	**2.70**
全年总收入（元）	**4683.32**	**5561.42**	**6084.19**	**5906.55**
工资性收入	1433.14	1541.05	1353.98	1221.33
在非企业组织劳动得到的收入				
在本地劳动得到的收入				
外出务工得到的收入				
家庭经营收入	1780.57	2569.23	3702.82	3499.91
农业收入	335.44	833.37	1621.28	2096.10
林业收入	231.52	142.45	380.45	226.03
牧业收入	565.81	928.34	763.50	783.83
工业收入	2.55	8.22	8.97	24.35
建筑业收入	230.20	175.74	505.62	125.45
第三产业收入	415.04	481.11	423.01	244.15
财产性收入	9.84	140.74	192.82	17.12
转移性收入	1459.77	1310.40	834.57	1168.19
全年总支出（元）	**3925.62**	**3934.32**	**4009.95**	**4271.70**
家庭经营支出	106.89	303.78	507.87	707.12
农业支出	80.97	199.06	338.12	465.68
林业支出	2.19	11.99	3.73	9.33
牧业支出	23.73	87.03	133.48	214.66
工业支出			0.16	0.09
建筑业支出				1.51
第三产业经营支出		5.71	28.65	9.44
购买生产性固定资产	25.31	62.93	60.27	56.67
税费支出				
生活消费支出	3463.56	3435.89	3316.32	3352.38
财产性支出				
转移性支出	329.86	131.72	125.49	155.53
全年纯收入（元）	**4381.45**	**5069.17**	**5265.43**	**5020.54**
#现金纯收入	4111.53	4506.74	4246.13	3779.80

	800-1100 元	1100-1300 元	1300-1500 元	1500-2000 元	2000-2500 元	2500 元以上
	4.48	**4.79**	**4.31**	**4.58**	**4.44**	**3.91**
	2.73	**2.68**	**2.89**	**2.71**	**2.84**	**2.64**
	6047.92	**6400.66**	**6679.59**	**7268.04**	**7703.51**	**12760.51**
	1198.78	1292.13	1315.69	1158.88	1573.89	1081.04
	3981.38	3899.53	4666.68	5179.23	5164.69	10389.61
	2022.48	1989.47	2382.66	2813.29	2798.15	6160.59
	335.87	208.57	262.03	238.79	399.23	355.33
	1031.58	1054.20	1330.02	1441.19	1323.37	2943.81
	56.96	110.07	16.59	104.11	71.48	132.10
	103.98	141.34	164.15	146.34	76.62	104.08
	430.50	395.88	511.24	433.76	495.84	693.04
	76.11	98.47	137.84	23.36	71.09	70.06
	791.64	1110.52	559.39	906.57	893.83	1219.80
	5406.95	**5586.78**	**5616.91**	**6575.10**	**6823.79**	**12440.32**
	956.75	1184.64	1394.59	1731.45	2212.46	5999.76
	600.35	732.63	871.87	1031.26	1351.91	3680.68
	14.11	19.09	28.63	29.87	63.25	193.25
	314.13	355.76	400.44	549.19	626.64	1721.96
	1.42	12.29	10.29	19.23	31.40	72.55
	0.42	8.65	4.06	0.38	7.71	15.97
	20.69	46.17	74.03	92.03	113.00	275.47
	155.84	105.90	74.25	110.63	153.36	549.33
	4138.72	4114.63	3898.20	4530.88	4325.99	5643.16
	4.94			1.17		0.85
	150.70	181.60	249.87	200.96	131.98	247.22
	4844.53	**4975.32**	**5063.25**	**5212.78**	**5197.25**	**6435.50**
	3737.20	3885.87	3941.97	3808.90	3977.03	5112.70

3-27 南疆三地州农民按人均生产支出分组情况（2013 年）

指　　标	0-200 元	200-400 元	400-600 元	600-800 元
平均每户人口（人）	**3.62**	**4.67**	**4.80**	**4.26**
平均每户劳动力人数（人）	**1.67**	**2.52**	**3.04**	**2.71**
全年总收入（元）	**4242.20**	**5256.98**	**5781.80**	**5928.18**
工资性收入	1098.85	1305.82	1196.91	1209.84
在非企业组织劳动得到的收入				
在本地劳动得到的收入				
外出务工得到的收入				
家庭经营收入	1584.32	2606.05	3845.09	3531.86
农业收入	348.45	860.45	1696.09	2214.04
林业收入	257.61	149.74	407.61	227.24
牧业收入	575.84	949.10	767.25	703.19
工业收入	2.83	8.64	9.61	26.58
建筑业收入	256.15	184.73	541.71	138.49
第三产业收入	143.44	453.39	422.83	222.31
财产性收入	2.43	24.98	22.01	18.25
转移性收入	1556.59	1320.13	717.80	1168.23
全年总支出（元）	**3350.26**	**3526.76**	**3851.01**	**4273.30**
家庭经营支出	110.13	306.55	508.17	706.48
农业支出	86.44	204.14	346.46	481.60
林业支出	2.44	12.60	3.95	10.08
牧业支出	21.26	84.41	122.91	196.01
工业支出			0.17	0.10
建筑业支出				1.67
第三产业经营支出		5.40	30.69	10.42
购买生产性固定资产	7.06	66.15	64.58	60.49
税费支出				
生活消费支出	2960.24	3035.65	3160.59	3346.16
财产性支出				
转移性支出	272.83	118.40	117.66	160.16
全年纯收入（元）	**3952.53**	**4805.65**	**4974.56**	**5058.21**
#现金纯收入	3678.44	4223.25	3903.96	3727.58

800-1100 元	1100-1300 元	1300-1500 元	1500-2000 元	2000-2500 元	2500 元以上
4.50	**4.79**	**4.26**	**4.56**	**4.29**	**3.90**
2.77	**2.67**	**2.89**	**2.67**	**2.73**	**2.66**
6098.10	**6320.51**	**6416.97**	**7191.41**	**7642.18**	**12173.47**
1147.67	1317.99	1279.92	1183.05	1701.65	997.09
4088.27	3872.04	4478.73	5088.74	4975.66	9916.61
2130.35	2111.36	2394.43	2896.81	2951.11	6331.16
343.63	190.96	260.75	209.59	301.04	356.88
971.67	876.63	1078.87	1274.15	1031.06	2302.66
62.33	122.19	19.83	117.26	41.20	158.71
114.07	156.38	185.93	151.92	91.36	123.09
466.22	414.52	538.92	439.01	559.89	643.71
72.17	105.73	66.63	12.45	77.87	32.15
789.99	1024.75	591.69	907.17	887.00	1227.62
5302.64	**5669.95**	**5646.07**	**6521.50**	**6898.40**	**11968.62**
961.75	1184.03	1396.34	1733.65	2204.54	5944.85
633.88	761.74	918.54	1078.81	1445.88	3884.56
14.18	19.74	32.66	30.07	66.76	217.16
283.61	319.00	334.96	489.11	510.38	1401.27
1.56	13.79	12.30	21.65	18.64	85.90
0.46	9.70	4.86	0.43	9.34	19.15
22.53	50.80	88.19	102.90	132.78	293.46
170.20	111.43	78.44	106.28	140.35	333.87
4020.86	4187.71	3906.31	4480.86	4416.12	5467.18
5.43			1.32		1.03
144.40	186.78	264.97	199.39	137.39	221.69
4880.68	**4897.65**	**4794.16**	**5138.56**	**5135.80**	**5957.74**
3681.90	3705.23	3560.43	3689.31	3863.58	4595.25

3-28 扶贫开发工作重点县农民按人均生活消费支出分组情况（2013 年）

指　　标	0-800 元	800-1100 元	1100-1300 元
平均每户人口（人）		**5.00**	**5.00**
平均每户劳动力人数（人）		**3.00**	**3.00**
全年总收入（元）		**634.16**	**5147.91**
工资性收入		150.00	306.00
在非企业组织劳动得到的收入			
在本地劳动得到的收入			
外出务工得到的收入			
家庭经营收入		298.16	4717.41
农业收入		48.16	4476.60
林业收入			
牧业收入		250.00	240.81
工业收入			
建筑业收入			
第三产业收入			
财产性收入			
转移性收入		186.00	124.50
全年总支出（元）		**1191.04**	**1765.81**
家庭经营支出		120.00	521.00
农业支出			397.00
林业支出			
牧业支出		120.00	124.00
工业支出			
建筑业支出			
第三产业经营支出			
购买生产性固定资产			
税费支出			
生活消费支出		984.64	1236.81
财产性支出			
转移性支出		86.40	8.00
全年纯收入（元）		**498.16**	**4617.01**
#现金纯收入		484.99	1973.49

1300-1500 元	1500-2000 元	2000-2500 元	2500 元以上
6.07	**5.87**	**5.16**	**4.03**
3.28	**3.21**	**3.15**	**2.59**
2791.88	**4785.13**	**5511.91**	**9876.79**
349.25	710.97	769.85	1347.23
1866.64	3442.17	4239.68	7265.49
713.88	1795.77	2733.68	4048.38
189.17	192.89	137.06	344.34
726.31	1012.39	1074.98	2016.92
0.51	67.83	51.35	94.03
19.47	84.62	72.96	156.68
217.31	288.67	168.27	604.72
	9.93	45.47	85.31
575.99	622.07	456.91	1178.77
2197.99	**3244.57**	**4175.08**	**9240.96**
741.95	1286.81	1721.31	3476.51
538.45	806.17	1127.97	2123.89
13.84	32.42	27.53	105.76
189.63	342.06	534.87	1006.80
	28.98	10.07	40.12
		0.35	9.65
0.04	76.86	10.71	166.26
	142.06	48.65	323.86
1416.49	1730.58	2281.72	5214.80
			1.07
39.56	85.12	123.40	224.72
1953.23	**3337.87**	**3610.82**	**6087.76**
1641.94	2614.01	2615.42	4825.36

3-29 南疆三地州农民按人均生活消费支出分组情况（2013 年）

指 标	0-800 元	800-1100 元	1100-1300 元
平均每户人口（人）		**5.00**	**5.00**
平均每户劳动力人数（人）		**3.00**	**3.00**
全年总收入（元）		**634.16**	**5147.91**
工资性收入		150.00	306.00
在非企业组织劳动得到的收入			
在本地劳动得到的收入			
外出务工得到的收入			
家庭经营收入		298.16	4717.41
农业收入		48.16	4476.60
林业收入			
牧业收入		250.00	240.81
工业收入			
建筑业收入			
第三产业收入			
财产性收入			
转移性收入		186.00	124.50
全年总支出（元）		**1191.04**	**1765.81**
家庭经营支出		120.00	521.00
农业支出			397.00
林业支出			
牧业支出		120.00	124.00
工业支出			
建筑业支出			
第三产业经营支出			
购买生产性固定资产			
税费支出			
生活消费支出		984.64	1236.81
财产性支出			
转移性支出		86.40	8.00
全年纯收入（元）		**498.16**	**4617.01**
#现金纯收入		484.99	1973.49

1300-1500 元	1500-2000 元	2000-2500 元	2500 元以上
6.07	**5.78**	**5.13**	**4.02**
3.37	**3.03**	**3.14**	**2.59**
2673.98	**4546.09**	**5405.42**	**9443.38**
366.05	703.01	742.66	1295.46
1697.32	3222.50	4161.30	6925.21
684.63	1826.82	2789.75	4102.34
74.44	75.18	81.86	348.60
685.26	885.10	978.80	1608.71
0.55		54.91	109.34
20.75	101.34	78.01	179.03
231.68	334.06	176.50	577.18
	11.89	47.00	43.25
610.61	608.68	454.46	1179.45
2169.38	**3201.41**	**4124.82**	**8850.28**
712.94	1243.82	1664.47	3363.82
534.05	863.08	1156.91	2179.75
13.10	33.17	22.88	115.09
165.75	255.13	452.13	811.16
		10.77	46.06
		0.38	11.21
0.04	92.04	11.45	175.19
	119.36	46.39	218.75
1415.36	1756.10	2285.24	5057.02
			1.25
41.07	82.13	128.72	209.43
1864.13	**3140.93**	**3571.07**	**5795.56**
1568.75	2405.96	2554.31	4475.51

3-30 扶贫开发地区农村劳动力行业分布情况（2013 年）

指　　标	重点县	南疆三地州
曾受培训劳动力比重（%）	**79.7**	**84.6**
当年从事的主要行业构成（%）	**100.0**	**100.0**
第一产业	86.5	87.2
第二产业	4.1	4.3
其中：采矿业	0.7	0.7
制造业	0.6	0.7
电、煤及水的生产和供应业	0.1	0.1
建筑业	2.8	2.9
第三产业	9.4	8.5
其中：交通运输仓储和邮政业	3.0	2.8
信息传输、计算机服务和软件业	2.4	1.9
批发和零售业	0.5	0.4
住宿和餐饮业	0.0	0.0
金融业	0.0	0.0
房地产业	0.0	0.0
租赁和商务服务业	0.3	0.3
科学研究、技术服务和地质勘察业	0.0	0.0
水利、环境和公共设施管理业	0.2	0.2
居民服务和其他服务业	1.8	1.9
教育	0.3	0.2
卫生、社会保障和社会福利业	0.4	0.2
文化、体育和娱乐业	0.0	0.0
公共管理和社会组织	0.7	0.5
其它		

3-31　扶贫开发工作地区农户基本情况（2014年）

指　标	重点县	南疆三地州
家庭成员基本情况		
户均家庭全部人口（人）	4.25	4.26
户均常住人口（人）	4.23	4.24
#男	2.19	2.20
女	2.05	2.06
户均劳动力（人）	2.65	2.67
户均劳动力受教育程度（人）		
文盲、半文盲	0.05	0.05
小学	0.78	0.79
初中	1.58	1.60
高中	0.17	0.16
中专	0.06	0.05
大专及以上	0.01	0.01
曾受过技能培训人数比重（%）		
民族构成（%）		
汉族	2.2	0.5
少数民族	97.8	99.5
#会汉语人数		
身体健康状况构成（%）		
健康	92.5	92.2
基本健康	4.8	5.0
不健康，但生活能自理	2.2	2.2
生活不能自理	0.5	0.6

3-31 续表

指　　标	重点县	南疆三地州
人均年末住房状况		
面积（平方米）	21.84	21.86
价值（万元）	1.21	1.20
结构（%）		
钢筋混凝土	1.3	1.2
砖混材料	12.2	10.6
砖瓦砖木	62.2	64.9
竹草土坯	22.6	22.1
其他	1.7	1.3
户均年末拥有生产性固定资产		
生产用房及建筑物面积（平方米）	25.25	19.26
汽车（辆）		
手扶拖拉机/三轮车（台）	0.12	0.10
大中型拖拉机（台）	0.04	0.03
胶轮大车（辆）		
其他农机具（件）	0.04	0.05
役畜（头）	0.48	0.48
产品畜（头）	4.69	2.60
每百户年末拥有耐用消费品状况		
收音机、收录机、音响（台）	0.25	0.19
冰箱、冰柜（台）	59.02	56.38
电视机（台）	86.18	84.67
自行车（辆）		
摩托车（辆）	80.13	78.25
固定电话、移动电话（部）	132.11	120.13

3-32　扶贫开发工作地区农民人均总收入（2014 年）

指　　标	重点县	南疆三地州
全年人均总收入（元）	**9814.26**	**9495.10**
工资性收入	1944.28	1938.77
工资	978.89	985.84
实物福利	1.64	1.84
其他	963.76	951.09
经营性收入	6639.70	6430.17
第一产业经营收入	5550.51	5289.45
农业	3553.51	3588.55
林业	128.65	126.37
牧业	1868.34	1574.53
第二产业经营收入	235.24	262.52
采矿业	51.51	58.62
制造业	57.95	60.77
电力、热力、燃气及水生产和供应业	0.03	
建筑业	125.75	143.13
第三产业经营收入	853.95	878.20
批发和零售业	356.38	375.26
交通运输、仓储和邮政业	156.70	156.84
住宿和餐饮业	62.67	66.24
房地产业		
租赁和商务服务业	5.59	6.36
居民服务、修理和其他服务业	81.62	78.70
其他	8.60	8.43
农林牧渔服务业	182.39	186.36
财产性收入	58.05	37.39
转移性收入	1172.22	1088.77

3-33　扶贫开发工作地区农民人均可支配收入（2014 年）

指　　标	重点县	南疆三地州
可支配收入	**6634.67**	**6402.78**
工资性收入	1944.28	1938.77
工资	978.89	985.84
实物福利	1.64	1.84
其他	963.76	951.09
经营净收入	3588.58	3458.15
第一产业经营净收入	2761.93	2583.25
# 农业	1796.39	1792.60
林业	81.81	75.70
牧业	883.84	715.06
第二产业经营净收入	191.87	213.86
第三产业经营净收入	634.78	661.04
财产净收入	52.63	31.79
转移净收入	1049.18	974.06

3-34 扶贫开发工作地区农民人均总支出及构成（2014 年）

指　　标	重点县	南疆三地州
总支出	**9626.23**	**9275.28**
消费支出	5202.68	5032.83
生产经营费用支出	2751.97	2733.23
第一产业经营费用支出	2532.22	2509.27
#农业	1653.05	1699.72
林业	45.46	49.09
牧业	833.60	760.35
第二产业经营费用支出	39.89	44.77
第三产业经营费用支出	179.87	179.18
财产性支出	5.15	5.28
转移性支出	123.19	114.87
部分商业保险支出	3.29	2.53
购置资产及非经常性转移支出	969.50	861.89
借贷性支出	570.44	524.66
总支出构成（%）	**100.0**	**100.0**
消费支出	54.0	54.3
生产经营费用支出	28.6	29.5
财产性支出	0.1	0.1
转移性支出	1.3	1.2
部分商业保险支出	0.0	0.0
购置资产及非经常性转移支出	10.1	9.3
借贷性支出	5.9	5.7

3-35 扶贫开发工作地区农民人均生活消费支出及构成（2014 年）

指　　标	重点县	南疆三地州
消费支出	**5202.68**	**5032.83**
食品烟酒	2312.86	2317.93
衣着	524.64	520.27
居住	1028.23	1013.69
生活用品及服务	185.69	175.88
交通通信	521.61	485.76
教育文化娱乐	205.87	174.34
医疗保健	381.01	305.20
其他用品和服务	42.76	39.76
消费支出构成（%）	**100.0**	**100.0**
食品烟酒	44.5	46.1
衣着	10.1	10.3
居住	19.8	20.1
生活用品及服务	3.6	3.5
交通通信	10.0	9.7
教育文化娱乐	4.0	3.5
医疗保健	7.3	6.1
其他用品和服务	1.0	0.8

3-36　扶贫开发工作地区农民人均现金收支情况（2014 年）

单位：元

指　　标	重点县	南疆三地州
现金收入	**8428.26**	**8118.42**
现金工资性收入	1942.65	1936.93
工资	978.89	985.84
其他工资性收入	963.76	951.09
现金经营性收入	5395.44	5180.97
第一产业现金经营收入	4306.25	4040.25
# 农业	2540.25	2538.62
林业	87.48	81.29
牧业	1678.52	1420.34
第二产业现金经营收入	235.24	262.52
第三产业现金经营收入	853.95	878.20
现金财产性收入	57.70	36.99
现金转移性收入	1032.46	963.53
现金支出	**8463.30**	**8145.27**
现金消费支出	4192.22	4044.03
生产经营现金费用支出	2599.51	2592.01
第一产业经营现金费用支出	2379.76	2368.06
# 农业	1641.98	1688.24
林业	45.46	49.09
牧业	692.21	630.61
第二产业经营现金费用支出	39.89	44.77
第三产业经营现金费用支出	179.87	179.18
现金财产性支出	5.15	5.28
现金转移性支出	123.19	114.87
部分商业保险支出	3.29	2.53
购置资产及非经常性转移支出	969.50	861.89
借贷性支出	570.44	524.66

3-37 扶贫开发工作重点县农民按文化程度分组情况（2014 年）

指标	文盲	小学	初中	高中	大专以上
平均每户人口（人）	**4.39**	**4.12**	**3.80**	**4.56**	**4.40**
平均每户劳动力人数（人）	**3.11**	**2.66**	**2.34**	**3.04**	**3.04**
总收入	**7651.12**	**9730.66**	**10884.03**	**11147.53**	**12936.51**
工资性收入	740.13	1799.03	2206.33	2387.03	5255.59
工资	363.39	813.35	1097.29	1330.29	4373.49
实物福利	0.46	0.09	0.05		
其他	376.28	985.59	1108.99	1056.74	882.10
经营性收入	5874.20	6547.90	7341.84	7156.24	5819.32
第一产业经营收入	5264.81	5698.18	6263.45	6215.15	5080.21
#农业	3292.25	3531.80	3991.64	3905.09	2766.26
林业	266.70	150.03	128.85	83.92	117.67
牧业	1705.87	2016.35	2142.96	2226.14	2196.28
第二产业经营收入	247.55	150.61	195.91	62.79	88.59
第三产业经营收入	361.84	699.11	882.49	878.30	650.52
财产性收入	98.34	66.75	64.50	56.94	200.23
转移性收入	938.45	1316.98	1271.37	1547.32	1661.37
总支出	**6843.43**	**9660.14**	**10668.06**	**10620.86**	**12063.55**
消费支出	4150.74	5149.31	5618.75	5756.74	6511.23
生产经营费用支出	1863.02	2933.27	3312.75	3300.35	2076.84
第一产业经营费用支出	1852.00	2754.28	3034.02	3112.44	1904.68
#农业	1220.08	1733.39	1994.91	2123.81	1028.88
林业	6.15	51.66	32.92	15.42	28.47
牧业	625.76	969.23	1006.19	973.21	847.33
第二产业经营费用支出		13.41	73.35	9.61	17.44
第三产业经营费用支出	11.03	165.58	205.37	178.30	154.72
财产性支出		2.05	3.83	2.85	
转移性支出	111.33	116.42	126.81	164.23	255.81
部分商业保险支出	11.35	4.62	4.40	5.13	0.14
购置资产及非经常性转移支出	462.69	934.66	930.67	746.62	2501.61
借贷性支出	244.30	519.81	670.86	644.94	717.93
可支配收入	**5454.68**	**6411.04**	**7136.23**	**7294.96**	**10213.46**

3-38　南疆三地州农民按文化程度分组情况（2014 年）

指　　标	文　盲	小　学	初　中	高　中	大专以上
平均每户人口（人）	**4.41**	**4.07**	**3.82**	**4.48**	**4.06**
平均每户劳动力人数（人）	**3.17**	**2.64**	**2.37**	**2.99**	**2.65**
总收入	**7150.25**	**9438.44**	**10325.24**	**10908.72**	**13296.91**
工资性收入	761.67	1797.31	2151.71	2356.84	6858.10
工资	382.15	793.02	1041.40	1246.85	5730.70
实物福利	0.52	0.10	0.06		
其他	379.00	1004.18	1110.25	1109.99	1127.40
经营性收入	5611.86	6337.58	6930.13	6902.24	4912.56
第一产业经营收入	4933.96	5454.80	5895.77	6027.17	4544.68
#农业	3145.63	3565.86	3960.88	4102.09	2346.17
林业	211.48	164.07	104.62	93.15	126.17
牧业	1576.84	1724.87	1830.27	1831.94	2072.34
第二产业经营收入	283.99	157.62	222.06	46.31	
第三产业经营收入	393.91	725.16	812.30	828.76	367.88
财产性收入	74.74	31.73	28.99	8.19	101.66
转移性收入	701.98	1271.82	1214.41	1641.45	1424.58
总支出	**6244.79**	**9222.68**	**10021.19**	**10563.56**	**11559.50**
消费支出	3955.39	4986.72	5332.76	5736.49	7038.19
生产经营费用支出	1714.60	2917.19	3285.50	3480.85	1870.86
第一产业经营费用支出	1701.95	2734.24	3015.23	3324.42	1853.50
#农业	1139.59	1806.26	2057.99	2352.06	903.58
林业	4.54	58.46	34.83	18.12	42.52
牧业	557.82	869.53	922.41	954.24	907.40
第二产业经营费用支出		12.41	83.14	5.56	
第三产业经营费用支出	12.65	170.54	187.14	150.88	17.36
财产性支出		2.34	4.08	3.61	
转移性支出	105.36	104.41	106.78	135.66	313.69
部分商业保险支出		1.70	3.00	2.84	0.21
购置资产及非经常性转移支出	270.98	755.86	749.17	639.29	1507.77
借贷性支出	198.46	454.46	539.89	564.83	828.77
可支配收入	**5132.75**	**6188.07**	**6702.85**	**7037.63**	**10861.27**

3-39 扶贫开发工作重点县农民按人均可支配收入分组情况（2014 年）

指　标	0-400 元	400-600 元	600-700 元	700-900 元
平均每户人口（人）	**3.25**	**6.00**	**6.00**	**4.89**
平均每户劳动力人数（人）	**2.32**	**1.00**	**5.00**	**2.23**
总收入	**6473.31**	**3675.11**	**1477.07**	**4369.98**
工资性收入	809.20		400.00	1803.21
工资	90.75			
实物福利				
其他	718.45		400.00	1803.21
经营性收入	4531.02	2684.44	1049.57	2206.51
第一产业经营收入	4273.30	2684.44	1049.57	2206.51
# 农业	3340.39	2360.52		1591.32
林业				
牧业	932.91	323.92	1049.57	615.20
第二产业经营收入				
第三产业经营收入	257.72			
财产性收入	614.67		27.50	125.59
转移性收入	518.43	990.67		234.67
总支出	**11451.10**	**5317.18**	**4254.71**	**6490.44**
消费支出	5002.75	2165.51	3901.37	3029.42
生产经营费用支出	5607.18	2876.67	333.33	3321.76
第一产业经营费用支出	5431.59	2826.67	333.33	3319.86
# 农业	3345.37	2606.67		1650.49
林业	14.26			11.55
牧业	2071.96	220.00	333.33	1657.82
第二产业经营费用支出				
第三产业经营费用支出	175.59	50.00		1.91
财产性支出				
转移性支出	90.64	233.33	20.00	52.29
部分商业保险支出	40.03			
购置资产及非经常性转移支出	710.49	41.67		86.97
借贷性支出				
可支配收入	**234.14**	**548.44**	**612.62**	**850.59**

900-1100 元	1100-1300 元	1300-1500 元	1500-2000 元	2000-2500 元	2500 元以上
5.30	**3.29**	**5.38**	**5.15**	**5.43**	**4.16**
3.00	**1.68**	**3.05**	**3.00**	**2.96**	**2.65**
6095.15	**5003.17**	**4351.73**	**4430.49**	**5426.79**	**10322.05**
1521.13	768.93	617.40	1081.15	541.74	2075.09
	576.24	92.31	13.33	56.27	1074.50
					1.81
1521.13	192.69	525.10	1067.82	485.47	998.78
3572.42	1863.37	3436.69	2703.02	4477.79	6949.30
3572.42	1863.37	2728.54	2442.82	3386.76	5815.86
3041.85	1318.28	1821.91	1585.92	2389.03	3707.87
	274.15	16.93	128.10	73.36	134.14
530.56	270.94	889.71	728.80	924.37	1973.85
			26.66	109.29	254.16
		708.15	233.54	981.75	879.29
	12.95	2.08	0.54	15.84	59.97
1001.60	2357.90	295.55	645.78	391.42	1237.69
8385.60	**7361.24**	**5450.90**	**5901.05**	**8000.21**	**9870.97**
3902.99	3155.43	2470.32	3065.11	3468.25	5401.43
4249.20	3405.52	2753.76	2368.70	2763.30	2730.82
4249.20	3402.52	2169.66	2363.56	2408.27	2515.05
3475.28	3138.97	1154.36	1154.78	1785.57	1639.87
29.36	8.35	19.08	27.19	16.67	48.34
744.56	255.21	996.22	1181.59	606.04	826.71
				13.75	43.42
	3.00	584.09	5.14	341.28	172.35
	9.99				5.64
76.71	228.24	116.36	94.38	76.23	125.89
	15.99	2.95	0.93	4.38	3.05
156.69	71.18	46.15	350.45	1465.32	988.02
	474.87	61.37	21.47	222.73	616.12
1055.54	**1244.75**	**1373.08**	**1724.79**	**2284.39**	**7159.46**

3-40 南疆三地州农民按人均可支配收入分组情况（2014 年）

指　　标	0-400 元	400-600 元	600-700 元	700-900 元
平均每户人口（人）	**2.84**	**6.00**	**6.00**	**4.88**
平均每户劳动力人数（人）	**2.19**	**1.00**	**5.00**	**2.17**
总收入	**8385.33**	**3675.11**	**1477.07**	**4404.64**
工资性收入	1038.63		400.00	1912.95
工资				
实物福利				
其他	1038.63		400.00	1912.95
经营性收入	5778.06	2684.44	1049.57	2351.92
第一产业经营收入	5448.06	2684.44	1049.57	2351.92
#农业	4748.65	2360.52		1710.67
林业				
牧业	699.41	323.92	1049.57	641.25
第二产业经营收入				
第三产业经营收入	329.99			
财产性收入	888.44		27.50	
转移性收入	680.21	990.67		139.77
总支出	**13739.33**	**5317.18**	**4254.71**	**5942.28**
消费支出	4814.43	2165.51	3901.37	2446.69
生产经营费用支出	7927.81	2876.67	333.33	3384.89
第一产业经营费用支出	7673.97	2826.67	333.33	3382.84
#农业	4822.61	2606.67		1608.18
林业	20.61			12.42
牧业	2830.75	220.00	333.33	1762.24
第二产业经营费用支出				
第三产业经营费用支出	253.84	50.00		2.05
财产性支出				
转移性支出	50.77	233.33	20.00	50.96
部分商业保险支出	57.88			
购置资产及非经常性转移支出	888.44	41.67		59.74
借贷性支出				
可支配收入	**208.07**	**548.44**	**612.62**	**849.06**

900-1100 元	1100-1300 元	1300-1500 元	1500-2000 元	2000-2500 元	2500 元以上
5.00	**3.25**	**5.21**	**5.12**	**5.45**	**4.18**
3.00	**1.69**	**2.96**	**2.96**	**2.97**	**2.67**
4409.87	**5117.55**	**4523.81**	**4345.13**	**5475.32**	**9980.59**
1734.00	805.82	619.73	1165.14	521.12	2073.56
	600.24			57.54	1088.48
					2.05
1734.00	205.58	619.73	1165.14	463.57	983.03
2596.97	1896.27	3571.48	2702.33	4549.68	6718.80
2596.97	1896.27	2839.11	2410.03	3433.99	5531.14
2149.77	1406.45	1872.42	1583.56	2422.29	3744.35
	292.49	19.98	143.90	75.01	131.09
447.20	197.33	946.71	682.57	936.69	1655.69
			29.95	111.76	284.79
		732.37	262.35	1003.93	902.88
	13.82		0.61	15.01	37.36
78.90	2401.64	332.60	477.05	389.51	1150.87
4956.30	**7447.59**	**5742.54**	**5867.45**	**8078.94**	**9480.59**
1929.01	3068.81	2557.65	2959.35	3463.65	5230.56
2941.29	3562.90	2951.12	2397.57	2813.59	2696.07
2941.29	3562.90	2261.76	2391.79	2450.54	2478.40
1982.57	3333.14	1189.16	1123.20	1819.25	1682.71
44.20	8.91	18.45	28.13	16.86	52.45
914.52	220.85	1054.15	1240.46	614.43	743.12
				14.06	48.95
		689.36	5.78	349.00	168.73
					5.86
86.00	241.69	122.22	100.68	77.95	116.66
	17.06	3.48	1.05	4.48	2.13
	69.69	49.31	384.68	1491.50	862.91
	487.45	58.76	24.12	227.76	566.38
1097.25	**1249.67**	**1371.62**	**1738.69**	**2283.42**	**6921.84**

3-41　扶贫开发工作重点县农民按人均生产支出分组情况（2014 年）

指　标	0-200 元	200-400 元	400-600 元	600-800 元
平均每户人口（人）	**3.21**	**4.02**	**4.96**	**4.59**
平均每户劳动力人数（人）	**1.81**	**2.35**	**2.66**	**2.80**
总收入	**8581.36**	**7179.85**	**5828.10**	**6622.97**
工资性收入	6417.59	2830.99	1661.87	2282.07
工资	3114.98	1519.34	657.99	1800.99
实物福利		2.35		
其他	3302.62	1309.30	1003.88	481.08
经营性收入	1193.15	2595.70	3328.28	3610.28
第一产业经营收入	902.42	2155.43	2522.56	3097.14
#农业	388.37	1060.30	1356.66	1745.82
林业	86.40	79.53	62.32	136.21
牧业	427.65	1015.60	1103.57	1215.11
第二产业经营收入	13.30	121.63	105.39	172.80
第三产业经营收入	277.43	318.64	700.32	340.34
财产性收入	85.81	106.07	61.04	15.07
转移性收入	884.81	1647.08	776.92	715.55
总支出	**7641.24**	**6281.90**	**4923.76**	**4907.63**
消费支出	6241.12	4586.88	3892.90	3879.44
生产经营费用支出	63.03	310.42	512.29	701.78
第一产业经营费用支出	59.43	297.30	464.82	690.23
#农业	39.53	193.15	255.20	386.40
林业	1.52	2.78	1.64	6.63
牧业	18.38	101.36	207.98	297.20
第二产业经营费用支出	1.33	8.98	11.59	1.55
第三产业经营费用支出	2.27	4.15	35.88	10.00
财产性支出	0.63			
转移性支出	241.05	83.77	78.47	105.14
部分商业保险支出	0.14	0.59	0.28	0.42
购置资产及非经常性转移支出	433.56	368.35	416.15	184.58
借贷性支出	661.70	931.89	23.66	36.27
可支配收入	**8128.19**	**6613.29**	**5029.83**	**5666.04**

800-1100 元	1100-1300 元	1300-1500 元	1500-2000 元	2000-2500 元	2500 元以上
4.57	**4.54**	**4.31**	**4.63**	**4.11**	**3.92**
2.86	**2.73**	**2.87**	**2.99**	**2.63**	**2.53**
7164.25	**7164.44**	**8445.16**	**8187.51**	**9331.10**	**14200.63**
1845.58	1219.44	2102.74	1488.65	1590.40	1781.65
1355.37	882.16	1160.29	836.75	793.01	553.90
		0.13	10.27	0.10	0.08
490.21	337.28	942.32	641.63	797.28	1227.67
4301.88	5083.28	5223.85	5827.01	6460.84	10736.63
3579.28	4056.62	4195.67	4961.03	5175.78	9122.90
1962.83	2299.00	2888.09	3273.24	2860.25	6191.91
73.07	124.41	78.15	119.46	130.85	182.75
1543.37	1633.21	1229.44	1568.32	2184.68	2748.24
163.69	365.86	351.97	318.79	363.37	208.49
558.91	660.79	676.21	547.19	921.69	1405.24
94.81	42.70	19.07	59.52	35.06	64.57
921.98	819.02	1099.51	812.34	1244.80	1617.78
6105.43	**6929.13**	**7831.14**	**7701.11**	**8550.27**	**15315.11**
4399.25	4876.41	5159.89	4559.26	5253.59	6299.04
952.73	1232.02	1401.28	1710.23	2225.03	5958.53
911.79	1145.85	1309.22	1635.76	2062.52	5423.39
492.06	678.63	822.52	980.81	1140.26	3711.29
13.33	35.55	19.93	22.62	62.28	95.11
406.40	431.67	466.59	632.32	859.98	1616.70
13.59	22.84	28.73	21.51	39.75	83.43
27.35	63.33	63.33	52.97	122.77	451.71
6.90	1.26	1.67	1.23	0.57	12.42
112.71	101.95	160.48	116.43	114.85	132.43
0.27	1.55	0.75	2.79	2.64	7.37
471.73	527.20	977.89	861.87	697.29	1731.44
161.83	188.74	129.17	449.29	256.30	1173.88
5822.25	**5564.90**	**6678.67**	**6113.66**	**6676.33**	**7659.06**

3-42 南疆三地州农民按人均生产支出分组情况（2014 年）

指　　标	0-200 元	200-400 元	400-600 元	600-800 元
平均每户人口（人）	**3.32**	**3.99**	**4.94**	**4.55**
平均每户劳动力人数（人）	**1.86**	**2.30**	**2.62**	**2.82**
总收入	**8224.04**	**6954.39**	**5666.40**	**6692.49**
工资性收入	6168.59	2963.99	1753.12	2369.94
工资	3037.52	1592.34	718.26	1913.89
实物福利		2.47		
其他	3131.08	1369.19	1034.87	456.05
经营性收入	1090.92	2349.30	3188.32	3624.95
第一产业经营收入	799.62	1886.37	2361.42	3075.24
#农业	368.23	1104.87	1429.67	1761.07
林业	93.99	83.63	62.04	144.00
牧业	337.40	697.88	869.71	1170.18
第二产业经营收入	15.37	127.89	71.21	190.60
第三产业经营收入	275.93	335.04	755.70	359.11
财产性收入	23.39	68.88	14.69	6.85
转移性收入	941.14	1572.21	710.27	690.75
总支出	**7488.66**	**6346.71**	**4942.67**	**4949.64**
消费支出	6154.70	4589.16	3881.39	3914.78
生产经营费用支出	65.65	311.15	513.95	701.77
第一产业经营费用支出	61.88	297.35	470.26	689.03
#农业	42.80	202.49	266.96	392.07
林业	1.25	2.93	1.72	6.34
牧业	17.82	91.93	201.57	290.62
第二产业经营费用支出	1.54	9.44	3.62	1.71
第三产业经营费用支出	2.24	4.36	40.08	11.03
财产性支出				
转移性支出	235.05	82.29	75.87	105.50
部分商业保险支出	0.17	0.62	0.32	0.46
购置资产及非经常性转移支出	333.95	383.63	444.36	189.52
借贷性支出	699.14	979.86	26.77	37.61
可支配收入	**7794.67**	**6434.75**	**4913.32**	**5757.15**

800-1100 元	1100-1300 元	1300-1500 元	1500-2000 元	2000-2500 元	2500 元以上
4.48	**4.52**	**4.29**	**4.60**	**4.07**	**3.99**
2.82	**2.78**	**2.86**	**3.02**	**2.64**	**2.56**
7175.26	**6981.82**	**8259.26**	**8037.69**	**9201.15**	**13585.12**
1977.92	1259.71	2166.11	1471.53	1605.96	1663.71
1499.82	954.97	1194.06	817.46	742.76	479.10
		0.14	11.53	0.12	0.03
478.11	304.74	971.91	642.54	863.08	1184.58
4253.81	4966.56	5178.54	5761.54	6369.10	10375.02
3465.06	3866.85	4125.48	4844.88	4946.70	8696.71
2067.14	2364.92	2928.12	3311.24	2916.90	6259.72
84.60	133.57	77.77	90.91	146.24	178.12
1313.32	1368.36	1119.60	1442.73	1883.56	2258.87
168.92	420.98	378.91	358.02	428.33	240.98
619.82	678.72	674.15	558.65	994.08	1437.33
61.43	9.10	3.50	45.61	25.90	51.91
882.10	746.44	911.11	759.02	1200.20	1494.49
6041.94	**6863.31**	**7503.15**	**7530.30**	**8496.34**	**14566.07**
4417.96	4869.31	4909.98	4488.50	5231.10	5899.92
958.34	1236.41	1402.70	1713.02	2215.94	5987.79
912.13	1153.79	1310.35	1636.42	2036.59	5436.88
519.03	714.35	843.28	992.29	1157.53	3876.78
13.75	38.82	21.46	23.90	69.45	104.72
379.36	400.62	445.61	620.22	809.61	1455.04
15.88	26.29	30.93	24.15	46.79	96.44
30.32	56.34	61.42	52.45	132.56	454.46
8.07	1.45	1.18	1.39	0.67	12.76
114.21	101.50	165.97	116.81	109.97	107.37
0.32	1.63	0.81	2.92	3.11	4.83
395.57	435.83	884.57	706.56	723.33	1539.72
147.47	217.18	137.95	501.11	212.22	1013.68
5898.82	**5426.86**	**6512.72**	**5985.54**	**6608.94**	**7137.70**

3-43 扶贫开发工作重点县农民按人均生活消费支出分组情况（2014年）

指 标	0-1500元	1500-2000元	2000-2500元	2500元以上
平均每户人口（人）	**6.00**	**6.72**	**6.23**	**4.08**
平均每户劳动力人数（人）	**5.00**	**4.32**	**3.40**	**2.59**
总收入	**5355.06**	**4355.71**	**4726.67**	**10355.13**
工资性收入		642.83	595.39	2086.45
工资		249.99	319.50	1050.35
实物福利				1.81
其他		392.84	275.89	1034.29
经营性收入	5293.86	3242.51	3362.88	6982.12
第一产业经营收入	1538.36	2686.02	2785.12	5846.05
#农业	1356.40	1468.08	1759.81	3748.94
林业	27.63	73.05	75.11	134.43
牧业	154.34	1144.88	950.20	1962.68
第二产业经营收入		172.32	83.57	249.55
第三产业经营收入	3755.50	384.16	494.19	886.52
财产性收入		3.39	11.44	63.14
转移性收入	61.20	466.98	756.95	1223.41
总支出	**5394.91**	**3309.58**	**4434.47**	**10192.75**
消费支出	1394.07	1823.58	2274.60	5521.70
生产经营费用支出	3802.50	1156.54	1508.72	2884.59
第一产业经营费用支出	600.00	1095.88	1338.69	2664.34
#农业	365.50	650.60	795.75	1747.12
林业		5.55	13.56	49.01
牧业	234.50	439.73	529.37	868.09
第二产业经营费用支出		28.74	7.39	42.88
第三产业经营费用支出	3202.50	31.92	162.63	177.37
财产性支出				5.69
转移性支出	198.33	68.13	90.72	126.82
部分商业保险支出			2.52	3.43
购置资产及非经常性转移支出		253.04	470.35	1027.50
借贷性支出		8.29	87.57	623.02
可支配收入	**1314.23**	**2957.16**	**2993.04**	**7022.00**

3-44　南疆三地州农民按人均生活消费支出分组情况（2014 年）

指　　标	0-1500 元	1500-2000 元	2000-2500 元	2500 元以上
平均每户人口（人）	**6.00**	**6.30**	**6.18**	**4.11**
平均每户劳动力人数（人）	**5.00**	**4.12**	**3.39**	**2.61**
总收入	**5355.06**	**4155.43**	**4636.79**	**9986.83**
工资性收入		866.93	546.39	2074.31
工资		297.59	251.13	1059.22
实物福利				2.03
其他		569.34	295.26	1013.06
经营性收入	5293.86	2767.56	3328.64	6744.23
第一产业经营收入	1538.36	2266.81	2702.16	5558.22
#农业	1356.40	1403.60	1713.36	3781.99
林业	27.63	65.68	80.96	131.29
牧业	154.34	797.54	907.84	1644.94
第二产业经营收入		38.19	95.75	280.37
第三产业经营收入	3755.50	462.55	530.73	905.64
财产性收入		2.09	12.77	40.05
转移性收入	61.20	518.86	748.99	1128.23
总支出	**5394.91**	**3122.00**	**4519.43**	**9771.05**
消费支出	1394.07	1823.76	2278.78	5317.87
生产经营费用支出	3802.50	1220.32	1542.45	2851.60
第一产业经营费用支出	600.00	1174.06	1348.62	2630.10
#农业	365.50	765.41	799.64	1791.41
林业		4.97	13.21	52.85
牧业	234.50	403.68	535.76	785.72
第二产业经营费用支出			8.47	48.56
第三产业经营费用支出	3202.50	46.26	185.36	172.94
财产性支出				5.80
转移性支出	198.33	68.51	93.93	117.10
部分商业保险支出			2.89	2.54
购置资产及非经常性转移支出		9.41	511.52	906.31
借贷性支出			89.87	569.82
可支配收入	**1314.23**	**2732.19**	**2885.23**	**6761.12**

3-45 扶贫开发地区农村劳动力行业分布情况（2014 年）

指　　标	重点县	南疆三地州
当年从事的主要行业构成（%）	**100**	**100**
第一产业	88.1	88.0
第二产业	3.2	3.2
其中：采矿业	0.6	0.7
制造业	0.5	0.5
电、煤及水的生产和供应业	0.0	0.0
建筑业	2.0	2.0
第三产业	8.8	8.8
其中：交通运输仓储和邮政业	1.6	1.6
信息传输、计算机服务和软件业		
批发和零售业	3.2	3.2
住宿和餐饮业	0.4	0.4
金融业		
房地产业		
租赁和商务服务业	0.4	0.5
科学研究、技术服务和地质勘察业	0.0	0.0
水利、环境和公共设施管理业	0.1	0.1
居民服务和其他服务业	1.4	1.3
教育	0.3	0.3
卫生、社会保障和社会福利业	0.2	0.1
文化、体育和娱乐业	0.1	0.1
公共管理和社会组织	1.0	1.0
其它		

第四篇
退耕还林

4-1　退耕户粮食生产及平衡情况（2011 年）

指　　标	数 量	指　　标	数 量
耕地面积、粮食生产及平衡情况		年内购入粮食(公斤)	100.96
年末实有耕地面积(亩)	5.35	年内借入粮食(公斤)	0.25
年末经营的耕地面积(亩)	6.74	收回借出粮(公斤)	0.36
其中：水田(亩)	0.09	其他粮食收入(公斤)	7.45
水浇地(亩)	5.08	年内粮食支出合计(公斤)	1004.06
旱地(亩)	1.57	主食用粮(公斤)	201.37
年末国家专项规划基本口粮田累计完成面积(亩)		其他生活用粮(公斤)	9.10
粮食收支平衡表		出售粮食(公斤)	583.70
年初粮食结存(公斤)	222.48	种籽用粮食(公斤)	44.19
年内粮食收入合计(公斤)	1135.77	饲料用粮食(公斤)	162.25
年内生产粮食(公斤)	1026.74	借出粮食(公斤)	0.06
其中：稻谷(公斤)	40.67	归还借粮(公斤)	
小麦(公斤)	528.01	其他粮食支出(公斤)	3.39
玉米(公斤)	375.80	年末粮食结存(公斤)	354.18

注：数量指人均退耕面积 10 亩以下户的人均数。

4-2　退耕户退耕还林（草）完成情况（2011 年）

指　　标	数 量	指　　标	数 量
退耕地造林种草面积和效益情况		退耕还林（草）补助和巩固退耕还林成果情况	526.14
本年末退耕地造林种草累计面积(亩)	2.62	本年退耕地林产品总值(元)	10.66
其中：实际保存面积(亩)	2.51	其中：中药材价值(元)	149.42
按林草种分(亩)		木材价值(元)	
生态林(亩)	1.50	竹材价值(元)	328.14
经济林(亩)	1.05	干鲜果产品价值(元)	204.53
草(亩)	0.07	退耕还林还草补贴收入（总收入）(元)	204.53
退耕地生态林效益情况		退耕还林还草补贴（纯收入）(元)	204.53
面积(亩)	9.36	退耕还林还草补贴（现金收入）(元)	160.93
年末该地块树木棵数(棵)	77.00	退耕还林（草）粮食补助折成现金(元)	9.52
年末种植的树木平均树龄(年)	4.67	退耕还林（草）种苗款补助(元)	34.07
		退耕还林（草）生活费现金补助(元)	

4-3 退耕户基本情况（2011 年）

指　标	数　量	指　标	数　量
拥有生产性固定资产情况		数量(头)	2.44
生产用房屋及建筑物面积		原值(元)	30191.58
数量(平方米)	70.30	工业机械	
原值(元)	11983.07	数量(台)	…
生产用汽车		原值(元)	70.43
数量(辆)	0.01	建筑机械	
原值(元)	6748.00	数量(台)	
大中型拖拉机		原值(元)	
数量(辆)	0.02	其他生产性固定资产	
原值(元)	11365.95	数量	0.31
小型和手扶拖拉机		原值(元)	2268.38
数量(辆)	0.10	土地种植情况	
原值(元)	11072.44	粮食播种面积(亩)	4.23
机动脱粒机		其中：小麦(亩)	2.29
数量(台)	0.01	水稻(亩)	0.06
原值(元)	478.64	玉米(亩)	1.22
收割机		豆类(亩)	0.18
数量(台)	…	薯类(亩)	0.14
原值(元)	1844.98	经济作物播种面积(亩)	3.95
农用动力机械		棉花(亩)	0.98
数量(台)	0.05	油料(亩)	1.03
原值(元)	3728.47	麻类(亩)	
水泵		糖料(亩)	0.04
数量(台)	0.03	烟草(亩)	
原值(元)	1135.43	蔬菜(亩)	0.09
役畜		瓜类(亩)	0.03
数量(头)	0.11	酱用西红柿(亩)	0.04
原值(元)	2654.24	打瓜(亩)	1.75
产品畜			

4-4　退耕户当年生产经营情况（2011 年）

指　　标	数　　量	指　　标	数　　量
农业	2801.96	专用农产品	269.84
谷物产量(公斤)	1418.58	林业	25.69
小麦(公斤)	686.94	采集的林产品	22.80
稻谷(公斤)	34.20	天然林和人工林地采集的果实	22.31
玉米(公斤)	594.96	核桃产量(公斤)	22.31
高粱(公斤)	2.33	其他	
谷子(公斤)		野生植物、果实	0.49
青稞(公斤)		中药材(野生)产量(公斤)	0.48
其他谷物(公斤)	100.14	其他	
薯类产量(公斤)	15.56	竹木采伐量	0.02
豆类产量(公斤)	22.03	竹（根）	
棉花产量(公斤)	201.79	木材（立方米）	1.73
油料产量(公斤)	107.20	育种、育苗	1.79
麻类产量(公斤)		林木种子产量(公斤)	
糖料产量(公斤)	114.12	树苗（株）	1.79
烟草产量(公斤)		林业副产品	1.08
蔬菜产量(公斤)	202.97	用林产品加工手工业产品	
鲜菜(公斤)	202.95	牧业	115.76
干菜(公斤)		畜禽肉产量(出售、自宰)(公斤)	42.82
花卉、园艺		畜肉产量(公斤)	41.45
瓜果类产量(公斤)	69.35	肉猪头数(头)	
西瓜产量(公斤)	57.20	肉猪肉产量（公斤）	0.20
甜瓜产量(公斤)	12.15	菜羊只数(只)	1.22
白兰瓜产量(公斤)		菜羊肉产量(公斤)	25.30
草莓产量(公斤)		肉牛头数(头)	0.14
其他产量(公斤)		肉牛肉产量(公斤)	15.31
园林水果产量(公斤)	294.34	其他牲畜头数(头)	
苹果产量(公斤)	2.04	其他牲畜肉产量(公斤)	0.64
梨产量(公斤)	115.89	家禽肉产量(公斤)	1.37
葡萄产量(公斤)	130.69	蛋类产量(公斤)	0.81
桃产量(公斤)	4.24	皮产量(张)	0.07
杏产量(公斤)	31.85	毛、绒产量(公斤)	1.91
枣产量(公斤)	8.40	奶类产量(公斤)	46.33
其他产量(公斤)	1.23	仔、幼、育肥畜、禽产品	7.32
香料产量(公斤)	0.87	其他牧业产品	1.45
中药材(人工种植)产量(公斤)	1.92	狩猎和捕捉野生动物	
其他种植业产品	9.52	牧业副产品产量	1.30
农作物副产品产量(公斤)	11.64	用牧产品加工手工业产品	

4-5 退耕户总收入与总支出（2011 年）

单位：元

指　　标	数　量	指　　标	数　量
总收入	12465.33	林业产品收入	275.74
工资性收入	755.40	林业服务性收入	1.08
在非企业组织中劳动得到收入	271.53	牧业收入	1629.28
乡村干部收入	174.29	牧业产品收入	1599.96
乡村教师收入	34.36	牧业服务性收入	29.32
行政事业单位等职工收入	62.88	渔业收入	
在本乡地域内劳动得到收入	298.14	渔业产品收入	
在企业中劳动得到收入	73.96	渔业服务性收入	
在国家投资基建项目得到收入	0.06	第二产业收入	78.53
提供其他劳务收入	224.11	工业收入	53.65
外出从业得到收入	185.72	工业产品收入	13.71
在乡外县内从业得到收入	61.11	工业服务性收入	39.94
在县外省内从业得到收入	124.11	建筑业收入	24.88
在省外国内从业得到收入	0.50	建筑业产品收入	
在国外从业得到收入		建筑业服务性收入	24.88
家庭经营收入	10430.22	第三产业收入	644.78
第一产业收入	9706.91	其他产品收入	0.47
农业收入	7800.81	第三产业服务性收入	644.32
农产品收入	7410.16	交通、运输、邮电业收入	287.22
农业服务性收入	390.66	批零贸易业、饮食业收入	338.97
林业收入	276.81	社会服务业收入	11.10

4-5　续表

单位：元

指　　标	数　量	指　　标	数　量
文教卫生业收入	0.33	农业生产费用支出	4259.01
其他行业收入	6.70	林业生产费用支出	168.95
财产性收入	512.60	牧业生产费用支出	736.37
利息	0.05	渔业生产费用支出	0.17
集体分配股息和红利		第二产业生产费用支出	29.01
其他股息和红利		工业生产费用支出	17.58
租金(包括农业机械)	13.14	建筑业生产费用支出	11.43
出让无形资产净收入		第三产业生产费用支出	280.37
储蓄性保险投资收入		交通运输邮电业生产费用支出	154.39
土地征用补偿收入	6.89	批零贸易餐饮业生产费用支出	115.60
转让承包土地经营权收入	405.94	社会服务业生产费用支出	2.16
其他投资收益	7.04	文教卫生业生产费用支出	2.31
其他	79.53	其他行业生产费用支出	5.92
转移性收入	767.11	购置生产性固定资产支出	968.22
其中：家庭非常住人口寄回和带回收入	6.50	建、造生产性固定资产雇工支出	46.11
城市亲友赠送收入	1.66	税费支出	7.52
农村亲友赠送收入	11.85	第一产业税	
#粮食收入		第二产业税	
粮食直接补贴收入	80.43	第三产业生产纳税	5.89
总支出	7426.57	其他各种收费	1.62
家庭经营费用支出	5473.88	财产性支出	684.90
第一产业生产费用支出	5164.49	转移性支出	245.57

4-6 退耕户纯收入情况（2011 年）

单位：元

指　　标	数　量	指　　标	数　量
全年纯收入	6415.92	财产性纯收入	512.60
工资性收入	755.40	利息	0.05
在非企业组织中劳动得到收入	271.53	集体分配股息和红利	
乡村干部收入	174.29	其他股息和红利	
乡村教师收入	34.36	租金(包括农业机械)	13.14
行政事业单位等职工收入	62.88	出让无形资产净收入	
在本乡地域内劳动得到收入	298.14	储蓄性保险投资收入	
在企业中劳动得到收入	73.96	土地征用补偿收入	6.89
在国家投资基建项目得到收入	0.06	转让承包土地经营权收入	405.94
提供其他劳务收入	224.11	其他投资收益	7.04
外出从业得到收入	185.72	其他	79.53
在乡外县内从业得到收入	61.11	转移性纯收入	756.05
在县外省内从业得到收入	124.11	家庭非常住人口寄回和带回(元)	6.50
在省外国内从业得到收入	0.50	城市亲友赠送	1.66
在国外从业得到收入		离退休金、养老金	13.90
家庭经营纯收入	4391.88	城市亲友支付赡养费	4.58
第一产业纯收入	4000.59	农村亲友支付赡养费	3.01
农业收入	3116.87	救济金	8.65
林业收入	96.30	抚恤金	0.19
牧业收入	787.65	灾款	5.03
渔业收入	-0.23	报销医疗费	11.83
非农产业纯收入	391.29	退税	0.84
第二产业纯收入	48.29	无偿扶贫或扶持款	8.80
工业收入	35.35	得到赔款	0.21
建筑业收入	12.94	其他	156.59
第三产业纯收入	343.00	其中:粮食直接补贴收入	80.43
交通、运输、邮电业收入	118.51	购置和更新大型农机具补贴收入	1.17
批零贸易业、饮食业收入	217.91	良种补贴收入(粮食种植)	21.49
社会服务业收入	8.87	全年现金纯收入	5796.17
文教卫生业收入	-2.20	全年实物纯收入	619.75
其他行业收入	-0.10		

4-7　退耕户现金收支情况（2011 年）

单位：元

指　标	数　量	指　标	数　量
期内现金收入	11491.98	出售其他产品收入	0.47
工资性收入	755.40	第三产业服务性现金收入	644.32
在非企业组织中劳动得到收入	271.53	交通、运输、邮电业收入	287.22
乡村干部收入	174.29	批零贸易业、饮食业收入	338.97
乡村教师收入	34.36	社会服务业收入	11.10
行政事业单位等职工收入	62.88	文教卫生业收入	0.33
在本乡地域内劳动得到收入	298.14	其他行业收入	6.70
在企业中劳动得到收入	73.96	财产性收入	501.40
在国家投资基建项目得到收入	0.06	利息	0.05
提供其他劳务收入	224.11	集体分配股息和红利	
外出从业得到收入	185.72	其他股息和红利	
在乡外县内从业得到收入	61.11	租金(包括农业机械)	13.14
在县外省内从业得到收入	124.11	出让无形资产净收入	
在省外国内从业得到收入	0.50	储蓄性保险投资收入	
在国外从业得到收入		土地征用补偿收入	6.89
家庭经营现金收入	9468.07	转让承包土地经营权收入	405.94
第一产业现金收入	8744.75	其他投资收益	7.04
农业现金收入	6958.91	其他	68.34
林业现金收入	217.89	转移性收入	767.11
牧业现金收入	1567.95	家庭非常住人口寄回和带回	6.50
渔业现金收入		城市亲友赠送	1.66
第二产业现金收入	78.53	农村亲友赠送	11.85
工业收入	53.65	离退休金、养老金	13.90
建筑业收入	24.88	城市亲友支付赡养费	4.58
第三产业现金收入	644.78	农村亲友支付赡养费	3.01

4-7 续表

单位：元

指　标	数　量	指　标	数　量
救济金	8.65	文教卫生业生产费用支出	2.31
抚恤金	0.19	其他行业生产费用支出	5.92
救灾款	5.03	购置生产性固定资产支出	968.22
报销医疗费	11.83	建、造生产性固定资产雇工支出	46.11
退税	0.84	税费支出	7.52
无偿扶贫或扶持款	8.80	第一产业税	
得到赔款	0.21	第二产业税	
其他	155.81	第三产业生产纳税	5.89
其中:粮食直接补贴收入	80.43	其他各种收费	1.62
购置和更新大型农机具补贴收入	1.17	财产性支出	684.90
良种补贴收入(粮食种植)	21.49	宅基地有偿使用费	0.28
期内现金支出	7350.28	承包其他农户转让	669.84
生产费用支出	6413.08	其他	14.78
家庭经营费用支出	5398.75	转移性支出	244.78
第一产业生产费用支出	5089.36	寄给带给家庭非常人口现金	80.77
农业生产费用支出	4245.82	赠送农村亲友	36.94
林业生产费用支出	168.95	赠送城市亲友	0.15
牧业生产费用支出	674.42	交纳医疗保险	38.58
渔业生产费用支出	0.17	交纳社会保障基金	31.80
第二产业生产费用支出	29.01	购买非储蓄性保险	9.61
工业生产费用支出	17.58	赡养费	26.35
建筑业生产费用支出	11.43	其他直接税	6.04
第三产业生产费用支出	280.37	捐赠	0.25
交通运输邮电业生产费用支出(	154.39	赔款	2.26
批零贸易餐饮业生产费用支出	115.60	其他	12.04
社会服务业生产费用支出	2.16		

4-8　退耕户出售产品情况（2011 年）

指　　标	数　量	指　　标	数　量
出售产品情况(元)	8337.87	出售蔬菜金额(元)	159.26
农业(元)	6568.25	出售鲜菜数量(公斤)	196.37
谷物数量(公斤)	973.34	出售鲜菜金额(元)	159.07
金额(元)	1749.84	出售干菜数量(公斤)	…
出售小麦数量(公斤)	463.79	出售干菜金额(元)	0.03
出售小麦金额(元)	925.23	出售鲜菌数量(公斤)	0.04
出售稻谷数量(公斤)	31.11	出售鲜菌金额(元)	0.17
出售稻谷金额(元)	85.87	出售花卉、园艺金额(元)	0.24
出售玉米数量(公斤)	394.56	出售瓜类数量(公斤)	66.28
出售玉米金额(元)	564.04	出售瓜类金额(元)	71.81
出售高粱数量(公斤)	1.79	其中：出售西瓜数量(公斤)	55.09
出售高粱金额(元)	5.38	出售西瓜金额(元)	55.82
出售谷子数量(公斤)		出售甜瓜数量(公斤)	11.20
出售谷子金额(元)		售甜瓜金额(元)	15.99
出售青稞数量(公斤)		出售白兰瓜数量(公斤)	
出售青稞金额(元)		出售白兰瓜金额(元)	
出售其他谷物数量(公斤)	82.09	出售草莓数量(公斤)	
出售其他谷物金额(元)	169.32	出售草莓金额(元)	
出售薯类数量(公斤)	14.90	出售园林水果数量(公斤)	283.36
出售薯类金额(元)	63.37	出售园林水果金额(元)	1179.09
出售豆类数量(公斤)	19.92	其中：出售苹果数量(公斤)	1.72
出售豆类金额(元)	80.83	出售苹果金额(元)	3.45
出售棉花数量(公斤)	198.56	出售梨数量(公斤)	115.42
出售棉花金额(元)	1641.30	出售梨金额(元)	672.79
出售油料数量(公斤)	93.13	出售葡萄数量(公斤)	123.12
出售油料金额(元)	369.56	出售葡萄金额(元)	326.43
出售麻类数量(公斤)		出售桃数量(公斤)	4.10
出售麻类金额(元)		出售桃金额(元)	32.78
出售糖料数量(公斤)	46.13	出售杏数量(公斤)	31.13
出售糖料金额(元)	32.77	出售杏金额(元)	65.90
出售烟草数量(公斤)		出售枣数量(公斤)	6.71
售烟草金额(元)		出售枣金额(元)	70.31
出售蔬菜数量(公斤)	196.40	出售香料数量(公斤)	0.85

4-8 续表

指　　标	数　量	指　　标	数　量
出售香料金额(元)	21.05	牧业(元)	1538.63
出售中药材数量(公斤)	1.67	出售肉猪及猪肉总重量(公斤)	0.09
出售中药材金额(元)	117.60	出售肉猪及猪肉总金额(元)	2.26
出售其他种植业产品金额(元)	4.09	出售菜羊及羊肉总重量(公斤)	23.09
出售采集野生植物金额(元)	0.02	出售菜羊及羊肉总金额(元)	851.50
出售农作物副产品数量(公斤)	19.49	出售肉牛及牛肉总重量(公斤)	15.79
出售农作物副产品金额(元)	7.06	出售肉牛及牛肉总金额(元)	475.46
出售手工业产品金额(元)		出售其他活家畜及自宰畜头数(头)	0.12
出售专用农产品金额(元)	1070.35	出售其他活家畜及自宰畜肉重量(公斤)	1.03
林业(元)	216.82	出售其他活家畜及自宰畜肉金额(元)	27.38
出售采集林产品金额(元)	138.32	出售家禽总重量(公斤)	0.57
出售天然林和人工林地采集果实(元)	138.27	出售家禽总金额(元)	10.03
其中：出售板栗数量(公斤)		出售蛋类的数量(公斤)	0.18
出售板栗金额(元)		出售蛋类的金额(元)	1.54
出售核桃数量(公斤)	20.66	出售畜皮数量(张)	0.09
出售核桃金额(元)	137.50	出售畜皮金额(元)	8.34
出售采集野生植物和果实金额(元)	32.07	出售毛、绒数量(公斤)	4.33
其中：柴数量(公担)	0.01	出售毛、绒金额(元)	19.06
柴金额(元)	0.05	出售奶类数量(公斤)	36.16
中药材数量(公斤)	0.77	出售奶类金额(元)	78.03
中药材金额(元)	32.02	出售仔、幼、育肥畜禽和小动物(元)	57.18
出售竹木金额(元)	40.34	出售其他牧业产品金额(元)	6.51
竹数量(根)		出售狩猎和捕捉野生动物(元)	
竹金额(元)		出售牧业副产品金额(元)	0.48
木材数量(立方米)	12.90	出售牧业手工业产品金额(元)	0.86
木材金额(元)	40.34	调查户数(户)	0.21
出售育种、育苗金额(元)	5.05	附记：购买生产资料综合补贴(元)	7.90
林木种子数量(公斤)		领取最低生活保障费(元)	22.63
林木种子金额(元)		宴请支出(元)	62.59
育苗数量(株)	4.15	外出务工成本(元)	2.76
育苗金额(元)	5.05	退耕林地收入(元)	87.40
出售林业副产品金额(元)	1.08	退耕林（草）地支出(元)	31.09
出售林业手工业产品金额(元)		农业政策补贴收入(元)	110.99

4-9　退耕户粮食收支平衡表（2012年）

指　　标	数　量	指　　标	数　量
耕地面积、粮食生产及平衡情况		其中：稻谷（公斤）	69.46
年末实有耕地面积（亩）	5.71	小麦（公斤）	521.50
年末经营耕地面积（亩）	7.02	玉米（公斤）	951.09
年末国家专项规划基本口粮田累计完成面积（亩）	0.14	年内购入粮食（公斤）	113.71
其中：水田（亩）	0.11	年内借入粮食（公斤）	1.02
水浇地（亩）	5.71	收回借出粮（公斤）	0.06
旱地（亩）	0.51	其他粮食收入（公斤）	8.45
国家专项规划基本口粮田改造完成后增产情况	0.03	年内粮食支出合计（公斤）	1359.92
0%-20%（户）		主食用粮（公斤）	186.01
20%-50%（户）	…	其他生活用粮（公斤）	11.69
50%-100%（户）	…	出售粮食（公斤）	950.91
100%以上（户）	…	种籽用粮食（公斤）	50.28
未增产（户）	0.20	饲料用粮食（公斤）	156.42
粮食收支平衡表		借出粮食（公斤）	0.16
年初粮食结存（公斤）	236.54	归还借粮（公斤）	0.19
年内粮食收入合计（公斤）	1554.71	其他粮食支出（公斤）	4.26
年内生产粮食（公斤）	1431.47	年末粮食结存（公斤）	431.33

4-10 退耕户退耕还林(草)完成情况（2012 年）

指　　标	数　量	指　　标	数　量
退耕地造林种草面积和效益情况		本年接受针对退耕户技能培训人次	0.16
本年末退耕地造林种草累计面积(亩)	2.74	未接受过培训(户)	0.13
其中：实际保存面积(亩)	2.54	1 次(户)	0.03
按林草种分(亩)		2 次(户)	0.02
生态林(亩)	1.60	3 次及以上(户)	0.02
经济林(亩)	1.14	本年退耕地补植补造面积(亩)	0.06
草(亩)		本年退耕地补植补造株数(株)	8.07
退耕地生态林效益情况		本年退耕地补植补造费用(元)	13.95
面积(亩)	1.84	后续产业项目中种植业（亩）	0.19
年末该地块树木棵数(棵)	149.71	后续产业项目中林果茶业（亩）	0.07
年末种植的树木平均树龄(年)	1.08	后续产业项目中养殖业棚圈（平方米）	0.04
退耕还林（草）补助和巩固退耕还林成果情况		后续产业项目中养殖业青贮窖(立方米)	
本年退耕地林产品总值(元)	800.44	后续产业项目中设施农业（亩）	0.01
其中：中药材价值(元)	5.82	后续产业项目中饲草基地（亩）	0.03
木材价值(元)	225.96	总收入中：退耕还林还草补贴收入(元)	101.25
竹材价值(元)		纯收入中：退耕还林还草补贴(元)	101.25
干鲜果产品价值(元)	423.43	现金收入中：退耕还林还草补贴(元)	101.25
是否参加巩固成果后续产业建设项目	0.38	退耕还林（草）粮食补助折成现金(元)	54.54
是(户)	0.04	退耕还林（草）种苗款补助(元)	18.47
否(户)	0.17	退耕还林（草）生活费现金补助(元)	28.23

4-11 退耕户基本情况（2012 年）

指 标	数 量	指 标	数 量
退耕户基本情况		原值(元)	2944.31
家庭基本情况(调查户数)(户)	466.80	产品畜	
年末常住人口(人)	2166.28	数量(头)	1.91
拥有生产性固定资产情况		原值(元)	22339.91
生产用房屋及建筑物面积		工业机械	
数量(平方米)	105.89	数量(台)	0.01
原值(元)	22526.13	原值(元)	130.43
生产用汽车		建筑机械	
数量(辆)	0.01	数量(台)	…
原值(元)	7917.05	原值(元)	5.57
大中型拖拉机		其他生产性固定资产	
数量(辆)	0.02	数量(任选)	0.28
原值(元)	15089.52	原值(元)	3429.65
小型和手扶拖拉机		土地种植情况	
数量(辆)	0.10	粮食播种面积(亩)	4.52
原值(元)	11891.48	其中：小麦(亩)	2.19
机动脱粒机		水稻(亩)	0.09
数量(台)	0.01	玉米(亩)	1.89
原值(元)	439.34	豆类(亩)	0.14
收割机		薯类(亩)	0.01
数量(台)	0.01	经济作物播种面积(亩)	5.37
原值(元)	2038.92	棉花(亩)	1.08
农用动力机械		油料(亩)	1.13
数量(台)	0.02	麻类(亩)	
原值(元)	652.63	糖料(亩)	0.04
水泵		烟草(亩)	
数量(台)	0.03	蔬菜(亩)	0.05
原值(元)	1006.09	瓜类(亩)	0.02
役畜		酱用西红柿(亩)	2.12
数量(头)	0.09	打瓜(亩)	0.94

4-12 退耕户当年生产经营情况（2012 年）

指　标	数　量	指　标	数　量
农业	3056.70	瓜果类产量(公斤)	40.81
谷物产量(公斤)	1877.54	西瓜产量(公斤)	39.41
小麦(公斤)	632.06	甜瓜产量(公斤)	1.39
稻谷(公斤)	59.79	园林水果产量(公斤)	319.31
玉米(公斤)	1133.92	苹果产量(公斤)	0.42
高粱(公斤)	3.04	梨产量(公斤)	115.00
谷子(公斤)		葡萄产量(公斤)	152.02
青稞(公斤)		桃产量(公斤)	6.02
其他谷物(公斤)	48.72	杏产量(公斤)	31.96
薯类产量(公斤)	6.35	枣产量(公斤)	10.54
豆类产量(公斤)	18.95	其他产量	3.34
棉花产量(公斤)	204.76	香料产量(公斤)	3.06
油料产量(公斤)	114.54	中药材(人工种植)产量(公斤)	1.85
麻类产量(公斤)		其他种植业产品	38.91
糖料产量(公斤)	134.34	野生植物采集	
烟草产量(公斤)		农作物副产品产量(公斤)	6.05
蔬菜产量(公斤)	76.26	用农产品加工手工业产品	
鲜菜(公斤)	76.26	专用农产品	188.59
干菜(公斤)		林业	33.33
花卉、园艺		采集的林产品	33.30

4-12　续表

指　标	数　量	指　标	数　量
天然林和人工林地采集的果实	31.91	畜肉产量(公斤)	56.29
板栗产量(公斤)		肉猪头数(头)	0.05
核桃产量(公斤)	31.91	肉猪肉产量(公斤)	1.02
野生植物、果实	0.73	菜羊只数(只)	1.41
柴(公担)		菜羊肉产量(公斤)	31.54
草(公担)	0.40	肉牛头数(头)	0.20
野生菌类产量(公斤)		肉牛肉产量(公斤)	23.32
野果产量(公斤)		其他牲畜头数(头)	0.01
中药材(野生)产量(公斤)	0.31	其他牲畜肉产量(公斤)	0.42
其他	0.02	家禽肉产量(公斤)	1.72
竹木采伐量	0.27	蛋类产量(公斤)	0.70
竹(根)		皮产量(张)	0.09
木材(立方米)	27.44	毛、绒产量(公斤)	5.95
育种、育苗	0.12	奶类产量(公斤)	29.83
林木种子产量(公斤)		仔、幼、育肥畜、禽产品	8.08
树苗(株)	0.12	其他牧业产品	5.70
林业副产品		狩猎和捕捉野生动物	
用林产品加工手工业产品	0.30	牧业副产品产量	5.56
牧业	125.61	用牧产品加工手工业产品	0.06
畜禽肉产量(出售、自宰)(公斤)	58.01	采掘业、工业产品	0.01

4-13 退耕户总收入与总支出（2012 年）

单位：元

指　　标	数　　量	指　　标	数　　量
总收入	13882.54	林业收入	386.98
工资性收入	1021.20	林业产品收入	383.95
在非企业组织中劳动得到收入	278.94	林业服务性收入	3.02
乡村干部收入	174.86	牧业收入	2090.26
乡村教师收入	63.62	牧业产品收入	2088.26
行政事业单位等职工收入	40.46	牧业服务性收入	2.00
在本乡地域内劳动得到收入	455.44	第二产业收入	93.87
在企业中劳动得到收入	58.23	工业收入	42.99
在国家投资基建项目得到收入	0.01	工业产品收入	30.97
提供其他劳务收入	397.21	工业服务性收入	12.02
外出从业得到收入	286.82	建筑业收入	50.88
在乡外县内从业得到收入	163.22	建筑业产品收入	
在县外省内从业得到收入	123.60	建筑业服务性收入	50.88
在省外国内从业得到收入		第三产业收入	536.05
在国外从业得到收入		其他产品收入	0.43
家庭经营收入	11848.71	第三产业服务性收入	535.62
第一产业收入	11218.79	交通、运输、邮电业收入	169.44
农业收入	8741.56	批零贸易业、饮食业收入	348.35
农产品收入	8395.18	社会服务业收入	5.53
农业服务性收入	346.37	文教卫生业收入	1.07

4-13　续表

单位：元

指　　标	数　量	指　　标	数　量
其他行业收入	11.22	林业生产费用支出	283.78
财产性收入	394.55	牧业生产费用支出	908.11
利息		渔业生产费用支出	1.34
集体分配股息和红利		第二产业生产费用支出	36.69
其他股息和红利		工业生产费用支出	13.26
租金(包括农业机械)	25.33	建筑业生产费用支出	23.43
出让无形资产净收入		第三产业生产费用支出	273.80
6. 储蓄性保险投资收入		交通运输邮电业生产费用支出	60.69
转让承包土地经营权收入	334.44	批零贸易餐饮业生产费用支出	172.97
其他投资收益		社会服务业生产费用支出	1.75
其他	34.78	文教卫生业生产费用支出	31.91
转移性收入	618.08	其他行业生产费用支出	6.48
其中：家庭非常住人口寄回和带回收入	1.70	购置生产性固定资产支出	839.32
城市亲友赠送收入	0.14	建、造生产性固定资产雇工支出	2.59
农村亲友赠送收入	7.10	税费支出	4.89
#粮食收入		第一产业税	
粮食直接补贴收入	76.77	第二产业税	
总支出	7193.31	第三产业生产纳税	
家庭经营费用支出	6118.74	其他各种收费	4.89
第一产业生产费用支出	5808.26	财产性支出	22.76
农业生产费用支出	4615.03	转移性支出	205.01

4-14 退耕户基本情况（2012 年）

单位：元

指　　标	数　　量	指　　标	数　　量
全年纯收入	7151.48	其他行业收入	3.71
工资性收入	1021.20	财产性纯收入	394.55
在非企业组织中劳动得到收入	278.94	利息	
乡村干部收入	174.86	集体分配股息和红利	
乡村教师收入	63.62	其他股息和红利	
行政事业单位等职工收入	40.46	租金(包括农业机械)	25.33
在本乡地域内劳动得到收入	455.44	出让无形资产净收入	
在企业中劳动得到收入	58.23	储蓄性保险投资收入	
在国家投资基建项目得到收入	0.01	转让承包土地经营权收入	334.44
提供其他劳务收入	397.21	其他投资收益	
外出从业得到收入	286.82	其他	34.78
在乡外县内从业得到收入	163.22	转移性纯收入	613.38
在县外省内从业得到收入	123.60	家庭非常住人口寄回和带回	1.70
在省外国内从业得到收入		城市亲友赠送	0.14
在国外从业得到收入		离退休金、养老金	46.75
家庭经营纯收入	5122.35	城市亲友支付赡养费	0.86
第一产业纯收入	4835.95	农村亲友支付赡养费	0.94
农业收入	3686.43	救济金	1.77
林业收入	80.24	抚恤金	
牧业收入	1070.79	灾款	0.58
渔业收入	-1.52	退税	0.18
非农产业纯收入	286.40	无偿扶贫或扶持款	44.69
第二产业纯收入	54.94	得到赔款	1.65
工业收入	28.87	其他	279.53
建筑业收入	26.07	其中:粮食直接补贴收入	76.77
第三产业纯收入	231.46	购置和更新大型农机具补贴收入	19.24
交通、运输、邮电业收入	89.10	良种补贴收入(粮食种植)	54.71
批零贸易业、饮食业收入	166.95	全年现金纯收入	5605.46
社会服务业收入	3.58	全年实物纯收入	1546.01
文教卫生业收入	-31.89		

4-15　退耕户现金收支情况（2012年）

单位：元

指　　标	数　量	指　　标	数　量
期内现金收入	12528.62	出售其他产品收入	0.43
工资性收入	1018.76	第三产业服务性现金收入	535.62
在非企业组织中劳动得到收入	276.49	交通、运输、邮电业收入	169.44
乡村干部收入	172.42	批零贸易业、饮食业收入	348.35
乡村教师收入	63.62	社会服务业收入	5.53
行政事业单位等职工收入	40.46	文教卫生业收入	1.07
在本乡地域内劳动得到收入	455.44	其他行业收入	11.22
在企业中劳动得到收入	58.23	财产性收入	375.54
在国家投资基建项目得到收入	0.01	利息	
提供其他劳务收入	397.21	集体分配股息和红利	
外出从业得到收入	286.82	其他股息和红利	
在乡外县内从业得到收入	163.22	租金（包括农业机械）	25.33
在县外省内从业得到收入	123.60	出让无形资产净收入	
在省外国内从业得到收入		储蓄性保险投资收入	
在国外从业得到收入		转让承包土地经营权收入	334.44
家庭经营现金收入	10516.36	其他投资收益	
第一产业现金收入	9886.44	其他	15.77
农业现金收入	7639.58	转移性收入	617.96
林业现金收入	346.96	家庭非常住人口寄回和带回	1.70
牧业现金收入	1899.90	城市亲友赠送	0.14
渔业现金收入		农村亲友赠送	7.10
第二产业现金收入	93.87	离退休金、养老金	46.75
工业收入	42.99	城市亲友支付赡养费	0.86
建筑业收入	50.88	农村亲友支付赡养费	0.94
第三产业现金收入	536.05	救济金	1.77

4-15 续表

单位：元

指　标	数　量	指　标	数　量
抚恤金		文教卫生业生产费用支出	31.91
救灾款	0.58	其他行业生产费用支出	6.48
退税	0.18	购置生产性固定资产支出	839.32
无偿扶贫或扶持款	44.69	建、造生产性固定资产雇工支出	2.59
得到赔款	1.65	税费支出	4.89
其他	277.01	第一产业税	
其中：粮食直接补贴收入	76.77	第二产业税	
购置和更新大型农机具补贴收入	19.24	第三产业生产纳税	
良种补贴收入（粮食种植）	54.71	其他各种收费	4.89
期内现金支出	7686.21	财产性支出	22.76
生产费用支出	7454.11	宅基地有偿使用费	22.66
家庭经营费用支出	6612.20	其他	0.10
第一产业生产费用支出	6301.72	转移性支出	204.45
农业生产费用支出	4613.99	寄给带给家庭非常人口现金	42.29
林业生产费用支出	283.78	赠送农村亲友	47.80
牧业生产费用支出	834.78	赠送城市亲友	0.15
渔业生产费用支出	1.34	交纳医疗保险	35.53
第二产业生产费用支出	36.69	交纳社会保障基金	27.80
工业生产费用支出	13.26	购买非储蓄性保险	23.89
建筑业生产费用支出	23.43	赡养费	4.75
第三产业生产费用支出	273.80	其他直接税	6.08
交通运输邮电业生产费用支出	60.69	捐赠	0.35
批零贸易餐饮业生产费用支出	172.97	罚款赔款	
社会服务业生产费用支出	1.75	其他	15.81

4-16　退耕户出售产品情况（2012 年）

指　标	数　量	指　标	数　量
出售产品情况(元)	9566.45	出售蔬菜数量(公斤)	72.44
农业(元)	7293.21	出售蔬菜金额(元)	142.99
谷物数量(公斤)	1338.42	出售鲜菜数量(公斤)	72.44
金额(元)	2421.33	出售鲜菜金额(元)	142.93
出售小麦数量(公斤)	395.17	出售干菜数量(公斤)	
出售小麦金额(元)	835.47	出售干菜金额(元)	0.06
出售稻谷数量(公斤)	45.10	出售花卉、园艺金额(元)	7.98
出售稻谷金额(元)	132.33	出售瓜类数量(公斤)	40.81
出售玉米数量(公斤)	867.24	出售瓜类金额(元)	39.97
出售玉米金额(元)	1386.02	其中：出售西瓜数量(公斤)	39.41
出售高粱数量(公斤)	2.60	出售西瓜金额(元)	37.44
出售高粱金额(元)	6.01	出售甜瓜数量(公斤)	1.39
出售谷子数量(公斤)		出售甜瓜金额(元)	2.53
出售谷子金额(元)		出售园林水果数量(公斤)	318.95
出售青稞数量(公斤)		出售园林水果金额(元)	1161.56
出售青稞金额(元)		其中：出售苹果数量(公斤)	0.41
出售其他谷物数量(公斤)	28.31	出售苹果金额(元)	1.21
出售其他谷物金额(元)	61.49	出售梨数量(公斤)	115.14
出售薯类数量(公斤)	5.17	出售梨金额(元)	524.36
出售薯类金额(元)	16.11	出售葡萄数量(公斤)	151.55
出售豆类数量(公斤)	17.16	出售葡萄金额(元)	384.18
出售豆类金额(元)	76.97	出售桃数量(公斤)	6.02
出售棉花数量(公斤)	190.05	出售桃金额(元)	54.64
出售棉花金额(元)	1520.71	出售杏数量(公斤)	32.49
出售油料数量(公斤)	102.49	出售杏金额(元)	49.12
出售油料金额(元)	442.78	出售枣数量(公斤)	10.02
出售麻类数量(公斤)		出售枣金额(元)	137.43
出售麻类金额(元)		出售茶叶和其他饮料金额(元)	0.53
出售糖料数量(公斤)	121.97	出售香料数量(公斤)	3.06
出售糖料金额(元)	55.25	出售香料金额(元)	55.66
出售烟草数量(公斤)		出售中药材数量(公斤)	1.70
出售烟草金额(元)		出售中药材金额(元)	118.82

4-16 续表

指　　标	数　量	指　　标	数　量
出售其他种植业产品金额(元)	12.85	出售肉猪及猪肉总重量(公斤)	0.03
出售采集野生植物金额(元)	0.34	出售肉猪及猪肉总金额(元)	0.72
出售农作物副产品数量(公斤)	10.71	出售菜羊及羊肉总重量(公斤)	27.51
出售农作物副产品金额(元)	7.91	出售菜羊及羊肉总金额(元)	1005.63
出售手工业产品金额(元)	1.21	出售肉牛及牛肉总重量(公斤)	22.21
出售专用农产品金额(元)	1210.23	出售肉牛及牛肉总金额(元)	706.40
林业(元)	343.94	出售其他活家畜及自宰畜头数(头)	0.10
出售采集林产品金额(元)	238.59	出售其他活家畜及自宰畜肉重量(公斤)	0.52
出售天然林和人工林地采集果实(元)	235.62	出售其他活家畜及自宰畜肉金额(元)	18.73
其中：出售板栗数量(公斤)		出售家禽总重量(公斤)	0.80
出售板栗金额(元)		出售家禽总金额(元)	13.63
出售核桃数量(公斤)	30.07	出售蛋类的数量(公斤)	0.23
出售核桃金额(元)	235.59	出售蛋类的金额(元)	2.59
出售采集野生植物和果实金额(元)	18.92	出售畜皮数量(张)	0.10
其中：柴数量(公担)	0.67	出售畜皮金额(元)	9.91
柴金额(元)	1.21	出售毛、绒数量(公斤)	7.60
草数量(公担)	0.37	出售毛、绒金额(元)	20.84
草金额(元)	2.17	出售奶类数量(公斤)	18.95
中药材数量(公斤)	0.83	出售奶类金额(元)	47.06
中药材金额(元)	14.50	出售仔、幼、育肥畜禽和小动物(元)	57.30
出售竹木金额(元)	66.26	出售其他牧业产品金额(元)	6.16
竹数量(根)		出售狩猎和捕捉野生动物(元)	
竹金额(元)		出售牧业副产品金额(元)	6.53
木材数量(立方米)	44.85	出售牧业手工业产品金额(元)	2.38
木材金额(元)	66.26	调查户数(户)	0.22
出售育种、育苗金额(元)	22.83	附记：购买生产资料综合补贴(元)	6.11
林木种子数量(公斤)		领取最低生活保障费(元)	27.22
林木种子金额(元)		宴请支出(元)	48.25
育苗数量(株)	13.31	外出务工成本(元)	0.15
育苗金额(元)	22.83	退耕林地收入(元)	145.10
出售林业副产品金额(元)		退耕林（草）地支出(元)	104.40
出售林业手工业产品金额(元)	0.30	农业政策补贴收入(元)	156.83
牧业(元)	1897.90		

4-17　退耕户粮食收支平衡表（2013 年）

指　　标	数　量	指　　标	数　量
耕地面积、粮食生产及平衡情况		其中：稻谷(公斤)	64.03
年末实有耕地面积(亩)	5.73	小麦(公斤)	609.62
年末经营耕地面积(亩)	7.17	玉米(公斤)	1068.78
其中：水田(亩)	0.06	年内购入粮食(公斤)	110.18
水浇地(亩)	6.03	年内借入粮食(公斤)	3.21
旱地(亩)	1.07	收回借出粮(公斤)	0.69
年末国家专项规划基本口粮田累计完成面积(亩)	0.12	其他粮食收入(公斤)	3.89
国家专项规划基本口粮田改造完成后增产情况	0.01	年内粮食支出合计(公斤)	1794.15
0%-20%(户)		主食用粮(公斤)	180.71
20%-50%(户)		其他生活用粮(公斤)	7.97
50%-100%(户)		出售粮食(公斤)	1339.25
100%以上(户)		种籽用粮食(公斤)	55.08
未增产(户)	0.21	饲料用粮食(公斤)	205.57
粮食收支平衡表		借出粮食(公斤)	1.21
年初粮食结存(公斤)	269.85	归还借粮(公斤)	0.60
年内粮食收入合计(公斤)	1877.80	其他粮食支出(公斤)	3.75
年内生产粮食(公斤)	1759.83	年末粮食结存(公斤)	353.51

注：数量指人均退耕面积 10 亩以下户的人均数。

4-18 退耕户退耕还林(草)完成情况（2013 年）

指　标	数　量	指　标	数　量
退耕地造林种草面积和效益情况		本年接受针对退耕户技能培训人次	0.17
本年末退耕地造林种草累计面积(亩)	2.83	未接受过培训(户)	0.10
其中：实际保存面积(亩)	2.53	1 次(户)	0.09
按林草种分(亩)		2 次(户)	0.01
生态林(亩)	1.61	3 次及以上(户)	0.01
经济林(亩)	1.19	本年退耕地补植补造面积(亩)	0.07
草(亩)	0.04	本年退耕地补植补造株数(株)	7.55
退耕地生态林效益情况		本年退耕地补植补造费用(元)	14.29
面积(亩)	1.52	后续产业项目中种植业（亩）	0.22
年末该地块树木棵数(棵)	138.10	后续产业项目中林果茶业（亩）	0.06
年末种植的树木平均树龄(年)	0.81	后续产业项目中养殖业棚圈（平方米）	0.06
退耕还林（草）补助和巩固退耕还林成果情况		后续产业项目中养殖业青贮窖(立方米)	
本年退耕地林产品总值(元)	984.99	后续产业项目中设施农业（亩）	
其中：中药材价值(元)	21.01	后续产业项目中饲草基地（亩）	0.04
木材价值(元)	250.83	总收入中：退耕还林还草补贴收入(元)	104.41
竹材价值(元)		纯收入中：退耕还林还草补贴(元)	104.41
干鲜果产品价值(元)	711.51	现金收入中：退耕还林还草补贴(元)	104.41
是否参加巩固成果后续产业建设项目	0.36	退耕还林（草）粮食补助折成现金(元)	84.09
是(户)	0.06	退耕还林（草）种苗款补助(元)	9.65
否(户)	0.15	退耕还林（草）生活费现金补助(元)	10.66

4-19　退耕户基本情况（2013 年）

指　　标	数　量	指　　标	数　量
退耕户基本情况		原值(元)	540.24
家庭基本情况(调查户数)(户)	466.80	产品畜	
年末常住人口(人)	2109.33	数量(头)	2.92
拥有生产性固定资产情况		原值(元)	3862.39
生产用房屋及建筑物面积		工业机械	
数量(平方米)	111.22	数量(台)	
原值(元)	22040.24	原值(元)	55.71
生产用汽车		建筑机械	
数量(辆)	0.01	数量(台)	
原值(元)	670.67	原值(元)	376.36
大中型拖拉机		其他生产性固定资产	
数量(辆)	0.03	数量(任选)	0.28
原值(元)	1795.90	原值(元)	488.50
小型和手扶拖拉机		土地种植情况	
数量(辆)	0.11	粮食播种面积(亩)	5.31
原值(元)	1271.46	其中：小麦(亩)	2.52
机动脱粒机		水稻(亩)	0.09
数量(台)	0.01	玉米(亩)	2.49
原值(元)	68.54	豆类(亩)	0.15
收割机		薯类(亩)	
数量(台)	0.01	经济作物播种面积(亩)	3.38
原值(元)	505.19	棉花(亩)	0.89
农用动力机械		油料(亩)	1.58
数量(台)	0.02	麻类(亩)	
原值(元)	88.64	糖料(亩)	0.04
水泵		烟草(亩)	
数量(台)	0.03	蔬菜(亩)	0.15
原值(元)	85.54	瓜类(亩)	0.05
役畜		酱用西红柿(亩)	
数量(头)	0.23	打瓜(亩)	0.66

4-20 退耕户当年生产经营情况（2013 年）

指　标	数　量	指　标	数　量
农业	3883.12	瓜果类产量(公斤)	102.03
谷物产量(公斤)	2538.41	西瓜产量(公斤)	89.20
小麦(公斤)	751.97	甜瓜产量(公斤)	12.83
稻谷(公斤)	54.12	园林水果产量(公斤)	456.61
玉米(公斤)	1717.27	苹果产量(公斤)	1.99
高粱(公斤)	3.20	梨产量(公斤)	129.70
谷子(公斤)		葡萄产量(公斤)	262.10
青稞(公斤)		桃产量(公斤)	2.01
其他谷物(公斤)	11.84	杏产量(公斤)	36.82
薯类产量(公斤)	0.24	枣产量(公斤)	20.19
豆类产量(公斤)	22.47	其他产量	3.80
棉花产量(公斤)	208.92	香料产量(公斤)	3.34
油料产量(公斤)	91.38	中药材(人工种植)产量(公斤)	3.53
麻类产量(公斤)		其他种植业产品	154.09
糖料产量(公斤)	152.29	野生植物采集	0.04
烟草产量(公斤)		农作物副产品产量(公斤)	6.34
蔬菜产量(公斤)	35.00	用农产品加工手工业产品	
鲜菜(公斤)	35.00	专用农产品	107.44
干菜(公斤)		林业	62.75
花卉、园艺		采集的林产品	57.38

4-20　续表

指　　标	数　量	指　　标	数　量
天然林和人工林地采集的果实	52.44	畜肉产量（公斤）	73.83
板栗产量（公斤）		肉猪头数（头）	0.01
核桃产量（公斤）	52.44	肉猪肉产量（公斤）	0.86
野生植物、果实	0.30	菜羊只数（只）	1.46
柴（公担）	0.02	菜羊肉产量（公斤）	35.84
草（公担）	0.28	肉牛头数（头）	0.21
野生菌类产量（公斤）		肉牛肉产量（公斤）	36.93
野果产量（公斤）		其他牲畜头数（头）	0.02
中药材（野生）产量（公斤）		其他牲畜肉产量（公斤）	0.21
其他		家禽肉产量（公斤）	1.83
竹木采伐量	2.41	蛋类产量（公斤）	0.97
竹（根）		皮产量（张）	0.18
木材（立方米）	240.90	毛、绒产量（公斤）	11.16
育种、育苗	6.84	奶类产量（公斤）	31.17
林木种子产量（公斤）		仔、幼、育肥畜、禽产品	11.19
树苗（株）	6.84	其他牧业产品	0.99
林业副产品	0.75	狩猎和捕捉野生动物	
用林产品加工手工业产品		牧业副产品产量	0.77
牧业	150.63	用牧产品加工手工业产品	
畜禽肉产量（出售、自宰）（公斤）	75.66	采掘业、工业产品	0.02

4-21 退耕户总收入与总支出（2013 年）

单位：元

指　标	数　量	指　标	数　量
总收入	16835.27	林业收入	786.06
工资性收入	1260.02	林业产品收入	776.60
在非企业组织中劳动得到收入	325.92	林业服务性收入	9.46
乡村干部收入	170.08	牧业收入	2969.88
乡村教师收入	81.11	牧业产品收入	2945.75
行政事业单位等职工收入	74.73	牧业服务性收入	24.13
在本乡地域内劳动得到收入	533.71	第二产业收入	131.06
在企业中劳动得到收入	92.15	工业收入	47.67
在国家投资基建项目得到收入	4.22	工业产品收入	36.10
提供其他劳务收入	437.34	工业服务性收入	11.57
外出从业得到收入	400.39	建筑业收入	83.39
在乡外县内从业得到收入	242.10	建筑业产品收入	
在县外省内从业得到收入	132.30	建筑业服务性收入	83.39
在省外国内从业得到收入	25.99	第三产业收入	968.95
在国外从业得到收入		其他产品收入	39.15
家庭经营收入	14367.45	第三产业服务性收入	929.80
第一产业收入	13267.44	交通、运输、邮电业收入	394.31
农业收入	9511.50	批零贸易业、饮食业收入	474.26
农产品收入	9065.07	社会服务业收入	43.82
农业服务性收入	446.43	文教卫生业收入	1.18

4-21　续表

单位：元

指　　标	数　量	指　　标	数　量
其他行业收入	16.22	林业生产费用支出	317.29
财产性收入	463.98	牧业生产费用支出	1593.58
利息		渔业生产费用支出	
集体分配股息和红利		第二产业生产费用支出	41.31
其他股息和红利		工业生产费用支出	5.76
租金(包括农业机械)	11.21	建筑业生产费用支出	35.55
出让无形资产净收入		第三产业生产费用支出	544.40
6. 储蓄性保险投资收入		交通运输邮电业生产费用支出	251.21
转让承包土地经营权收入	391.85	批零贸易餐饮业生产费用支出	260.60
其他投资收益		社会服务业生产费用支出	13.93
其他	60.92	文教卫生业生产费用支出	1.42
转移性收入	743.81	其他行业生产费用支出	17.24
其中：家庭非常住人口寄回和带回收入	1.88	购置生产性固定资产支出	1191.20
城市亲友赠送收入	0.09	建、造生产性固定资产雇工支出	31.46
农村亲友赠送收入	8.66	税费支出	0.95
#粮食收入		第一产业税	
粮食直接补贴收入	153.14	第二产业税	
总支出	9288.13	第三产业生产纳税	
家庭经营费用支出	7749.38	其他各种收费	0.95
第一产业生产费用支出	7163.67	财产性支出	38.61
农业生产费用支出	5252.80	转移性支出	276.53

4-22 退耕户基本情况（2013 年）

单位：元

指　　标	数　　量	指　　标	数　　量
全年纯收入	8306.98	其他行业收入	30.60
工资性收入	1260.02	财产性纯收入	463.98
在非企业组织中劳动得到收入	325.92	利息	
乡村干部收入	170.08	集体分配股息和红利	
乡村教师收入	81.11	其他股息和红利	
行政事业单位等职工收入	74.73	租金(包括农业机械)	11.21
在本乡地域内劳动得到收入	533.71	出让无形资产净收入	
在企业中劳动得到收入	92.15	储蓄性保险投资收入	
在国家投资基建项目得到收入	4.22	转让承包土地经营权收入	391.85
提供其他劳务收入	437.34	其他投资收益	
外出从业得到收入	400.39	其他	60.92
在乡外县内从业得到收入	242.10	转移性纯收入	742.06
在县外省内从业得到收入	132.30	家庭非常住人口寄回和带回	1.88
在省外国内从业得到收入	25.99	城市亲友赠送	0.09
在国外从业得到收入		离退休金、养老金	52.62
家庭经营纯收入	5840.91	城市亲友支付赡养费	9.38
第一产业纯收入	5375.09	农村亲友支付赡养费	4.28
农业收入	3747.77	救济金	2.89
林业收入	429.63	抚恤金	0.34
牧业收入	1197.69	灾款	0.12
渔业收入		退税	1.76
非农产业纯收入	465.82	无偿扶贫或扶持款	11.18
第二产业纯收入	87.25	得到赔款	76.12
工业收入	41.48	其他	327.96
建筑业收入	45.78	其中:粮食直接补贴收入	153.14
第三产业纯收入	378.57	购置和更新大型农机具补贴收入	22.23
交通、运输、邮电业收入	125.77	良种补贴收入(粮食种植)	33.92
批零贸易业、饮食业收入	193.35	全年现金纯收入	6833.45
社会服务业收入	29.18	全年实物纯收入	1473.53
文教卫生业收入	-0.33		

4-23　退耕户现金收支情况（2013 年）

单位：元

指　　标	数　量	指　　标	数　量
期内现金收入	15712.75	出售其他产品收入	39.15
工资性收入	1240.46	第三产业服务性现金收入	929.80
在非企业组织中劳动得到收入	323.11	交通、运输、邮电业收入	394.31
乡村干部收入	167.27	批零贸易业、饮食业收入	474.26
乡村教师收入	81.11	社会服务业收入	43.82
行政事业单位等职工收入	74.73	文教卫生业收入	1.18
在本乡地域内劳动得到收入	533.71	其他行业收入	16.22
在企业中劳动得到收入	92.15	财产性收入	448.24
在国家投资基建项目得到收入	4.22	利息	
提供其他劳务收入	437.34	集体分配股息和红利	
外出从业得到收入	383.65	其他股息和红利	
在乡外县内从业得到收入	225.35	租金（包括农业机械）	11.21
在县外省内从业得到收入	132.30	出让无形资产净收入	
在省外国内从业得到收入	25.99	储蓄性保险投资收入	
在国外从业得到收入		转让承包土地经营权收入	391.85
家庭经营现金收入	13280.23	其他投资收益	
第一产业现金收入	12180.22	其他	45.18
农业现金收入	8882.81	转移性收入	743.81
林业现金收入	535.44	家庭非常住人口寄回和带回	1.88
牧业现金收入	2761.97	城市亲友赠送	0.09
渔业现金收入		农村亲友赠送	8.66
第二产业现金收入	131.06	离退休金、养老金	52.62
工业收入	47.67	城市亲友支付赡养费	9.38
建筑业收入	83.39	农村亲友支付赡养费	4.28
第三产业现金收入	968.95	救济金	2.89

4-23 续表

单位：元

指 标	数 量	指 标	数 量
抚恤金	0.34	文教卫生业生产费用支出	1.42
救灾款	0.12	其他行业生产费用支出	17.24
退税	1.76	购置生产性固定资产支出	1191.20
无偿扶贫或扶持款	11.18	建、造生产性固定资产雇工支出	31.46
得到赔款	76.12	税费支出	0.95
其他	321.04	第一产业税	
其中：粮食直接补贴收入	153.14	第二产业税	
购置和更新大型农机具补贴收入	22.23	第三产业生产纳税	
良种补贴收入（粮食种植）	33.92	其他各种收费	0.95
期内现金支出	10026.99	财产性支出	38.61
生产费用支出	9711.16	宅基地有偿使用费	
家庭经营费用支出	8488.50	其他	38.61
第一产业生产费用支出	7902.78	转移性支出	276.28
农业生产费用支出	5252.80	寄给带给家庭非常人口现金	48.03
林业生产费用支出	317.29	赠送农村亲友	77.24
牧业生产费用支出	1507.50	赠送城市亲友	
渔业生产费用支出		交纳医疗保险	77.14
第二产业生产费用支出	41.31	交纳社会保障基金	38.27
工业生产费用支出	5.76	购买非储蓄性保险	12.83
建筑业生产费用支出	35.55	赡养费	4.29
第三产业生产费用支出	544.40	其他直接税	
交通运输邮电业生产费用支出	251.21	捐赠	0.16
批零贸易餐饮业生产费用支出	260.60	罚款赔款	0.16
社会服务业生产费用支出	13.93	其他	18.15

4-24 退耕户出售产品情况（2013 年）

指 标	数 量	指 标	数 量
出售产品情况(元)	11775.45	出售蔬菜数量(公斤)	127.23
农业(元)	8436.38	出售蔬菜金额(元)	142.79
谷物数量(公斤)	2214.23	出售鲜菜数量(公斤)	127.23
金额(元)	3385.74	出售鲜菜金额(元)	142.76
出售小麦数量(公斤)	615.99	出售干菜数量(公斤)	
出售小麦金额(元)	1402.08	出售干菜金额(元)	0.04
出售稻谷数量(公斤)	39.36	出售花卉、园艺金额(元)	3.86
出售稻谷金额(元)	117.12	出售瓜类数量(公斤)	101.91
出售玉米数量(公斤)	1540.17	出售瓜类金额(元)	144.25
出售玉米金额(元)	1827.74	其中：出售西瓜数量(公斤)	89.34
出售高粱数量(公斤)	2.27	出售西瓜金额(元)	114.54
出售高粱金额(元)	9.20	出售甜瓜数量(公斤)	12.57
出售谷子数量(公斤)		出售甜瓜金额(元)	29.71
出售谷子金额(元)		出售园林水果数量(公斤)	429.94
出售青稞数量(公斤)		出售园林水果金额(元)	1453.55
出售青稞金额(元)		其中：出售苹果数量(公斤)	0.61
出售其他谷物数量(公斤)	16.43	出售苹果金额(元)	2.31
出售其他谷物金额(元)	29.60	出售梨数量(公斤)	129.43
出售薯类数量(公斤)	1.52	出售梨金额(元)	530.04
出售薯类金额(元)	12.44	出售葡萄数量(公斤)	225.73
出售豆类数量(公斤)	13.96	出售葡萄金额(元)	532.71
出售豆类金额(元)	63.18	出售桃数量(公斤)	6.61
出售棉花数量(公斤)	203.97	出售桃金额(元)	54.72
出售棉花金额(元)	1703.00	出售杏数量(公斤)	43.11
出售油料数量(公斤)	74.94	出售杏金额(元)	53.44
出售油料金额(元)	305.82	出售枣数量(公斤)	20.23
出售麻类数量(公斤)		出售枣金额(元)	261.87
出售麻类金额(元)		出售茶叶和其他饮料金额(元)	8.44
出售糖料数量(公斤)	152.29	出售香料数量(公斤)	3.64
出售糖料金额(元)	70.76	出售香料金额(元)	72.71
出售烟草数量(公斤)		出售中药材数量(公斤)	4.25
出售烟草金额(元)		出售中药材金额(元)	269.28

4-24 续表

指　　标	数　量	指　　标	数　量
出售其他种植业产品金额(元)	23.89	出售肉猪及猪肉总重量(公斤)	0.99
出售采集野生植物金额(元)	0.75	出售肉猪及猪肉总金额(元)	13.11
出售农作物副产品数量(公斤)	35.52	出售菜羊及羊肉总重量(公斤)	34.32
出售农作物副产品金额(元)	17.70	出售菜羊及羊肉总金额(元)	1311.91
出售手工业产品金额(元)		出售肉牛及牛肉总重量(公斤)	33.88
出售专用农产品金额(元)	758.21	出售肉牛及牛肉总金额(元)	1206.14
林业(元)	525.98	出售其他活家畜及自宰畜头数(头)	0.27
出售采集林产品金额(元)	436.55	出售其他活家畜及自宰畜肉重量(公斤)	0.42
出售天然林和人工林地采集果实(元)	434.56	出售其他活家畜及自宰畜肉金额(元)	16.53
其中：出售板栗数量(公斤)		出售家禽总重量(公斤)	0.98
出售板栗金额(元)		出售家禽总金额(元)	17.82
出售核桃数量(公斤)	66.29	出售蛋类的数量(公斤)	0.37
出售核桃金额(元)	434.56	出售蛋类的金额(元)	4.80
出售采集野生植物和果实金额(元)	21.01	出售畜皮数量(张)	0.09
其中：柴数量(公担)		出售畜皮金额(元)	6.68
柴金额(元)	0.07	出售毛、绒数量(公斤)	5.94
草数量(公担)	0.01	出售毛、绒金额(元)	18.06
草金额(元)	1.92	出售奶类数量(公斤)	17.52
中药材数量(公斤)	0.53	出售奶类金额(元)	48.17
中药材金额(元)	18.58	出售仔、幼、育肥畜禽和小动物(元)	68.86
出售竹木金额(元)	26.27	出售其他牧业产品金额(元)	9.59
竹数量(根)		出售狩猎和捕捉野生动物(元)	
竹金额(元)		出售牧业副产品金额(元)	16.17
木材数量(立方米)	240.37	出售牧业手工业产品金额(元)	
木材金额(元)	26.27	调查户数(户)	466.00
出售育种、育苗金额(元)	42.86	附记：购买生产资料综合补贴(元)	6.36
林木种子数量(公斤)		领取最低生活保障费(元)	38.95
林木种子金额(元)		宴请支出(元)	105.36
育苗数量(株)	10.38	外出务工成本(元)	3.20
育苗金额(元)	42.86	退耕林地收入(元)	214.20
出售林业副产品金额(元)	0.75	退耕林（草）地支出(元)	103.63
出售林业手工业产品金额(元)	0.54	农业政策补贴收入(元)	215.65
牧业(元)	2737.84		

4-25　退耕户粮食收支平衡表（2014 年）

指　　标	数　量	指　　标	数　量
耕地面积、粮食生产及平衡情况		其中：稻谷(公斤)	47.42
年末实有耕地面积(亩)	6.00	小麦(公斤)	643.16
年末经营耕地面积(亩)	7.13	玉米(公斤)	1112.60
其中：水田(亩)	0.09	年内购入粮食(公斤)	102.18
水浇地(亩)	5.94	年内借入粮食(公斤)	
旱地(亩)	1.09	收回借出粮(公斤)	
年末国家专项规划基本口粮田累计完成面积(亩)	0.17	其他粮食收入(公斤)	0.09
国家专项规划基本口粮田改造完成后增产情况	0.04	年内粮食支出合计(公斤)	1750.93
0%-20%(户)		主食用粮(公斤)	187.63
20%-50%(户)		其他生活用粮(公斤)	14.23
50%-100%(户)		出售粮食(公斤)	1232.46
100%以上(户)		种籽用粮食(公斤)	37.76
未增产(户)		饲料用粮食(公斤)	269.61
粮食收支平衡表		借出粮食(公斤)	3.13
年初粮食结存(公斤)	340.33	归还借粮(公斤)	
年内粮食收入合计(公斤)	1752.67	其他粮食支出(公斤)	6.11
年内生产粮食(公斤)	1650.40	年末粮食结存(公斤)	342.08

注：数量指人均退耕面积 10 亩以下户的人均数。

4-26 退耕户退耕还林(草)完成情况（2014 年）

指　　标	数　量	指　　标	数　量
退耕地造林种草面积和效益情况		本年接受针对退耕户技能培训人次	0.13
本年末退耕地造林种草累计面积(亩)	2.85	未接受过培训(户)	0.12
其中：实际保存面积(亩)	2.85	1 次(户)	0.07
按林草种分(亩)		2 次(户)	0.01
生态林(亩)	1.49	3 次及以上(户)	0.01
经济林(亩)	1.33	本年退耕地补植补造面积(亩)	0.07
草(亩)	0.03	本年退耕地补植补造株数(株)	7.45
退耕地生态林效益情况		本年退耕地补植补造费用(元)	14.82
面积(亩)	1.64	后续产业项目中种植业（亩）	0.10
年末该地块树木棵数(棵)	133.75	后续产业项目中林果茶业（亩）	0.21
年末种植的树木平均树龄(年)	1.11	后续产业项目中养殖业棚圈（平方米）	
退耕还林（草）补助和巩固退耕还林成果情况		后续产业项目中养殖业青贮窖(立方米)	
本年退耕地林产品总值(元)	1076.65	后续产业项目中设施农业（亩）	
其中：中药材价值(元)	10.44	后续产业项目中饲草基地（亩）	0.01
木材价值(元)	198.52	总收入中：退耕还林还草补贴收入(元)	54.80
竹材价值(元)	1.01	纯收入中：退耕还林还草补贴(元)	54.80
干鲜果产品价值(元)	770.04	现金收入中：退耕还林还草补贴(元)	54.80
是否参加巩固成果后续产业建设项目	0.39	退耕还林（草）粮食补助折成现金(元)	36.28
是(户)	0.03	退耕还林（草）种苗款补助(元)	4.28
否(户)	0.18	退耕还林（草）生活费现金补助(元)	14.25

4-27　退耕户基本情况（2014 年）

指　　标	数　　量	指　　标	数　　量
退耕户基本情况		原值(元)	6686.10
家庭基本情况(调查户数)(户)	466.00	产品畜	
年末常住人口(人)	2118.50	数量(头)	3.20
拥有生产性固定资产情况		原值(元)	39385.60
生产用房屋及建筑物面积		工业机械	
数量(平方米)	110.50	数量(台)	
原值(元)	21989.60	原值(元)	63.30
生产用汽车		建筑机械	
数量(辆)		数量(台)	
原值(元)	7914.70	原值(元)	96.70
大中型拖拉机		其他生产性固定资产	
数量(辆)		数量(任选)	0.30
原值(元)	15629.20	原值(元)	5194.10
小型和手扶拖拉机		土地种植情况	
数量(辆)		粮食播种面积(亩)	5.30
原值(元)	12413.40	其中：小麦(亩)	2.70
机动脱粒机		水稻(亩)	0.10
数量(台)		玉米(亩)	2.30
原值(元)	391.10	豆类(亩)	0.10
收割机		薯类(亩)	
数量(台)		经济作物播种面积(亩)	2.30
原值(元)	2409.50	棉花(亩)	0.70
农用动力机械		油料(亩)	0.90
数量(台)		麻类(亩)	
原值(元)	1137.60	糖料(亩)	
水泵		烟草(亩)	
数量(台)		蔬菜(亩)	
原值(元)	953.80	瓜类(亩)	0.10
役畜		酱用西红柿(亩)	
数量(头)	0.30	打瓜(亩)	0.70

4-28 退耕户当年生产经营情况（2014 年）

指　标	数　量	指　标	数　量
农业	3665.30	瓜果类产量(公斤)	102.00
谷物产量(公斤)	2491.80	西瓜产量(公斤)	86.70
小麦(公斤)	813.50	甜瓜产量(公斤)	15.30
稻谷(公斤)	36.30	园林水果产量(公斤)	383.80
玉米(公斤)	1629.70	苹果产量(公斤)	2.40
高粱(公斤)	5.80	梨产量(公斤)	137.90
谷子(公斤)		葡萄产量(公斤)	219.50
青稞(公斤)		桃产量(公斤)	3.60
其他谷物(公斤)	6.60	杏产量(公斤)	3.30
薯类产量(公斤)	4.10	枣产量(公斤)	17.20
豆类产量(公斤)	11.80	其他产量	
棉花产量(公斤)	150.20	香料产量(公斤)	1.70
油料产量(公斤)	45.50	中药材(人工种植)产量(公斤)	2.40
麻类产量(公斤)		其他种植业产品	114.10
糖料产量(公斤)	37.00	野生植物采集	
烟草产量(公斤)		农作物副产品产量(公斤)	0.90
蔬菜产量(公斤)	36.90	用农产品加工手工业产品	
鲜菜(公斤)	36.90	专用农产品	266.80
干菜(公斤)		林业	99.30
花卉、园艺		采集的林产品	99.00

4-28　续表

指　　标	数　量	指　　标	数　量
天然林和人工林地采集的果实	93.10	畜肉产量(公斤)	53.90
板栗产量(公斤)		肉猪头数(头)	
核桃产量(公斤)	93.00	肉猪肉产量(公斤)	1.00
野生植物、果实		菜羊只数(只)	1.50
柴(公担)		菜羊肉产量(公斤)	32.50
草(公担)	0.10	肉牛头数(头)	0.10
野生菌类产量(公斤)		肉牛肉产量(公斤)	19.50
野果产量(公斤)		其他牲畜头数(头)	
中药材(野生)产量(公斤)	1.60	其他牲畜肉产量(公斤)	0.90
其他		家禽肉产量(公斤)	1.40
竹木采伐量		蛋类产量(公斤)	1.00
竹(根)		皮产量(张)	
木材(立方米)	17.40	毛、绒产量(公斤)	6.10
育种、育苗		奶类产量(公斤)	30.40
林木种子产量(公斤)	1.00	仔、幼、育肥畜、禽产品	12.20
树苗(株)	3.00	其他牧业产品	2.00
林业副产品		狩猎和捕捉野生动物	
用林产品加工手工业产品	0.20	牧业副产品产量	2.00
牧业		用牧产品加工手工业产品	
畜禽肉产量(出售、自宰)(公斤)	55.30	采掘业、工业产品	

4-29 退耕户总收入与总支出（2014 年）

单位：元

指　标	数　量	指　标	数　量
总收入	17323.10	林业收入	978.10
工资性收入	1465.20	林业产品收入	967.50
在非企业组织中劳动得到收入	365.50	林业服务性收入	10.60
乡村干部收入	192.30	牧业收入	2275.90
乡村教师收入	98.70	牧业产品收入	1168.10
行政事业单位等职工收入	74.50	牧业服务性收入	7.90
在本乡地域内劳动得到收入	414.40	第二产业收入	134.70
在企业中劳动得到收入	107.70	工业收入	13.60
在国家投资基建项目得到收入		工业产品收入	0.60
提供其他劳务收入	306.80	工业服务性收入	12.90
外出从业得到收入	685.30	建筑业收入	121.20
在乡外县内从业得到收入	209.10	建筑业产品收入	
在县外省内从业得到收入	476.20	建筑业服务性收入	121.20
在省外国内从业得到收入		第三产业收入	1050.20
在国外从业得到收入		其他产品收入	
家庭经营收入	14181.60	第三产业服务性收入	1050.20
第一产业收入	12996.70	交通、运输、邮电业收入	463.10
农业收入	9742.70	批零贸易业、饮食业收入	537.40
农产品收入	9357.20	社会服务业收入	42.70
农业服务性收入	385.50	文教卫生业收入	1.90

4-29 续表

单位：元

指 标	数 量	指 标	数 量
其他行业收入	5.20	林业生产费用支出	324.40
财产性收入	839.60	牧业生产费用支出	1171.40
利息	0.20	渔业生产费用支出	
集体分配股息和红利		第二产业生产费用支出	39.90
其他股息和红利		工业生产费用支出	0.90
租金(包括农业机械)	153.80	建筑业生产费用支出	39.00
出让无形资产净收入	0.10	第三产业生产费用支出	563.20
6. 储蓄性保险投资收入		交通运输邮电业生产费用支出	315.00
转让承包土地经营权收入	621.80	批零贸易餐饮业生产费用支出	218.10
其他投资收益		社会服务业生产费用支出	16.80
其他	63.70	文教卫生业生产费用支出	1.20
转移性收入	836.70	其他行业生产费用支出	12.00
其中：家庭非常住人口寄回和带回收入	13.80	购置生产性固定资产支出	701.20
城市亲友赠送收入		建、造生产性固定资产雇工支出	5.60
农村亲友赠送收入	10.80	税费支出	2.10
#粮食收入		第一产业税	
粮食直接补贴收入	149.20	第二产业税	
总支出	8323.00	第三产业生产纳税	
家庭经营费用支出	7368.60	其他各种收费	2.10
第一产业生产费用支出	6765.50	财产性支出	4.20
农业生产费用支出	5269.70	转移性支出	241.30

4-30 退耕户基本情况（2014 年）

单位：元

指　标	数　量	指　标	数　量
全年纯收入	9184.50	其他行业收入	-9.90
工资性收入	1465.20	财产性纯收入	839.60
在非企业组织中劳动得到收入	365.50	利息	0.20
乡村干部收入	192.30	集体分配股息和红利	
乡村教师收入	98.70	其他股息和红利	
行政事业单位等职工收入	74.50	租金(包括农业机械)	153.80
在本乡地域内劳动得到收入	414.40	出让无形资产净收入	0.10
在企业中劳动得到收入	107.70	储蓄性保险投资收入	
在国家投资基建项目得到收入		转让承包土地经营权收入	621.80
提供其他劳务收入	306.80	其他投资收益	
外出从业得到收入	685.30	其他	63.70
在乡外县内从业得到收入	209.10	转移性纯收入	830.60
在县外省内从业得到收入	476.20	家庭非常住人口寄回和带回	13.80
在省外国内从业得到收入		城市亲友赠送	
在国外从业得到收入		离退休金、养老金	92.50
家庭经营纯收入	6049.10	城市亲友支付赡养费	8.10
第一产业纯收入	5503.80	农村亲友支付赡养费	0.60
农业收入	3950.30	救济金	6.10
林业收入	621.40	抚恤金	0.70
牧业收入	932.10	灾款	52.70
渔业收入		退税	1.00
非农产业纯收入	545.30	无偿扶贫或扶持款	2.70
第二产业纯收入	86.90	得到赔款	12.10
工业收入	12.60	其他	437.60
建筑业收入	74.30	其中:粮食直接补贴收入	149.20
第三产业纯收入	458.40	购置和更新大型农机具补贴收入	16.20
交通、运输、邮电业收入	136.70	良种补贴收入(粮食种植)	54.90
批零贸易业、饮食业收入	305.10	全年现金纯收入	8222.40
社会服务业收入	25.80	全年实物纯收入	962.10
文教卫生业收入	0.60		

4-31　退耕户现金收支情况（2014 年）

单位：元

指　　标	数　量	指　　标	数　量
期内现金收入	16525.60	出售其他产品收入	
工资性收入	1461.80	第三产业服务性现金收入	1050.20
在非企业组织中劳动得到收入	365.50	交通、运输、邮电业收入	463.10
乡村干部收入	192.30	批零贸易业、饮食业收入	537.40
乡村教师收入	98.70	社会服务业收入	42.70
行政事业单位等职工收入	74.50	文教卫生业收入	1.90
在本乡地域内劳动得到收入	411.30	其他行业收入	5.20
在企业中劳动得到收入	107.70	财产性收入	801.80
在国家投资基建项目得到收入		利息	0.20
提供其他劳务收入	303.70	集体分配股息和红利	
外出从业得到收入	684.90	其他股息和红利	
在乡外县内从业得到收入	208.70	租金(包括农业机械)	153.80
在县外省内从业得到收入	476.20	出让无形资产净收入	0.10
在省外国内从业得到收入		储蓄性保险投资收入	
在国外从业得到收入		转让承包土地经营权收入	621.80
家庭经营现金收入	13425.40	其他投资收益	
第一产业现金收入	12240.50	其他	25.90
农业现金收入	9094.60	转移性收入	836.70
林业现金收入	788.60	家庭非常住人口寄回和带回	13.80
牧业现金收入	2357.30	城市亲友赠送	
渔业现金收入		农村亲友赠送	10.80
第二产业现金收入	134.70	离退休金、养老金	92.50
工业收入	13.60	城市亲友支付赡养费	8.10
建筑业收入	121.20	农村亲友支付赡养费	0.60
第三产业现金收入	1050.20	救济金	6.10

4-31 续表

单位：元

指　　标	数　量	指　　标	数　量
抚恤金	0.70	文教卫生业生产费用支出	1.20
救灾款	52.70	其他行业生产费用支出	12.00
退税	1.00	购置生产性固定资产支出	701.20
无偿扶贫或扶持款	2.70	建、造生产性固定资产雇工支出	5.60
得到赔款	12.10	税费支出	2.10
其他	433.00	第一产业税	
其中：粮食直接补贴收入	149.20	第二产业税	
购置和更新大型农机具补贴收入	16.20	第三产业生产纳税	
良种补贴收入（粮食种植）	54.90	其他各种收费	2.10
期内现金支出	8868.60	财产性支出	4.20
生产费用支出	8621.00	宅基地有偿使用费	3.10
家庭经营费用支出	7914.20	其他	1.10
第一产业生产费用支出	7311.10	转移性支出	241.30
农业生产费用支出	5268.10	寄给带给家庭非常人口现金	41.00
林业生产费用支出	324.40	赠送农村亲友	85.50
牧业生产费用支出	1058.50	赠送城市亲友	0.60
渔业生产费用支出		交纳医疗保险	51.00
第二产业生产费用支出	39.90	交纳社会保障基金	35.30
工业生产费用支出	0.90	购买非储蓄性保险	7.50
建筑业生产费用支出	39.00	赡养费	5.30
第三产业生产费用支出	563.20	其他直接税	1.30
交通运输邮电业生产费用支出	315.00	捐赠	0.20
批零贸易餐饮业生产费用支出	218.10	罚款赔款	0.20
社会服务业生产费用支出	16.80	其他	13.50

4-32　退耕户出售产品情况（2014 年）

指　　标	数　　量	指　　标	数　　量
出售产品情况(元)	11837.20	出售蔬菜数量(公斤)	37.40
农业(元)	8709.10	出售蔬菜金额(元)	82.20
谷物数量(公斤)	2136.00	出售鲜菜数量(公斤)	37.40
金额(元)	4391.40	出售鲜菜金额(元)	82.10
出售小麦数量(公斤)	747.30	出售干菜数量(公斤)	
出售小麦金额(元)	1738.30	出售干菜金额(元)	0.10
出售稻谷数量(公斤)	35.90	出售花卉、园艺金额(元)	
出售稻谷金额(元)	88.40	出售瓜类数量(公斤)	102.50
出售玉米数量(公斤)	1341.90	出售瓜类金额(元)	113.50
出售玉米金额(元)	2540.20	其中：出售西瓜数量(公斤)	87.70
出售高粱数量(公斤)	2.00	出售西瓜金额(元)	88.00
出售高粱金额(元)	7.10	出售甜瓜数量(公斤)	14.70
出售谷子数量(公斤)		出售甜瓜金额(元)	25.50
出售谷子金额(元)		出售园林水果数量(公斤)	350.00
出售青稞数量(公斤)		出售园林水果金额(元)	1257.80
出售青稞金额(元)		其中：出售苹果数量(公斤)	0.90
出售其他谷物数量(公斤)	8.90	出售苹果金额(元)	2.70
出售其他谷物金额(元)	17.40	出售梨数量(公斤)	137.40
出售薯类数量(公斤)	4.40	出售梨金额(元)	567.30
出售薯类金额(元)	26.90	出售葡萄数量(公斤)	179.90
出售豆类数量(公斤)	9.90	出售葡萄金额(元)	462.00
出售豆类金额(元)	39.30	出售桃数量(公斤)	3.20
出售棉花数量(公斤)	149.10	出售桃金额(元)	20.90
出售棉花金额(元)	885.10	出售杏数量(公斤)	9.90
出售油料数量(公斤)	49.70	出售杏金额(元)	35.50
出售油料金额(元)	188.00	出售枣数量(公斤)	17.80
出售麻类数量(公斤)		出售枣金额(元)	155.60
出售麻类金额(元)		出售茶叶和其他饮料金额(元)	
出售糖料数量(公斤)	38.20	出售香料数量(公斤)	1.70
出售糖料金额(元)	11.60	出售香料金额(元)	31.20
出售烟草数量(公斤)		出售中药材数量(公斤)	4.10
出售烟草金额(元)		出售中药材金额(元)	248.90

4-32 续表

指　标	数　量	指　标	数　量
出售其他种植业产品金额(元)	61.30	出售肉猪及猪肉总重量(公斤)	1.50
出售采集野生植物金额(元)		出售肉猪及猪肉总金额(元)	27.70
出售农作物副产品数量(公斤)	7.00	出售菜羊及羊肉总重量(公斤)	32.70
出售农作物副产品金额(元)	4.40	出售菜羊及羊肉总金额(元)	1239.60
出售手工业产品金额(元)		出售肉牛及牛肉总重量(公斤)	21.30
出售专用农产品金额(元)	1367.60	出售肉牛及牛肉总金额(元)	805.60
林业(元)	778.00	出售其他活家畜及自宰畜头数(头)	
出售采集林产品金额(元)	583.10	出售其他活家畜及自宰畜肉重量(公斤)	2.40
出售天然林和人工林地采集果实(元)	582.30	出售其他活家畜及自宰畜肉金额(元)	12.40
其中：出售板栗数量(公斤)		出售家禽总重量(公斤)	0.70
出售板栗金额(元)		出售家禽总金额(元)	14.90
出售核桃数量(公斤)		出售蛋类的数量(公斤)	1.30
出售核桃金额(元)		出售蛋类的金额(元)	7.70
出售采集野生植物和果实金额(元)	22.80	出售畜皮数量(张)	
其中：柴数量(公担)		出售畜皮金额(元)	2.70
柴金额(元)	0.20	出售毛、绒数量(公斤)	5.90
草数量(公担)	0.10	出售毛、绒金额(元)	17.20
草金额(元)	0.60	出售奶类数量(公斤)	16.10
中药材数量(公斤)	0.40	出售奶类金额(元)	50.40
中药材金额(元)	22.10	出售仔、幼、育肥畜禽和小动物(元)	154.30
出售竹木金额(元)	122.90	出售其他牧业产品金额(元)	9.10
竹数量(根)		出售狩猎和捕捉野生动物(元)	
竹金额(元)		出售牧业副产品金额(元)	7.90
木材数量(立方米)	26.10	出售牧业手工业产品金额(元)	
木材金额(元)	122.90	调查户数(户)	466.00
出售育种、育苗金额(元)	49.90	附记：购买生产资料综合补贴(元)	20.00
林木种子数量(公斤)	1.00	领取最低生活保障费(元)	38.50
林木种子金额(元)	6.20	宴请支出(元)	68.40
育苗数量(株)	7.40	外出务工成本(元)	12.30
育苗金额(元)	43.70	退耕林地收入(元)	277.02
出售林业副产品金额(元)	0.10	退耕林（草）地支出(元)	67.11
出售林业手工业产品金额(元)		农业政策补贴收入(元)	240.33
牧业(元)	2349.40		

第五篇

其他专项调查

5-1　规模以下服务业样本企业发展状况（2012年）

指　　标	合　计	交通运输、仓储和邮政业	信息传输、软件和信息技术服务业
企业执行何种税收种类			
增值税	10.3	4.5	19.7
营业税	84.7	92.9	80.3
免　税	4.9	2.6	
有关部门对企业的收费比上期			
增加	21.6	19.9	32.8
持平	71.5	71.8	63.9
减少	6.9	8.3	3.3
企业本期流动资金比上期			
充足	8.3	6.4	14.8
一般	58.5	62.8	54.1
紧张	33.2	30.8	31.1
企业本期融资			
容易	1.9	2.6	3.3
困难	16.6	22.4	21.3
没有	81.5	75.0	75.4
企业获取资金主要来源			
银行贷款	6.6	10.3	9.8
民间借贷	10.0	12.2	8.2
专项资金	2.6	3.8	3.3
其他	80.8	73.7	78.7
企业信息化建设主要目的			
信息发布	10.9	7.7	16.4
网上销售	2.4	4.5	3.3
其他	26.7	24.4	44.3
没有	60.0	63.5	36.1

注：1. 除企业当前面临的突出问题和企业对政府有关部门有何要求与建议为多项选择外，其余均为单项选择。
　　2. 房地产业只包括物业管理和房地产中介服务。

5-1 续表 1

指　　标	房地产业	租赁和商务服务业	科学研究和技术服务业
企业执行何种税收种类			
增值税	2.8	4.3	10.6
营业税	96.3	94.6	87.6
免　税	0.9	1.1	1.8
有关部门对企业的收费比上期			
增加	18.7	15.2	23.9
持平	72.9	73.9	73.5
减少	8.4	10.9	2.7
企业本期流动资金比上期			
充足	4.7	8.7	9.7
一般	59.8	56.5	60.2
紧张	35.5	34.8	30.1
企业本期融资			
容易		3.3	1.8
困难	10.3	13.0	16.8
没有	89.7	83.7	81.4
企业获取资金主要来源			
银行贷款	2.8	6.5	5.3
民间借贷	3.7	8.7	11.5
专项资金	1.9	1.1	2.7
其他	91.6	83.7	80.5
企业信息化建设主要目的			
信息发布	7.5	10.9	7.1
网上销售	2.8	3.3	2.7
其他	16.8	23.9	35.4
没有	72.9	62.0	54.9

单位：%

水利、环境和公共设施管理业	居民服务、修理和其他服务业	教　育	卫生和社会工作	文化、体育和娱乐业
13.0	48.0	2.0	2.0	4.9
78.3	46.7	91.8	56.9	93.9
8.7	5.3	6.1	41.2	1.2
23.9	21.3	14.3	19.6	29.3
69.6	66.7	85.7	70.6	67.1
6.5	12.0		9.8	3.7
6.5	6.7	16.3	5.9	8.5
34.8	57.3	61.2	58.8	64.6
58.7	36.0	22.4	35.3	26.8
		8.2		1.2
21.7	20.0	10.2	11.8	14.6
78.3	80.0	81.6	88.2	84.1
4.3	4.0	8.2	7.8	6.1
6.5	13.3	10.2	9.8	13.4
2.2	1.3		3.9	4.9
87.0	81.3	81.6	78.4	75.6
13.0	9.3	14.3	13.7	19.5
			2.0	1.2
28.3	30.7	28.6	17.6	22.0
58.7	60.0	57.1	66.7	57.3

5-1 续表2

指　　标	合　计	交通运输、仓储和邮政业	信息传输、软件和信息技术服务业	房地产业
企业本期应收未收款比上期				
增加	24.5	25.0	29.5	31.8
持平	27.2	31.4	18.0	34.6
减少	17.4	18.6	27.9	15.0
没有	30.9	25.0	24.6	18.7
其中：应收未收款变动的主要影响因素				
欠款方资金紧张	33.5	33.8	34.3	20.0
欠款方故意拖欠	7.4	8.8	2.9	22.0
其他	59.0	57.4	62.9	58.0
企业本期销售(服务收费)价格比上期				
增加	22.0	21.8	21.3	12.1
持平	61.3	59.0	62.3	76.6
减少	16.7	19.2	16.4	11.2
其中：销售(服务收费)价格变动的主要影响因素				
原材料价格	15.8	15.6	8.7	8.0
劳动力成本	28.3	14.1	34.8	40.0
费用支出	23.0	32.8	21.7	20.0
市场竞争	26.1	31.3	26.1	28.0
其他	6.8	6.3	8.7	4.0
企业本期营业收入比上期				
增加	42.3	39.1	54.1	42.1
持平	25.4	21.8	14.8	24.3
减少	32.3	39.1	31.1	33.6
其中：营业收入变动的主要影响因素				
市场需求	48.5	44.3	59.6	35.8
产品价格	8.1	8.2	9.6	3.7
其他	43.5	47.5	30.8	60.5

单位：%

租赁和商务服务业	科学研究和技术服务业	水利、环境和公共设施管理业	居民服务、修理和其他服务业	教育	卫生和社会工作	文化、体育和娱乐业
21.7	23.9	32.6	26.7	12.2	21.6	17.1
22.8	23.0	21.7	33.3	32.7	25.5	22.0
18.5	17.7	21.7	10.7	18.4	11.8	15.9
37.0	35.4	23.9	29.3	36.7	41.2	45.1
37.8	46.8	44.0	50.0	33.3	5.9	18.5
2.7	6.4	8.0	3.6		5.9	
59.5	46.8	48.0	46.4	66.7	88.2	81.5
22.8	18.6	23.9	29.3	26.5	25.5	26.8
59.8	60.2	65.2	53.3	69.4	54.9	52.4
17.4	21.2	10.9	17.3	4.1	19.6	20.7
13.5	15.6	31.3	28.6	13.3	13.0	12.8
32.4	22.2	25.0	37.1	6.7	60.9	25.6
24.3	15.6	12.5	14.3	66.7	8.7	20.5
24.3	28.9	18.8	20.0	13.3	17.4	33.3
5.4	17.8	12.5				7.7
39.1	42.5	41.3	42.7	55.1	35.3	40.2
33.7	23.9	19.6	22.7	26.5	35.3	32.9
27.2	33.6	39.1	34.7	18.4	29.4	26.8
50.8	46.5	54.1	56.9	58.3	42.4	50.9
8.2	7.0	5.4	10.3	8.3	6.1	14.5
41.0	46.5	40.5	32.8	33.3	51.5	34.5

5-1 续表 3

指　　标	合　计	交通运输、仓储和邮政业	信息传输、软件和信息技术服务业	房地产业
企业本期营业成本比上期				
下降	10.6	5.8	14.8	11.2
持平	24.8	30.1	14.8	27.1
上升	64.7	64.1	70.5	61.7
其中：企业成本变动的主要影响因素				
原材料价格	25.9	27.5	26.9	6.4
劳动力成本	60.1	58.7	59.6	82.1
融资成本	5.9	9.2	9.6	3.8
研发与宣传	3.5	0.9	3.8	2.6
其他	4.6	3.7		5.1
企业本期收益比上期				
盈利增加	24.6	21.2	32.8	15.9
盈利减少	28.1	29.5	29.5	23.4
亏损增加	24.8	26.3	21.3	40.2
亏损减少	10.7	10.9	8.2	12.1
其他	11.8	12.2	8.2	8.4
其中：盈利变动的主要影响因素				
业务量	43.9	44.5	51.8	27.6
成本费用	42.9	39.4	37.5	55.1
税费	1.1	2.2	1.8	2.0
其他	12.1	13.9	8.9	15.3
企业本期对劳动力的需求比上期				
增加	37.0	31.4	57.4	43.9
持平	49.6	51.3	32.8	43.9
减少	13.3	17.3	9.8	12.1
劳动力需求变动的主要影响因素				
经济效益	24.1	28.9	19.5	11.7
订单变动	17.9	17.1	34.1	5.0
劳动力成本	32.0	32.9	26.8	51.7
其他	26.0	21.1	19.5	31.7

单位：%

租赁和商务服务业	科学研究和技术服务业	水利、环境和公共设施管理业	居民服务、修理和其他服务业	教育	卫生和社会工作	文化、体育和娱乐业
12.0	15.9	10.9	13.3	2.0	5.9	12.2
31.5	23.9	19.6	14.7	18.4	23.5	29.3
56.5	60.2	69.6	72.0	79.6	70.6	58.5
33.3	24.4	18.9	34.4	37.5	28.2	27.6
57.1	54.7	62.2	53.1	57.5	56.4	55.2
3.2	9.3	5.4	4.7	2.5		5.2
1.6	5.8	2.7	3.1	2.5	7.7	6.9
4.8	5.8	10.8	4.7		7.7	5.2
25.0	29.2	21.7	28.0	28.6	23.5	26.8
28.3	31.0	21.7	32.0	20.4	29.4	30.5
17.4	23.9	32.6	21.3	22.4	19.6	17.1
13.0	6.2	15.2	6.7	6.1	9.8	18.3
16.3	9.7	8.7	12.0	22.4	17.6	7.3
44.2	46.1	45.2	47.0	50.0	45.2	47.4
40.3	42.2	40.5	43.9	39.5	47.6	40.8
1.3	1.0					
14.3	10.8	14.3	9.1	10.5	7.1	11.8
22.8	34.5	45.7	32.0	46.9	41.2	34.1
62.0	46.9	30.4	56.0	51.0	54.9	57.3
15.2	18.6	23.9	12.0	2.0	3.9	8.5
25.7	25.0	21.9	21.2	12.5	43.5	37.1
22.9	26.7	25.0	12.1	12.5	4.3	14.3
14.3	25.0	28.1	39.4	29.2	30.4	31.4
37.1	23.3	25.0	27.3	45.8	21.7	17.1

5-1 续表 4

指标	合计	交通运输、仓储和邮政业	信息传输、软件和信息技术服务业	房地产业
企业本期综合经营状况				
良好	15.9	10.3	27.9	9.3
一般	57.8	62.8	52.5	59.8
不佳	26.3	26.9	19.7	30.8
企业经营处于				
创业阶段	16.7	13.5	13.1	12.1
发展阶段	67.1	71.2	77.0	66.4
成熟阶段	16.2	15.4	9.8	21.5
企业当前面临的突出问题				
招工难	36.2	25.6	50.8	40.2
融资难	16.1	18.6	16.4	7.5
用工成本上升快	69.6	72.4	70.5	79.4
原材料成本上升快	32.7	30.1	34.4	18.7
资金紧张	36.1	34.6	45.9	33.6
市场需求不足	29.9	33.3	26.2	23.4
其他	3.4	3.2	1.6	5.6
企业对政府有关部门有何要求与建议				
加大政策扶持及落实力度	70.6	68.6	75.4	72.0
减免税费	60.8	56.4	73.8	67.3
创新融资产品，扩宽融资渠道	10.6	9.6	11.5	2.8
专业人才引进和培训	14.8	9.0	21.3	7.5
加强引导和市场开拓	33.3	37.2	31.1	28.0
规范和指导企业管理	20.7	23.1	6.6	29.0
进一步加大公共服务力度	22.6	19.9	24.6	25.2
其他	1.1	1.3		0.9

单位：%

租赁和商务服务业	科学研究和技术服务业	水利、环境和公共设施管理业	居民服务、修理和其他服务业	教育	卫生和社会工作	文化、体育和娱乐业
23.9	19.5	10.9	12.0	22.4	13.7	15.9
56.5	56.6	45.7	65.3	59.2	60.8	50.0
19.6	23.9	43.5	22.7	18.4	25.5	34.1
20.7	23.0	21.7	14.7	12.2	11.8	23.2
59.8	58.4	63.0	66.7	71.4	76.5	67.1
19.6	18.6	15.2	18.7	16.3	11.8	9.8
25.0	29.2	23.9	44.0	34.7	52.9	52.4
18.5	22.1	13.0	12.0	10.2	15.7	20.7
60.9	63.7	60.9	72.0	77.6	72.5	64.6
35.9	31.0	43.5	48.0	44.9	29.4	28.0
42.4	34.5	54.3	36.0	22.4	27.5	32.9
37.0	38.9	17.4	28.0	22.4	13.7	37.8
4.3	2.7	8.7	1.3		2.0	3.7
69.6	61.9	82.6	69.3	77.6	80.4	65.9
50.0	54.9	67.4	66.7	61.2	56.9	64.6
13.0	18.6	15.2	10.7	2.0	9.8	11.0
12.0	14.2	19.6	25.3	14.3	31.4	12.2
38.0	42.5	23.9	29.3	30.6	17.6	36.6
25.0	26.5	19.6	10.7	28.6	11.8	13.4
21.7	22.1	10.9	25.3	20.4	23.5	29.3
1.1		4.3	1.3			2.4

5-2 规模以下服务业样本企业发展状况（2013 年）

指　　标	合　　计	交通运输、仓储和邮政业	信息传输、软件和信息技术服务业	房地产业
企业执行何种税收种类				
增值税	40.5	57.6	68.1	25.0
营业税	53.5	40.3	29.8	75.0
免　税	6.0	2.2	2.1	
有关部门对企业的收费比上期				
增加	16.6	15.1	14.9	17.4
持平	59.2	61.9	55.3	59.8
减少	10.9	12.9	12.8	10.9
无收费情况	13.3	10.1	17.0	12.0
企业本期流动资金比上期				
充足	9.4	6.5	12.8	12.0
一般	57.6	59.0	61.7	62.0
紧张	33.1	34.5	25.5	26.1
企业本期融资				
容易	1.0	2.2	2.1	
一般	16.9	16.5	23.4	15.2
困难	23.4	22.3	19.1	14.1
无融资需求	58.8	59.0	55.3	70.7
企业获取资金主要来源				
银行贷款	8.3	12.2	14.9	1.1
民间借贷	12.2	13.7	4.3	4.3
专项资金	3.8	2.2	8.5	
其他	75.6	71.9	72.3	94.6

注：1. 除企业当前面临的突出问题和企业对政府有关部门有何要求与建议为多项选择外，其余均为单项选择。
　　2. 房地产业只包括物业管理和房地产中介服务 2 个行业中类。

单位：%

租赁和商务服务业	科学研究和技术服务业	水利、环境和公共设施管理业	居民服务、修理和其他服务业	教育	卫生和社会工作	文化、体育和娱乐业
48.2	50.5	8.1	67.2	2.2	8.3	25.6
51.8	47.4	78.4	25.4	88.9	45.8	71.8
	2.1	13.5	7.5	8.9	45.8	2.6
21.2	11.3	24.3	20.9	15.6	8.3	19.2
56.5	62.9	45.9	53.7	64.4	72.9	53.8
8.2	10.3	5.4	13.4	4.4	4.2	17.9
14.1	15.5	24.3	11.9	15.6	14.6	9.0
10.6	9.3	2.7	10.4	8.9	6.3	12.8
56.5	55.7	48.6	53.7	62.2	66.7	50.0
32.9	35.1	48.6	35.8	28.9	27.1	37.2
1.2				4.4		
21.2	16.5	21.6	16.4	22.2	6.3	12.8
23.5	32.0	29.7	29.9	13.3	22.9	25.6
54.1	51.5	48.6	53.7	60.0	70.8	61.5
8.2	10.3		10.4	4.4	6.3	9.0
17.6	15.5	13.5	16.4	8.9	10.4	12.8
2.4	3.1	13.5	1.5		4.2	10.3
71.8	71.1	73.0	71.6	86.7	79.2	67.9

5-2 续表 1

指　　标	合　计	交通运输、仓储和邮政业	信息传输、软件和信息技术服务业	房地产业
企业本期科研经费投入比上期				
增加	3.5	0.7	12.8	1.1
持平	9.1	8.6	17.0	6.5
减少	1.9	1.4	4.3	2.2
没有	85.4	89.2	66.0	90.2
企业信息化建设主要目的				
信息发布	12.1	7.2	23.4	8.7
网上销售	2.9	4.3	2.1	2.2
其他	19.9	16.5	38.3	19.6
没有	65.2	71.9	36.2	69.6
企业获取新技术等科技成果的途径				
联合开发	2.9		14.9	3.3
技术成果转让	1.4			2.2
其他	13.6	5.0	27.7	6.5
没有	82.2	95.0	57.4	88.0
企业本期应收未收款比上期				
增加	24.8	28.8	34.0	29.3
持平	28.4	27.3	34.0	28.3
减少	23.1	21.6	27.7	22.8
没有	23.7	22.3	4.3	19.6
其中：应收未收款增加的主要影响因素				
欠款方资金紧张	52.2	62.5	31.3	25.9
欠款方故意拖欠	7.7			25.9
其他	40.1	37.5	68.8	48.1
企业本期销售(服务收费)价格比上期				
增加	21.2	18.7	21.3	19.6
持平	60.7	59.0	63.8	69.6
减少	18.1	22.3	14.9	10.9
其中：销售(服务收费)价格增加的主要影响因素				
原材料价格	17.3	3.8	20.0	11.1
劳动力成本	48.7	46.2	40.0	61.1
费用支出	14.1	15.4	20.0	11.1
市场竞争	7.7	19.2		5.6
其他	12.2	15.4	20.0	11.1

单位：%

租赁和商务服务业	科学研究和技术服务业	水利、环境和公共设施管理业	居民服务、修理和其他服务业	教育	卫生和社会工作	文化、体育和娱乐业
2.4	8.2	5.4	1.5	6.7		2.6
7.1	12.4	16.2	6.0	8.9	8.3	6.4
1.2	4.1			2.2	4.2	
89.4	75.3	78.4	92.5	82.2	87.5	91.0
15.3	11.3	18.9	7.5	11.1	12.5	16.7
1.2	2.1		1.5		4.2	7.7
15.3	21.6	18.9	19.4	15.6	18.8	21.8
68.2	64.9	62.2	71.6	73.3	64.6	53.8
2.4	5.2	5.4	1.5			1.3
	4.1		1.5			3.8
15.3	22.7	8.1	20.9	13.3	10.4	14.1
82.4	68.0	86.5	76.1	86.7	89.6	80.8
29.4	25.8	29.7	29.9	6.7	14.6	10.3
25.9	25.8	27.0	26.9	17.8	39.6	34.6
23.5	27.8	29.7	23.9	28.9	12.5	16.7
21.2	20.6	13.5	19.4	46.7	33.3	38.5
72.0	68.0	63.6	55.0	33.3	14.3	37.5
8.0	4.0	9.1	10.0			12.5
20.0	28.0	27.3	35.0	66.7	85.7	50.0
18.8	18.6	27.0	25.4	28.9	18.8	24.4
60.0	63.9	51.4	55.2	55.6	72.9	52.6
21.2	17.5	21.6	19.4	15.6	8.3	23.1
25.0	27.8	30.0	23.5	7.7	22.2	15.8
56.3	38.9	70.0	52.9	53.8	66.7	21.1
6.3	16.7		5.9	23.1	11.1	26.3
6.3			5.9			21.1
6.2	16.7		11.8	15.4		15.8

5-2 续表 2

指　　标	合　计	交通运输、仓储和邮政业	信息传输、软件和信息技术服务业	房地产业
企业本期营业收入比上期				
增加	45.4	43.2	59.6	56.5
持平	18.2	18.0	12.8	17.4
减少	36.3	38.8	27.7	26.1
其中：营业收入变动的主要影响因素				
市场需求	47.1	50.0	53.7	39.5
产品价格	8.5	3.5	7.3	7.9
其他	44.4	46.5	39.0	52.6
企业本期营业成本比上期				
上升	56.1	48.9	74.5	63.0
持平	27.5	28.8	14.9	22.8
下降	16.5	22.3	10.6	14.1
其中：企业单位成本上升的主要影响因素				
原材料价格	19.9	8.8	22.9	5.2
劳动力成本	58.7	63.2	34.3	81.0
融资成本	2.4	1.5	5.7	1.7
研发与宣传	0.7		2.9	
其他	18.2	26.5	34.3	12.1
企业本期收益比上期				
盈利增加(亏损减少)	29.7	38.8	40.4	22.8
盈利减少(亏损增加)	39.2	33.1	31.9	45.7
由盈转亏	6.9	7.2	4.3	4.3
扭亏为盈	7.8	5.8	12.8	12.0
盈亏不变	16.5	15.1	10.6	15.2
其中：盈利变动的主要影响因素				
业务量	49.7	56.8	61.9	39.7
成本费用	3.6	6.8	2.4	5.1
税费	32.1	22.0	19.0	41.0
其他	14.7	14.4	16.7	14.1
企业本期对劳动力的需求比上期				
增加	31.6	25.2	42.6	40.2
持平	51.7	54.0	40.4	46.7
减少	16.7	20.9	17.0	13.0

单位：%

租赁和商务服务业	科学研究和技术服务业	水利、环境和公共设施管理业	居民服务、修理和其他服务业	教育	卫生和社会工作	文化、体育和娱乐业
44.7	39.2	45.9	38.8	44.4	52.1	38.5
23.5	21.6	8.1	17.9	15.6	18.8	19.2
31.8	39.2	45.9	43.3	40.0	29.2	42.3
40.0	57.9	35.3	49.1	52.6	41.0	46.0
10.8	6.6	5.9	14.5	10.5	15.4	9.5
49.2	35.5	58.8	36.4	36.8	43.6	44.4
58.8	43.3	59.5	62.7	53.3	62.5	52.6
29.4	34.0	18.9	23.9	28.9	31.3	32.1
11.8	22.7	21.6	13.4	17.8	6.3	15.4
26.0	19.0	31.8	42.9	8.3	23.3	24.4
58.0	61.9	50.0	54.8	66.7	46.7	51.2
2.0		4.5		4.2	6.7	2.4
2.0					3.3	
12.0	19.0	13.6	2.4	20.8	20.0	22.0
24.7	27.8	32.4	34.3	31.1	14.6	25.6
40.0	41.2	29.7	37.3	40.0	54.2	39.7
10.6	6.2	8.1	11.9	11.1	2.1	3.8
4.7	6.2	8.1	4.5	4.4	16.7	7.7
20.0	18.6	21.6	11.9	13.3	12.5	23.1
47.1	57.0	27.6	52.5	53.8	47.6	40.0
2.9	1.3		1.7	2.6		6.7
35.3	30.4	51.7	32.2	28.2	38.1	36.7
14.7	11.4	20.7	13.6	15.4	14.3	16.7
29.4	27.8	40.5	31.3	35.6	35.4	24.4
57.6	52.6	45.9	49.3	55.6	56.3	52.6
12.9	19.6	13.5	19.4	8.9	8.3	23.1

5-2 续表3

指　　标	合　计	交通运输、仓储和邮政业	信息传输、软件和信息技术服务业	房地产业
劳动力需求变动的主要影响因素				
经济效益	26.2	17.2	35.7	12.2
订单变动	13.5	15.6	32.1	10.2
劳动力成本	35.2	29.7	21.4	55.1
其他	25.1	37.5	10.7	22.4
企业本期综合经营状况				
良好	18.8	20.1	36.2	19.6
一般	53.2	54.0	51.1	56.5
不佳	28.0	25.9	12.8	23.9
企业经营处于				
创业阶段	11.8	10.1	6.4	8.7
发展阶段	67.3	67.6	76.6	59.8
成熟阶段	20.8	22.3	17.0	31.5
企业当前面临的突出问题				
招工难	31.2	23.0	40.4	38.0
融资难	13.6	18.7	10.6	5.4
用工成本上升快	64.8	61.2	59.6	80.4
原材料成本上升快	28.4	21.6	31.9	19.6
资金紧张	33.1	37.4	36.2	25.0
市场需求不足	33.6	34.5	36.2	20.7
其他	4.9	5.0	4.3	5.4
企业对政府有关部门有何要求与建议				
加大政策扶持及落实力度	61.4	62.6	61.7	60.9
减免税费	52.0	48.9	59.6	52.2
创新融资产品，扩宽融资渠道	7.5	7.2	8.5	4.3
专业人才引进和培训	15.0	5.8	21.3	15.2
加强引导和市场开拓	26.7	30.2	38.3	23.9
加强行业监管，营造公平竞争的市场环境	21.0	25.2	17.0	13.0
进一步加大公共服务力度	19.6	19.4	21.3	25.0
规范和指导企业管理	15.2	17.3	14.9	19.6
转变部门工作作风，简化办事程序	20.8	20.9	25.5	19.6
其他	2.3		0.7	3.3

单位：%

租赁和商务服务业	科学研究和技术服务业	水利、环境和公共设施管理业	居民服务、修理和其他服务业	教育	卫生和社会工作	文化、体育和娱乐业
27.8	37.0	20.0	29.4	40.0	47.6	18.9
16.7	15.2	20.0	11.8	5.0		5.4
36.1	28.3	35.0	47.1	10.0	19.0	48.6
19.4	19.6	25.0	11.8	45.0	33.3	27.0
17.6	14.4	8.1	13.4	22.2	16.7	20.5
50.6	60.8	51.4	49.3	46.7	62.5	44.9
31.8	24.7	40.5	37.3	31.1	20.8	34.6
11.8	16.5	24.3	10.4	8.9	8.3	15.4
68.2	64.9	67.6	61.2	71.1	70.8	73.1
20.0	18.6	8.1	28.4	20.0	20.8	11.5
20.0	27.8	21.6	40.3	28.9	50.0	34.6
14.1	21.6	16.2	9.0	4.4	18.8	10.3
56.5	58.8	54.1	79.1	66.7	64.6	64.1
29.4	26.8	32.4	52.2	37.8	31.3	20.5
29.4	41.2	54.1	31.3	28.9	16.7	30.8
44.7	41.2	27.0	23.9	35.6	27.1	38.5
7.1	3.1	5.4	1.5	2.2	6.3	7.7
57.6	54.6	75.7	61.2	71.1	68.8	55.1
51.8	48.5	56.8	52.2	37.8	50.0	64.1
4.7	14.4	10.8	7.5	4.4	8.3	5.1
9.4	22.7	16.2	17.9	8.9	29.2	15.4
29.4	29.9	21.6	20.9	26.7	10.4	26.9
21.2	17.5	13.5	26.9	35.6	16.7	21.8
20.0	17.5	18.9	16.4	20.0	25.0	14.1
16.5	17.5	2.7	11.9	17.8	10.4	12.8
23.5	22.7	21.6	14.9	17.8	25.0	17.9
1.2	3.1	2.7	4.5	2.2	4.2	1.3

5-3　规模以下服务业样本企业发展状况（2014 年）

指　　标	合　计	交通运输、仓储和邮政业	信息传输、软件和信息技术服务业	物业管理与房地产中介服务业
企业执行何种税收种类				
增值税	51.4	71.5	66.0	19.3
营业税	40.8	23.3	28.9	78.6
免　税	7.8	5.2	5.2	2.1
有关部门对企业的收费比上期				
增加	10.8	11.7	9.3	13.6
持平	44.2	41.4	42.3	54.3
减少	12.7	14.2	14.4	5.7
无收费情况	32.3	32.7	34.0	26.4
企业本期流动资金比上期				
充足	8.4	7.1	8.2	10.0
一般	56.0	54.4	52.6	62.1
紧张	35.6	38.5	39.2	27.9
企业本期融资				
容易	0.6	0.6	2.1	
一般	16.4	21.4	13.4	12.9
困难	22.0	23.6	20.6	15.7
无融资需求	61.1	54.4	63.9	71.4
企业获取资金主要来源				
银行贷款	8.8	10.7	11.3	4.3
民间借贷	11.2	14.6	9.3	4.3
专项资金	2.9	2.6	5.2	1.4
其他	77.1	72.2	74.2	90.0

注：1. 除企业当前面临的突出问题和企业对政府有关部门有何要求与建议为多项选择外，其余均为单项选择。
　　2. 房地产业只包括物业管理和房地产中介服务 2 个行业中类。

单位：%

租赁和商务服务业	科学研究和技术服务业	水利、环境和公共设施管理业	居民服务、修理和其他服务业	教育	卫生和社会工作	文化、体育和娱乐业
51.6	69.1	34.9	69.9	1.6	6.2	33.9
47.4	28.0	50.8	26.9	87.3	35.4	44.3
1.0	3.0	14.3	3.2	11.1	58.5	21.7
10.9	14.0	7.9	5.4	9.5	6.2	8.7
42.4	44.5	34.9	48.4	54.0	44.6	40.9
12.8	9.7	19.0	17.2	17.5	12.3	12.2
33.9	31.8	38.1	29.0	19.0	36.9	38.3
9.5	11.9	4.8	6.5	3.2	4.6	7.8
53.3	59.7	55.6	52.7	63.5	53.8	55.7
37.2	28.4	39.7	40.9	33.3	41.5	36.5
0.7		3.2				0.9
15.8	16.5	17.5	12.9	14.3	10.8	17.4
20.4	19.5	25.4	31.2	27.0	24.6	21.7
63.2	64.0	54.0	55.9	58.7	64.6	60.0
7.6	7.6	15.9	9.7	7.9	7.7	8.7
10.2	13.1	6.3	14.0	6.3	9.2	15.7
0.3	2.1	17.5		3.2	3.1	6.1
81.9	77.1	60.3	76.3	82.5	80.0	69.6

5-3 续表 1

指　　标	合　计	交通运输、仓储和邮政业	信息传输、软件和信息技术服务业	物业管理与房地产中介服务业
企业本期科研经费投入比上期				
增加	3.7	1.9	13.4	1.4
持平	6.6	6.1	11.3	5.7
减少	1.7	1.9	4.1	
没有	88.0	90.0	71.1	92.9
企业信息化建设主要目的				
信息发布	10.0	6.5	17.5	7.9
网上销售	3.2	4.2	5.2	2.9
其他	20.4	22.0	29.9	16.4
没有	66.5	67.3	47.4	72.9
企业获取新技术等科技成果的途径				
联合开发	2.3	0.6	9.3	0.7
技术成果转让	1.0	1.3	4.1	
其他	12.4	10.7	20.6	4.3
没有	84.3	87.4	66.0	95.0
企业本期应收未收款比上期				
增加	24.6	24.9	30.9	22.1
持平	30.0	35.0	33.0	33.6
减少	21.2	18.8	18.6	22.1
没有	24.2	21.4	17.5	22.1
其中：应收未收款增加的主要影响因素				
欠款方资金紧张	55.5	59.7	46.7	38.7
欠款方故意拖欠	9.6	7.8	3.3	35.5
其他	35.0	32.5	50.0	25.8
企业本期销售(服务收费)价格比上期				
增加	15.4	12.6	14.4	18.6
持平	63.3	63.1	59.8	65.7
减少	21.3	24.3	25.8	15.7
其中：销售(服务收费)价格增加的主要影响因素				
原材料价格	10.9	17.9	21.4	
劳动力成本	45.9	38.5	50.0	61.5
费用支出	19.2	23.1		15.4
市场竞争	11.8	10.3	21.4	7.7
其他	12.2	10.3	7.1	15.4

单位：%

租赁和商务服务业	科学研究和技术服务业	水利、环境和公共设施管理业	居民服务、修理和其他服务业	教育	卫生和社会工作	文化、体育和娱乐业
1.3	5.9	7.9	2.2	3.2	1.5	5.2
6.3	9.3	6.3	2.2	3.2	4.6	7.0
2.0	1.7	1.6	1.1			2.6
90.5	83.1	84.1	94.6	93.7	93.8	85.2
13.8	9.3	12.7	5.4	6.3	9.2	11.3
3.6	2.1	1.6	1.1	1.6	4.6	2.6
20.1	21.2	20.6	14.0	14.3	20.0	20.9
62.5	67.4	65.1	79.6	77.8	66.2	65.2
1.0	5.1	7.9				1.7
0.3	0.8		1.1			2.6
11.5	18.2	12.7	9.7	9.5	15.4	12.2
87.2	75.8	79.4	89.2	90.5	84.6	83.5
24.3	33.9	36.5	24.7	11.1	16.9	8.7
25.7	25.8	22.2	35.5	39.7	30.8	23.5
25.7	22.9	20.6	22.6	19.0	15.4	17.4
24.3	17.4	20.6	17.2	30.2	36.9	50.4
58.1	58.8	56.5	73.9	57.1	27.3	40.0
4.1	7.5	8.7	13.0		9.1	20.0
37.8	33.8	34.8	13.0	42.9	63.6	40.0
17.1	17.4	19.0	18.3	3.2	15.4	13.9
60.5	61.0	65.1	57.0	77.8	70.8	67.8
22.4	21.6	15.9	24.7	19.0	13.8	18.3
1.9	9.8	33.3	11.8		20.0	12.5
48.1	43.9	25.0	52.9	50.0	50.0	37.5
21.2	19.5	16.7	29.4	50.0	10.0	18.8
11.5	14.6	8.3	5.9			25.0
17.3	12.2	16.7			20.0	6.3

5-3 续表 2

指　　标	合　计	交通运输、仓储和邮政业	信息传输、软件和信息技术服务业	物业管理与房地产中介服务业
企业本期营业收入比上期				
增加	36.8	36.2	33.0	39.3
持平	25.0	28.5	15.5	34.3
减少	38.2	35.3	51.5	26.4
其中：营业收入变动的主要影响因素				
市场需求	51.4	54.3	57.3	31.5
产品价格	5.2	5.4	1.2	5.4
其他	43.4	40.3	41.5	63.0
企业本期营业成本比上期				
上升	47.9	43.0	47.4	54.3
持平	36.8	42.7	35.1	35.7
下降	15.3	14.2	17.5	10.0
其中：企业单位成本上升的主要影响因素				
原材料价格	16.7	22.6	21.7	5.3
劳动力成本	60.6	56.4	52.2	75.0
融资成本	1.7			1.3
研发与宣传	1.3	0.8	6.5	
其他	19.7	20.3	19.6	18.4
企业本期收益比上期				
盈利增加(亏损减少)	23.0	22.3	18.6	23.6
盈利减少(亏损增加)	39.7	41.4	41.2	43.6
由盈转亏	7.7	8.4	9.3	5.0
扭亏为盈	5.5	5.8	6.2	5.7
盈亏不变	24.0	22.0	24.7	22.1
其中：盈利变动的主要影响因素				
业务量	45.8	47.3	47.9	31.2
成本费用	3.8	7.1		3.7
税费	33.3	31.5	38.4	45.0
其他	17.0	14.1	13.7	20.2
企业本期对劳动力的需求比上期				
增加	25.3	22.0	29.9	30.7
持平	57.2	60.5	47.4	62.1
减少	17.4	17.5	22.7	7.1

单位：%

租赁和商务服务业	科学研究和技术服务业	水利、环境和公共设施管理业	居民服务、修理和其他服务业	教育	卫生和社会工作	文化、体育和娱乐业
35.9	41.1	39.7	31.2	42.9	41.5	29.6
22.4	19.1	22.2	24.7	22.2	33.8	29.6
41.8	39.8	38.1	44.1	34.9	24.6	40.9
55.5	57.6	44.9	47.1	40.8	58.1	44.4
3.4	5.2	8.2	14.3	2.0	7.0	4.9
41.1	37.2	46.9	38.6	57.1	34.9	50.6
45.1	52.5	44.4	41.9	57.1	55.4	48.7
38.8	30.9	34.9	39.8	28.6	36.9	33.9
16.1	16.5	20.6	18.3	14.3	7.7	17.4
16.1	8.9	28.6	33.3	19.4	16.7	14.3
56.9	68.5	57.1	51.3	58.3	61.1	58.9
0.7	5.6	3.6		2.8		1.8
1.5					5.6	1.8
24.8	16.9	10.7	15.4	19.4	16.7	23.2
22.4	29.2	27.0	20.4	19.0	24.6	18.3
41.8	35.6	38.1	45.2	34.9	35.4	33.9
9.2	7.2	6.3	7.5	6.3	3.1	9.6
4.9	5.5	4.8	2.2	11.1	6.2	4.3
21.7	22.5	23.8	24.7	28.6	30.8	33.9
43.7	53.6	43.8	50.0	40.0	44.4	50.0
4.2	3.8	2.1	1.4	2.2		2.6
29.8	32.2	37.5	37.1	31.1	40.0	22.4
22.3	10.4	16.7	11.4	26.7	15.6	25.0
23.4	29.2	34.9	20.4	15.9	38.5	17.4
55.3	52.1	46.0	63.4	71.4	47.7	65.2
21.4	18.6	19.0	16.1	12.7	13.8	17.4

5-3 续表 3

指　　标	合　计	交通运输、仓储和邮政业	信息传输、软件和信息技术服务业	物业管理与房地产中介服务业
劳动力需求变动的主要影响因素				
经济效益	25.2	25.4	29.4	13.2
订单变动	19.4	19.7	19.6	3.8
劳动力成本	30.6	26.2	25.5	54.7
其他	24.9	28.7	25.5	28.3
企业本期综合经营状况				
良好	14.3	12.0	12.4	14.3
一般	54.9	55.7	54.6	59.3
不佳	30.7	32.4	33.0	26.4
企业经营处于				
创业阶段	18.2	17.5	29.9	12.9
发展阶段	65.1	66.0	61.9	65.7
成熟阶段	16.7	16.5	8.2	21.4
企业当前面临的突出问题				
招工难	22.6	15.2	19.6	32.1
融资难	10.9	12.0	11.3	4.3
用工成本上升快	50.9	47.2	46.4	60.0
原材料成本上升快	18.9	13.3	22.7	19.3
资金紧张	35.7	42.7	34.0	27.9
市场需求不足	42.4	48.2	56.7	27.1
其他	5.2	4.5	3.1	9.3
企业对政府有关部门有何要求与建议				
加大政策扶持及落实力度	56.0	55.3	52.6	53.6
减免税费	52.0	51.1	46.4	58.6
创新融资产品，扩宽融资渠道	6.5	5.5	10.3	1.4
专业人才引进和培训	14.1	8.1	13.4	8.6
加强引导和市场开拓	23.6	31.4	34.0	10.7
加强行业监管，营造公平竞争的市场环境	19.1	19.1	24.7	19.3
进一步加大公共服务力度	15.8	10.0	10.3	25.0
规范和指导企业管理	12.0	15.5	10.3	15.7
转变部门工作作风，简化办事程序	21.2	19.7	22.7	21.4
其他	1.2	1.0		3.6

单位：%

租赁和商务服务业	科学研究和技术服务业	水利、环境和公共设施管理业	居民服务、修理和其他服务业	教育	卫生和社会工作	文化、体育和娱乐业
27.9	23.9	20.6	29.4	33.3	23.5	27.5
27.2	26.5	26.5	17.6	5.6	2.9	7.5
22.8	24.8	29.4	44.1	22.2	38.2	47.5
22.1	24.8	23.5	8.8	38.9	35.3	17.5
15.8	21.6	15.9	10.8	9.5	13.8	8.7
52.0	54.7	60.3	52.7	57.1	60.0	51.3
32.2	23.7	23.8	36.6	33.3	26.2	40.0
17.4	15.7	22.2	17.2	11.1	20.0	26.1
66.8	65.3	61.9	69.9	68.3	69.2	53.0
15.8	19.1	15.9	12.9	20.6	10.8	20.9
20.7	19.5	11.1	24.7	17.5	52.3	34.8
10.9	11.9	15.9	12.9	7.9	10.8	11.3
44.4	54.7	39.7	59.1	73.0	61.5	44.3
15.8	21.2	31.7	28.0	19.0	20.0	19.1
38.2	32.6	49.2	31.2	19.0	35.4	33.0
48.7	42.4	33.3	34.4	34.9	26.2	41.7
6.6	4.2	3.2	2.2	6.3	3.1	6.1
56.3	55.1	60.3	51.6	58.7	69.2	56.5
54.3	53.0	47.6	61.3	54.0	30.8	48.7
8.9	7.2	7.9	7.5	3.2	3.1	6.1
15.1	21.6	17.5	15.1	7.9	35.4	8.7
28.6	20.8	14.3	20.4	14.3	16.9	19.1
14.8	19.1	17.5	22.6	22.2	23.1	20.0
17.8	12.7	20.6	9.7	19.0	24.6	20.9
9.2	9.7	7.9	17.2	14.3	9.2	9.6
24.3	22.0	17.5	19.4	19.0	15.4	21.7
0.3		3.2		4.8	1.5	2.6

5-4　主要农产品中间消耗（2010 年）

指　　标	小　麦 （元/亩）	玉　米 （元/亩）	油　料 （元/亩）	棉　花 （元/亩）
平均每单位中间消耗	360.38	476.30	326.04	1010.22
物质消耗	260.87	235.57	213.29	576.75
用种量	75.69	46.54	73.31	35.63
饲料、饲草	1.14	2.96		0.18
肥料	144.26	137.27	119.17	155.02
燃料	2.04	0.79	0.07	3.82
农膜（棚膜、地膜）	0.23	11.44	0.69	52.10
农药	8.96	15.73	14.46	255.90
畜牧水产养殖用药				
水费	19.09	14.80	5.53	73.59
用电量	9.15	0.09	0.05	0.11
棚架材料费				
小农具购置费	0.26	0.23	0.01	0.22
办公用品购置		0.08		
其它物质消耗	0.05	5.65		0.18
生产服务支出	99.51	240.73	112.75	433.47
修理费	0.20	0.52	0.04	0.15
外雇运输费	9.65	0.85	4.40	37.25
生产性邮电费	0.01			
外雇排灌费	19.41	31.32	35.52	0.02
外雇机械作业费	56.79	121.56	44.85	62.10
配种费				
防疫费				
技术咨询费	0.02			
上交管理费	8.90	20.53	26.90	323.82
保险费	0.04	0.01		6.95
广告费				
职工教育费				
差旅费	0.42			
会议费				
其它劳务费	4.08	65.95	1.04	3.16

甜　菜（元/亩）	蔬　菜（元/亩）	水　果（元/亩）	猪（元/头）	肉　牛（元/头）	绵　羊（元/只）
714.35	590.35	351.09	800.69	1707.86	214.97
412.99	494.78	325.27	786.39	1564.72	204.41
101.41	132.73	0.79	113.36	152.92	0.45
			668.05	1369.20	198.09
244.03	218.43	164.73			
0.15	14.32	0.66	0.56	4.86	1.23
50.52	49.75	1.23			
15.43	9.32	30.96			
			3.76	23.22	3.75
1.45	67.60	50.48		0.26	0.03
	1.77	28.91	0.66	0.30	0.01
	0.76	42.95			
	0.05				
	0.04	4.55		13.97	0.84
301.36	95.57	25.82	14.30	143.13	10.56
0.15	9.64	0.38	0.30	1.16	1.23
181.64	9.55			5.31	0.62
38.45	3.22	0.14			
46.88	49.61	4.00			
				67.05	0.23
			5.81	20.31	4.28
				0.01	
27.88	11.21	7.44	0.25		
	0.01				
			0.38		
			0.36		
	3.46				
6.35	8.88	13.85	7.20	49.30	4.20

5-5 主要农产品中间消耗（2011 年）

指 标	小 麦（元/亩）	玉 米（元/亩）	油 料（元/亩）	棉 花（元/亩）
平均每单位中间消耗	**429.86**	**524.10**	**401.49**	**1117.26**
物质消耗	278.43	340.22	232.02	486.17
用种量	83.69	80.79	76.79	50.62
饲料、饲草	0.07	0.10		0.01
肥料	154.85	186.68	130.17	221.61
燃料	2.19	1.31	0.36	14.06
农膜（棚膜、地膜）	0.09	40.17	1.08	46.85
农药	10.22	17.71	19.64	50.30
畜牧水产养殖用药				
水费	22.06	11.60	0.80	94.59
用电量	4.95	1.40	2.36	5.08
棚架材料费				0.03
小农具购置费	0.19	0.04		0.64
办公用品购置	0.01	0.01		
其它物质消耗	0.11	0.41	0.82	2.38
生产服务支出	151.43	183.88	169.47	631.09
修理费	0.07	0.08		1.74
外雇运输费	8.69	0.32	5.38	0.71
生产性邮电费	3.18			0.01
外雇排灌费	35.91	34.62	56.92	0.14
外雇机械作业费	73.17	127.67	81.98	36.74
配种费				
防疫费				
技术咨询费			11.77	
上交管理费	22.51	20.58	9.23	134.85
保险费	0.02			3.78
广告费				
职工教育费				
差旅费				
会议费				
其它劳务费	7.88	0.61	4.19	453.12

甜　菜（元/亩）	蔬　菜（元/亩）	水　果（元/亩）	猪（元/头）	肉　牛（元/头）	绵　羊（元/只）
943.75	**745.99**	**815.67**	**1286.13**	**2527.31**	**399.49**
434.00	523.25	584.06	1268.90	2465.96	391.67
119.23	153.13	2.40	92.52	939.50	17.35
		6.40	1151.33	1509.47	368.21
237.50	203.47	237.36			
0.39	12.48	3.03	10.21	0.30	0.17
46.48	55.32	0.14			
10.05	2.99	43.72			
			9.09	9.33	5.62
1.38	78.70	111.21	1.65	0.82	0.05
18.44			2.00	3.87	0.08
		1.07	1.92	0.41	0.02
			0.07		
0.53	17.16	178.73	0.11	2.26	0.17
509.75	222.74	231.61	17.23	61.35	7.82
1.20	0.32	2.33		6.63	0.04
172.23	34.92		0.02	4.91	0.82
			0.21		
44.37	8.90	15.37			
108.05	56.63	52.02			
			1.26	30.37	0.03
			8.06	9.33	5.79
19.19			1.73	0.19	
			0.13		
				0.10	
164.71	121.97	161.89	5.82	9.82	1.14

5-6 主要农产品中间消耗（2012 年）

指　　标	小　麦 （元/亩）	玉　米 （元/亩）	油菜籽 （元/亩）	向日葵 （元/亩）	棉　花 （元/亩）
平均每单位中间消耗	415.62	388.63	430.72	362.68	658.30
物质消耗	298.96	292.77	242.74	206.33	470.91
用种量	71.95	52.41	31.09	54.14	50.94
饲料、饲草					
肥料	182.70	171.57	166.02	116.16	248.45
燃料	4.84	7.38	23.54	0.56	11.49
农膜（棚膜、地膜）	1.46	23.13	10.35		47.12
农药	4.88	5.74	6.54	16.03	37.86
畜牧水产养殖用药					
水费	29.49	26.80		6.42	62.65
用电量	1.03	2.33		8.75	1.45
棚架材料费					
小农具购置费	1.97	0.91			2.01
办公用品购置		0.04			
其它物质消耗	0.63	2.46	5.21	4.27	8.95
生产服务支出	116.66	95.86	187.98	156.35	187.39
修理费	0.06	0.87			2.77
外雇运输费	6.41	4.97	40.44	0.33	8.37
生产性邮电费					0.07
外雇排灌费	15.27	18.62	40.58	45.78	16.62
外雇机械作业费	87.18	64.19	79.43	95.92	52.30
配种费					
防疫费					
技术咨询费		0.26			
上交管理费	0.79	2.13		3.37	6.45
保险费	0.84	0.21	1.75		1.72
广告费					
职工教育费					
差旅费					0.25
会议费					
其它劳务费	6.11	4.61	25.79	8.41	98.84

甜　菜（元/亩）	西红柿（元/亩）	葡　萄（元/亩）	杏（元/亩）	核　桃（元/亩）	牛（元/头）	绵　羊（元/只）
777.82	1101.25	700.34	86.62	231.92	2952.53	388.70
365.15	851.49	509.44	81.73	173.11	2902.05	380.32
72.44	266.51			31.54	1396.57	104.58
					1441.51	265.57
208.40	299.56	343.18	52.06	133.86		
5.22	13.47	5.11		2.23	17.11	3.20
23.08	196.34	2.33				
19.21	36.34	37.39	8.15	2.13		
					24.20	4.09
14.99	32.26	87.62	21.53	2.79	0.94	1.00
12.67	1.33				4.73	0.35
	0.35	0.69		0.33	0.32	0.05
9.14	5.32	33.11		3.55	16.69	1.49
412.68	249.76	190.91	4.89	58.82	50.48	8.38
8.64	1.79	1.70				
164.47	116.33	12.77			11.25	1.02
38.43	59.01	48.78	4.89	10.92		
72.56	51.07			16.40		
					13.11	1.12
					5.04	2.53
4.25						
	1.45					
124.33	20.12	127.66		31.50	21.08	3.71

5-7 主要农产品中间消耗（2013年）

指　标	小　麦（元/亩）	玉　米（元/亩）	棉　花（元/亩）
平均每单位中间消耗	**365.18**	**429.65**	**578.63**
物质消耗	253.74	280.84	450.37
用种量	79.37	65.72	49.56
饲料、饲草			
肥料	128.09	159.42	214.95
燃料	1.26	1.33	7.84
农膜（棚膜、地膜）		24.38	49.40
农药	8.69	7.92	48.78
畜牧水产养殖用药			
水费	30.00	9.08	61.84
用电量	6.32	7.67	2.20
棚架材料费			0.15
小农具购置费			1.46
办公用品购置			
其它物质消耗		5.33	14.20
生产服务支出	111.44	148.81	128.25
修理费		0.22	4.09
外雇运输费	4.77	11.96	2.59
生产性邮电费			
外雇排灌费	14.92	38.99	19.80
外雇机械作业费	90.16	95.76	73.76
配种费			
防疫费			
技术咨询费			0.15
上交管理费		1.71	4.34
保险费	1.13	0.17	4.27
广告费			0.14
职工教育费			
差旅费			
会议费			
其它劳务费	0.46		19.12

甜　菜（元/亩）	西红柿（元/亩）	核　桃（元/亩）	牛（元/头）	绵　羊（元/只）
866.28	**750.18**	**525.22**	**4824.77**	**487.56**
492.29	524.98	500.72	4778.04	482.22
94.86	130.52	85.65	2740.89	138.67
			2009.15	330.73
304.66	244.38	348.31		
14.44	13.69		11.49	7.52
18.70	39.87			
15.83	21.97	32.27		
			12.95	3.18
12.35	56.39	34.49	0.16	0.92
15.16	3.33		2.03	1.21
			0.93	
16.30	14.82		0.44	
373.99	225.20	24.50	46.73	5.34
1.81	1.31		0.43	0.75
172.80	92.09	0.73	10.79	0.18
46.83	15.33	3.58		
152.56	98.10	12.82		
			15.74	3.39
			6.52	0.76
		7.08	0.95	0.02
	7.00	0.29		
	1.33		2.00	
	10.03		10.31	0.24

5-8 主要农产品中间消耗（2014 年）

指　标	小　麦（元/亩）	玉　米（元/亩）	棉　花（元/亩）
平均每单位中间消耗	357.06	475.48	629.60
物质消耗	247.21	298.09	492.23
用种量	80.74	61.51	57.79
饲料、饲草			
肥料	116.08	179.81	249.66
燃料	0.50	2.40	8.00
农膜（棚膜、地膜）		22.45	47.57
农药	7.91	7.46	49.18
畜牧水产养殖用药			
水费	34.86	6.61	63.32
用电量	7.17	8.16	3.87
棚架材料费			
小农具购置费			1.51
办公用品购置			
其它物质消耗		10.87	7.60
生产服务支出	109.86	177.39	137.37
修理费		0.15	2.19
外雇运输费	2.96	16.51	3.13
生产性邮电费			
外雇排灌费	15.13	46.43	22.84
外雇机械作业费	91.24	102.25	77.67
配种费			
防疫费			
技术咨询费			
上交管理费		2.15	1.61
保险费	0.51	0.50	5.75
广告费			
职工教育费			
差旅费			
会议费			
其它劳务费	0.02	9.41	23.44

甜　菜（元/亩）	西红柿（元/亩）	核　桃（元/亩）	牛（元/头）	绵　羊（元/只）
919.62	871.70	495.47	5373.57	566.71
492.49	629.89	432.65	5342.62	563.56
83.26	189.56	51.74	2974.10	196.41
			2350.58	362.38
267.65	217.68	289.88		
37.68	58.92	2.76		0.57
	7.66	7.56		
			11.94	2.67
42.67	49.19		2.80	0.84
25.86	31.37	69.17	3.20	0.69
100.00	111.21	63.11		
82.22				
100.00	100.00			
			30.95	3.16
125.00	32.46			
427.13	241.81	79.05	7.70	2.24
31.72	8.75	4.29		
188.54	176.61	40.00		
143.33	66.02	19.36	4.38	
153.57	82.80	57.86	6.29	0.48
			1.91	
	35.00			
	10.12			0.26
15.40	70.07	175.00	10.68	0.17

5-9 小麦、玉米种植抽样调查基本情况（2010 年）

指 标	小 麦			玉 米		
	全 疆	北 疆	南 疆	全 疆	北 疆	南 疆
实测地块总数（块）	1512	450	1062	1422	396	1026
地块丈量面积（公顷）	1039	658	381	784	456	328
亩化肥使用量（千克）	49	36	54	43	41	44
亩农家肥使用量(100 千克)	13.37	4.14	17.28	11.96	7.31	13.76
土地状况（%）						
1、水田	7.1	18.7	2.3	6.4	21.2	0.6
2、水浇地	80.6	77.3	81.9	86.9	72.7	92.4
3、其它	12.3	4.0	15.8	6.7	6.1	7.0
灌溉水源（%）						
1、井水	6.5	13.3	3.7	5.1	12.1	2.3
2、库水	12.4	14.7	11.4	12.2	15.2	11.1
3、其它	81.1	72.0	84.9	82.7	72.7	86.6
灌溉方式（%）						
1、喷灌						
2、滴灌	0.4	1.3		1.6	4.5	0.5
3、其它	99.6	98.7	100.0	98.4	95.5	99.5
灾种（%）						
1、水灾						
2、旱灾	4.0	8.0	2.3	9.6	5.8	11.1
3、雹灾	2.4	1.3	2.8	0.4	1.5	
4、霜冻	2.6	8.7				
5、其它	30.2	54.7	19.8	41.6	58.6	35.1
机耕率	100.0	100.0	100.0	86.5	100.0	81.3
机播率	100.0	100.0	100.0	74.5	99.8	64.7
机收率	52.6	94.0	35.0	18.3	36.1	11.4

5-10　小麦、玉米种植抽样调查基本情况（2011年）

指　　标	小　　麦			玉　　米		
	全 疆	北 疆	南 疆	全 疆	北 疆	南 疆
实测地块总数（块）	171	54	117	162	72	90
地块丈量面积（公顷）	513	162	351	495	225	270
亩化肥使用量（千克）	48	38	52	43	47	40
亩农家肥使用量(100千克）	14.90	3.94	16.49	13.74	12.79	15.50
土地状况（%）						
1、水田				1.9		3.3
2、水浇地	89.3	100.0	54.6	90.7	100.0	83.3
3、其它	10.7		15.4	7.4		13.3
灌溉水源（%）						
1、井水	16.1	33.3	7.7	5.6	12.5	
2、库水	21.4	33.3	18.0	14.8	16.7	13.3
3、其它	62.5	33.4	74.4	79.6	70.8	86.7
灌溉方式（%）						
1、喷灌						
2、滴灌	0.6		0.9	5.6	12.5	
3、其它	99.4	100.0	99.1	94.4	87.5	100.0
灾种（%）						
1、水灾						
2、旱灾	5.7	12.8	2.7	2.0		3.3
3、雹灾	1.9		2.7	2.0	4.7	
4、霜冻	11.4		16.2			
5、其它	12.7	23.4	8.1	25.3	51.6	6.7
机耕率	100.0	100.0	100.0	89.5	97.2	83.3
机播率	100.0	100.0	100.0	72.2	95.8	53.3
机收率	70.3	94.4	62.2	21.0	47.2	

5-11 小麦、玉米种植抽样调查基本情况（2012 年）

指 标	小 麦			玉 米		
	全 疆	北 疆	南 疆	全 疆	北 疆	南 疆
实测地块总数（块）	180	48	132	162	63	99
亩化肥使用量（千克）	47	41	50	44	46	42
亩农家肥使用量(100 千克）	14	15	18	15	3	22
土地状况（%）						
1、水田	1.7	6.7				
2、水浇地	79.3	93.3	74.4	95.1	95.2	95.0
3、其它	19.0		25.6	4.9	4.8	5.0
灌溉水源（%）						
1、井水	13.8	33.3	7.0	16.7	42.9	
2、库水	8.6	20.0	4.7	17.2	23.8	13.1
3、其它	77.6	46.7	88.3	66.1	33.3	86.9
灌溉方式（%）						
1、喷灌						
2、滴灌				13.0	31.8	1.0
3、其它	100.0	100.0	100.0	87.0	68.2	99.0
灾种（%）						
1、水灾	1.2	4.8				
2、旱灾	10.3	38.1	0.8	15.4	39.7	
3、雹灾	1.8		2.4			
4、霜冻	0.6		0.8			
5、其它	17.0		13.0	7.4	9.5	6.1
机耕率	98.3	100.0	97.7	77.8	100.0	63.6
机播率	99.4	100.0	99.2	63.4	100.0	39.8
机收率	57.5	100.0	42.6	30.9	79.4	…

5-12　小麦、玉米种植抽样调查基本情况（2013 年）

指　　标	小　　麦			玉　　米		
	全 疆	北 疆	南 疆	全 疆	北 疆	南 疆
实测地块总数（块）	188	53	135	162	60	102
亩化肥使用量（千克）	49	38	54	45	43	46
亩农家肥使用量(100 千克)	13	14	18	14	3	21
土地状况（%）						
1、水田						
2、水浇地	82.2	83.8	82.0	96.1	96.0	96.3
3、其它	17.8	16.2	18.0	3.9	4.0	3.7
灌溉水源（%）						
1、井水	14.2	34.2	8.1	17.1	43.5	
2、库水	10.5	22.3	5.1	19.8	24.2	14.6
3、其它	75.3	43.5	86.8	63.1	32.3	85.4
灌溉方式（%）						
1、喷灌						
2、滴灌				12.3	30.5	1.0
3、其它	100.0	100.0	100.0	87.7	69.5	99.0
灾种（%）						
1、水灾	1.3	5.1				
2、旱灾	4.6	11.2	3.6	11.3	6.8	13.4
3、雹灾	2.1	1.5		1.2	1.7	
4、霜冻	0.7			0.5		
5、其它	14.0			12.0		
机耕率	99.0	100.0	99.0	89.1	100.0	77.2
机播率	100.0	100.0	100.0	77.3	100.0	46.5
机收率	63.5	100.0	44.3	36.2	83.0	0.0

5-13 小麦、玉米种植抽样调查基本情况（2014 年）

指 标	小 麦			玉 米		
	全 疆	北 疆	南 疆	全 疆	北 疆	南 疆
实测地块总数（块）	162	51	111	165	81	84
亩化肥使用量（千克）	47	41	50	47	54	41
亩农家肥使用量(100 千克）	16	10	21	14	7	19
土地状况（%）						
1、水田						
2、水浇地	77.8	94.1	70.3	92.7	100.0	85.7
3、其它	22.2	5.9	29.7	7.3		14.3
灌溉水源（%）						
1、井水	13.0	23.5	8.1	20.0	29.6	10.7
2、库水	9.2	23.5	2.7	14.5	22.2	7.1
3、其它	77.8	52.9	89.2	65.5	48.1	82.1
灌溉方式（%）						
1、喷灌	1.9		2.7			
2、滴灌	0.6	2.0		15.8	32.1	
3、其它	97.5	98.0	97.3	84.2	67.9	100.0
灾种（%）						
1、水灾						
2、旱灾	11.7	37.5		16.4	29.6	3.6
3、雹灾						
4、霜冻						
5、其它	17.3	13.7	18.9	14.5	18.5	10.7
机耕率	100.0	100.0	100.0	78.2	100.0	57.1
机播率	100.0	100.0	100.0	74.5	100.0	50.0
机收率	74.1	100.0	62.2	55.2	74.1	35.7

5-14　主要农作物播种面积、总产量（2012 年）

单位：千公顷、万吨

指　　标	播种面积	产　　量
一、粮食作物	2131.17	1273.00
其中：夏收粮食	1095.17	580.00
（一）谷物	2034.45	1234.81
稻谷	69.23	59.36
早　　稻		
中稻和一季晚稻	69.23	59.36
双季晚稻		
小麦	1081.04	576.54
冬小麦	715.75	382.30
春小麦	365.29	194.24
玉米	855.72	592.11
谷子	0.13	
高粱	12.93	3.15
其他谷物	15.40	3.65
其中：大　麦	14.13	3.46
燕　麦		
荞　麦		
（二）豆类	68.75	25.02
其中：大　豆	55.23	21.55
绿　豆	1.10	
红小豆		
（三）薯类（折粮）	27.97	13.17
其中：马铃薯	26.69	12.21
二、棉花	1720.80	353.95

5-15 主要农作物播种面积、总产量（2013 年）

单位：千公顷、万吨

指　　标	播种面积	产　　量
一、粮食作物	2234.80	1377.00
其中：夏收粮食	1131.05	627.00
（一）谷物	2130.28	1339.71
稻谷	67.29	59.82
早　　稻		
中稻和一季晚稻	67.29	59.82
双季晚稻		
小麦	1120.98	602.08
冬小麦	697.48	385.50
春小麦	423.50	216.58
玉米	920.80	669.02
谷子	0.66	
高粱	7.70	3.70
其他谷物	12.85	5.09
其中：大　麦	10.07	4.92
燕　麦		
荞　麦		
（二）豆类	73.94	21.12
其中：大　豆	59.15	18.03
绿　豆	4.44	1.29
红小豆	5.18	1.80
（三）薯类（折粮）	30.58	16.17
其中：马铃薯	29.05	15.33
二、棉花	1718.26	351.75

5-16　主要农作物播种面积、总产量（2014年）

单位：千公顷、万吨

指　　标	播种面积	产　　量
一、粮食作物	2255.9	1414.5
其中：夏收粮食	1152.5	647.2
（一）谷物	2147.8	1369.1
其中：夏收谷物	1152.5	647.2
秋收谷物	995.4	721.9
稻谷	75.1	76.2
早　　稻		
中稻和一季晚稻	75.1	76.2
双季晚稻		
小麦	1142.4	642.3
冬小麦	743.5	414.5
春小麦	398.8	227.8
玉米	910.8	641.1
谷子		
高粱	9.5	4.7
其他谷物	10.1	5.0
其中：大　麦	10.1	5.0
燕　麦		
荞　麦		
（二）豆类	72.4	21.7
其中：大　豆	57.9	17.3
绿　豆		
红小豆		
（三）薯类（鲜）	35.7	118.3
其中：马铃薯（鲜）	33.6	112.3
二、棉花	1953.3	367.7

5-17 畜牧业生产情况

指　　标	2010	2011	2012	2013	2014
一、畜禽存栏					
猪（万头）	171.96	254.00	265.43	274.72	303.60
其中：能繁殖母猪（万头）	24.44	31.50	30.30	32.71	35.90
牛（万头）	330.47	318.20	365.93	371.14	383.90
羊（万只）	3013.37	3016.41	3502.05	3663.22	3883.40
山羊（万只）	528.73	489.68	525.31	525.83	506.40
绵羊（万只）	2484.64	2526.73	2976.74	3137.39	3377.60
活家禽（万只）	2857.86	2964.56	3527.83	3869.04	4707.64
活鸡（万只）			3334.10	3746.77	4581.00
二、畜禽出栏					
猪（万头）	262.72	411.94	427.60	439.57	475.50
牛（万头）	216.69	203.87	222.26	230.26	239.40
羊（万只）	2947.20	2913.83	3001.24	3107.49	3327.60
山羊（万只）	517.10	451.77	448.61	462.96	497.00
绵羊（万只）	2430.10	2462.06	2552.63	2644.53	2830.60
活家禽（万只）	5024.49	5283.25	5758.79	6402.88	7274.60
活鸡（万只）			5439.30	5939.74	6854.50
三、畜禽产品产量					
猪肉（万吨）	23.05	29.80	30.15	31.33	33.90
牛肉（万吨）	35.47	33.76	36.16	37.82	39.20
羊肉（万吨）	46.95	46.44	48.01	49.71	53.60
山羊肉（万吨）	8.24	7.20	7.24	7.47	7.90
绵羊肉（万吨）	38.71	39.24	40.77	42.24	45.70
禽肉（万吨）	8.29	8.80	10.21	11.46	13.00
鸡肉（万吨）			9.50	10.37	11.80
禽蛋（万吨）	24.35	25.61	25.89	28.17	30.50
鸡蛋（万吨）			25.20	27.41	29.60
生牛奶（万吨）	128.60	130.50	132.21	135.00	147.50

第六篇
各省市区资料

6-1　全国各省市区城镇居民家庭人均可支配收入（老口径）

单位：元

地　区	2008	2009	2010	2011	2012	2013	2014
全　国	15781	17175	19109	21810	24565	26955	29381
北　京	24725	26738	29073	32903	36469	40321	43910
天　津	19423	21402	24293	26921	29626	32294	35103
河　北	13441	14718	16263	18292	20543	22580	24522
山　西	13119	13997	15648	18124	20412	22456	24275
内蒙古	14433	15849	17698	20408	23150	25497	27791
辽　宁	14393	15761	17713	20467	23223	25578	27855
吉　林	12829	14006	15411	17797	20208	22275	24235
黑龙江	11581	12566	13857	15696	17760	19597	21243
上　海	26675	28838	31838	36230	40188	43851	47710
江　苏	18680	20552	22944	26341	29677	32538	35368
浙　江	22727	24611	27359	30971	34550	37851	41220
安　徽	12990	14086	15788	18606	21024	23114	25194
福　建	17961	19577	21781	24907	28055	30816	33590
江　西	12866	14022	15481	17495	19860	21873	24038
山　东	16305	17811	19946	22792	25755	28264	30723
河　南	13231	14372	15930	18195	20443	22398	24391
湖　北	13153	14367	16058	18374	20840	22906	25105
湖　南	13821	15084	16566	18844	20319	23414	25545
广　东	19733	21575	23898	26897	30227	33090	36002
广　西	14146	15451	17064	18854	21243	23305	25333
海　南	12608	13751	15581	18369	20918	22929	25061
重　庆	15709	15749	17532	20250	22968	25216	27511
四　川	12633	13839	15461	17899	20307	22368	24381
贵　州	11759	12863	14143	16495	18701	20667	22651
云　南	13250	14424	16065	18576	21075	23236	25141
西　藏	12482	13544	14980	16196	18028	20023	21605
陕　西	12858	14129	15695	18245	20734	22858	24916
甘　肃	10969	11930	13189	14989	17157	18965	20804
青　海	11648	12692	13855	15603	17566	19499	21370
宁　夏	12932	14025	15344	17579	19831	21833	23667
新　疆	11432	12258	13644	15514	17921	19874	21881

注：2014 年老口径收支水平数是用上年同期老口径收支水平数和今年新口径收支增速推算。

6-2 全国各省市区农村居民家庭人均纯收入（老口径）

地区	2004	2005	2006	2007	2008
全国	2936	3255	3587	4140	4761
北京	7172	7860	8620	9559	10662
天津	6525	7202	7942	8752	7911
河北	3171	3482	3802	4293	4795
山西	2590	2891	3181	3666	4097
内蒙古	2606	2989	3342	3953	4656
辽宁	3307	3690	4090	4773	5576
吉林	3000	3264	3641	4190	4933
黑龙江	3005	3221	3552	4132	4856
上海	7337	8342	9213	10222	11440
江苏	4754	5276	5813	6561	7357
浙江	6096	6660	7335	8265	9258
安徽	2499	2641	2969	3556	4203
福建	4089	4450	4835	5467	6196
江西	2953	3266	3585	4098	4697
山东	3507	3931	4368	4985	5641
河南	2553	2871	3261	3852	4454
湖北	2890	3099	3419	3997	4656
湖南	2838	3118	3390	3904	4512
广东	4366	4691	5080	5624	6400
广西	2305	2495	2771	3224	3690
海南	2818	3004	3256	3791	4390
重庆	2510	2809	2874	3509	4126
四川	2580	2803	3002	3547	4121
贵州	1722	1877	1985	2374	2797
云南	1864	2042	2251	2643	3103
西藏	1861	2078	2435	2788	3176
陕西	1867	2052	2260	2645	3136
甘肃	1852	1980	2134	2329	2724
青海	2005	2165	2358	2684	3061
宁夏	2320	2509	2760	3181	3681
新疆	2245	2482	2737	3183	3503

注：2014 年老口径收支水平数是用上年同期老口径收支水平数和今年新口径收支增速推算。

单位：元

2009	2010	2011	2012	2013	2014
5153	5919	6977	7917	8896	9892
11669	13262	14736	17804	18337	20226
8688	10075	12321	14552	15841	17552
5150	5958	7120	16476	9102	10094
4244	4736	5601	10543	7154	7926
4938	5530	6642	12202	8596	9541
5958	6908	8297	9384	10523	11585
5266	6237	7510	9447	9621	10603
5207	6211	7591	7440	9634	10752
12483	13978	16054	8604	19595	21613
8004	9118	10805	6357	13598	15039
10007	11303	13071	8081	16106	17829
4504	5285	6232	9967	8098	9070
6680	7427	8779	7829	11184	12403
5075	5789	6892	7852	8781	9774
6119	6990	8342	14026	10620	11809
4807	5524	6604	7383	8475	9416
5035	5832	6898	7525	8867	9922
4909	5622	6567	6180	8372	9327
6907	7890	9372	7001	11669	12906
3980	4543	5231	8598	6791	7565
4744	5275	6446	5763	8343	9394
4478	5277	6480	7611	8332	9307
4462	5087	6129	4753	7895	8803
3005	3472	4145	5417	5434	6146
3369	3952	4722	6008	6141	6811
3532	4139	4904	7161	6578	7387
3438	4105	5028	7408	6503	7270
2980	3425	3909	4507	5108	5736
3346	3863	4608	5364	6196	6983
4048	4675	5410	5719	6931	7673
3883	4643	5442	6394	7296	8114

6-3 全国各省市区居民消费价格指数

地　区	2004	2005	2006	2007	2008
全　国	103.9	101.8	101.5	104.8	105.9
北　京	101.0	101.5	100.9	102.4	105.1
天　津	102.3	101.5	101.5	104.2	105.4
河　北	104.3	101.8	101.7	104.7	106.2
山　西	104.1	102.3	102.0	104.6	107.2
内蒙古	102.9	102.4	101.5	104.6	105.7
辽　宁	103.5	101.4	101.2	105.1	104.6
吉　林	104.1	101.5	101.4	104.8	105.1
黑龙江	103.8	101.2	101.9	105.4	105.6
上　海	102.2	101.0	101.2	103.2	105.8
江　苏	104.1	102.1	101.6	104.3	105.4
浙　江	103.9	101.3	101.1	104.2	105.0
安　徽	104.5	101.4	101.2	105.3	106.2
福　建	104.0	102.2	100.8	105.2	104.6
江　西	103.5	101.7	101.2	104.8	106.0
山　东	103.6	101.7	101.0	104.4	105.3
河　南	105.4	102.1	101.3	105.4	107.0
湖　北	104.9	102.9	101.6	104.8	106.3
湖　南	105.1	102.3	101.4	105.6	106.0
广　东	103.0	102.3	101.8	103.7	105.6
广　西	104.4	102.4	101.3	106.1	107.8
海　南	104.4	101.5	101.5	105.0	106.9
重　庆	103.7	100.8	102.4	104.7	105.6
四　川	104.9	101.7	102.3	105.9	105.1
贵　州	104.0	101.0	101.7	106.4	107.6
云　南	106.0	101.4	101.9	105.9	105.7
西　藏	102.7	101.5	102.0	103.4	105.7
陕　西	103.1	101.2	101.5	105.1	106.4
甘　肃	102.3	101.7	101.3	105.5	108.2
青　海	103.2	100.8	101.6	106.6	110.1
宁　夏	103.7	101.5	101.9	105.4	108.5
新　疆	102.7	100.7	101.3	105.5	108.1

（上年价格=100）

2009	2010	2011	2012	2013	2014
99.3	103.3	105.4	102.6	102.6	102.0
98.5	102.4	105.6	103.3	103.3	101.6
99.0	103.5	104.9	102.7	103.1	101.9
99.3	103.1	105.7	102.6	103.0	101.7
99.6	103.0	105.2	102.5	103.1	101.7
99.7	103.2	105.6	103.1	103.2	101.6
100.0	103.0	105.2	102.8	102.4	101.7
100.1	103.7	105.2	102.5	102.9	102.0
100.2	103.9	105.8	103.2	102.2	101.5
99.6	103.1	105.2	102.8	102.3	102.7
99.6	103.8	105.3	102.6	102.3	102.2
98.5	103.8	105.4	102.2	102.3	102.1
99.1	103.1	105.6	102.3	102.4	101.6
98.2	103.2	105.3	102.4	102.5	102.0
99.3	103.0	105.2	102.7	102.5	102.3
100.0	102.9	105.0	102.1	102.2	101.9
99.4	103.5	105.6	102.5	102.9	101.9
99.6	102.9	105.8	102.9	102.8	102.0
99.6	103.1	105.5	102.0	102.5	101.9
97.7	103.1	105.3	102.8	102.5	102.3
97.9	103.0	105.9	103.2	102.2	102.1
99.3	104.8	106.1	103.2	102.8	102.4
98.4	103.2	105.3	102.6	102.7	101.8
100.8	103.2	105.3	102.5	102.8	101.6
98.7	102.9	105.1	102.7	102.5	102.4
100.4	103.7	104.9	102.7	103.1	102.4
101.4	102.2	105.0	103.5	103.6	102.9
100.5	104.0	105.7	102.8	103.0	101.6
101.3	104.1	105.9	102.7	103.2	102.1
102.6	105.4	106.1	103.1	103.9	102.8
100.7	104.1	106.3	102.0	103.4	101.9
100.7	104.3	105.9	103.8	103.9	102.1

6-4 全国各省市区商品零售价格指数

地　区	2004	2005	2006	2007	2008
全　国	102.8	100.8	101.0	103.8	105.9
北　京	99.2	99.7	100.2	100.8	104.4
天　津	100.8	99.9	100.4	103.2	105.1
河　北	103.2	101.1	101.5	104.1	106.7
山　西	103.1	100.3	101.2	104.2	107.2
内蒙古	102.7	101.5	101.4	103.6	104.7
辽　宁	101.9	100.1	101.3	104.4	105.3
吉　林	103.5	101.1	101.5	103.3	106.2
黑龙江	102.8	100.4	101.5	105.6	105.8
上　海	100.9	99.4	100.2	102.4	105.3
江　苏	102.2	100.3	100.8	102.9	104.9
浙　江	102.7	100.9	100.8	103.8	106.3
安　徽	102.7	100.6	100.8	104.5	106.3
福　建	102.7	100.6	100.5	104.3	105.7
江　西	103.0	100.9	101.2	104.0	106.1
山　东	102.8	100.6	100.6	103.6	104.9
河　南	105.7	101.7	100.9	104.4	107.5
湖　北	104.1	102.1	101.1	104.2	106.3
湖　南	103.9	102.3	101.3	104.3	105.6
广　东	102.9	101.8	101.5	103.4	106.0
广　西	103.9	101.1	100.3	104.8	107.6
海　南	103.4	100.9	101.3	103.8	106.7
重　庆	101.4	98.7	101.6	103.7	105.0
四　川	103.7	100.6	101.7	105.3	105.3
贵　州	103.2	101.3	100.9	104.2	107.2
云　南	104.7	100.1	100.8	104.4	106.1
西　藏	100.7	100.8	100.2	101.7	103.9
陕　西	102.5	100.1	101.8	105.0	106.9
甘　肃	102.1	99.9	101.2	104.4	107.9
青　海	102.6	100.7	102.0	106.0	110.6
宁　夏	102.8	100.4	101.3	104.1	108.5
新　疆	100.7	99.4	101.8	105.1	108.5

（上年价格=100）

2009	2010	2011	2012	2013	2014
98.8	103.1	104.9	102.0	101.4	101.0
97.8	100.4	103.2	100.6	99.8	99.1
98.9	103.4	104.7	103.0	101.7	100.9
99.0	103.1	105.0	102.2	102.2	101.0
99.1	102.3	104.9	101.8	101.8	100.6
99.5	103.0	104.9	102.5	102.6	100.7
99.8	103.2	105.0	102.2	101.6	101.0
99.3	104.1	104.9	101.7	101.6	101.2
98.9	103.1	104.5	102.2	101.1	100.8
99.4	101.7	104.1	101.2	100.2	100.9
98.9	103.2	104.6	102.1	101.4	101.6
98.8	103.9	105.5	101.9	101.0	100.9
99.0	103.2	105.3	102.1	101.3	100.4
97.9	103.4	104.8	101.8	101.1	101.1
99.1	102.7	104.8	102.1	101.5	101.2
99.4	102.7	104.7	101.6	101.4	101.0
99.4	103.7	105.7	102.3	101.9	101.0
98.6	103.1	105.6	102.6	101.8	100.9
98.5	103.1	105.5	101.7	101.7	101.2
96.8	103.3	105.1	102.2	101.0	101.4
98.0	103.0	106.0	102.3	101.2	101.4
98.5	104.6	105.4	102.7	101.5	101.2
97.3	101.7	104.7	101.6	101.8	100.9
100.1	103.0	104.6	101.6	101.7	100.6
97.6	103.0	105.5	102.0	101.5	101.2
100.1	103.6	105.1	102.4	102.6	101.6
99.5	101.0	103.7	102.9	103.0	102.2
99.9	103.6	104.8	102.3	101.8	100.7
101.8	104.6	105.4	102.6	102.6	101.7
101.6	104.3	105.4	102.1	102.7	101.5
99.5	103.2	105.3	101.0	102.4	100.9
100.4	104.6	105.1	103.3	103.3	101.7

6-5 全国36个大中城市居民消费价格指数

地　　区	2004	2005	2006	2007	2008
平均指数	102.4	101.4	101.5	103.9	105.7
北　　京	101.0	101.5	100.9	102.4	105.1
天　　津	102.3	101.5	101.5	104.2	105.4
石 家 庄	102.5	101.5	101.8	104.3	106.7
太　　原	103.9	101.1	101.6	104.1	107.4
呼和浩特	102.4	102.2	101.7	103.7	104.6
沈　　阳	102.2	100.7	101.8	104.5	104.4
大　　连	102.6	101.4	101.4	104.0	104.4
长　　春	104.1	101.7	101.3	103.7	104.4
哈 尔 滨	103.1	100.5	101.1	104.1	104.7
上　　海	102.2	101.0	101.2	103.2	105.8
南　　京	103.0	102.1	101.7	103.7	106.2
杭　　州	102.5	101.7	101.2	103.5	104.9
宁　　波	102.7	102.0	101.9	103.9	105.0
合　　肥	102.2	100.9	100.9	105.6	106.4
福　　州	103.9	102.5	100.3	104.1	104.2
厦　　门	103.1	101.0	100.8	104.6	104.9
南　　昌	103.2	101.0	101.9	104.3	106.1
济　　南	102.5	101.1	100.9	103.9	105.7
青　　岛	102.1	102.3	100.9	104.5	104.7
郑　　州	105.7	102.4	101.4	105.6	106.1
武　　汉	103.3	102.7	101.4	104.1	105.7
长　　沙	103.2	101.9	101.1	104.9	105.2
广　　州	101.7	101.5	102.3	103.4	105.9
深　　圳	101.3	101.6	102.2	104.1	105.9
南　　宁	104.2	101.1	102.5	104.4	108.4
海　　口	103.0	101.3	101.3	104.4	105.8
重　　庆	103.7	100.8	102.4	104.7	105.6
成　　都	103.9	102.3	101.8	105.2	104.3
贵　　阳	102.1	100.7	101.1	105.1	107.0
昆　　明	106.5	102.0	101.6	105.8	105.8
拉　　萨	101.8	101.3	100.6	103.2	106.4
西　　安	102.3	100.3	101.6	104.7	106.0
兰　　州	101.1	100.6	101.7	105.3	107.2
西　　宁	102.6	99.9	101.8	106.4	108.2
银　　川	103.2	101.7	101.6	105.3	107.6
乌鲁木齐	100.9	99.5	100.1	104.6	107.0

（上年价格=100）

2009	2010	2011	2012	2013	2014
99.2	103.1	105.3	102.8	102.7	102.1
98.5	102.4	105.6	103.3	103.3	101.6
99.0	103.5	104.9	102.7	103.1	101.9
100.3	103.0	105.7	102.8	102.9	102.0
99.9	103.0	105.4	102.1	103.1	102.2
100.1	102.6	105.5	103.1	103.8	101.2
99.9	102.9	105.4	103.0	102.5	102.2
100.2	102.7	105.4	103.4	102.5	102.0
99.8	103.6	105.5	102.3	103.0	102.2
100.2	103.7	105.6	103.2	102.1	102.0
99.6	103.1	105.2	102.8	102.3	102.7
100.1	104.2	105.4	102.7	102.7	102.6
98.6	103.9	104.8	102.5	102.5	102.0
99.4	103.7	105.3	101.7	102.2	101.9
99.1	102.7	105.7	102.2	102.7	102.0
98.7	103.5	104.9	102.0	102.6	101.7
97.3	103.0	105.2	102.1	102.3	102.2
99.7	103.3	105.0	102.9	102.3	102.5
100.3	102.1	105.4	102.4	102.8	102.2
100.5	102.2	105.0	102.7	102.5	102.6
99.8	103.0	104.9	102.7	102.8	102.0
99.4	103.0	105.2	102.8	102.4	101.9
99.4	102.9	105.5	102.3	102.8	102.7
97.5	103.2	105.5	103.0	102.6	102.3
98.7	103.5	105.4	102.8	102.7	102.0
98.2	102.5	105.7	102.9	102.1	101.6
99.9	104.2	105.4	103.3	102.9	102.2
98.4	103.2	105.3	102.6	102.7	101.8
100.3	103.0	105.4	103.0	103.1	101.3
97.7	102.9	105.5	102.6	103.2	102.7
100.8	104.2	104.9	103.1	103.9	103.1
101.7	102.2	105.0	103.2	103.4	103.0
99.7	103.5	105.6	102.8	102.7	101.4
99.6	103.8	105.4	102.4	103.5	102.2
102.2	104.5	105.7	102.7	103.8	102.8
99.7	103.8	105.5	102.6	103.5	102.1
100.4	102.7	104.5	103.4	103.5	102.8

6-6 全国36个大中城市商品零售价格指数

地 区	2004	2005	2006	2007	2008
平均指数	101.0	100.0	100.7	102.6	105.3
北 京	99.2	99.7	100.2	100.8	104.4
天 津	100.8	99.9	100.4	103.2	105.1
石家庄	101.3	101.0	101.8	104.4	107.7
太 原	102.0	100.2	100.6	102.9	107.9
呼和浩特	101.7	101.7	101.6	102.7	105.4
沈 阳	100.7	99.3	101.9	103.2	105.0
大 连	101.5	99.5	101.4	101.9	106.0
长 春	102.7	101.3	101.5	102.1	105.6
哈尔滨	100.9	99.2	100.3	103.7	105.3
上 海	100.9	99.4	100.2	102.4	105.3
南 京	98.1	96.7	98.9	99.9	103.7
杭 州	101.6	100.3	100.2	103.1	106.0
宁 波	102.0	101.1	101.8	103.3	107.1
合 肥	100.8	99.7	100.6	104.6	106.3
福 州	102.4	101.1	99.9	103.1	104.4
厦 门	100.8	99.0	100.3	103.9	104.5
南 昌	101.3	100.0	101.9	103.5	106.2
济 南	100.6	100.4	100.3	102.2	104.5
青 岛	99.0	99.3	99.7	102.7	103.9
郑 州	105.6	101.2	100.9	102.7	106.0
武 汉	101.0	100.9	100.7	103.0	105.1
长 沙	101.3	100.4	101.1	102.3	103.9
广 州	102.1	101.6	101.2	102.9	105.7
深 圳	100.7	101.2	101.8	103.5	106.5
南 宁	102.7	100.3	101.0	103.1	107.9
海 口	102.6	100.4	100.6	103.4	105.6
重 庆	101.4	98.7	101.6	103.7	105.0
成 都	101.4	99.8	101.2	104.2	104.5
贵 阳	100.4	100.2	100.3	102.8	105.4
昆 明	104.6	100.5	99.7	103.4	105.4
拉 萨	100.0	100.4	99.6	101.2	104.6
西 安	101.9	99.7	101.5	103.7	105.4
兰 州	101.0	98.8	100.3	103.1	107.2
西 宁	103.2	100.9	102.6	105.7	110.1
银 川	102.0	100.6	101.3	103.6	105.9
乌鲁木齐	101.1	99.9	99.9	104.6	108.7

（上年价格=100）

2009	2010	2011	2012	2013	2014
98.6	102.5	104.5	101.8	101.0	100.8
97.8	100.4	103.2	100.6	99.8	99.1
98.9	103.4	104.7	103.0	101.7	100.9
100.1	103.4	104.9	101.9	102.1	101.2
99.1	102.6	104.8	101.2	101.3	100.7
99.9	102.6	104.7	101.5	101.9	98.6
97.9	102.6	105.2	102.4	101.6	101.3
99.4	104.0	104.4	102.5	101.0	101.0
99.6	104.6	104.8	101.8	101.3	101.2
98.5	101.9	104.4	102.5	101.2	101.5
99.4	101.7	104.1	101.2	100.2	100.9
98.7	103.5	104.2	101.4	101.2	102.0
98.6	103.7	104.4	101.9	101.5	100.8
98.8	103.9	105.7	101.8	101.0	100.3
99.8	102.1	105.1	101.9	101.2	100.3
99.1	102.9	104.0	101.1	101.0	100.6
97.8	102.8	104.7	101.6	100.4	100.7
99.4	103.0	105.2	102.4	101.3	101.1
98.7	101.3	104.6	101.8	101.3	101.2
98.6	101.4	104.5	101.7	101.4	102.3
100.3	102.7	104.9	102.4	101.4	101.1
98.4	103.1	104.7	102.3	100.9	100.5
97.7	103.8	105.4	101.5	101.2	101.7
96.8	103.2	105.1	101.9	100.5	101.5
97.5	103.2	105.3	102.4	100.7	101.0
98.5	102.3	104.9	101.7	100.8	100.7
99.2	103.7	105.0	102.8	101.6	101.2
97.3	101.7	104.7	101.6	101.8	100.9
99.0	102.4	104.3	101.4	101.7	100.4
98.2	103.2	105.0	102.0	101.9	101.2
100.0	103.6	104.9	102.0	102.5	101.8
100.1	101.2	103.9	102.9	103.5	102.3
99.5	102.7	104.4	102.3	101.7	100.7
100.5	103.9	105.4	102.4	102.7	101.8
102.3	104.6	106.0	102.3	102.5	101.2
98.5	102.5	104.2	100.6	102.3	100.8
100.1	103.4	104.1	102.9	103.5	102.4

6-7 全国各省市区工业生产者出厂价格指数

地　区	2004	2005	2006	2007	2008
全　国	106.1	104.9	103.0	103.1	106.9
北　京	103.0	101.3	99.1	99.7	103.3
天　津	104.1	100.1	100.6	101.5	104.1
河　北	111.6	104.4	100.8	106.9	116.7
山　西	116.1	110.2	101.0	107.4	122.4
内蒙古	105.1	105.1	103.0	105.7	112.5
辽　宁	107.1	105.1	104.1	104.4	110.9
吉　林	105.0	104.3	101.7	102.7	104.9
黑龙江	113.1	116.7	109.9	105.3	114.0
上　海	103.6	101.7	100.6	101.2	102.2
江　苏	106.5	102.6	101.5	102.6	104.6
浙　江	105.0	102.3	103.8	102.4	104.3
安　徽	108.2	103.3	103.1	103.6	108.4
福　建	102.6	100.2	99.2	100.8	102.7
江　西	109.7	108.8	109.7	106.2	106.4
山　东	106.4	103.7	102.3	103.3	108.6
河　南	110.2	106.1	104.3	105.2	112.1
湖　北	105.7	104.5	102.9	103.9	106.1
湖　南	108.0	106.0	104.3	106.1	109.3
广　东	101.7	101.5	101.4	101.3	103.1
广　西	109.7	104.9	109.6	104.5	109.0
海　南	100.0	99.5	100.8	102.7	104.5
重　庆	103.3	103.0	102.2	103.5	105.8
四　川	105.4	104.0	101.9	103.9	109.3
贵　州	108.0	107.2	104.3	105.0	112.4
云　南	108.8	104.5	104.6	105.7	105.8
西　藏	101.9	104.2	106.0	101.1	105.6
陕　西	107.3	110.4	109.6	102.9	108.4
甘　肃	114.3	109.6	109.8	105.5	104.9
青　海	112.2	110.2	109.5	104.2	107.6
宁　夏	110.0	106.2	106.2	103.7	112.9
新　疆	116.4	116.6	114.4	106.3	116.4

（上年价格=100）

2009	2010	2011	2012	2013	2014
94.9	105.5	106.0	98.3	98.1	98.1
94.4	102.2	102.3	98.4	97.4	99.1
92.5	105.1	103.8	97.0	97.0	96.3
89.1	109.0	107.7	94.7	96.6	95.2
92.0	109.5	107.5	94.5	90.7	91.4
96.2	106.7	107.8	100.2	97.0	97.3
94.0	107.4	106.5	99.9	99.0	98.2
96.1	105.2	105.4	99.1	98.7	99.1
87.4	115.0	112.0	100.0	98.0	97.1
93.8	102.3	102.9	98.4	98.2	98.9
95.2	107.3	106.2	97.1	98.0	98.3
94.9	106.2	105.0	97.3	98.2	98.8
92.8	109.0	108.3	98.3	98.2	97.4
95.5	103.2	103.9	98.7	98.4	98.6
93.0	115.3	111.3	96.5	98.5	97.8
94.1	107.2	106.0	98.4	98.4	98.4
94.9	107.8	107.2	99.4	98.5	98.1
95.6	104.9	106.6	100.3	99.2	98.4
94.3	106.9	108.5	99.1	98.5	98.4
95.8	103.2	103.7	99.5	98.8	98.9
93.5	112.0	108.5	97.8	98.2	98.4
90.6	107.7	108.8	100.8	99.5	97.6
95.5	103.1	103.8	99.9	98.0	98.3
96.5	105.0	107.3	98.6	98.7	98.7
95.1	104.7	105.4	101.0	97.4	98.3
91.5	108.8	104.7	97.9	97.5	97.8
98.2	105.8	104.3	99.7	99.8	99.0
96.1	108.7	107.2	100.7	97.3	97.1
91.0	115.0	111.0	96.8	96.9	96.7
91.3	109.4	107.4	96.9	97.0	96.1
93.9	109.1	109.5	97.4	96.0	96.3
85.5	125.3	114.8	96.9	96.5	96.2

6-8 全国各省市区工业生产者购进价格指数

地区	2004	2005	2006	2007	2008
全国	111.4	108.3	106.0	104.4	110.5
北京	114.2	111.4	105.5	105.0	115.8
天津	115.4	104.9	104.7	105.7	112.9
河北	118.4	107.0	105.0	107.8	115.9
山西	114.5	108.2	102.6	105.3	118.3
内蒙古	109.2	109.9	105.9	104.8	111.7
辽宁	112.1	108.1	104.2	104.8	111.5
吉林	110.5	107.0	103.8	105.2	111.3
黑龙江	115.2	111.8	105.6	105.0	114.1
上海	116.4	106.8	104.8	104.1	110.3
江苏	116.3	107.6	106.4	105.0	115.0
浙江	113.4	105.4	105.6	105.3	110.6
安徽	115.0	107.1	103.9	105.1	112.4
福建	113.3	108.1	103.9	104.3	110.2
江西	114.5	110.0	108.6	107.9	114.2
山东	113.4	105.9	104.3	104.8	113.1
河南	115.7	108.3	105.3	106.4	111.9
湖北	113.1	107.0	104.9	104.5	110.9
湖南	114.4	109.4	106.5	106.1	112.0
广东	110.6	105.0	103.6	103.3	107.9
广西	116.3	108.2	111.4	106.1	110.6
海南	105.9	104.2	101.5	105.0	111.6
重庆	113.0	108.2	104.8	106.2	112.2
四川	110.3	109.3	104.3	105.7	112.4
贵州	112.0	107.4	107.3	107.5	112.5
云南	109.6	106.5	107.6	108.2	111.6
西藏					
陕西	110.4	107.5	106.7	106.3	111.2
甘肃	112.5	109.9	108.8	104.3	110.2
青海	108.5	105.3	102.8	104.4	110.4
宁夏	117.3	109.7	108.5	107.1	121.8
新疆	118.2	110.7	111.1	103.8	117.8

（上年价格=100）

2009	2010	2011	2012	2013	2014
92.1	109.6	109.1	98.2	98.0	97.8
88.6	110.5	108.4	98.7	97.8	98.8
90.2	110.0	109.7	97.1	97.4	97.1
93.5	110.9	110.9	96.2	97.6	95.6
96.6	109.0	108.1	98.1	95.5	96.2
99.1	105.0	106.1	102.0	99.3	98.4
93.3	108.6	108.3	99.0	98.5	98.0
95.3	108.6	106.1	99.3	99.4	99.2
93.4	114.5	111.1	98.8	98.7	97.6
89.8	111.2	107.5	94.7	96.5	95.9
91.9	112.8	108.9	95.8	97.1	97.0
92.6	112.0	108.3	96.7	97.7	98.2
95.3	111.8	110.8	98.2	96.9	97.2
93.2	107.7	108.0	97.7	98.4	98.3
90.7	111.8	112.4	98.3	98.4	98.4
95.5	109.3	109.2	99.2	98.4	98.2
97.1	110.2	110.1	99.2	99.3	98.4
93.4	110.4	111.5	98.9	98.2	97.8
92.6	110.0	110.8	100.1	98.4	97.9
93.8	107.3	107.3	99.5	98.2	98.8
95.1	111.2	110.0	99.2	98.9	98.2
85.3	110.3	115.3	99.6	97.0	99.0
95.0	106.9	105.7	99.5	97.6	98.1
95.3	106.1	112.6	100.0	99.2	98.7
93.5	109.8	115.0	102.3	96.4	98.6
95.0	109.0	108.0	99.3	98.8	99.0
98.4	109.7	109.6	100.0	99.3	98.5
90.5	114.4	115.1	98.7	97.8	97.6
99.8	108.6	107.0	98.6	98.8	97.6
94.7	114.1	112.8	99.5	97.0	97.0
90.6	123.9	117.8	97.9	97.8	97.5

6-9 全国各省市区固定资产投资价格指数

地　区	2004	2005	2006	2007	2008
全　国	105.6	101.6	101.5	103.9	108.9
北　京	104.3	100.7	100.4	102.8	107.8
天　津	107.3	101.2	100.7	102.6	109.2
河　北	107.0	101.9	101.7	103.8	109.6
山　西	105.2	103.0	101.5	104.1	113.3
内蒙古	105.0	103.7	103.3	103.8	108.1
辽　宁	104.8	102.8	102.1	104.3	109.1
吉　林	104.1	102.0	102.2	103.9	107.3
黑龙江	104.6	102.2	102.1	104.5	109.0
上　海	106.7	100.8	100.1	103.5	107.9
江　苏	109.3	100.9	101.2	104.9	110.0
浙　江	105.9	100.3	101.5	104.3	109.3
安　徽	106.1	101.0	101.9	105.4	109.4
福　建	103.4	100.7	102.0	105.9	105.9
江　西	107.4	100.5	103.2	105.4	108.1
山　东	107.4	102.9	101.8	104.0	107.7
河　南	110.1	101.4	101.6	104.6	109.0
湖　北	106.0	102.2	101.8	104.1	109.4
湖　南	105.5	103.6	103.1	105.8	109.9
广　东	106.4	101.6	100.7	102.4	108.6
广　西	104.6	101.4	101.2	102.3	107.9
海　南	105.6	101.2	101.0	106.1	113.3
重　庆	105.1	102.3	101.7	105.5	110.2
四　川	106.8	103.9	102.9	104.7	112.5
贵　州	104.9	101.4	101.1	103.5	108.9
云　南	108.0	104.6	101.8	104.2	107.4
西　藏					
陕　西	104.4	103.7	102.6	104.0	109.5
甘　肃	105.5	102.2	104.1	102.8	106.7
青　海	102.8	102.1	102.4	104.2	110.5
宁　夏	104.9	102.1	101.3	103.2	109.0
新　疆	104.5	102.8	102.2	104.4	111.2

（上年价格=100）

2009	2010	2011	2012	2013	2014
97.6	103.6	106.6	101.1	100.3	100.5
97.1	102.5	105.7	101.3	99.9	100.0
97.6	102.6	105.7	100.0	99.5	100.5
96.5	103.7	105.5	100.3	99.9	100.2
98.1	103.7	105.5	101.2	100.5	99.6
98.5	105.4	106.3	101.6	99.6	99.8
97.0	103.3	106.6	101.0	100.0	99.7
99.4	102.4	105.6	100.4	100.0	100.2
97.6	105.2	107.5	100.8	100.1	100.0
97.0	103.8	106.5	99.4	100.2	100.5
97.7	105.1	106.8	98.6	100.5	101.1
96.7	104.7	107.5	99.2	100.0	100.6
96.0	105.4	108.1	101.0	100.2	100.3
98.0	103.3	106.2	100.3	100.1	100.4
96.1	104.8	108.4	101.0	100.4	100.1
96.9	103.6	106.8	100.8	100.4	100.3
96.4	103.5	107.4	101.0	99.9	100.0
98.8	104.7	107.3	101.8	100.5	101.0
99.7	104.0	107.2	101.7	101.3	101.5
96.7	103.0	105.5	101.5	101.4	101.5
97.9	103.0	106.2	100.6	100.1	101.6
97.7	105.2	106.4	102.0	99.3	100.6
97.8	102.1	105.9	101.8	100.5	100.3
98.3	102.5	105.2	101.0	100.4	100.5
100.5	102.7	105.4	101.5	100.9	101.1
98.1	102.7	104.6	101.4	101.1	101.0
99.3	103.6	105.9	102.6	102.0	101.1
101.5	103.5	104.7	102.1	100.4	100.1
100.9	103.8	106.5	102.2	101.5	100.9
100.2	104.2	107.5	101.5	99.8	100.8
98.0	104.6	107.1	100.6	100.5	100.3